Handbuch der Formen- und Stilkunde

Antike

Pierre Amiet
François Baratte
Christiane Desroches Noblecourt
Catherine Metzger
Alain Pasquier

Handbuch der Formen- und Stilkunde

Antike

Verlag W. Kohlhammer
Stuttgart   Berlin   Köln   Mainz

Titel der Originalausgabe: La grammaire des formes et des styles: Antiquité.
Originalverlag: Office du Livre S.A., Fribourg (Schweiz).

Übersetzung der Kapitel Vorderer Orient, Die Etrusker, Rom von Thomas Mertl, des Kapitels Ägypten von Katharina Mühlethaler, des Kapitels Griechenland von Rose und Werner Steinmann.

Zeichnungen für das Kapitel Vorderer Orient von Marie-Joseph Devaux, für das Kapitel Ägypten von Chantal Dulos und Guy Lecuyot (architektonische Skizzen und Pläne), für das Kapitel Griechenland von Christiane Simon, für die Kapitel Die Etrusker und Rom von Marie Bévillard und Marie-Louise Bordreuil.
Landkarten von Marcel Berger und Jasmine Kaenzig.

ISBN 3-17-005820-7

Printed in Switzerland

INHALTSVERZEICHNIS

Die Etrusker

Rom

Eine Auswahlbibliographie und ein Verzeichnis der wichtigsten Museen finden sich am Ende jedes Einführungstextes.

VORWORT

Deutlicher als jede Photographie geben im vorliegenden Buch mehr als 2400 Zeichnungen, die von hervorragenden, kunsthistorisch ausgebildeten Zeichnern geschaffen wurden, dem Reisenden wie dem Studenten eine dem Auge unmittelbar zugängliche Synthese, ausgewählt und erläutert von fünf Autoren, alle Konservatoren am Louvre in Paris.

Da der Band jeden Kulturkreis auf gleiche Weise behandelt, ermöglicht er es, die Entwicklung der einzelnen Formen und Stile zu verfolgen, und trägt auf diese Weise dazu bei, das Auge des Lesers und neugierigen Touristen zu schulen. Anhand der verschiedenen Einführungen kann der Benützer seine Kenntnisse auffrischen und erweitern. Ausgewählte Bibliographie, Verzeichnis der wichtigsten Museen und Glossar vermitteln weitere Informationen.

Frühling 1981

Jean Hirschen

ERLÄUTERUNGEN

Die wichtigsten im vorliegenden Band verwendeten Abkürzungen sind:

B: Breite
D: Durchmesser
H: Höhe
Jh.: Jahrhundert
Jtsd.: Jahrtausend
L: Länge
M.: Museum

In den Legenden stehende Abkürzungen für Museen werden jeweils im Museumsverzeichnis im Anschluß an jeden Einführungstext aufgeschlüsselt.

In den Legenden ist, soweit die einzelnen Angaben bekannt sind und der Platz es zuläßt, folgende Reihenfolge eingehalten: Identifizierung des Objektes, Material, Dimensionen, Herkunftsort, Entstehungszeit und – wenn er sich vom Herkunftsort unterscheidet – Aufbewahrungsort.

Vorderer Orient

von Pierre Amiet
Conservateur en chef du Département des Antiquités
Orientales, Musée national du Louvre, Paris

VORDERER ORIENT

Der Vordere Orient, auch Vorderasien genannt, ist eine durch Konvention fest-
gelegte geographische Einheit, die mehrere Regionen, Wiegen voneinander
unabhängiger Kulturen, umfaßt. Das ganze Gebiet wuchs langsam zusammen
und wurde schließlich im Persischen Reich vereinigt, dessen lange Existenz
allein schon beweist, daß seine Gründung einem latenten Bedürfnis entsprochen
hatte. Abgegrenzt ist dieser große geographische Komplex durch das Mittelmeer, das Schwarze Meer, den Kaukasus, die zentralasiatischen Steppen und
Wüsten sowie im Süden durch die Seitenarme des Indischen Ozeans. Das
gesamte Gebiet umfaßt drei in sich geschlossene Zonen: die syrisch-arabische
Wüste, die »fruchtbarer Halbmond« genannten Ebenen und die Hochländer
Anatoliens, Armeniens und Irans.

Das Klima und die Naturschätze dieser drei Zonen unterscheiden sich
beträchtlich voneinander. Sie zwangen den Bewohnern verschiedene Lebens-
weisen auf und bewirkten, daß die einen die lebensnotwendigen Dinge bei den
anderen suchen mußten.

Die syrisch-arabische Wüste bildet einen großen Leerraum, den ohne Kamele
keine Karawane passieren konnte. Durch die Randgebiete dieser Wüste zogen
seit jeher Nomaden auf der Suche nach Weidegebieten für ihre Herden. Ihr lan-
ges Umherirren führte zur Bildung einer großen Familie, einer Gemeinschaft,
die eher kulturell und sprachlich als rassisch bedingt war und die wir semitisch
nennen. Diese Nomaden hörten im Laufe der Jahrhunderte nie auf, die Bevölkerung in den dank Regen und Bewässerung aus Euphrat und Tigris fruchtbaren
Gebieten zu bedrohen. Die Region, die von diesen Strömen durchflossen wird,
heißt Mesopotamien – Zwischenstromland – und bildet den östlichen Teil des
»fruchtbaren Halbmondes«, der auch Wüstengebiete und zudem große Unter-
schiede zwischen Nord und Süd aufweist.

Am Persischen Golf gelegen, ist der Süden Mesopotamiens eine sumpfige
Niederung mit tropischem Klima. Die Bewässerung führte zwar zu fruchtbaren
Böden, doch kamen zugleich die Salze aus den unteren Bodenschichten nach
oben. So verwandelten sich bestimmte Regionen sehr früh in Wüsteneien. Den
Süden dieses Bereiches nannte man das Land der Sumerer; in der Folge wurde
es Babylonien einverleibt, das erst später den Namen Chaldäa, ein Wort aramäischen Ursprungs, bekam.

Assyrien, der mesopotamische Norden mit ziemlich kontinentalem Klima,
wird von den Bergen Kurdistans beherrscht und war dank reichen Niederschlä-
gen auch ohne künstliche Bewässerung fruchtbar. So wuchsen hier verschiedene
Gräser, und es gab zahlreiche zähmbare Tiere. Der Mensch fand sehr früh
Lebensbedingungen vor, die es ihm erlaubten, seine Nahrung selbst zu produ-

VORDERER ORIENT

1 Athen
2 Konstantinopel
3 Gordion
4 Ankara
5 Alaca Hüyük
6 Yazilikaya
7 Boghazköy (Hattusas)
8 Altin Tepe
9 Hacilar
10 Catal Hüyük
11 Mersin

12 Sendschirli (Samal)
13 Karkemisch
14 Arslan Tasch (Hadatu)
15 Tell Halaf (Guzana)
16 Tell Chuera
17 Tell Brak
18 Tell Taynat
19 Alalach
20 Ras Schamra (Ugarit)
21 Ebla
22 Byblos

23 Beirut
24 Damaskus
25 Hazor
26 Megiddo
27 Jericho
28 Amman
29 Jerusalem
30 Lachisch
31 Petra
32 Kairo
33 Erebuni

12

34	Karmir Blur	48	Tureng Tepe	62	el-Ubeid
35	Chorsabad	49	Altin Tepe	63	Ur
36	Tell er-Rimah (Karana)	50	Tell es-Sawwan	64	Eridu
37	Tepe Gaura	51	Samarra	65	Godin Tepe
38	Ninive	52	Tell Asmar (Eschnunna)	66	Tepe Nusch-i Dschan
39	Nimrud (Kalchu)	53	Chafadschi	67	Baba Dschan
40	Tell Qalindsch Aga	54	Bagdad	68	Susa
41	Assur	55	Tell Harmal	69	Tschoga Zanbil (Dur Untasch)
42	Nuzi	56	Kisch	70	Izeh (Malamir)
43	Qalaat Dscharmo	57	Babylon	71	Tepe Sialk
44	Hasanlu	58	Nippur	72	Pasargadae
45	Ziwije	59	Uruk	73	Naqsh-i Rüstem
46	Teheran	60	Tello (Girsu)	74	Persepolis
47	Tepe Hissar	61	Larsa	75	Tepe Jahja

zieren. Dies traf auch für die levantinischen Länder im westlichen Teil des Halbmondes zu, die ihren Wohlstand zu einem großen Teil ihrer Lage am Mittelmeer und an den Handelswegen von und nach Asien und Afrika zu verdanken hatten. Der Süden dieser Region erhielt den Namen Kanaan, der Norden hieß Amurru, was für die Mesopotamier zum Synonym für den Westen wurde.

Die Berge über den Ebenen, reich an Holz, Mineralien und Erzen, waren die Heimat der Hurri, eines Volkes, das weder semitischer noch indoeuropäischer Herkunft war und die Einwanderer aus dem Norden freundlich aufnahm. So entstand im 2. Jtsd. v. Chr. auf dem anatolischen Hochland das Reich der Hethiter, während die Iraner dem Plateau östlich des Zweistromlandes ihren Namen gaben.

Im Zentrum des iranischen Hochlandes liegen die großen Wüsten Kewir und Lut, zwei ehemalige Salzseen. Die Straßen, die diese lebensfeindlichen Regionen umgingen, wurden zu wichtigen Handelswegen, die entfernte Länder wie Turkmenistan oder Baktrien in Nordafghanistan mit dem Westiran verbanden. Hier befand sich, in einer Art Klein-Mesopotamien, das Land Elam. Dieser äußerste Ausläufer Babyloniens war ein bedeutender Kreuzungspunkt von Straßen, auf denen die Händler ihre Waren vom Bergland in die großen Städte der Ebene brachten. Dort begegneten sie Seeleuten vom Persischen Golf, die mit Kupfer und Edelsteinen aus Oman unterwegs waren und sogar Beziehungen zu Indien unterhielten.

DIE IRANISCHE WELT

Behauene Feuersteine bezeugen das Auftreten des Menschen, der durch Sammeln und Jagen seine Nahrung beschaffte, während des Paläolithikums, vor mehr als 50 000 Jahren, im Westiran. In diesem an die mesopotamische Ebene angrenzenden Hochland fand der frühsteinzeitliche Mensch günstige Lebensbedingungen vor, die ihn seßhaft werden ließen. Seine Hauptbeschäftigung bestand in Landwirtschaft und der Aufzucht leicht zähmbarer wilder Tiere. Die sogenannte neolithische Revolution ging stufenweise und nur sehr langsam, über mehrere Jahrtausende hinweg, vor sich. Um 7000 v. Chr. kam man in Gandsch-i Dareh auf die Idee, Ziegelsteine zu modellieren und damit haltbarere Hütten zu bauen. Man fand heraus, daß Tonerde beim Brennen hart wird und damit gut zum Herstellen von Gefäßen geeignet ist. So entstand die Töpferei, die sich nach 6000 v. Chr. auszubreiten begann. Die Tonbehälter wurden von den neolithischen Handwerkern mit besonderer Vorliebe verziert.

Die ersten Töpfer begnügten sich mit der Gestaltung von Gefäßen, die eine einfache Form und einen noch kaum entwickelten geometrischen Dekor aufwiesen. Eine reichere Tradition mit kraftvoll stilisierten Tierdarstellungen entwickelte sich in der zweiten Hälfte des 5. Jtsd. v. Chr. in Tepe Sialk in der Nähe von Kaschan und im Norden in Ismailabad, wo man eine rot gebrannte und schwarz bemalte Ware herstellte.

Die große Siedlung Tschoga Misch und die kleinen Dörfer in der elamischen Ebene unterhielten zwar lebhafte Kontakte mit den Nachbarvölkern in Mesopotamien, behielten jedoch ihre Eigenarten. Um das Jahr 4200 v. Chr. wurde Susa gegründet, der Hauptort einer reichen Region, deren Bevölkerung enge Beziehungen zu den Bewohnern des Hochlandes anknüpfte. Die Töpfer aus Susa schufen herrliche Gefäße, auf denen in einfachen geometrischen Formen Steinböcke mit riesigen Hörnern dargestellt sind, ferner in die Länge gezogene Slughis (Gazellen-Hunde) und hochgestreckte Stelzvögel. Die Handwerker von Susa gossen kupferne Beile und ritzten auf ihre Siegel, wie die benachbarten Nomaden in den Tälern Luristans, die früheste bekannte mythologische Figur: den Herrn der Tiere mit Steinbock-Kopf und -Fell, den Schlangen begleiten.

An den Tempeln von Susa, auf großen Terrassen von 10 m Höhe und 80 m Länge errichtet, zeigt sich der Übergang von neolithischen Traditionen zu einer eigentlichen städtischen Kultur. Damit wandten sich die Susier von ihren Nachbarn der Hochebene ab und schlossen sich an die Sumerer der mesopotamischen Stadt Uruk an. So fanden sie – wie die Sumerer – ihre historische Identität. Dieser entscheidende Augenblick in der Geschichte der Menschheit – die Entstehung eines wohlorganisierten Staates um die Mitte des 4. Jtsd. v. Chr. – war durch die Entwicklung einer Buchhaltung gekennzeichnet, die zur Verwaltung der beträchtlichen Reichtümer nötig wurde. Die Buchhaltung führte zur Erfindung der Schrift. Zunächst fing man an, die Zahlen durch kleine Gegenstände oder Jetons aus Ton zu materialisieren. Diese bewahrte man in kleinen Tonbehältern auf, für deren Inhalt man bürgte, indem man auf ihrer Oberfläche ein zylinderförmiges Siegel, das »Rollsiegel«, abrollte. Später übertrug man die Zahlen als Kerben auf Tontäfelchen, die man ebenfalls siegelte, wobei man die Art der so aufgezählten Ware mit graphischen Zeichen näher bestimmte.

Das Wesentliche der Kunst dieser Epoche, in der die Keramik nicht mehr verziert wurde, offenbart sich in den Abdrücken der Rollsiegel. Der prähistorischen Stilisierung zogen die Susier nun Realismus vor, der allerdings manchmal mit einer übertriebenen Phantasie verbunden war. Sie stellten vorzugsweise ihr Alltagsleben dar: Jagd, Ackerbau und Viehzucht, das Einbringen der Ernte, Bakken und Weben, wobei schöne, gelegentlich zweistöckige Häuser als Hintergrund dienten – und bereits auch Kriegsszenen. Die Kunst entwickelte sich gleich wie in Uruk, war jedoch weniger religiös inspiriert. Sowohl in Uruk als auch in Susa gab es eine Persönlichkeit, die die Funktionen des Kriegsführers und des religiösen Oberhauptes in sich vereinte, den sogenannten Priesterkönig. Er war der Herrscher eines zentralisierten Staates, in dem es durchaus genügend Raum für Privatinitiative gab. Es waren vermutlich Handelsleute aus Susa, die sich daran machten, die Märkte bis nach Godin Tepe, im künftigen Mederreich, zu erschließen, wo sie über der bestehenden Siedlung eine kleine Festung bauten. Sie drangen sogar noch weiter bis nach Tepe Sialk vor, wo man ebenfalls ihre Archive gefunden hat. Die Susier dieser Periode schufen eine feine Bildhauerkunst, einerseits in immerwährendem Gebet erstarrte Opferträger, andererseits Gefäße in Form von Opfertieren. Mit der Entwicklung der Technik der verlorenen Form entfaltete sich auch die Metallverarbeitung.

Um 3100 v. Chr., nach einer schweren Krise, die auch die Sumerer in Uruk heimsuchte, wandten sich die Susier wieder von Mesopotamien ab und schlossen sich erneut – wie schon zur Gründungszeit ihrer Stadt – den Bergbewohnern an. Sie schufen die sogenannte protoelamische Schrift und eine eigenständige Kunst, in der Tiere oft die Rolle des Menschen in den Darstellungen von Fabeln und Mythen übernahmen. Die protoelamische Verwaltung legte eine Straße nach dem Südostiran an; zunächst erschloß man das Gebiet von Anschan um die heutige Stadt Schiras und gründete die gleichnamige Hauptstadt. Weiter im Osten, in der Provinz Kerman, errichtete man in Tepe Jahja eine Festung. Die Händler durchquerten sogar die Lut-Wüste. Ihnen ist es zu verdanken, daß in Seistan eine große Stadt, das heutige Schar-i Sochta, gegründet wurde.

Die glanzvolle protoelamische Kultur sah jedoch ihren Höhenflug um das Jahr 2800 v. Chr. durch eine Niederlage jäh unterbrochen, wie babylonische Chronisten zu berichten wissen. Susa glich sich wieder den mesopotamischen Städten an, mit einem Tempel voller Adoranten-Statuetten in einem Stil, der jenem der Figuren aus der Dijala-Ebene oder aus Mari entspricht, allerdings etwas provinzieller wirkt. Kurz darauf erschienen in den Tälern Luristans Nomaden, die sich in der Metallverarbeitung hervortaten und die berühmten Bronzen schufen. Diese wurden, zusammen mit bemalter Keramik, die der in Susa hergestellten Ware gleicht, in große Familiengräber gelegt. Die Nomaden Luristans kamen zu einem gewissen Reichtum, da sie die Leute im Flachland mit ihren Metallerzeugnissen belieferten. Indem sie Waffen und Werkzeuge mit Figuren verzierten, schufen sie eine ausdrucksvolle Kunst.

Gleichzeitig blühte in der Gurgan-Ebene in Nordostiran eine unabhängige Kultur auf, für die eine polierte graue Keramik mit schön ausgearbeiteten Formen charakteristisch ist, während die Bewohner des weiter östlich liegenden Turkmenistan die Tradition der mit Tierdarstellungen verzierten Keramik erneuerten. Durch diese Gebiete wurden Edelsteine, etwa Lapislazuli, nach Mesopotamien transportiert. Mit der Zeit entstand um die zentraliranischen Wüsten ein reger Tauschhandel. Ebenfalls in dieser Gegend brach man grünen

Serpentinstein, aus dem man Luxusgefäße herstellte, die in großen Mengen nach Mesopotamien und an die arabische Küste des Persischen Golfes ausgeführt wurden. Solche Gefäße wurden in Tepe Jahja in der Provinz Kerman zwischen 2340 und 2200 v. Chr. produziert, zu einer Zeit, da Susa unter akkadischer Herrschaft stand. Die Kaufleute, die nicht weit von Tepe Jahja am Rand der Lut-Wüste begraben wurden, ließen sich Grabstatuen anfertigen, die mesopotamische Einflüsse widerspiegeln. Diese Einflüsse sind bis nach Baktrien (Nordafghanistan) spürbar, wo man auch andere, aus Kalk- und Serpentinstein zusammengesetzte Statuetten findet. Zudem begegnet man hier kleinen kupfernen Siegeln. Diese waren den ganzen Weg entlang verbreitet, der einerseits nach Susa, andererseits bis an die Grenzen Chinas führte. Das bedeutet, daß es um 2000 v. Chr. schon eine der Seidenstraße vergleichbare Route gab. Doch kurz darauf gerieten die Etappenorte dieses Handelsweges in Verfall. Um 1800 v. Chr. wurden die Einrichtungen in der Gurgan-Ebene wie in Seistan und Kerman aufgegeben. Ebenso verschwanden die Bronzegießer von Luristan, und ihr Land fiel in eine Art Schlaf, in ländliche Mittelmäßigkeit.

Susa erlangte am Anfang des 2. Jtsd. v. Chr. seine Unabhängigkeit wieder, indem es sich mit Anschan, der anderen Stadt des Hochplateaus, verband. Die reichen Susier wohnten nun in palastähnlich gebauten Häusern und ließen sich in Grüften, zusammen mit überraschend ausdrucksvoll gemalten Porträts, beisetzen. Der Hauptgott von Anschan, auf einer Schlange thronend dargestellt, wurde in Felsheiligtümern verehrt. Ein großer Teil der Geschichte dieser Zeit ist uns jedoch noch unbekannt.

Etwas später, im 13. Jh. v. Chr., verlieh eine neue Dynastie dem elamischen Reich eine außerordentliche Ausstrahlung. König Untasch-napirischa gründete in der Nähe von Susa eine neue, von einem großen Tempel beherrschte Königsstadt, die heute Tschoga Zanbil genannt wird. Der Tempel wurde später in einen fünfstöckigen Turm von etwa 54 m Höhe umgebaut und mit glasierten Platten verziert. Im darauffolgenden Jahrhundert eroberten die Könige von Elam Babylonien und brachten wichtige Beute mit: die Gesetzessammlung Hammurabis, die Stele Naram-sins usw. Bei den Bronzegießern bestellten sie Meisterwerke, die für die damalige Zeit eine einzigartige Technologie aufweisen. Unter ihrer Herrschaft entstand eine Kunst, die bald roh und brutal, bald zart und freundlich erscheint.

Wahrscheinlich gegen das Ende des 2. Jtsd. v. Chr. siedelten sich im Norden des Hochplateaus Menschen iranischer Muttersprache an. Ihre Anführer ließen sich in Marlik, in der Nähe von Amlasch, mit reicher Ausstattung begraben; vor allem die Gefäße in Tierform aus gebranntem Ton zeichnen sich durch ihre Eigenständigkeit aus. Die Goldschmiedekunst dagegen inspirierte sich an Vorbildern der großen Kulturen der Ebene: Die geflügelten Stiere auf einem Goldgefäß zum Beispiel folgen assyrischen Mustern, und die Darstellung der Ungeheuer mit verschlungenen Gliedern entspricht einer mitannischen Vorlage.

Gleichzeitig setzten sich in Luristan wieder Nomaden fest und knüpften erneut an die im 18. Jh. v. Chr. unterbrochene Tradition der Bronzekunst an. Diese Kunst entwickelte sich im 8. und 7. Jh. v. Chr. mit ungewöhnlicher Phantasie. Die Künstler setzten nach ihrem Geschmack Figuren, die an den assyrischen Palasttoren in einem ganz anderen Geist dargestellt sind, in Bronze um. Die nordwestiranische Zitadelle Hasanlu enthielt Wohnungen, deren Haupträume eine von zwei Reihen Holzsäulen getragene Decke aufwiesen. Im 9. Jh. v. Chr. wurden sie mit einem Säulenportal ausgestattet, das syrischen Vorbildern nachempfunden war. Die Grundlagen dieser Architektur wurden von den medischen Einwanderern übernommen, deren erste Spuren aus dieser Epoche stammen. In ihrem Adlerhorst Nusch-i Dschan bauten sie einen Säulenpalast, ein befestigtes Lagerhaus und einen Feuertempel. Ein noch größerer Palast mit einem 25 m langen Säulensaal wurde in Godin Tepe errichtet und ist damit der direkte Vorgänger des Palastes von Pasargadae.

Was die Gegend um Hasanlu betrifft, so ließ sich vermutlich ein skythischer Fürst, der vom Kaukasus her kam, auf dem Hügel von Ziwije nieder. Seine Untertanen schufen, beeinflußt von den Künsten an diesem Kreuzungspunkt der Handelswege, eine neuartige Kunst, das älteste Zeugnis der skythischen Kultur, wie sie von den Gräbern in Rußland her bekannt ist.

Am Ende des 8. Jh. v. Chr., nach einer langen Periode des Niedergangs, blühte das Reich der Elamiter nochmals auf, bevor es 646 v. Chr. von den Assyrern unterjocht wurde. Ihre Gebäude hatten die Elamiter zu jener Zeit vorzugsweise mit glasierten Platten verziert. Im Hinterland, in der Stadt Izeh (Malamir), ließ ein elamischer Fürst Felsreliefs anfertigen, die vermutlich die Gegenwart persischer Einwanderer bezeugen. Die Leute fanden in Anschan, heute Fars genannt, ihre Wahlheimat. Nach dem Fall von Susa schufen die einheimischen elamischen Handwerker eine Kunst, die durch Siegelbilder belegt ist; besonders Jagdszenen sind mit großer Meisterschaft dargestellt.

Diese Kunst entwickelte sich im Laufe des 7. und 6. Jh. v. Chr., zu einer Zeit, als Kyros II. (559–530 v. Chr.), der König von Anschan, d. h. der Perser, der Reihe nach die Meder, Lydier und Babylonier besiegte und das größte Reich jener Zeit gründete. Sein Streben nach Weltmacht wußte er geschickt mit Friedensdiplomatie zu vereinen. Kyros berief für seine Bauvorhaben in Pasargadae ionische Steinhauer, die griechische Bautechniken und -vorbilder mit sich brachten, insbesondere die auf Wulst und Stylobat gestellten Säulen. Grundsätzlich iranisch blieb jedoch die Anlage der von Kyros erbauten Paläste mit ihren Säulenhallen und einem Dekor, dessen Eklektizismus den Willen zur Synthese der in der alten asiatischen Welt erarbeiteten Traditionen widerspiegelt.

Die persische Kunst erhielt ihren zweiten entscheidenden Anstoß unter Darius I. (522–486 v. Chr.), der sich ebenfalls in Fars, in Persepolis, niederließ. Die Erbauung der Stadt, von Darius begonnen, war wesentlich das Werk seines Sohnes Xerxes (486–465 v. Chr.). Die Stadt erstreckte sich in der Ebene von Marw Dascht, während die Zitadelle auf einer Terrasse an der Flanke eines Berges nach Art der assyrischen Paläste errichtet wurde; sie bestand aus einem vorderen »öffentlichen« und einem hinteren »privaten« Teil. Im ersteren befindet sich die in Analogie zu jener von Susa Apadana genannte Audienzhalle. Auf einer 112 m breiten Terrasse erbaut, war sie von vier Treppentürmen und drei Portiken flankiert. Die Decke der Haupthalle wurde von 36 etwa 20 m hohen Säulen getragen. Noch nie zuvor hatte man einen Raum von solchen Ausmaßen geschaffen; er war die Krönung der durch die Bauwerke von Hasanlu und Medien vorgezeichneten Tradition, die ihren Ursprung in dem von den Griechen übernommenen kleinasiatischen Megaron hat. Die Kompositsäulen veranschaulichen den bereits von Kyros veranlaßten Synkretismus: ein Kämpferaufsatz mit zwei Stierprotomen, einem alten, bereits bei den Sumerern und Elamitern bekannten Beständigkeitssymbol, ein Schneckenelement, wie es im östlichen Mittelmeerraum gebräuchlich war, ein von Ägypten übernommenes palmenförmiges Element – das alles auf einem ionischen gerieften Schaft und einer glockenartigen Grundlage, die ägyptischen Vorlagen nachempfunden war. Die Terrasse des Apadana war mit Doppeltreppen ausgestattet, die ein großes Relief einrahmten; es stellt Xerxes (nicht Darius, wie man lange Zeit angenommen hatte) mit seinem erstgeborenen Sohn unter einem Baldachin beim Empfang eines Würdenträgers mit Gefolge dar. Auf beiden Seiten defilieren Volksvertreter aus allen Provinzen des Reiches, ein beliebtes Thema imperialer Kunst, das die Allgegenwärtigkeit der Macht der persischen Könige bestätigen sollte. Ein Tripylon genanntes Gebäude bildete den Übergang zum »privaten« Teil, der sich aus einer Reihe von Palastbauten zusammensetzte. Diese bestanden alle aus einem quadratischen Säulensaal hinter einem Portikus, eine Anlage, die sich wie in Hasanlu von syrischen Vorbildern herleitet.

Darius machte Susa zu seinem Verwaltungszentrum. Die Stadt wurde von einem Palast beherrscht, in dem man durch ein monumentales, von riesigen, wahrscheinlich in Ägypten gehauenen Königsstatuen flankiertes Tor gelangte. Der Palast vereinte zwei Bauten verschiedener Tradition: das Apadana, einen typisch iranischen Säulensaal, der dem in Persepolis gleicht, und den eigentlichen Palast, dessen Anlage auf der bereits zwei Jahrhunderte früher von Sanherib für Ninive gewählten und später von den babylonischen Königen übernommenen Konzeption beruhte. Das Bauwerk aus Lehmziegeln war mit polychromen glasierten Platten verziert, auf denen die persische Armee und wirkliche oder Fabeltiere dargestellt waren.

Die achämenidische Kunst ist der letzte Ausdruck einer Tradition, deren Anfänge in die prähistorische Zeit zurückreichen; selbst griechische Elemente wie Kleiderfalten wurden assimiliert. Dieser Tradition setzte Alexander der Große ein Ende. Im ganzen ehemaligen Persischen Reich wurde nun die hellenische Kultur eingeführt und von den Seleukiden – den Nachfolgern des Eroberers –, aber auch von den Parthern, die im 2. Jh. v. Chr. aus den Steppen östlich des Kaspischen Meeres gekommen waren, weiter gepflegt.

Die parthischen Könige verstanden sich als Philhellenen und förderten in ihrer Hauptstadt Ktesiphon unweit des ehemaligen Babylon eine vom Hellenismus bestimmte Kunst. Sie beließen jedoch den iranischen Untertanen eine großzügige Autonomie, vor allem den elymeischen Königen, die sich im östlichen Teil von Susiana niedergelassen hatten. Die Parther bauten Tempel auf breiten Terrassen, in denen man iranische Gottheiten mit griechischen Namen verehrte, wie etwa Herakles in Masdschid-i Suleiman. In der Bildhauerkunst war die griechische Tradition bereits stark in den Hintergrund gedrängt durch die Übernahme persischer Gewänder und durch die Konvention der Frontalität, die indessen als ursprünglich griechisches Element gilt.

Die Sasaniden, deren erster König Ardaschir (224–241) seinen parthischen Lehensherrn im Jahre 224 besiegte, förderten eine nationale Kunst, wobei sie das kulturelle Erbe der Achämeniden für sich beanspruchten. Typisch für ihre Architektur sind Gewölbe und mit Ziegeln gebaute Kuppeln, die weite Innenräume zu schaffen erlaubten. Die sich nach außen öffnenden Iwane wurden später von der islamischen Architektur übernommen. Die Bauten erhielten einen prächtigen Stuckdekor, und die Paläste waren zudem mit Mosaiken verziert, die wahrscheinlich von römischen Gefangenen angefertigt wurden. Die sasanidischen Könige erneuerten die Tradition der Felsreliefs und ließen mit Vorliebe ihre Siege in großflächigen, lebendig gestalteten Szenen festhalten, wie etwa in Firuzabad oder unweit der achämenidischen Königsgräber in Naqsh-i Rüstem. Hier finden wir die Darstellung des über die römischen Kaiser Valerianus und Philippus Arabs triumphierenden Schapur I. (241–272). Noch im 5. Jh. ließ König Peroz (457/59–484) Darstellungen von seiner Investitur und seinen Jagdausflügen in Taq-i Bustan in den Felsen hauen. Schließlich waren die sasanidischen Könige, wie die Achämeniden, große Liebhaber der Goldschmiedekunst und ließen sich Hofgeschirr aus vergoldetem Silber anfertigen, verziert mit Jagdszenen, »bacchischen« Motiven und anmutigen Tänzerinnen, die von der persischen Kunst der islamischen Zeit übernommen werden sollten.

AUSWAHLBIBLIOGRAPHIE

Amiet, P. : *Elam*, Auvers-sur-Oise 1966
— *Les Antiquités du Luristan* (Sammlung David-Weill), Paris 1976
Cameron, G. G.: *History of Early Iran*, Chicago 1936
Erdmann, K.: *Die Kunst Irans zur Zeit der Sasaniden*, Berlin 1943
Ghirshman, R.: *Iran I: Protoiranier, Meder, Achämeniden*, München 1964
    (= Universum der Kunst Bd. 5)
— *Iran II: Parther und Sassaniden*, München 1962 (= Universum der Kunst
    Bd. 3)
Hinz, W.: *Das Reich Elam*, Stuttgart 1964
Pope, A. U.: *A Survey of Persian Art*, Bd. 1 und 4, Oxford 1938, Bd. 14, Oxford
    1967
Porada, E.: *Alt-Iran*, Baden-Baden 1964 (= Kunst der Welt)
— *The Art of Ancient Iran, Pre-Islamic Cultures*, New York 1965
Sarre, F.: *Die Kunst des alten Persien*, Berlin 1923
Vandenberghe, L.: *Archéologie de l'Iran ancien*, Leiden 1959

DIE WICHTIGSTEN MUSEEN

Frankreich
Musée national du Louvre, Paris (= Louvre, Paris)

Iran
Archäologisches Museum, Teheran (= A. M. Teheran)

USA
The Metropolitan Museum of Art, New York (= M. M. New York)

Weitere Museen und Sammlungen
Oriental Institute Museum, University of Chicago, Chicago (= M. Chicago)
Cleveland Museum of Art, Cleveland (= M. Cleveland)
Mossul Museum, Mossul (= M. Mossul)
Brooklyn Museum, New York (= Brooklyn M. New York)
Bibliothèque nationale, Paris (= Bibl. nat. Paris)

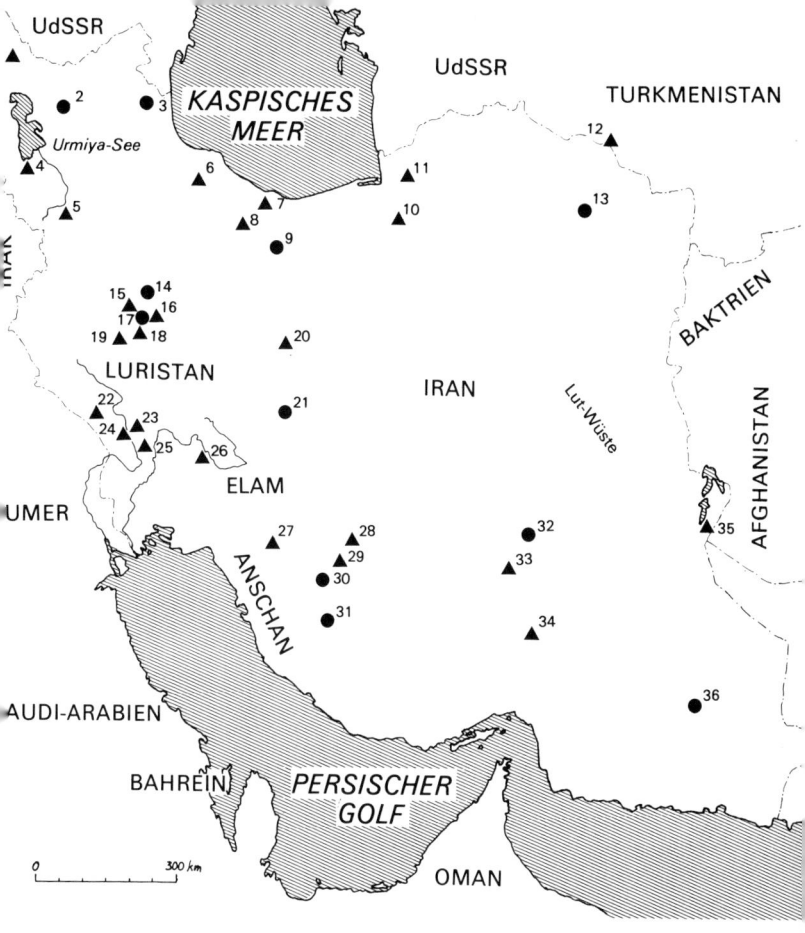

DIE IRANISCHE WELT

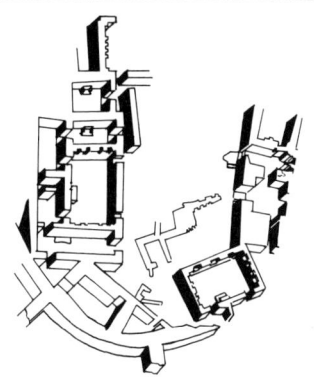

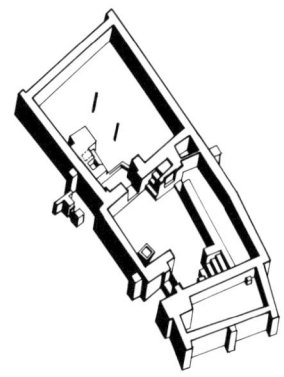

1
Festung, Godin Tepe (Medien), Uruk-Epoche, um 3400-3200 v. Chr.

2
»Palast« mit Kultraum, abgebrannt, Tepe Hissar, bei Damghan, um 2000 v. Chr.

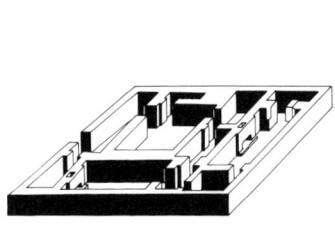

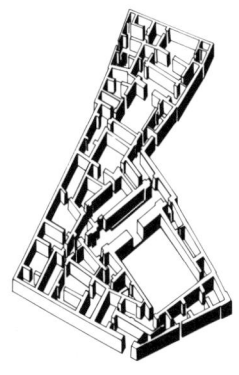

3
Haus mit Kapelle, Susa, Schicht XV, Anf. 2. Jtsd. v. Chr.

4
Wohnpalast von Rabibi, Susa, 17. Jh. v. Chr.

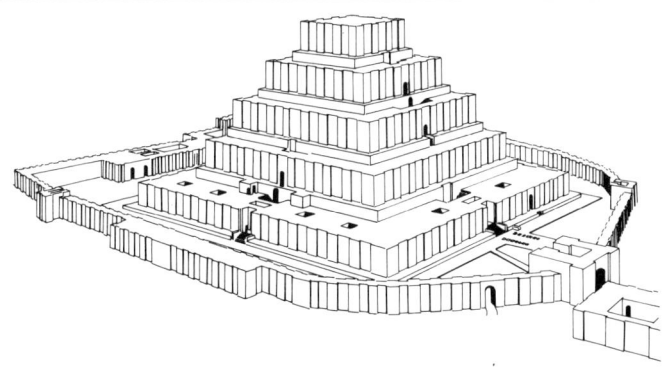

5   Rekonstruktion des Stufenturmes von Dur-Untasch (heute Tschoga Zanbil), Mitte 13. Jh. v. Chr.

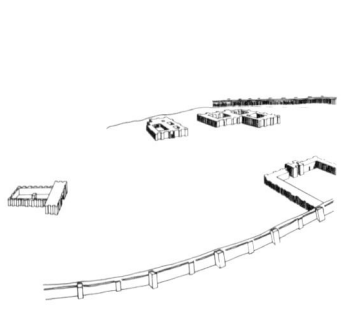

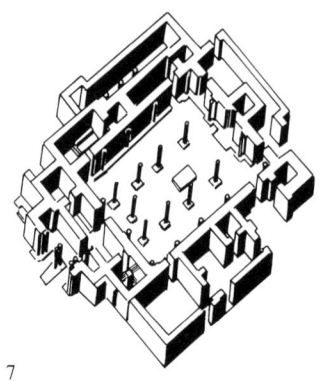

6
Rekonstruktion des Wohnviertels, Palast und Feuertempel von Dur-Untasch, Mitte 13. Jh. v. Chr.

7
Haus mit Säulensaal und später hinzugefügtem Portikus-Eingang, Hasanlu, 10.–9. Jh. v. Chr.

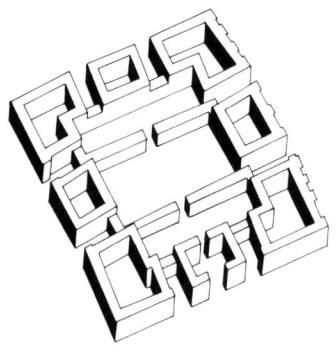

8
Befestigtes Wohnhaus, Baba Dschan (Luristan), 8. Jh. v. Chr.

9
Feuertempel, medische Festung Tepe Nusch-i Dschan, 8. Jh. v. Chr.

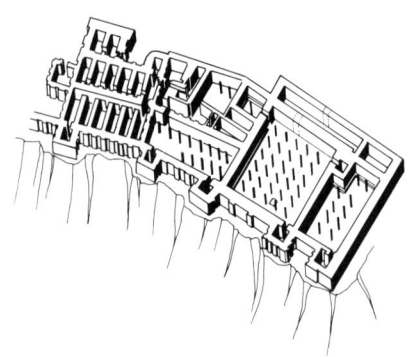

10   Medischer Palast, Godin Tepe (Medien), 8.–7. Jh. v. Chr.

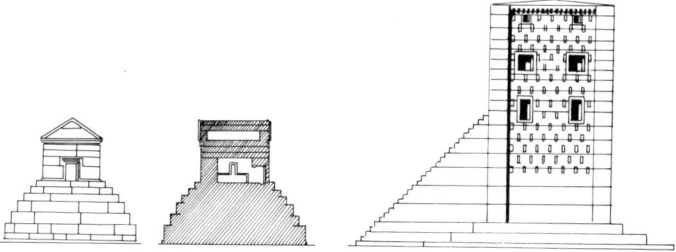

11
Grab Kyros' II., Pasargadae, um 535
v. Chr.

12
Tempelturm, Pasargadae, um 535
v. Chr.

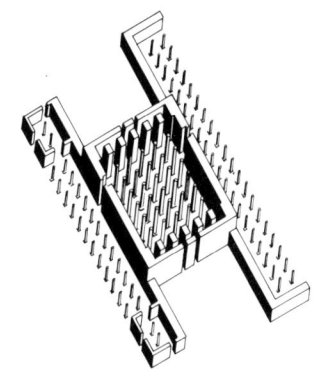

13   Wohnpalast Kyros' II., Pasargadae, um 535 v. Chr.

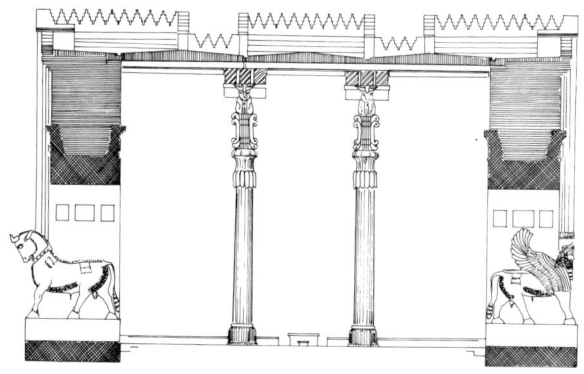

14   »Tor aller Länder«, Persepolis, erbaut von Darius I. und Xerxes, 5. Jh.
v. Chr.

15   Rekonstruktion des Apadana, Nordfassade, Persepolis, 5. Jh. v. Chr. (nach
Krefter)

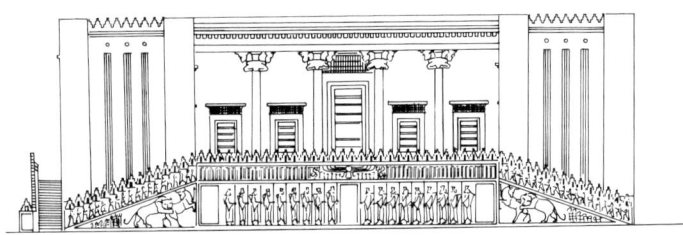

16 Rekonstruktion des Darius-Palastes »Tetschara«, Persepolis, 5. Jh. v. Chr.
(nach Krefter)

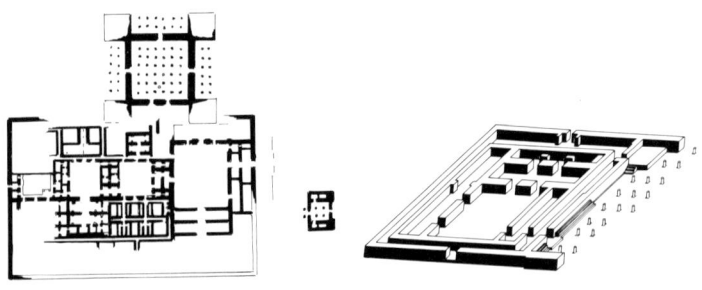

17
Grundriß des Darius-Palastes, Susa,
mit Apadana (Säulenhalle) auf der
Nordseite

18
Parthischer Tempel, Masdschid-i Suleiman (Bachtiari-Berge), 2. Jh. v. Chr.

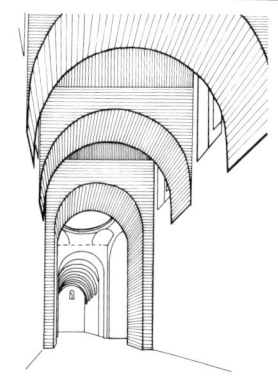

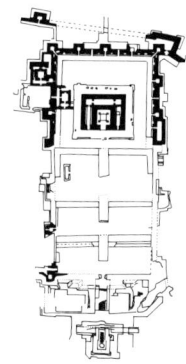

19
Blick in den Palast Schapurs I.,
Eiwan-i Kercha (Südwestiran), 3. Jh.
n. Chr.

20
Kuschanischer Tempel, Surch-Kotal
(Nordafghanistan), 2. Jh. n. Chr.

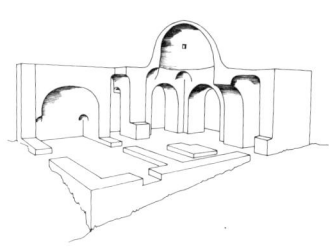

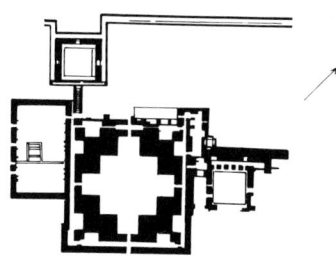

21
Feuertempel, Nigar (Provinz Kerman), 5. Jh. n. Chr.

22
Palast Schapurs I. in Bischapur (Fars),
3. Jh. n. Chr.

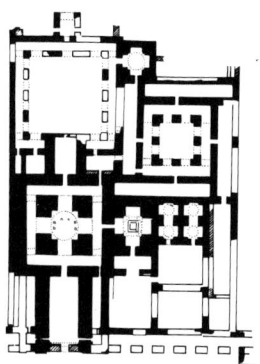

23   Teilgrundriß des sasanidischen Palastes, Tacht-i Suleiman, 5.–6. Jh. n. Chr.

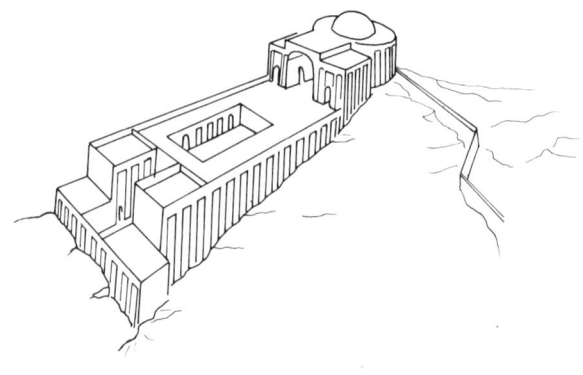

24   Sasanidischer Palast, Qala'ye Duchtar (Fars), 5.–6. Jh. n. Chr.

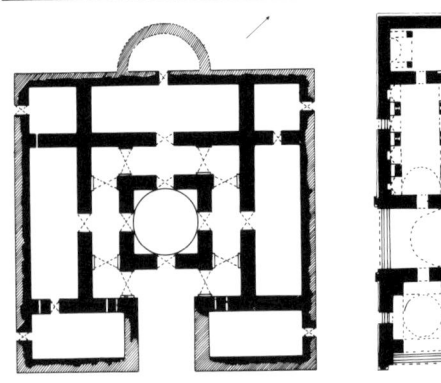

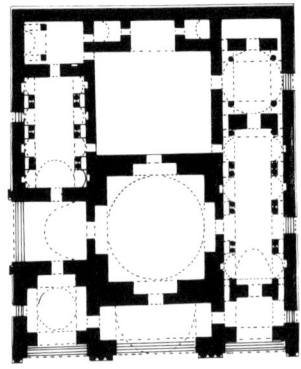

25
Feuertempel, Tschahar Dih (Fars),
5. Jh. n. Chr

26
Grundriß des sasanidischen Palastes,
Sarvistan (Fars), 5. Jh. n. Chr.

27   Rekonstruktion des sasanidischen Palastes, Sarvistan, 5. Jh. n. Chr.

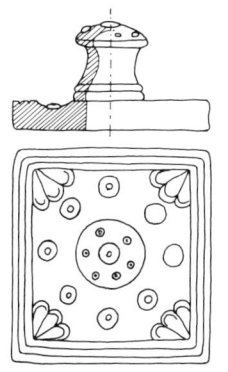

28
Glasierte Platte mit Zapfen, L: 37 cm, Tempel in Dur-Untasch (heute Tschoga Zanbil), um 1250 v. Chr.

29
Wandverkleidung eines elamischen Tempels, Ziegel, H: 137 cm, Susa, 12. Jh. v. Chr., Louvre, Paris

30
Glasierte Platte mit Zapfen, neu-elamische Periode, 7. Jh. v. Chr.

31
Glasierte Platte, H: 25 cm, Susa, 7. Jh. v. Chr. Louvre, Paris

32
Rekonstr. Zapfen in Form eines Ungeheuers, H: ca. 20 cm, Susa, 7. Jh. v. Chr., Louvre, Paris

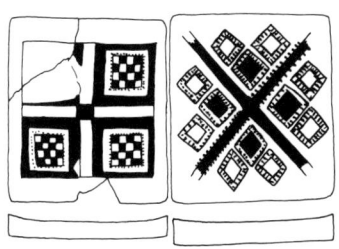

33
Bemalte Platte aus der »bemalten Kammer«, Baba Dschan (Luristan), 8.–7. Jh. v. Chr.

34
Segnender Schutzgeist, H: 275 cm,
Monumentaltor, Pasargadae, um 535
v. Chr.

35
Säulenbasis, grauer Kalkstein, H: 114
cm, Darius-Palast, Susa, Anf. 5. Jh.
v. Chr., Louvre, Paris

36
Rekonstr. Kapitell, grauer Kalkstein,
H: 374 cm, Darius-Palast, Susa, Anf.
5. Jh. v. Chr.

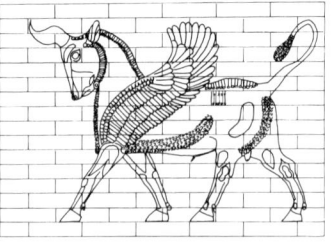

37
Ungeheuer, glasierte Ziegel, L: 225
cm, Darius-Palast, Susa, Anf. 5. Jh.
v. Chr., Louvre, Paris

38
Stier, glasierte Ziegel, H: 163 cm, Da-
rius-Palast, Susa, Anf. 5. Jh. v. Chr.,
Louvre, Paris

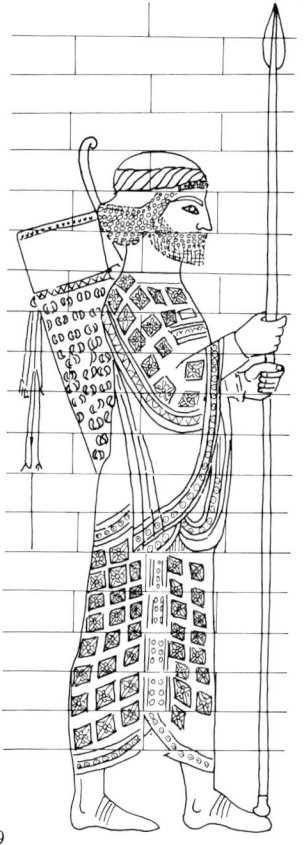

40
Löwe, glasierte Ziegel, H: 200 cm,
Darius-Palast, Susa, Anf. 5. Jh. v. Chr.,
Louvre, Paris

41
Elemente des Glasurdekors, H: 10 cm,
Darius-Palast, Susa, Anf. 5. Jh. v. Chr.,
Louvre, Paris

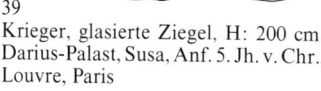

39
Krieger, glasierte Ziegel, H: 200 cm,
Darius-Palast, Susa, Anf. 5. Jh. v. Chr.,
Louvre, Paris

42   Empfang bei Xerxes I., Relief, L: 622 cm, Fassade des Apadana, Persepolis
1. Hälfte 5. Jh. v. Chr., A. M. Teheran

43
Jagender Löwe, Relief, Treppe zum
Apadana des Darius und Xerxes, Per-
sepolis, 1. Hälfte 5. Jh. v. Chr.

44
Persische und medische Adlige,
Fassade des Apadana, Persepolis,
1. Hälfte 5. Jh. v. Chr.

45
Tributbringer aus Susa mit zwei Dol-
chen, Fassade des Apadana, Persepolis, 1. Hälfte 5. Jh. v. Chr.

46
Armenischer Tributbringer mit Pferd,
Fassade des Apadana, Persepolis,
1. Hälfte 5. Jh. v. Chr.

47
Syrischer Tributbringer mit zwei
Prunkvasen, Fassade des Apadana,
Persepolis, 1. Hälfte 5. Jh. v. Chr.

48
Äthiopischer Tributbringer, Fassade
des Apadana, Persepolis, 1. Hälfte
5. Jh. v. Chr.

49
Skythischer Tributbringer, Fassade
des Apadana, Persepolis, 1. Hälfte
5. Jh. v. Chr.

50
Mythischer Kampf, Darius-Palast
»Tetschara«, Persepolis, 1. Hälfte
5. Jh. v. Chr.

51
Xerxes beim Betreten des Thron-
saales, Torpfeilerdekor, Persepolis,
1. Hälfte 5. Jh. v. Chr.

52
Artaxerxes I. auf seinem Thron, Torpfeilerdekor, Halle der Hundert Säulen, Persepolis, Mitte 5. Jh. v. Chr.

53
Männerkopf, Wandmalerei, parthischer Palast, Kuh-i Kwadja, 1. Jh.
n. Chr., heute verschwunden

54
Stuckdekor, parthischer Palast, Kuh-i
Kwadja, 1. Jh. n. Chr.

55   Bodenmosaik, H: 86 cm, sasanidischer Palast, Bischapur, 2. Hälfte 3. Jh.
n. Chr., Louvre, Paris

56   Bodenmosaik, sasanidischer Palast, Bischapur, 2. Hälfte 3. Jh. n. Chr.,
Louvre, Paris

58
Sasanidisches Kapitell, Bisutun, 5. Jh.
n. Chr.

57
Stucknische, sasanidischer Palast,
Bischapur, 2. Hälfte 3. Jh. n. Chr.

59
Sasanidisches Kapitell, Bisutun, 5. Jh.
n. Chr.

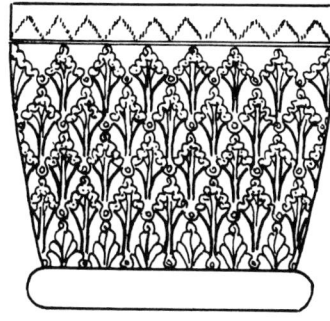

60
Sasanidisches Kapitell, Venderi, bei
Taq-i Bustan, 5. Jh. n. Chr.

61
Sasanidisches Kapitell, Kale-i Kuna,
5. Jh. n. Chr.

62
Fragment einer skulptierten Vase, Serpentinstein, Tell Agrab, Mitte 3. Jtsd. v. Chr., I. M. Bagdad

63
Dekor einer Vase, Serpentinstein, H: 11,4 cm, Mesopotamien, Mitte 3. Jtsd. v. Chr., B. M. London

64
Fortsetzung des Dekors auf der Vase Abb. 63

65
Fortsetzung des Dekors auf der Vase Abb. 63

66
Weiheplatte, Alabaster, H: 17 cm, Susa, Mitte 3. Jtsd. v. Chr., Louvre, Paris

67
Gemeißeltes Relief, bituminöser Kalkstein, Burg von Susa, Mitte 3. Jtsd. v. Chr., Louvre, Paris

68
Gemeißelte Stütze, bituminöser
Kalkstein, H: 18,3 cm, Susa, Mitte
3. Jtsd. v. Chr., Louvre, Paris

69
Gemeißelte Stütze, bituminöser
Kalkstein, H: 7,2 cm, Susa, Mitte
3. Jtsd. v. Chr., Louvre, Paris

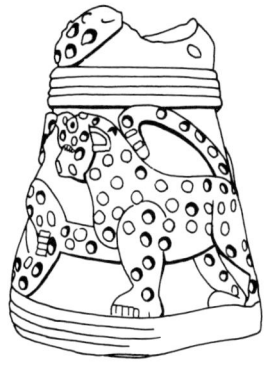

70
Gemeißelte Stütze, Serpentinstein, H:
14,2 cm, iranisch, Mitte 3. Jtsd. v. Chr.,
I. M. Bagdad

71
Puzur/Kutik-Inschuschinak, durch-
bohrter Kalkstein, H: 555 cm, Susa,
um 2150 v. Chr., I. M. Bagdad

72   Felsrelief, Kurangun (Westfars), 17. Jh. v. Chr.

73
Elamische Göttin mit Bart, Relief auf
Stele, H der Stele: 74 cm, Susa, 17. Jh.
v. Chr., Louvre, Paris

74
Fischgöttin, Stele des Untasch-napirischa, H: 77,4 cm, Burg von Susa, um
1250 v. Chr., Louvre, Paris

75
Mufflon-Schutzgeist, Basis der Stele
des Untasch-napirischa, Burg von
Susa, um 1250 v. Chr., Louvre, Paris

76
Elamischer König, babylon. Stele,
Basalt, H: 63 cm, im 12. Jh. v. Chr.
nach Susa gebracht, Louvre, Paris

77
Kriegsgott, neuelamisches Bronzere-
lief, Burg von Susa, 8.–7. Jh. v. Chr.,
Louvre, Paris

78
Spinnerin, neuelamisches Relief, bituminöser Kalkstein, Burg von Susa,
8.–7. Jh. v. Chr., Louvre, Paris

79
Neuelamische Siegesstele, Kalkstein,
H: 50 cm, Burg von Susa, 8.–7. Jh.
v. Chr., Louvre, Paris

80
Neuelamische Siegesstele, Kalkstein,
H: 50 cm, Burg von Susa, 8.–7. Jh.
v. Chr., Louvre, Paris

81
Stele des Adda-Hamiti-Inschuschi-
nak, Kalkstein, B: 32,7 cm, Burg von
Susa, um 650 v. Chr., Louvre, Paris

82
Schutzgottheiten,   Relieffragment,
Kalkstein, Burg von Susa, Ende 7. Jh.
v. Chr., M. Susa

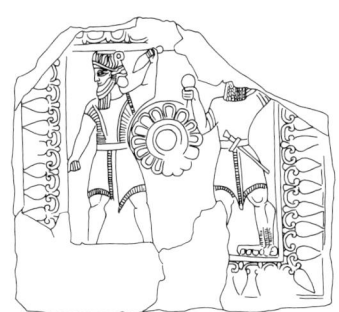

83
Wächtergottheiten, neuelam. Weiheplatte, Kalkstein, H: 14,5 cm, Burg
von Susa, 7. Jh. v. Chr., Louvre, Paris

84
Hanne, elamischer König von Aiapir,
Felsrelief, Izeh (Malamir), Bachtiari-
Berge, Mitte 7. Jh. v. Chr.

85   Triumph Darius' I., Bisutun, um 518 v. Chr.

86   Grab Darius' I., Naqsh-i Rüstem, bei Persepolis, Anf. 5. Jh. v. Chr.

87
Von elymeischem König geleitete
Kultszene, Tang-i Sarvak-Felsen,
Bachtiari-Berge, 2. Jh. v. Chr.

88
Von elymeischem König geleitete
Kultszene, Tang-i Sarvak-Felsen,
Bachtiari-Berge, 2. Jh. v. Chr.

89   Von elymeischem König geleitete Kultszene, Tang-i Sarvak-Felsen, Bachtiari-Berge, 2. Jh. v. Chr.

90
Elymeischer König, Altardekor, H: 69
cm, Tempel von Bard-i Nesandeh,
Fuß der Bachtiari-Berge, Partherzeit

91
Elymeischer Fürst, Tempel von Masdschid-i Suleiman, Fuß der Bachtiari-Berge, Partherzeit

41

92
Empfang bei Artaban V., dem letzten
Partherkönig, Kalkstein, H: 90 cm,
Susa, ca. 215 n.Chr., A.M. Teheran

93
Investitur Ardaschirs I., Naqsh-i
Rüstem, bei Persepolis, 1. Hälfte 3. Jh.
n.Chr.

94   Ardaschir I., Felsrelief, Naqsh-i Ragab

95   Schapur I. triumphiert über Valerianus und Philippus Arabs, Felsrelief,
        Naqsh-i Rüstem, 2. Hälfte 3. Jh. n.Chr.

96
Triumph Ardaschirs I., Felsrelief, Darabgerd, 1. Hälfte 3. Jh. n. Chr.

97
Ardaschir II., Felsrelief, Taq-i Bustan, 4. Jh. n. Chr.

98   Investitur und Reiterstatue des Peroz, Höhle von Taq-i Bustan, 5. Jh. n. Chr.

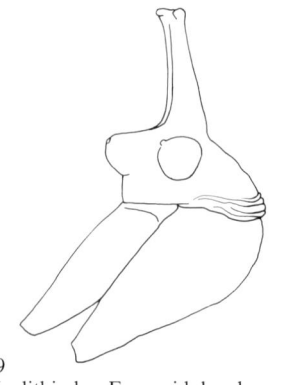

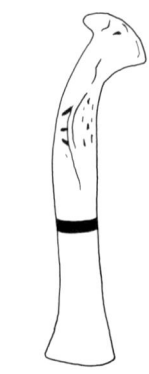

99
Neolithisches Frauenidol, gebrannter
Ton, H: 15 cm, Tepe Sarab (Kerman-
schah), ca. 6000 v. Chr., A. M. Teheran

100
Idol, bemalter gebrannter Ton, H: 12
cm, Susa I, ca. 4000 v. Chr., A. M.
Teheran

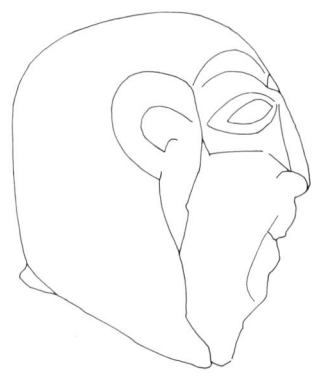

101
Weibliches Idol, Serpentinstein, H: 27
cm, Tepe Jahja, Schicht VI-D, um
4500–3800 v. Chr., A. M. Teheran

102
Männerkopf, Sandstein, H: 18 cm,
Susa, Uruk, ca. 3400 v. Chr., M. Susa

103
Kniender Adorant, Alabaster, H: 11,8
cm, Burg von Susa, um 3400 v. Chr.,
Louvre, Paris

104
»Kubistischer« Adorant, Kalkstein,
H: 6,7 cm, Burg von Susa, Uruk-
Periode, ca. 3400 v. Chr., Louvre, Paris

105
Adorant mit Vase, Alabaster, H: 12 cm, Burg von Susa, Uruk, ca. 3400 v. Chr., Louvre, Paris

106
Sitzender Affe, Alabaster, H: 13,5 cm, Burg von Susa, Uruk, ca. 3400 v. Chr., Louvre, Paris

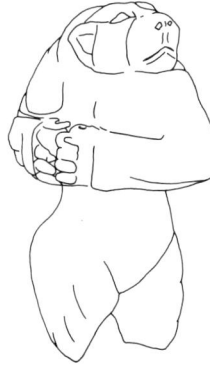

107
Stier mit Gefäß, Silber, H: 15,9 cm, protoelamisch, ca. 3000 v. Chr., M. M. New York

108
Löwin als Simsträger, Magnesit, H: 9 cm, protoelamisch, ca. 3000 v. Chr., Brooklyn M. New York

109
Mufflon als Schutzgottheit, Kupfer, H: 14,8 cm, Iran, ca. 3000 v. Chr., Brooklyn M. New York

110
Adorant, Alabaster, H: 14,8 cm, vor-sargonischer Tempel, Burg von Susa, um 2500 v. Chr., Louvre, Paris

111
Archaische Statue, Alabaster, H: 30
cm, ca. 2700–2600 v.Chr., Louvre,
Paris

112
Grabstatuette, gebrannter Ton, Grab
in der Lut-Wüste, ca. 2600 v.Chr.,
A.M.Teheran

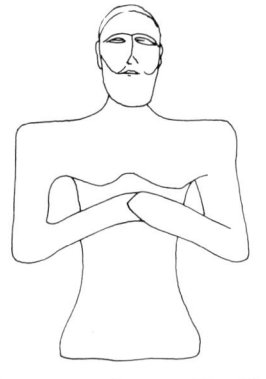

113
Grabstatuette, gebrannter Ton, H: 45
cm, Grab in der Lut-Wüste, um 2200
v. Chr., A.M.Teheran

114
Frauenstatuette, Serpentin- u. weißer
Kalkstein, H: 18,3 cm, Baktrien, um
2300 v.Chr., Louvre, Paris

115
Schutzgottheit, Serpentinstein und
Alabaster, H: 11,7 cm, Ostiran, Ende
3. Jtsd. v. Chr., Louvre, Paris

116
Narundi, gestiftet von Puzur/Kutik-
Inschuschinak, Kalkstein, Susa, H:
109 cm, um 2150 v.Chr., Louvre, Paris

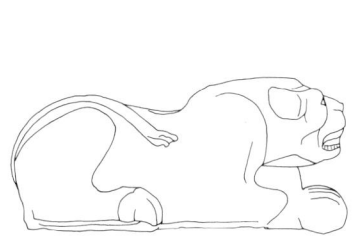

117
Wächterlöwe, Kalkstein, Puzur/Ku-
tik-Inschuschinak-Periode, L: 110,1
cm, um 2150 v. Chr., Louvre, Paris

118
In Grab gefundenes weibliches Idol,
gebrannter Ton, H: 16 cm, Susa, Ende
3. Jtsd. v. Chr., Louvre, Paris

119
Adorantenbüste, Alabaster, H: 3 cm,
Susa, um 2200–2000 v. Chr., Louvre,
Paris

120
Weibliches Idol, gebrannter Ton, H:
18,5 cm, Tureng Tepe (Gurgan), um
2000 v. Chr., A. M. Teheran

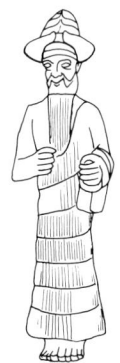

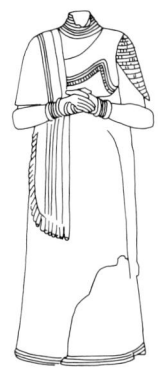

121
Elamische Gottheit, Bronze mit Gold
gehöht, H: 17,5 cm, Susa, Anf. 2. Jtsd.
v. Chr., Louvre, Paris

122
Frauenstatuette, Elfenbein, H: 9,4 cm,
Susa, Anfang 2. Jtsd. v. Chr., Louvre,
Paris

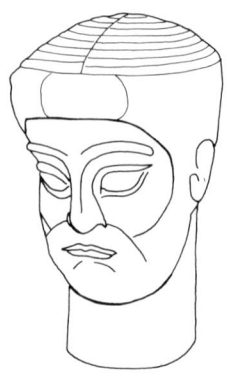

123
Totenporträt einea Mannes, bemalter
Ton, H: 24 cm, Gruft in Susa, 17.–16.
Jh. v. Chr., Louvre, Paris

124
Totenporträt einer Frau, bemalter
Ton, Gruft in Susa, 17.–16. Jh. v. Chr.,
Louvre, Paris

126
Von Schlangen bewachte Gottheit,
Bronze, H: 5 cm, Susa, 17.–16. Jh.
v. Chr., Louvre, Paris

125
Elamischer Gott auf Wagen, Bronze,
H: 15,7 cm, Susa, 17.–16. Jh. v. Chr.,
Louvre, Paris

127
Fischgöttin, Bronze, H: 12 cm, Elam,
17.–16. Jh. v. Chr., B. M. London

Skulpturen

128
Puppenkopf, gebrannter Ton, H: 7,8 cm, Susa, Mitte 2. Jtsd. v. Chr., Louvre, Paris

129
Statue der Königin Napir-asu, Bronze, H: 129 cm, Susa, um 1250 v. Chr., Louvre, Paris

130
Wächterstier, gebrannter Ton, H: ca. 130 cm, Zikkurat von Dur-Untasch, um 1250 v. Chr., M. Susa

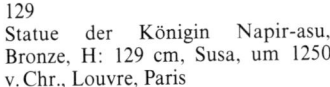

131
Wächtergreif, gebrannter Ton, H: 135 cm, Zikkurat von Dur-Untasch, um 1250 v. Chr., A. M. Teheran

132 Wächterlöwe, gebrannter Ton, L: 136 cm, Inschuschinak-Tempel, Susa,
12. Jh. v. Chr., Louvre, Paris

133
Opferträger mit Zicklein, Gold, H: 7,5
cm, Inschuschinak-Tempel, Susa, 12.
Jh. v. Chr., Louvre, Paris

134
Elamischer Adorant, Bronze, H: 12
cm, Inschuschinak-Tempel, Susa, 12.
Jh. v. Chr., Louvre, Paris

135
Königskopf?, H: 7 cm, aus abge-
branntem Gebäude in Hasanlu, 9. Jh.
v. Chr., A.M. Teheran

136
Kopf einer elamischen Göttin, gla-
sierter gebrannter Ton, H: 5,4 cm,
Susa, 7. Jh. v. Chr., Louvre, Paris

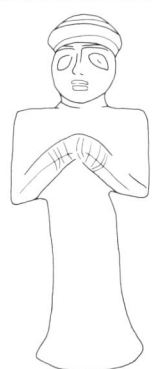

137,138   Neuelamischer Adorant, glasierter gebrannter Ton, H: 10,5 cm, Susa,
7. Jh. v. Chr., Louvre, Paris

139
Gott von Luristan, Bronze, H: 3,7 cm,
8.–7. Jh. v. Chr., A.M. Teheran

140
Achämenidischer Adorant, Silber,
H: 14,8 cm, Oxus-Schatz (Baktrien),
6. Jh. v. Chr., B.M. London

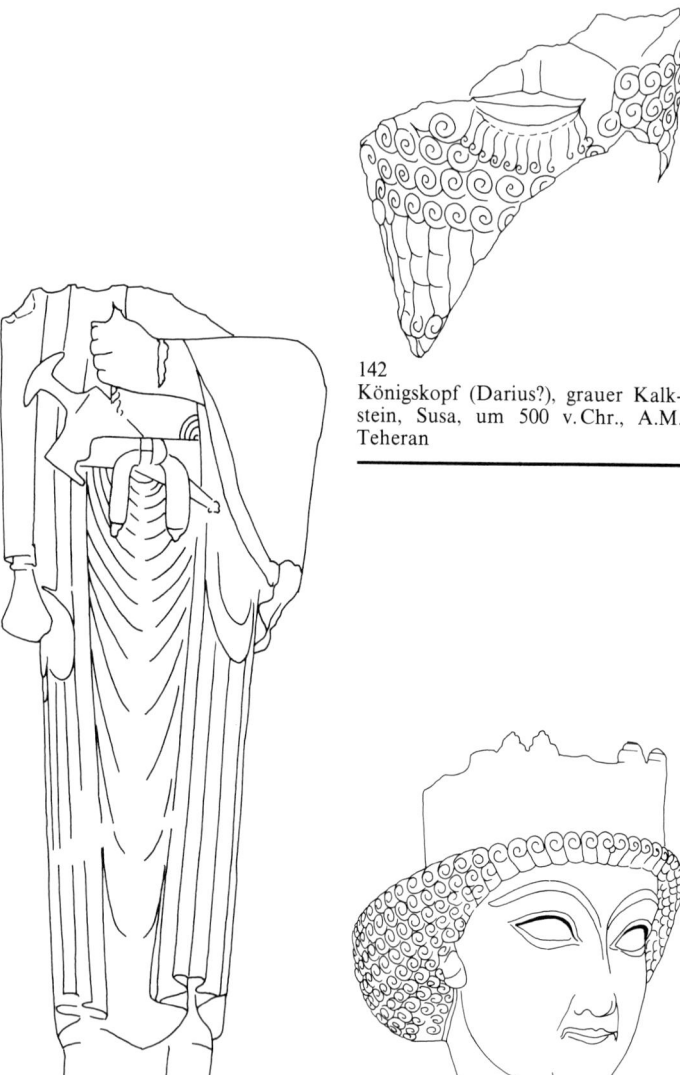

142
Königskopf (Darius?), grauer Kalk-
stein, Susa, um 500 v.Chr., A.M.
Teheran

141
Statue Darius' I., grauer Kalkstein,
H: 195 cm, Palasttor, Susa, um 500
v.Chr., A.M. Teheran

143
Kopf einer achämenidischen Fürstin,
Lapislazuli, H: 6,5 cm, Persepolis,
5. Jh. v.Chr., A.M. Teheran

144
Statue eines Partherfürsten, Bronze,
H: 192 cm, Schami-Tempel, 2. Jh.
v. Chr., A.M. Teheran

145
Männerkopf, Kalkstein, H: 26 cm,
Susa, Partherzeit, ca. 1.–3. Jh. n. Chr.,
Louvre, Paris

147
Männerkopf, Parthertempel, Masdschid-i Suleiman, 1. Jh. n. Chr.

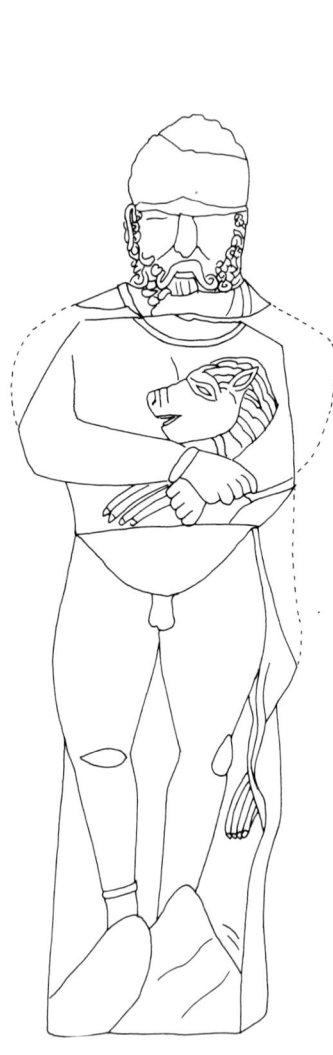

148
Profil des Männerkopfes Abb. 147

146
Statue des Herakles, Kalkstein, H: 240 cm, Parthertempel, Masdschid-i Suleiman, 1. Jh. n. Chr.

149
Männerkopf, Kalkstein, H: 18,5 cm, Parthertempel, Masdschid-i Suleiman, 1. Jh. n. Chr., Louvre, Paris

150   Sasanidische Königsbüste, Bronze, H: 32 cm, 6.–7. Jh. n. Chr., Louvre, Paris

151   Sasanidischer Königskopf, Silber, 5. Jh. n. Chr., M.M. New York

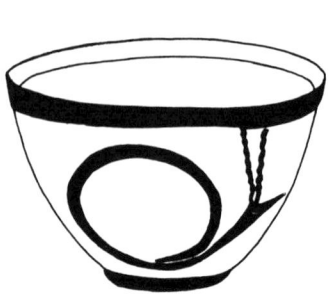

152
Schale mit gehörnten Schlangen, H:
14,3 cm, Tepe Buhallan, bei Susa, um
4300 v. Chr., Louvre, Paris

153
Tiefe Schale, D: ca. 22,5 cm, Susa I,
um 4000 v. Chr., Louvre, Paris

154
Pokal mit Stelzvögeln, Hunden und
Steinböcken, Susa I, um 4000 v. Chr.,
Louvre, Paris

155
Bemalte Schüssel, Tell-i Bakun, bei
Persepolis, um 4000 v. Chr., A.M.
Teheran

156
Bemalte Schüssel, Tell-i Bakun, bei
Persepolis, um 4000 v. Chr., A.M.
Teheran

157
Kelchförmiges Gefäß, Tepe Hissar,
bei Damgan, um 3800 v. Chr., A.M.
Teheran

158
Kelchförmiges Gefäß, Tepe Hissar, bei Damgan, um 3800 v. Chr., A.M. Teheran

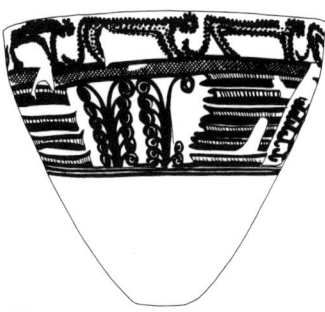

159
Gefäß mit Panthern, Tepe Sialk, bei Kaschan, um 3600 v. Chr., Louvre, Paris

160
Kugelförmiges Gefäß, Susa II, um 2500 v. Chr., Louvre, Paris

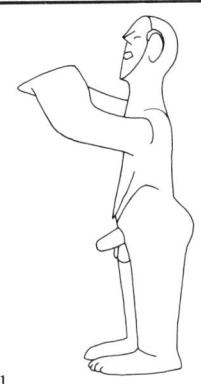

161
Gefäß in Form eines Opferträgers, Marlik, um 1200 v. Chr., A.M. Teheran

162
Gefäß in Form eines Stiers, Marlik, um 1300–1200 v. Chr., A.M. Teheran

163
Gefäß in Form eines Opferträgers, Luristan, 8.–7. Jh. v. Chr., A.M. Teheran

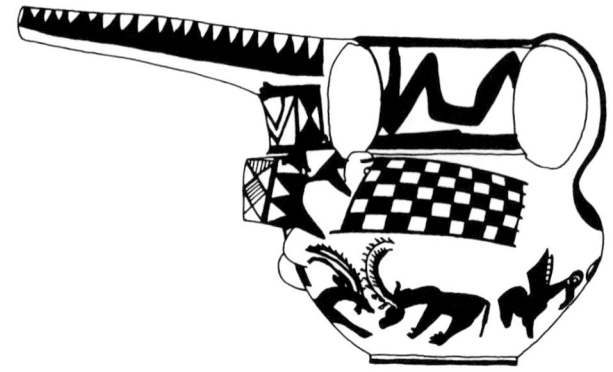

164   Krug mit langem Ausgußschnabel, Tepe Sialk, Nekropole B, 9.–8. Jh.
v. Chr., A.M. Teheran

165
Neuelamischer Schmuckbehälter, H:
17 cm, Susa, 7. Jh. v. Chr., Louvre,
Paris

166
Neuelamischer Schmuckbehälter, H:
17 cm, Susa, 7. Jh. v. Chr., Louvre,
Paris

167   Dekor eines neuelamischen Gefäßes, H: 20,5 cm, Susa, 7. Jh. v. Chr.,
Louvre, Paris

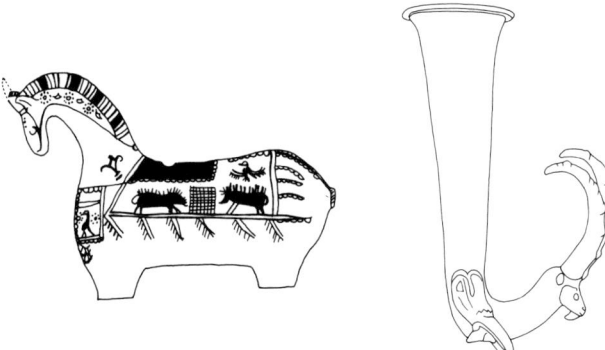

168
Rhyton in Pferdeform, L: 29,4 cm, Susa, 6. Jh. v. Chr., Louvre, Paris

169
Parthisches Rhyton, H:37 cm, Demavend, 1. Jh. v. Chr., A.M. Teheran

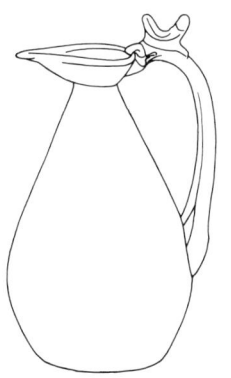

170   Sasanidischer Glaskrug, 6.–7. Jh. n. Chr., A.M. Teheran

171   Doppelgefäß, Serpentinstein, L: 18,3 cm, Susa, um 2500 v. Chr., Louvre, Paris

172   Schale mit Büffeln, bituminöser Kalkstein, H: 9,6 cm, Susa, um 2000–1900 v. Chr., Louvre, Paris

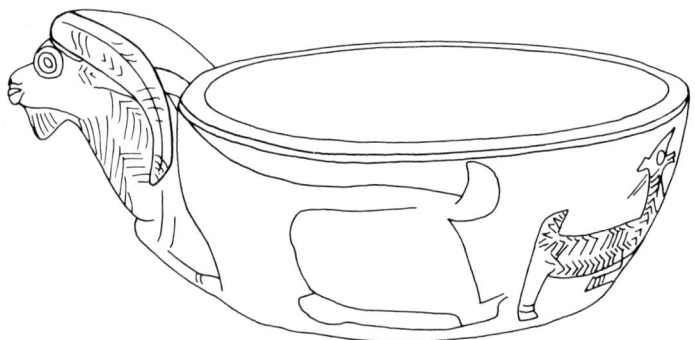

173   Schale mit liegendem Steinbock, bituminöser Kalkstein, H: 9 cm, Susa, um 2000–1900 v. Chr., Louvre, Paris

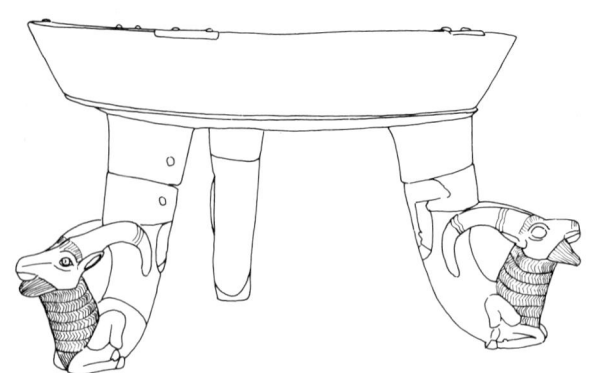

174   Dreifuß, bituminöser Kalkstein, H: 28 cm, Susa, 2000–1900 v. Chr., Louvre, Paris

175
Nadel, Kupfer, H: 10,6 cm, Susa, Uruk-Periode, um 3400 v. Chr., Louvre, Paris

176
Keule mit Streitwagen, Kupfer, Luristan, L: 13,4 cm, um 2600 v. Chr., Louvre, Paris

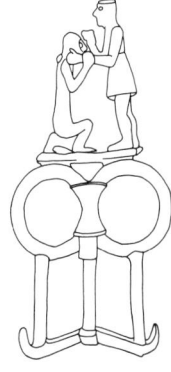

177
Zügelhalter, Bronze, Luristan, frühdynast. Zeit, um 2500 v. Chr., Louvre, Paris

178
Dolch, Kupfer, L: 23,3 cm, Luristan, um 2500 v. Chr., Louvre, Paris

179
Standartenkopf, Silber, H: 9 cm, Susa, um 2000 v. Chr., A.M. Teheran

180
Standarte, Kupfer, B: 23,4 cm, Grab in der Lut-Wüste, um 2100 v. Chr., A.M. Teheran

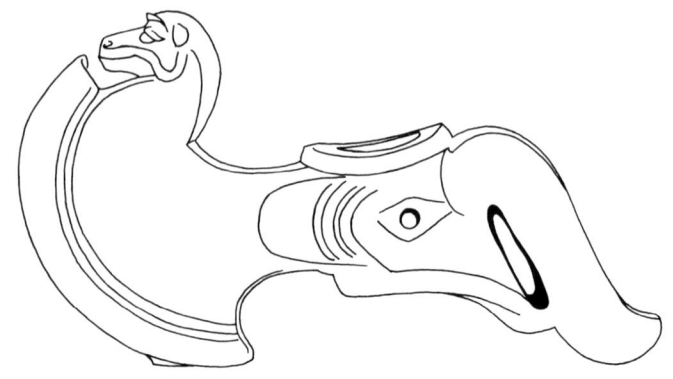

181   Axt, L: 15 cm, Baktrien, um 2000–1900 v. Chr., Louvre, Paris

182
Axt, L: 11,1 cm, Luristan, um 1900–
1800 v. Chr., Louvre, Paris

183
Scheibe, vergoldetes Silber auf Bitu-
men, D: 8,3 cm, Susiana, 14. Jh.
v. Chr., Louvre, Paris

184   Becher, Elektron, H: 11 cm, Marlik-Kultur, 13.–12. Jh. v. Chr., Louvre,
Paris

185
Becher, Gold, H: 12 cm, Marlik-
Kultur, 13.–12. Jh. v. Chr., A.M.
Teheran

186
Becher, Gold, H: 12,5 cm, Kalar-
dascht, 12.–11. Jh. v. Chr., A.M.
Teheran

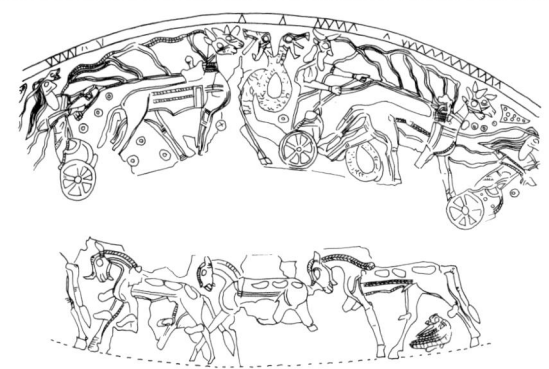

187   Mythologischer Dekor eines silberplattierten Bronzegefäßes, H: 20,1 cm,
       Gegend von Marlik, 13.–12. Jh. v. Chr., Louvre, Paris

188   Mythologischer Dekor eines Goldgefäßes, H: 20,6 cm, Hasanlu (iran.
       Kurdistan), 13. Jh. v. Chr., A.M. Teheran

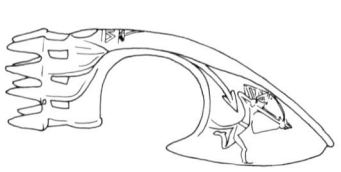

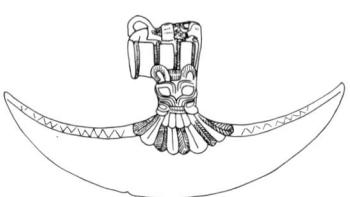

189
Beil, Bronze, L: 25,5 cm, Luristan,
9.–8. Jh. v. Chr., ehem. Slg. David-
Weill

190
Hellebarde mit kauerndem Löwen,
Bronze, L: 11,1 cm, Luristan, 8. Jh.
v. Chr., ehem. Slg. David-Weill

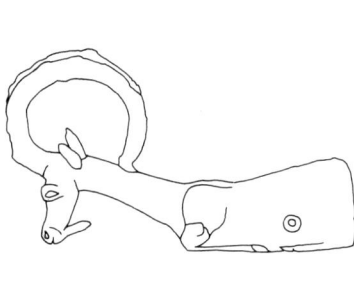

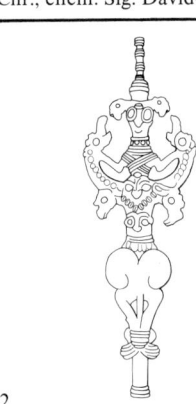

191
Wetzstein-Griff, Bronze, L: 9,2 cm,
Luristan, 11. Jh. v. Chr., ehem. Slg.
David-Weill

192
Standarte, Bronze, H: 19,4 cm, Luri-
stan, 8.–7. Jh. Chr., ehem. Slg. David-
Weill

193
Nadelkopf, Bronze, H: 12,9 cm, Luristan, 7. Jh. v. Chr., Louvre, Paris

194
Nadelkopf, Bronze, D: 10,9 cm, Luristan, 7. Jh. v. Chr., Louvre, Paris

195   Seitenteil einer Pferdetrense, Bronze, Luristan, 8.–7. Jh. v. Chr., Louvre, Paris

196
Seitendekor eines Grabgefäßes, H: 4,5 cm, Ziwije (iran. Kurdistan), 7. Jh. v. Chr., Louvre, Paris

197
Plättchen, Gold, Ziwije, 7. Jh. v. Chr., A.M. Teheran

198   Platte, Gold, L: 27,7 cm, Ziwije, 7. Jh. v. Chr., A.M. Teheran

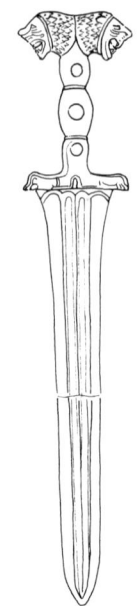

199
Achämenidischer Dolch, Gold, L: 10,5 cm, Hamadan?, 5. Jh. v.Chr., A.M. Teheran

200
Armreif, Gold mit Einlagen, D: 12,3 cm, Oxus-Schatz, 5.–4. Jh. v.Chr., B.M. London

201
Achämenidisches Rhyton, Gold, H: 17,1 cm, Hamadan?, 5.–4. Jh. v.Chr., M.M. New York

202
Achämenidische Prunkvase, Silber, H: 37 cm, Privatslg.

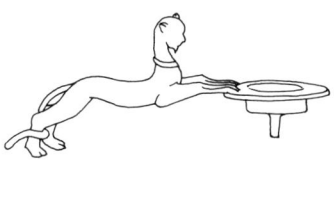

203
Goldplakette mit achämenidischem Adorant, H: 15 cm, Oxus-Schatz, 5.–4. Jh. v. Chr., B.M. London

204
Parthische Räucherpfanne, Bronze, H: 11,6 cm, 1. Jh. n. Chr., M. Cleveland

205
Sasanidischer Thronfuß, Bronze, H: 32 cm, 4.–5. Jh. n. Chr., Louvre, Paris

206
Wasserkanne, Silber vergoldet, 5. Jh. n. Chr., Bibl. nat. Paris

207
Sasanidische Schale, Silber, 5. Jh.
n. Chr., Eremitage Leningrad

208
Schale Chosroes' I., Silber, Anf. 7. Jh.
n. Chr., Eremitage Leningrad

209   Wasserkanne, Silber, 5.–6. Jh. n. Chr., Louvre, Paris

210
Archaisches Petschaft mit Herrn der
Tiere, Luristan, um 4000 v. Chr., B.M.
London

211
Archaisches Petschaft mit Herrn der
Tiere, Luristan, um 4000 v. Chr., B.M.
London

212
Petschaft mit Kultszene, Susa I, um
4000 v. Chr., Louvre, Paris

213
Petschaft mit Herrn der Tiere, Susa I,
um 4000 v. Chr., Louvre, Paris

214
Petschaft mit kreuzförmigem Motiv,
Susa I., um 4000 v. Chr., Louvre, Paris

215
Petschaft, Susa II, Uruk-Periode, um
3500 v. Chr., Louvre, Paris

216
Rollsiegel, Susa II, Uruk-Periode, um
3200 v. Chr., Louvre, Paris

217
Rollsiegel, Susa II, Uruk-Periode, um
3200 v. Chr., Louvre, Paris

218 Rollsiegel mit Tempel auf Terrasse und Priesterkönig, Susa II, Uruk-
       Periode, um 3200 Chr., Louvre, Paris

219
Protoelamisches Rollsiegel, Heulan-
dit, Susa III, um 3000 v. Chr., A.M.
Teheran

220
Protoelamisches Rollsiegel mit berge-
tragenden Löwinnen, Susa III, um
3000 v. Chr., Louvre, Paris

221
Protoelamisches Rollsiegel mit Tieren als Bauern, Susa III, um 3000 v. Chr., Staatl. M. Berlin

222
Rollsiegel mit Musikgeistern, Susa IV, frühdynast. Zeit, um 2700 v. Chr., Louvre, Paris

223
Rollsiegel mit aus der Erde steigenden Göttinnen, Tepe Jahja IV B, um 2300 v. Chr., A.M. Teheran

224
Rollsiegel mit mythologischer Szene, Prov. Kerman, um 2300 v. Chr., Privatslg.

225   Petschaft, Kupfer, Baktrien, 18. Jh. v. Chr., Louvre, Paris

226
Siegel, Idadu II. reicht dem Siegelbe-
wahrer das Beil, Susa, um 1950 v. Chr.,
Louvre, Paris

227
Siegel, Tan-uli in Anbetung des gro-
ßen Gottes von Elam, 17. Jh. v. Chr.,
Louvre, Paris

228
Elamisches Siegel, Susa, 13. Jh.
v. Chr., Louvre, Paris

229
Elamisches Siegel, Kult des heiligen
Feuers, Susa, Mitte 13. Jh. v. Chr.
Louvre, Paris

230
Siegel des Kurasch von Anschan, vermutl. Kyros I., Persepolis, Ende 7. Jh.
v. Chr., M. Chicago

231
Siegel Darius' I. (522–486 v. Chr.),
B.M. London

232
Achämenidisches Siegel, Kult des heiligen Feuers, 5.–4. Jh. v. Chr., Bibl.
nat. Paris

233
Achämenidisches Rollsiegel mit Kultszene, 5.–4. Jh. v. Chr., Louvre, Paris

235
Feuergott auf Altar, sasanidisches
Intaglio, Achat, 4.–5. Jh. n. Chr., Bibl.
nat. Paris

234
Münze mit Bildnis Schapurs I. (241–
272 n. Chr.), Silber, Bibl. nat. Paris

MESOPOTAMIEN: SUMER,
BABYLONIEN, ASSYRIEN

Das Zweistromland scheint der Launen seiner Flüsse wegen lange Zeit unwirtlich gewesen zu sein und blieb deswegen zunächst unbesiedelt. Die paläolithischen Jäger fanden – zumindest seit dem Moustérien – in den Bergen Kurdistans günstige Bedingungen vor. Von dort aus konnten sie auch ohne Schwierigkeiten in die iranische Hochebene gelangen. An verschiedenen Orten begann man mit dem gezielten Anbau von Pflanzen sowie mit der Zucht von Schafen und Ziegen. Diese Entwicklung begann im 10. Jtsd. v. Chr.; zu jener Zeit war die Schanidar-Grotte unweit der Ansiedlung Zawi Chemi bereits bewohnt. Es dauerte bis zum 7. Jtsd. v. Chr., bis das Dorf Qalaat Dscharmo gegründet wurde, wo sich gegen 6000 v. Chr. die zuvor in Iran »erfundene« Töpferkunst einbürgerte. Um diese Zeit erstellten die Wildeseljäger in Umm Dabaghiya in der Steppe westlich des Tigris große Lagerhäuser für Tierfelle, mit denen sie Handel betrieben. Mit ihrer grob verzierten Töpferware standen die Bauern von Hassuna in derselben Region am Beginn einer langen ländlichen Tradition.

Der entscheidende Übergang zu organisierter Landwirtschaft mit Bewässerung fand erst nach 5500 v. Chr. in Tell es-Sawwan an den Ufern des Mitteltigris statt. Hier entstand auch eine echte Baukunst mit Häusern, in denen sich Zimmer zu beiden Seiten eines Zentralraumes befanden. Die Gräber enthielten Alabastergefäße und Statuetten mit vereinfacht dargestellten Gesichtern. Kurz darauf breitete sich erst die sogenannte Samarra-Keramik, reich mit Tier- und Menschenfiguren verziert, aus. Um 5000 v. Chr. begann sich die Tell Halaf-Kultur zu entwickeln, die – angesichts ihrer einfachen Rundhäuser wahrscheinlich von Nomaden getragen – bis ans Mittelmeer reichte. Ihre zunächst monochrom, dann polychrom bemalte Keramik bildet mit ihren reinen Formen und einem reichen Dekor einen der Höhepunkte der Kunst. Um 4500 v. Chr. dehnte sich in ganz Mesopotamien die sogenannte Ubaid- (Obed-) Kultur aus, deren Ursprung in Eridu in Südmesopotamien zu suchen ist und die die Vorherrschaft des künftigen Sumererreiches einleitete. Das architektonische Prinzip des Zentralraumes von Tell es-Sawwan fand in assyrischen Tempeln und Häusern, in Tepe Gaura unweit von Ninive, wie auch in dem auf einer Terrasse errichteten Tempel von Eridu, dem Vorgänger der mehrstöckigen »Tempeltürme«, Anwendung. Die vorsumerischen Siedler von Eridu kannten – abgesehen von stark stilisierten Idolen – praktisch keine bildende Kunst, während in Tepe Gaura wie in Susa und Luristan Siegel entstanden, deren ikonographisches Repertoire von der Figur des Herrn der Tiere beherrscht wird.

Gegen 3600 v. Chr. gaben die Bewohner der südlichen Gebiete die bemalte Keramik und die damit verbundenen prähistorischen Traditionen auf, um eine Massenproduktion von Tonwaren zu beginnen, die auch in Susiana und bis nach

Syrien bekannt wurde. Die Stadt Uruk spielte um 3400 v. Chr. eine entscheidende Rolle für die Bildung eines theokratischen Staates. Ihre Bewohner bauten
bis zu 76 m lange Tempel mit Zentralraum und erfanden eine Schrift für die
Buchführung beim Tempelbau. Von diesem Augenblick an datiert ihre historische Identität als Sumerer. Für ihre Siegel wählten sie die zylindrische Form und
begründeten eine realistische Kunsttradition, die für Darstellungen religiöser
Motive eine besondere Vorliebe hatte. Solche Abbildungen schmücken auch
bereits größere Monumente, wie eine Basaltstele belegt, auf der zwei Szenen mit
dem Priesterkönig auf der Jagd dargestellt sind.

Nach der Überwindung einer Krise um 3100 v. Chr. erlebte die Kunst der
Sumerer einen weiteren Aufschwung; abgebildet wurde nun hauptsächlich die
Vermählung des Königspaares, das vermutlich die Rolle des Götterpaares
spielte. In Uruk und in dem nördlicher gelegenen Tell Uzair bauten die Sumerer
auf einer oder gar auf zwei aufeinandergestellten Terrassen kleine Tempel. So
erlebte das Dijala-Gebiet östlich von Bagdad eine bis weit ins 3. Jtsd. v. Chr. dau-
ernde Blütezeit, die als frühdynastische Periode bezeichnet wird.

Es war dies zunächst die Zeit der legendären Heldenkönige wie Gilgamesch
oder Enmerkar, später die der historisch belegten Herrscher aus der ersten
Dynastie von Ur und jener von Mari, Lagasch usw. Das Königtum stand unter
dem Schutz des Gottes und der Priesterschaft der heiligen Stadt Nippur, in deren
Bannkreis die Völker von Mari (im heutigen Syrien) bis nach Susa (in Iran)
gerieten. Aus dieser Zeit datieren die ersten bekannten Paläste. Jener von Mari
umfaßte einen »heiligen Bereich«, der vermutlich zum Königskult diente. Der
größte bekannte Tempel ist der sogenannte Ovaltempel von Chafadschi mit
einem kleinen Heiligtum auf einer Terrasse. Das Sanktuarium schließt sich an
einen Hof innerhalb einer ersten Umfassungsmauer an. Die äußere Mauer
umfaßt ein Tempelhaus, das wahrscheinlich für einen hochgestellten Priester
bestimmt war.

In den Tempeln stellte man unzählige Votivstatuen auf. So wurde diese
Periode zu einem goldenen Zeitalter der Vollplastik, die zunächst roh und eckig
sowie durch seltsam stilisierte Gesichter gekennzeichnet war, doch nach etwa
2500 v. Chr. einem freundlichen, realistischen Ideal zu folgen begann. Ebenfalls
stilisiert waren die Flachreliefs mit Darstellungen des rituellen Festmahles. Um
2450 v. Chr. verewigte der Fürst von Lagasch seine Kriegssiege auf der sogenannten Geierstele, eine frühe, von Texten begleitete historische Bilderfolge. In
das Ende der Periode fällt die Blütezeit von Ur und Mari, die durch Handelsge-
schäfte reich geworden waren, wie einerseits die Goldschätze in den »Königsgräbern« von Ur, andererseits der Reichtum der in den Tempeln von Mari nie-
dergelegten Opfergaben belegen. Die mesopotamische Kultur war selbst in
Assur am Mitteltigris, in Tell Chuera an der türkisch-syrischen Grenze sowie im
syrischen Ebla südlich von Aleppo anzutreffen. Doch die politische Organisation blieb im Laufe dieser bedeutenden Periode archaisch; es gab eine Vielzahl unabhängiger Stadtstaaten, die ihre Kräfte in unaufhörlichen Kriegen er-
schöpften.

Um 2340 v. Chr. unterwarf der semitische König Sargon, der aus der alten
Stadt Kisch südlich von Bagdad kam, sämtliche Stadtstaaten sumerischen Typs
und begründete das erste eigentliche Reich mit einem neuen Verwaltungssy-
stem. Hauptstadt wurde Akkad. Sargon förderte eine Kunst, die seine Ansprüche auf Weltbeherrschung symbolisierte und auch von seinen Nachfolgern weitergepflegt wurde. Die Hauptzeugnisse dieser Kunst fand man in Susa, wohin
sie etwa 1100 Jahre später als Kriegsbeute gelangt waren. Das fast einzige Sujet
ist der königliche Triumph, dargestellt mit der dem Realismus eigenen Sorgfalt,
was die Anatomie und Haltung der Personen betrifft. Dieses Thema, das
gewöhnlich auf einzelnen Bilderstreifen behandelt wurde, ist auf der Stele
Naram-sins, des vierten Königs der Dynastie, auf großartige Weise in einer
einzigen Szene vereint. Die Bildhauerkunst verlor nun ihre frühere Spontaneität

und wurde zur Hofkunst. Die Rollsiegel hingegen illustrieren die Mythologie, wobei man auf ihnen mit Vorliebe Kriegsgötter als würdige Beschützer einer Militärmonarchie abbildete, allen voran Nergal, den Gott der sommerlichen Sonne und Zerstörer der Vegetation.

Die Akkad-Dynastie wurde um 2200 v. Chr. von den barbarischen Bergvölkern der Guti vernichtet. Dies führte zu einer sumerischen Renaissance, zunächst im Staat Lagasch. Das dortige Oberhaupt (Ensi), Gudea, war Vertreter eines neuen Fürstenbildes: Der Fürst sollte nicht mehr, wie in der Akkad-Periode, ein Weltherrscher sein, sondern – in dieser Blütezeit der geschriebenen Literatur – ein Gelehrter. Gudeas zahlreiche Statuen veranschaulichen sein Ideal der vertrauensvollen Frömmigkeit gegenüber den Göttern und tragen Hymnentexte, die man zur Erinnerung an den Bau von Tempeln, die Hauptbeschäftigung des Fürsten, verfaßte. Kurz nach Gudea, um 2050 v. Chr., errichtete die dritte Dynastie von Ur ein neusumerisches Reich nach dem Vorbild Akkads. Die Könige restaurierten die großen sumerischen Tempel, darunter den Tempel des Mondgottes Nanna in Ur, den Tempel der Göttin des Planeten Venus, Inanna, in Uruk, den Tempel des Wettergottes Enlil in Nippur und jenen des Wasser- und Abgrundgottes Ea in Eridu. Jeder dieser Tempel erhielt eine Zikkurat, die, wie etwa in Ur, weniger ein Turm als eine große Terrasse von $62,5 \times 43$ m war, die weitere, kleinere Terrassen auf sich trug; zuoberst befand sich ein Tempel. Hinauf führten drei der Leiter Jakobs vergleichbare Treppen. Von Ur-nammu, dem Begründer der dritten Dynastie von Ur, besitzen wir Fragmente einer Stele, die an den Bau des Tempels von Ur erinnert. Sie ist in ihrer Ausführung vollkommen, doch die strenge akademische Ausgewogenheit wirkt etwas monoton.

Das Reich von Ur wurde um 2000 v. Chr. vernichtet. Sein Fall bedeutet zugleich das Verschwinden der Sumerer, deren Sprache zwar noch zu Kultzwecken gebraucht, sonst jedoch durch das semitische Akkadische ersetzt wurde. Diese Sprache übernahmen auch die aus dem Westen stammenden, Amoriter genannten semitischen Nomaden, die eine Reihe rivalisierender Reiche gründeten, etwa in Isin, Larsa und Eschnunna, später auch in Babylon sowie im Norden in Assur und Mari.

Die Fürsten von Mari erbauten einen prunkvollen, mit Malereien verzierten Palast, der für seine Zeit ein Weltwunder war. Die ältesten Bilder, die unter dem Einfluß der Lehensherren von Ur entstanden sind, tragen Zeichen neusumerischer Traditionen. Das jüngste Gemälde zeigt die Kriegsgöttin Ischtar und die »Investitur« Zimrilims, des letzten Königs von Mari, in ihrem Tempel, der in einem von mythischen Figuren bevölkerten Garten steht; das Tempeltor wird von Flußgöttinnen bewacht. Die Könige der anderen Staaten besaßen kleinere, doch ähnlich angelegte Paläste mit einem breiten Thronsaal, der sich auf den Ehrenhof öffnete und zu den inneren Gemächern führte. In diesem Bereich war in Mari ein vermutlich dynastischer Tempel errichtet. Man fand darin eine Statue des Königs Ischtup-ilum, eines Vorgängers Zimrilims, die eine grobe Nachahmung der Gudea-Statuen ist.

Die Tempel wurden im allgemeinen axial angelegt; es folgten aufeinander eine Vorhalle, ein Hof für die im Freien stattfindenden Kultzeremonien, ein Vorraum oder Antecella und ein Sanktuarium oder Cella. In der Provinzstadt Schaduppum (Tell Harmal, heute eine Vorstadt Bagdads) wurden die Tempeltore von Löwen aus gebranntem Ton bewacht. In Karana (Tell er-Rimah) westlich von Assyrien war die Cella in eine Zikkurat einbezogen. Der anschließende Tempel bildete mit der Zikkurat eine architektonische Einheit.

Die zunächst bescheidene und fast unbekannte Dynastie Babylons besiegte zur Zeit ihres sechsten Königs, Hammurabi oder Hammurapi (1728–1686 v. Chr.), ihre letzten Gegner und errichtete in Mesopotamien ein geeintes Reich. Hammurabi wurde durch seine auf einer Stele erhaltene Gesetzessammlung berühmt, die zusammen mit anderen von den Elamitern im 12. v. Chr. erbeuteten Gegenständen in Susa entdeckt wurde. Zwar hatten bereits die Neusumerer derartige Sammlungen veröffentlicht, doch bleibt jene Hammurabis durch ihre Fülle und die Reinheit der semitischen Sprache einzigartig. Die Stele trägt zuoberst ein Bildnis des Königs, dem der Sonnengott Schamasch, der Gott des Rechts, die Zeichen der Herrschaft, Stab und Ring, überreicht. Den Gott kennzeichnen die aus seiner Schulter aufsteigenden Flammen – ein aus akkadischer Zeit bekanntes Symbol. Ein Porträtkopf des Königs, den man an der gesäumten Mütze und an seinem langen Bart erkennt, entstand gleichzeitig oder etwas später; er veranschaulicht die Enttäuschung des Königs und Gesetzgebers und steht im Gegensatz zur Darstellung von Gudeas Frömmigkeit und zum erhabenen Ausdruck der akkadischen Herrscher.

Das Babylonische Reich zerfiel langsam und wurde schließlich am Anfang des 16. Jh. v. Chr. durch den Einfall der aus Kleinasien kommenden Hethiter zerstört. Bis zum 12. Jh. v. Chr. herrschte ohne großen Glanz die fremde Dynastie der Kassiten. Sie hinterließen Grenzsteine oder Kudurru mit Inschriften von Landschenkungsurkunden, über die Götter wachen. Die Gottheiten sind nicht in menschlicher Gestalt, sondern symbolisch dargestellt, was zwar für die Religionsforschung von Interesse ist, für die Kunst jedoch eine Verarmung bedeutet. Ein kassitischer König erbaute in Uruk einen Tempel, dessen Fassade aus vorgeformten Ziegeln abwechslungsweise mit Abbildungen von Berggöttern und Flußgöttinnen versehen war, auf diese Weise den Kosmos symbolisierend.

Zur gleichen Zeit erstreckte sich das von indoeuropäischen Völkern umgebene Mitanni-Reich von Syrien bis nach Iran. In der Nähe von Kerkuk lag die mitannische Stadt Nuzi. In ihrem Zentrum befand sich unweit eines Palastes ein mit Tierfiguren aus gebranntem Ton verzierter Tempel. Im 14. Jh. v. Chr. befreiten sich die Assyrer von der mitannischen Vorherrschaft und schufen eine Kunst, die in ihrem Realismus wieder an die ältesten Traditionen anknüpfte. Die assyrische Expansion wurde am Ende des 2. Jtsd. v. Chr. durch Einfälle von aramäischen Nomaden aufgehalten; diese kamen aus den Randgebieten der syrischen Wüste und unterwarfen fast ganz Mesopotamien. Erst im 9. Jh. v. Chr. konnten sich die assyrischen Könige von dieser Gefahr befreien und wurden zu Eroberern. Um selbst nicht unterdrückt zu werden, dehnten sie ihr Reich bis zu seinem Zusammenbruch im Jahre 612 v. Chr. immer mehr aus.

Im 9. Jh. v. Chr. war die assyrische Hauptstadt Kalach (heute Nimrud), südöstlich von Ninive gelegen, während Assur im Süden weiterhin als religiöses Zentrum fungierte. Assurnasirpal II. (883–859 v. Chr.) erbaute seinen Palast nach den von nun an festen Normen, mit einem »öffentlichen« Vorhof, der zum Thronsaal führte, und einem Innenhof, um den sich die Wohnräume gruppierten. Die Assyrer ließen sich von hethitischen Vorbildern beeinflussen und verzierten die Palasttore mit riesigen Figuren, die für den Feind furchterregend, dem Einheimischen jedoch wohlgesinnt erscheinen sollten. Der Thronsaal war ganz mit Reliefs bedeckt, auf denen in einem oder zwei Registern die königlichen Siege oder Jagdszenen dargestellt waren. Der Palast stand neben einem Tempel, in dem der König seinen priesterlichen Aufgaben nachgehen konnte. Manchmal war der Tempel in den Palast selbst integriert. Assurnasirpal II. und sein Sohn Salmanassar III. (858–824 v. Chr.) waren die einzigen assyrischen Könige, die von sich hieratische Statuen anfertigen ließen. In Balawat wurden die Tempeltore mit Bronzeplatten verkleidet, auf denen ihre Heldentaten im Stil von Bildergeschichten dargestellt sind. In der Folge mußte Assyrien eine lange Krisenzeit durchstehen, die bis zum erneuten Aufschwung unter König Tiglatpileser III. (744–727 v. Chr.) dauerte. Sein zweiter Nachfolger, Sargon II. (722–705 v. Chr.), gründete in Dur-Scharrukin (heute Chorsabad) eine neue Hauptstadt. Der Umfang seines Palastes betrug 10 ha; der Bau war entsprechend den Palästen von Nimrud angelegt, doch der Dekor seiner Außenmauern hatte kolossale Ausmaße. Die Innendekoration, mit einem bisher unbekannten Naturempfinden ausgeführt, zeigte Szenen aus dem Leben des Königs.

Sargons Nachfolger machten Ninive zu ihrer Hauptstadt. Sanherib (705–681 v. Chr.) erbaute seinen Palast nach anderen, an babylonische Bauwerke erinnernden Prinzipien. Die Kunst, die sich unter seiner Herrschaft entwickelte, erlebte ihren Höhepunkt unter seinem Enkel Assurbanipal III. (668–626 v. Chr.). Die Bildhauer dieser Epoche ließen große Reliefs mit Gesamtdarstellungen bedeutender Ereignisse und kleine Szenen, auf denen in Registern mehrere Episoden dargestellt und von Inschriften erläutert sind, miteinander abwechseln. Die Feldzüge Sanheribs gegen Judäa und Assurbanipals gegen Elam wurden hier mit dokumentarischer Genauigkeit und einem realistischen Sinn festgehalten, den nur die Jagdszenen übertreffen, in denen die traditionelle Vorliebe des orientalischen Künstlers für Tiere in Erscheinung tritt. Die assyrischen Könige benützten mit Elfenbein eingelegte Möbel, die zum Teil als Kriegsbeute aus den Ländern der Levante mitgebracht, zum Teil im Land von verschleppten Künstlern hergestellt wurden. Mit diesen Deportationen setzte ein künstlerischer Kosmopolitismus ein, in dem ägyptische Einflüsse eine besondere Rolle spielten.

Das Assyrische Reich, durch Bürgerkriege zerrüttet, wurde von den Medern und den mit ihnen verbündeten Babyloniern zerstört. Die von den babylonischen Königen Nebupolassar und vor allem Nebukadnezar II. (604–562 v. Chr.) errichteten Paläste bestehen aus einer Abfolge ähnlicher Raumeinheiten. Dazu gehörte auch ein Lagerplatz, den man irrtümlicherweise für die »Hängenden Gärten« hielt. Die Gesamtanlage befand sich an der Stadtmauer unweit des Göttin Ischtar geweihten Haupttores, dessen Verkleidung mit glasierten Ziegeln weiße und gelbe Tierreliefs auf blauem Hintergrund aufwies. In der Stadtmitte erhob sich der Doppeltempel des Bel-Marduk, der ein Gebäude mit den Sanktuarien des Gottes und seines göttlichen Geleits sowie einen Hochtempel umfaßte. Dieser stand auf der obersten Plattform des berühmten »Turmes zu Babel« in einer Höhe von 91 m; die Anlage folgte den Grundsätzen der neusumerischen Zikkurat, hatte jedoch weit größere Ausmaße.

Babylon blieb auch nach der persischen Eroberung eine wichtige Stadt. Seine Bedeutung sank jedoch mit der Verlegung der Hauptstadt zunächst nach Seleukia am Tigris und später, in parthischer Zeit, nach Ktesiphon. Das alte Assyrien erlebte vom 1. bis 3. Jh. n. Chr. unter den parthischen Lehensherren einen erneuten Aufschwung. In Assur entstand aus Ziegeln ein Palast in persischem Stil mit Iwanen, die gewaltigen, an der Fassade offenen Nischen gleichen. Ähnliche Gebäude wurden – neben Säulenbauten hellenistischen Typs – auch in der heiligen Stadt Hatra errichtet, die in der Steppe westlich von Assur lag. Arabische Fürsten wie Sanatruk, die von den parthischen Lehensherren praktisch unabhängig waren, stifteten den Tempeln Statuen, die sie in reichen persischen Gewändern, mit plissierten Hosen und großen Tuniken, zeigen. Die bemerkenswerteste Skulptur ist die Statue der Göttin Allat, der Nachfolgerin der assyrobabylonischen Göttin Ischtar. Wie diese sitzt sie auf einem Löwen, ist jedoch wie Athene gekleidet. Begleitet wird sie von zwei niedrigeren Göttinnen. Diese Darstellung verdeutlicht gut das Fortleben religiöser Traditionen.

Im 3. Jh. n. Chr. unterwarfen die persischen Sasaniden das Partherreich mit seinen Vasallenstaaten und bemächtigten sich ganz Mesopotamiens. Der sasanidische Palast in Ktesiphon veranschaulicht die iranische Vorherrschaft mit seinem riesigen Iwan in der Mitte einer Fassade, die Bogenreihen mit Säulchen aufweist und ganz anders als die römische Architektur aufgebaut ist. Hier erscheinen die Grundlagen einer neuen Tradition, die in der islamischen Kultur ihre Erfüllung finden sollte.

AUSWAHLBIBLIOGRAPHIE

Amiet, P.: *Die Kunst des Alten Orient,* Freiburg/Brsg. 1977
Frankfort, H.: *The Art and Architecture of the Ancient Orient,* London 1954,
    ⁴1970
Moortgart, A.: *Die Kunst Vorderasiens,* Köln 1967
Parrot, A.: *Vorderasien I: Sumer,* München 1960, ³1970 (= Universum der Kunst
    Bd. 1)
— *Vorderasien II: Assur,* München 1961, ²1972 (= Universum der Kunst Bd. 2)
Orthmann, W.: *Der Alte Orient,* Berlin 1975 (= Propyläen Kunstgeschichte
    Bd. 14)
Strommenger, E.: *Fünf Jahrtausende Mesopotamien,* München 1962
Woolley, L.: *Mesopotamien und Vorderasien, Die Kunst des Mittleren Ostens,*
    Baden-Baden 1961 (= Kunst der Welt)

DIE WICHTIGSTEN MUSEEN

Deutschland (DDR)
Staatliche Museen zu Berlin, Vorderasiatisches Museum (Pergamon-Museum),
    Berlin (= Staatl. M. Berlin)

Frankreich
Musée national du Louvre, Paris (= Louvre, Paris)

Großbritannien
British Museum, London (= B. M. London)
Ashmolean Museum, Oxford

Irak
Iraq Museum, Bagdad (= I. M. Bagdad)

USA
University Museum, University of Pennsylvania, Philadelphia (= Univ. M. Phi-
    ladelphia)

Weitere Museen und Sammlungen
Nationalmuseum, Aleppo (= M. Aleppo)
Oriental Institute Museum, University of Chicago, Chicago (= M. Chicago)
Nationalmuseum, Damaskus (= M. Damaskus)
Archäologisches Museum, Istanbul (= A. M. Istanbul)
City Museum and Art Gallery, Worchester (= M. Worchester)

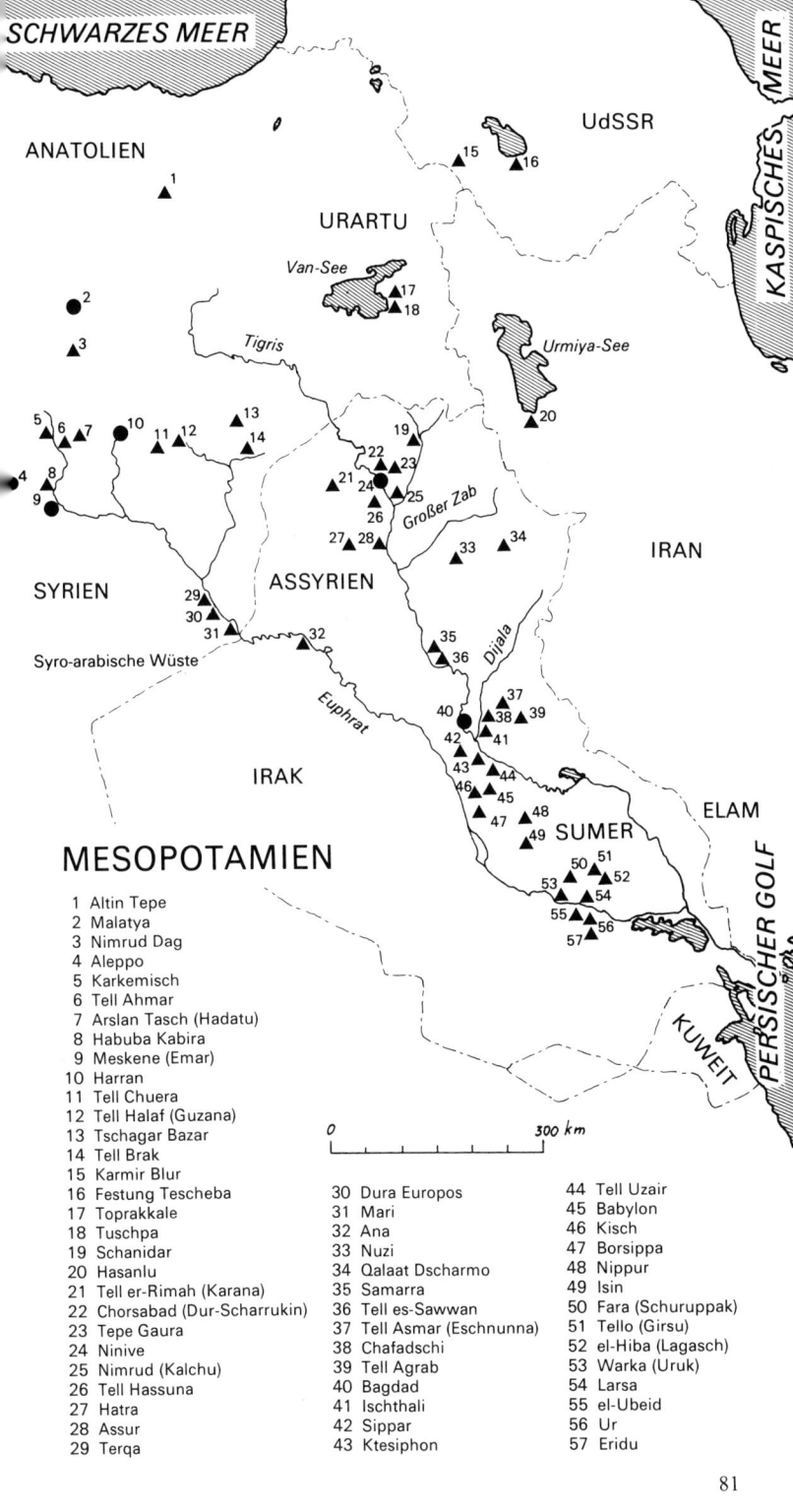

SCHWARZES MEER

ANATOLIEN

URARTU

Van-See

Tigris

Urmiya-See

IRAN

SYRIEN

ASSYRIEN

Großer Zab

Syro-arabische Wüste

Euphrat

Dijala

IRAK

ELAM

SUMER

MESOPOTAMIEN

1 Altin Tepe
2 Malatya
3 Nimrud Dag
4 Aleppo
5 Karkemisch
6 Tell Ahmar
7 Arslan Tasch (Hadatu)
8 Habuba Kabira
9 Meskene (Emar)
10 Harran
11 Tell Chuera
12 Tell Halaf (Guzana)
13 Tschagar Bazar
14 Tell Brak
15 Karmir Blur
16 Festung Tescheba
17 Toprakkale
18 Tuschpa
19 Schanidar
20 Hasanlu
21 Tell er-Rimah (Karana)
22 Chorsabad (Dur-Scharrukin)
23 Tepe Gaura
24 Ninive
25 Nimrud (Kalchu)
26 Tell Hassuna
27 Hatra
28 Assur
29 Terqa

0   300 km

30 Dura Europos
31 Mari
32 Ana
33 Nuzi
34 Qalaat Dscharmo
35 Samarra
36 Tell es-Sawwan
37 Tell Asmar (Eschnunna)
38 Chafadschi
39 Tell Agrab
40 Bagdad
41 Ischthali
42 Sippar
43 Ktesiphon

44 Tell Uzair
45 Babylon
46 Kisch
47 Borsippa
48 Nippur
49 Isin
50 Fara (Schuruppak)
51 Tello (Girsu)
52 el-Hiba (Lagasch)
53 Warka (Uruk)
54 Larsa
55 el-Ubeid
56 Ur
57 Eridu

KUWEIT

PERSISCHER GOLF

KASPISCHES MEER

UdSSR

81

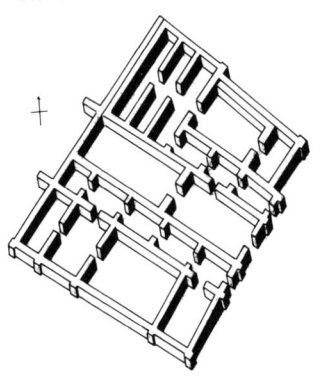

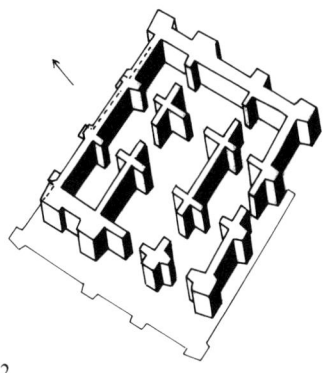

1
Haus, Tell es-Sawwan, bei Samarra,
Schicht I, um 6000–5500 v. Chr.

2
Haus, Tschoga Mami, nordöstlich von
Bagdad, Samarra-Periode, um 5500
v. Chr.

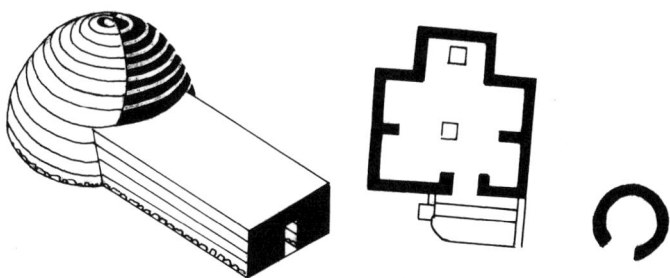

3
Rundes Haus, Tell Arpatschja, bei
Ninive, Tell Halaf-Periode, um 5000
v. Chr.

4
Tempel, Eridu, Schicht XVI, um 5000
v. Chr.

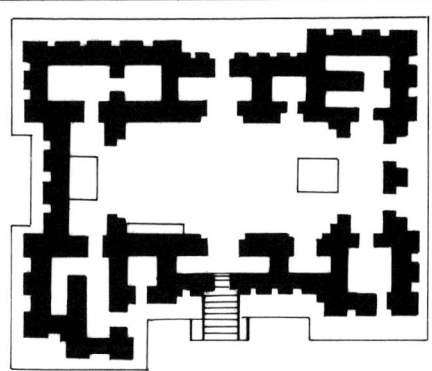

5   Tempel auf Terrasse, Eridu, Schicht VII, Ende Ubaid-Periode, um 4200
v. Chr.

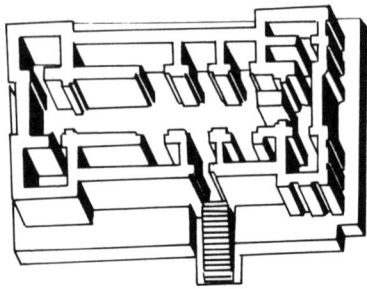

6   Tempel auf Terrasse, Eridu, Schicht VI, Ende Ubaid-Periode, um 4000
v. Chr.

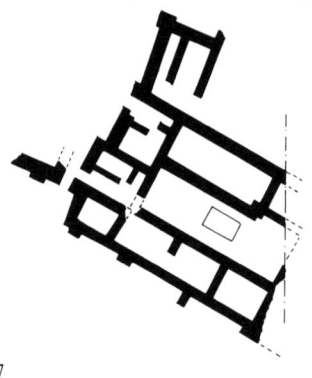

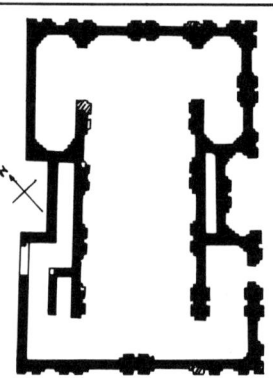

7

Tempel, Tepe Gaura, nordöstlich von
Ninive, Schicht VIII, Anf. Ubaid-
Periode, um 4500 v. Chr.

8

Nordtempel, Tepe Gaura, Schicht
XIII, Ende Ubaid-Periode, um 4000
v. Chr.

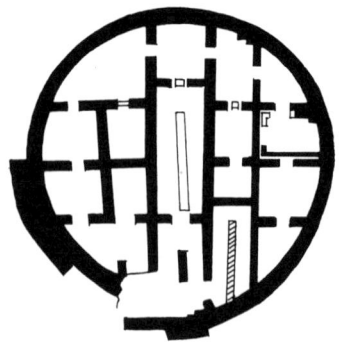

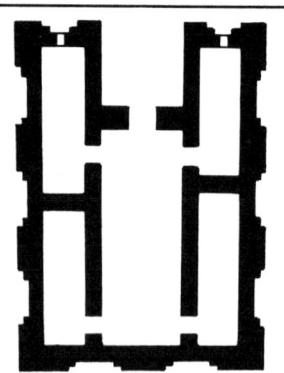

9

Rundes Haus, Tepe Gaura, Schicht
XI, Anf. Gaura-Periode, um 3800
v. Chr.

10

Südwesttempel, Tepe Gaura, Schicht
VIII, Ende Gaura-Periode, um 3000
v. Chr.

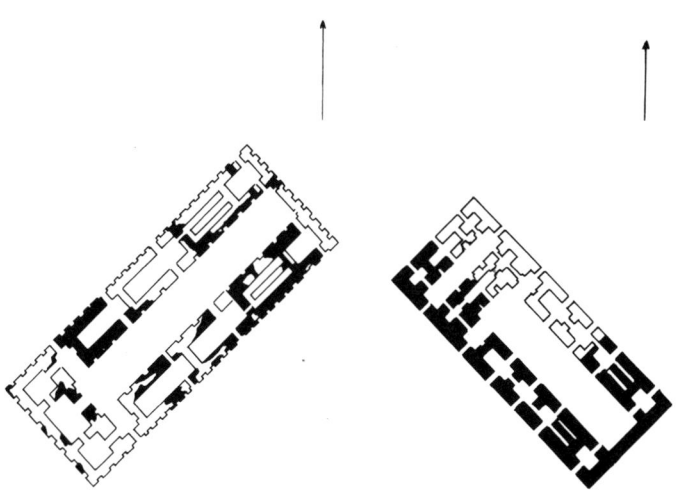

11
Kalksteintempel, Eanna-Heiligtum
der Göttin Inanna, Uruk, Schicht V,
um 3400 v. Chr.

12
Tempel C, Eanna-Heiligtum, Uruk,
Schicht IV a, um 3200 v. Chr.

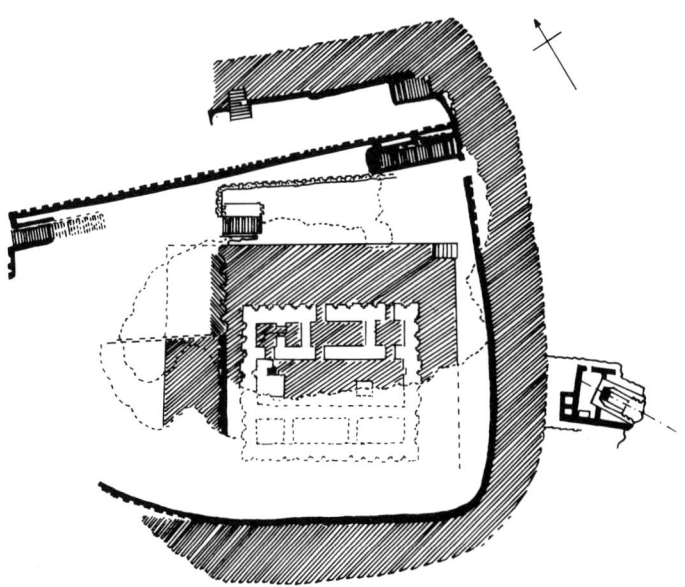

13 »Bemalter Tempel« auf Terrasse, Tell Uzair, östlich von Babylon, um 3200
v. Chr.

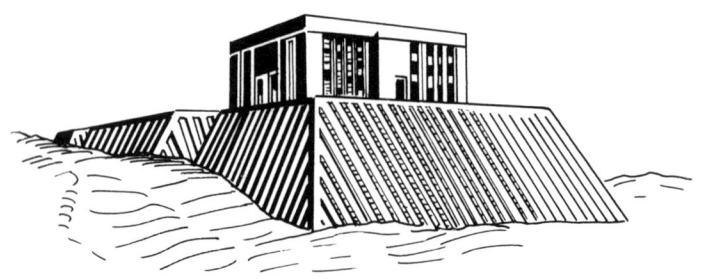

14 »Zikkurat« des Himmelgottes Anu, Uruk, Dschemdet Nasr-Periode, um 3100 v. Chr.

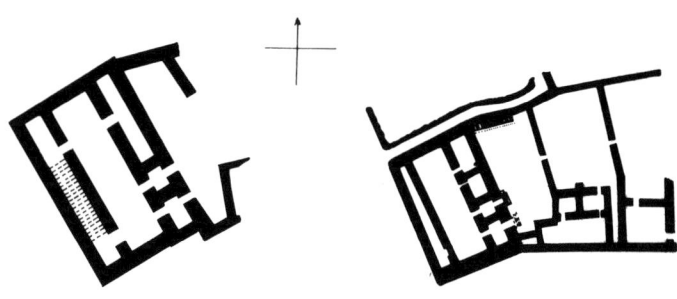

15
Sin-Tempel, Chafadschi, östlich von Bagdad (Dijala-Gebiet), Schicht I, um 3100 v. Chr.

16
Sin-Tempel, Chafadschi, Schicht IV, Ende Dschemdet Nasr-Periode, um 2900 v. Chr.

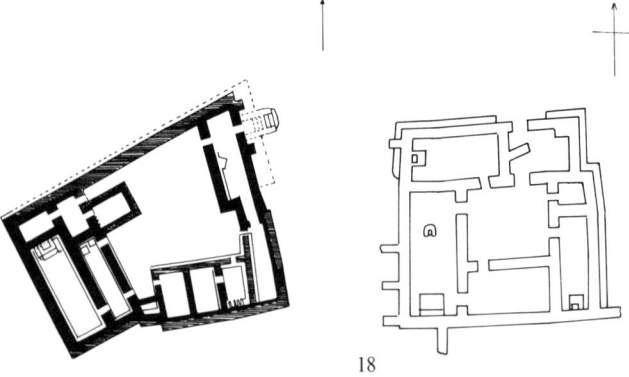

17
Sin-Tempel, Chafadschi, Schicht VIII, um 2700–2600 v. Chr.

18
Quadratischer Tempel des Gottes Abu, Eschnunna (heute Tell Asmar), um 2750 v. Chr.

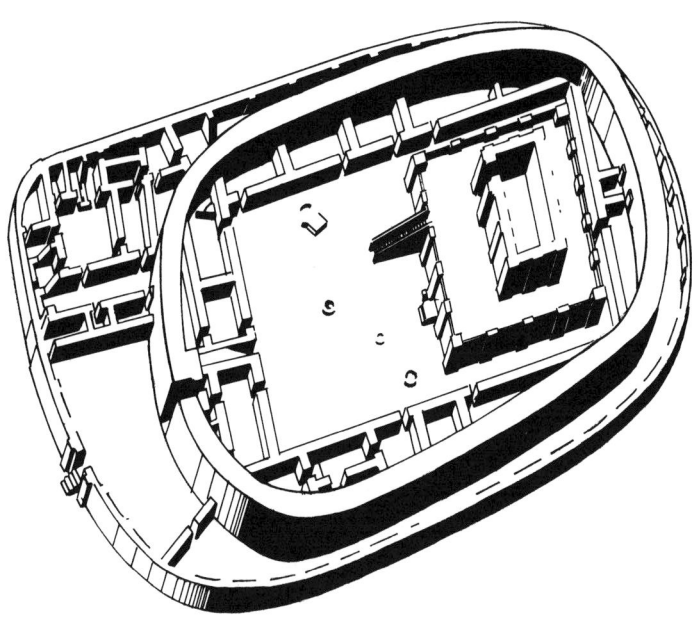

19   Ovaltempel, Chafadschi, um 2650 v. Chr.

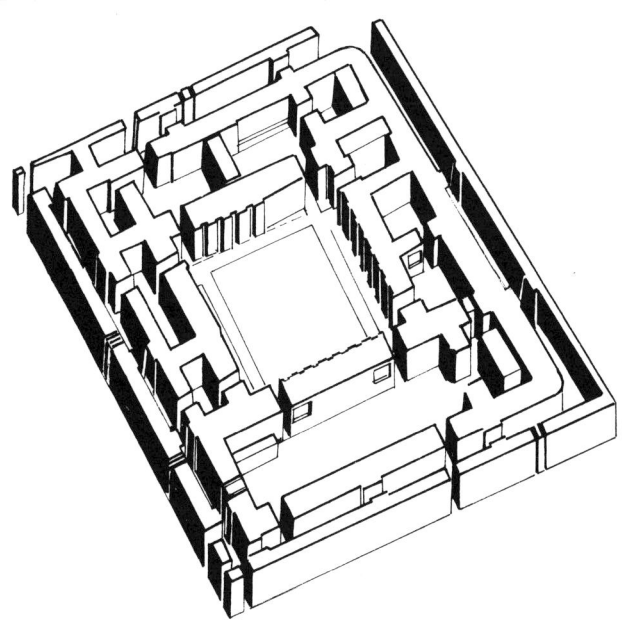

20   »Heiliger Bereich« des vorsargonischen Palastes, Mari (Mitteleuphrat), um
2500 v. Chr.

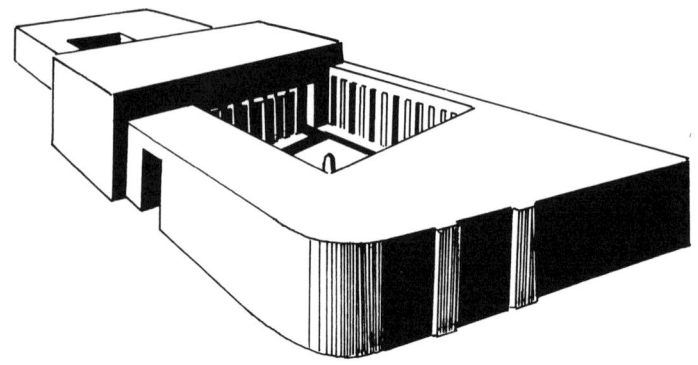

21   Tempel der Göttin Ninni-zaza, Mari, um 2400 v. Chr.

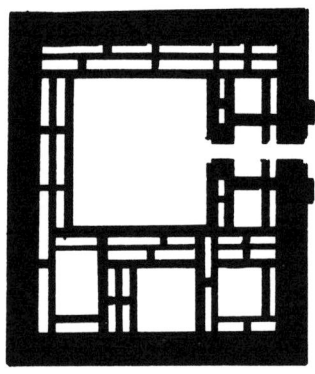

22   Befestigter Palast des Naram-sin, Tell Brak (Ostsyrien), um 2250 v. Chr.

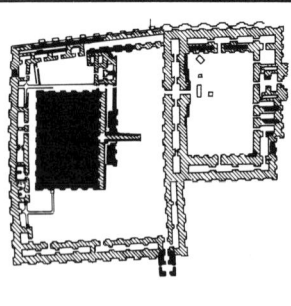

23   Tempel mit Zikkurat des Mondgottes Nanna, Ur, III. Dynastie, um 2100
     v. Chr.

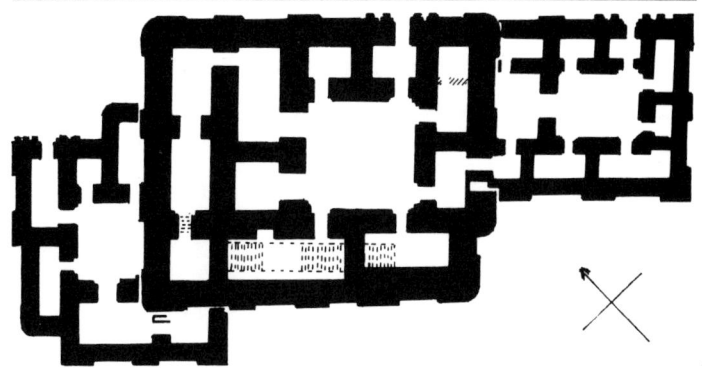

24   Tempel über der Königskrypta, Ur, III. Dynastie, um 2050–2000 v. Chr.

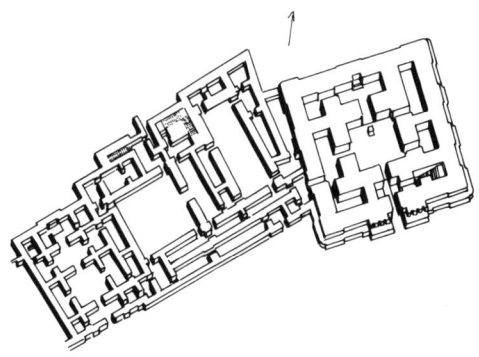

25   Tempel des vergöttlichten Königs von Ur und Fürstenpalast, Eschnunna
     (heute Tell Asmar), um 2050–1950 v. Chr.

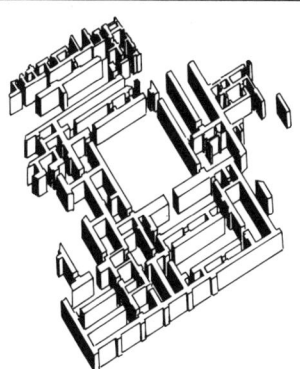

26   Unvollendeter Palast, Larsa, Anf. 2. Jtsd. v. Chr.

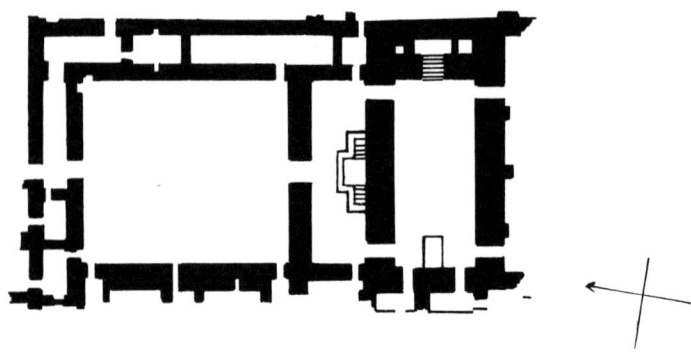

27   Repräsentationsteil des Zimrilim-Palastes, Mari, 1. Hälfte 18. Jh. v. Chr.

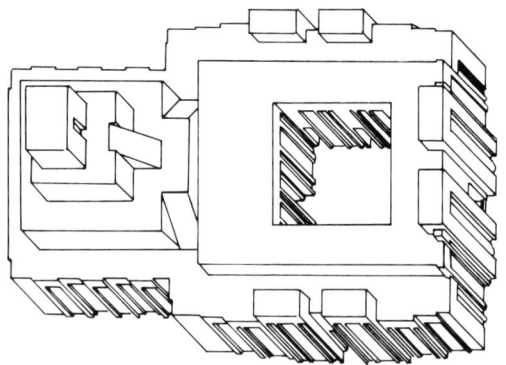

28   Tempel mit Zikkurat, Karana (heute Tell er-Rimah), westlich von Ninive,
19. Jh. v. Chr.

29   Doppeltempel, Nuzi, mitannische Stadt bei Kerkuk, 15. Jh. v. Chr.

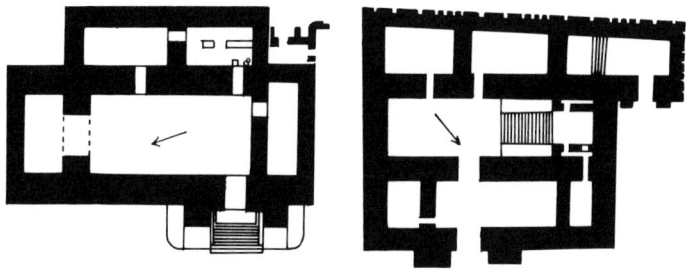

30
Ischtar-Tempel, Assur am Tigris,
Schicht E, Periode der Könige von Ur,
um 2100–2000 v. Chr.

31
Ischtar-Tempel, Assur, rekonstruiert
von Tukulti-Ninurta I., 13. Jh. v. Chr.

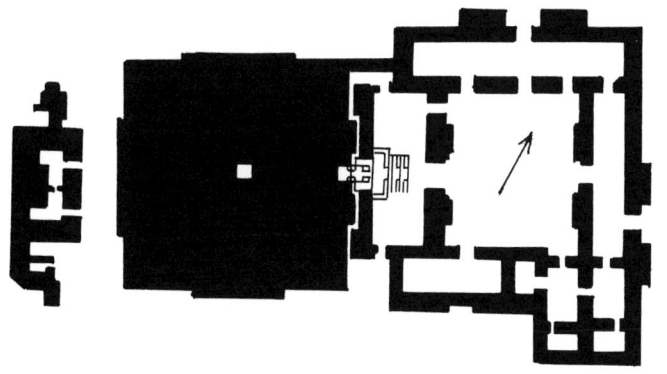

32   Tempel mit Zikkurat, Kar-Tukulti-Ninurta, Königsstadt bei Assur, 13. Jh.
v. Chr.

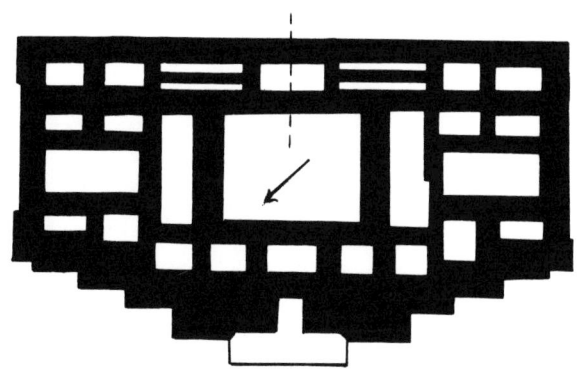

33   Doppeltempel des Mondgottes Sin und des Sonnengottes Schamasch,
Assur, 16. Jh. v. Chr.

91

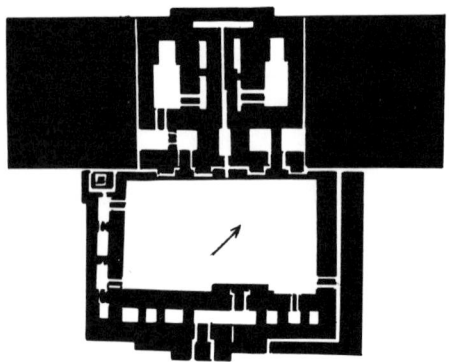

34   Doppeltempel des Himmelgottes Anu und des Sturmgottes Adad mit Zik-
kurats, Assur, 12. Jh. v. Chr.

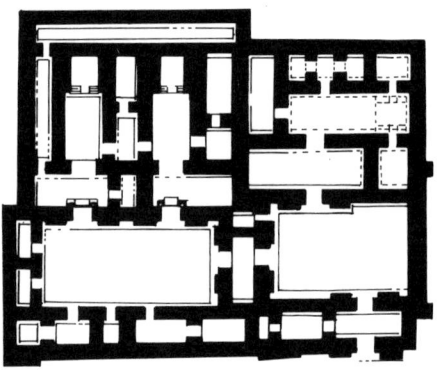

35   Doppeltempel des Schreibkunst-Gottes Nabu und der Kriegsgöttin Ischtar,
Assur, 9. Jh. v. Chr.

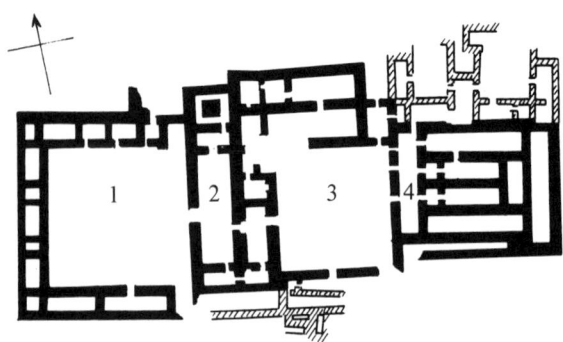

36   Assyrischer Palast, Arslan Tasch (Nordsyrien), 8. Jh. v. Chr.   1. Ein-
gangshof   2. Thronsaal   3. Innenhof   4. Tempel

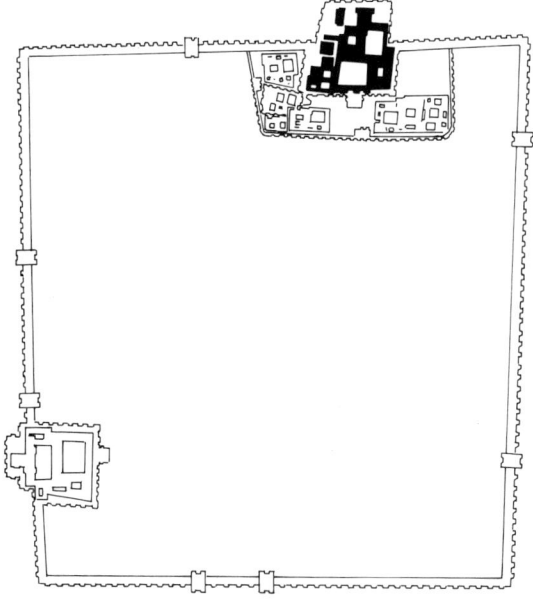

37 Grundriß von Dur-Scharrukin (heute Chorsabad) mit Palastanlagen, Ende 8. Jh. v. Chr.

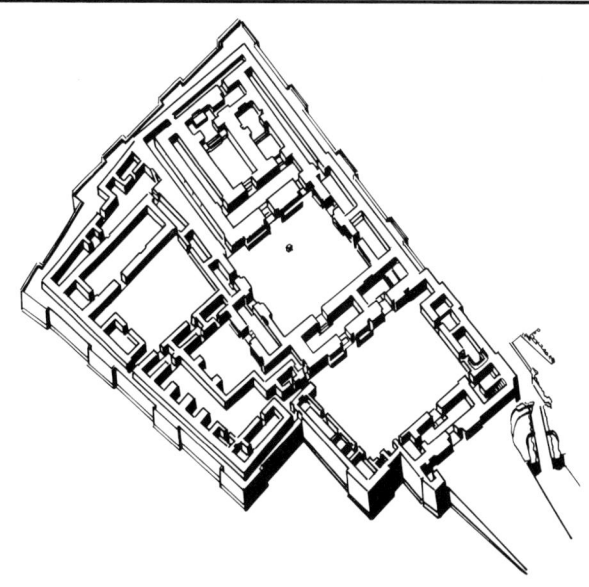

38 Nabu-Tempel, erbaut neben dem Palast von Dur-Scharrukin, Ende 8. Jh. v. Chr.

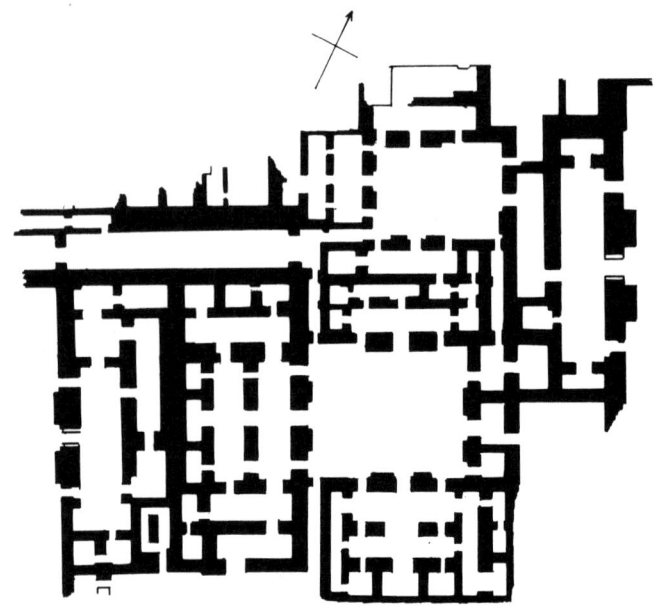

39   Grundriß des Sanherib-Palastes, Ninive, Anf. 7. Jh. v. Chr.

40   Ischtar-Tor, Babylon, erbaut von Nebukadnezar II., 1. Hälfte 6. Jh. v. Chr.

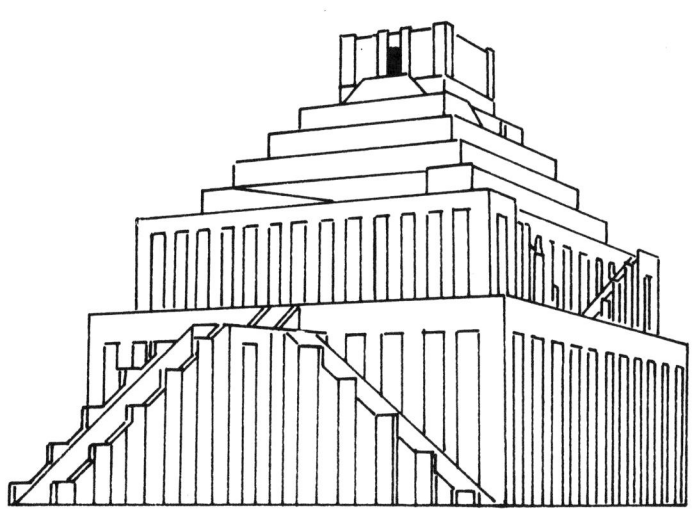

41 Rekonstruktion des »Turmes zu Babel« nach Wiederaufbau im 6.Jh.
    v. Chr., H: ca. 90 m (= Seite des Grundquadrats)

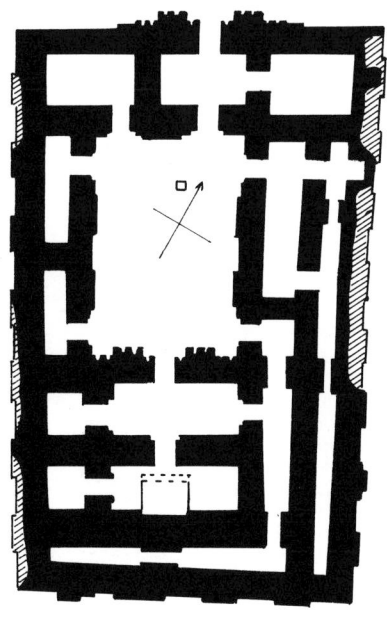

42 Tempel der Göttin Ninmah, Babylon, 6. Jh. v. Chr.

95

43   Frontseite mit Iwan des parthischen Palastes, Assur, 1.–2. Jh. n. Chr.

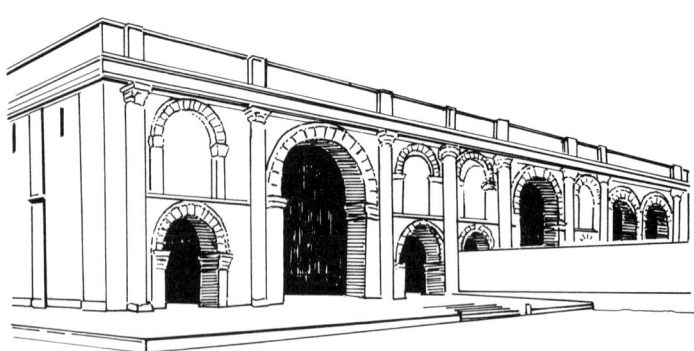

44   Tempel mit Iwanen, Hatra (in der Wüste westlich von Assur), 2.–3. Jh.
     n. Chr.

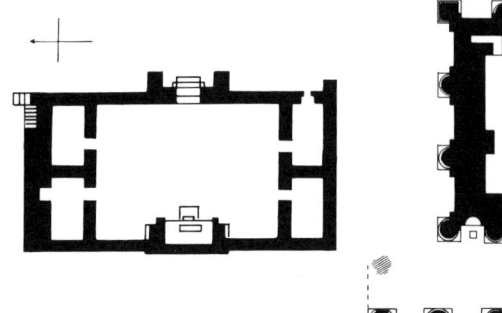

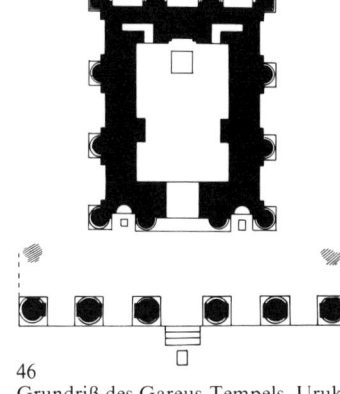

45
Breitrechteckiger Tempel Nr. VI aus
Trockenziegeln,   Hatra,   2.–3. Jh.
n. Chr.

46
Grundriß des Gareus-Tempels, Uruk
(heute Warka), Partherzeit

47   Sasanidischer Palast, Schapur I. zugeschrieben, Ktesiphon, bei Babylon,
            Mitte 3. Jh. n. Chr.

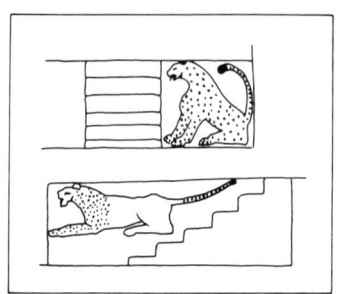

48
Stiftmosaik auf Säulen, Ton, Uruk,
Uruk-Periode, um 3200 v. Chr., I. M.
Bagdad

49
Malerei auf Tempelpodium, Tell
Uzair, Uruk-Periode, um 3200 v. Chr.

50
Hauptteil des Investitur-Gemäldes,
Mari, Zimrilim-Palast, um 1760
v. Chr., Louvre, Paris

51
Maske Humbabas, Kalkstein, Karana
(heute Tell er-Rimah), um 1800
v. Chr., M. Mossul

52 Dekor aus vorgeformten Ziegeln, H: 205 cm, Kara-indasch-Tempel, Uruk,
15. Jh. v. Chr., I. M. Bagdad

53
Palastmalerei, Nuzi, bei Kerkuk,
15. Jh. v. Chr.

54
Malerei auf der Palastterrasse, Kar-
Tukulti-Ninurta, bei Assur, 13. Jh.
v. Chr.

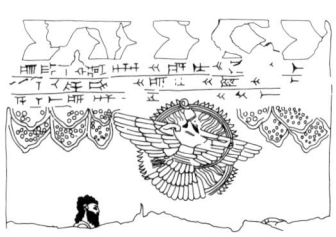

55
Platte, glasierter gebrannter Ton,
Assur, 9. Jh. v. Chr., Staatl. M. Berlin

56
Glasierter Ziegel, Palast des Tukulti-
Ninurta II. (888–884 v. Chr.), B. M.
London

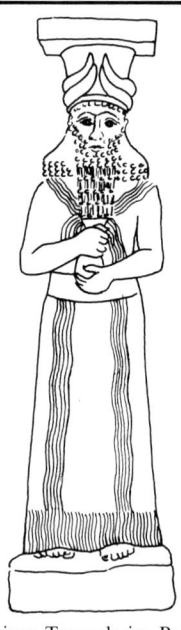

57
Rechter Torpfeiler, Gipsstein, H: ca.
400 cm, Palast Sargons II., Dur-Scharrukin, Ende 8. Jh. v. Chr.

58
Atlant eines Tempels im Palast Sargons II., Gipsstein, Dur-Scharrukin
(heute Chorsabad), Ende 8. Jh. v. Chr.

59   Assyrische Palastmalerei, Tell Ahmar (Nordsyrien), 8. Jh. v. Chr.

60   Assyrische Palastmalerei, Tell Ahmar (Nordsyrien), 8. Jh. v. Chr.

61
Stier, Attribut Adads, glas. Ziegel,
H: 100 cm, Ischtar-Tor, Babylon, 1.
Hälfte 6. Jh. v. Chr., Staatl. M. Berlin

62
Löwe, Attribut Ischtars, glas. Ziegel,
H: 100 cm, Ischtar-Tor, Babylon, 1.
Hälfte 6. Jh. v. Chr., Staatl. M. Berlin

63   Drache, Attribut Marduks, glas. Ziegel, H: 100 cm, Ischtar-Tor, Babylon,
       1. Hälfte 6. Jh. v. Chr., Staatl. M. Berlin

64
Stuckrelief, sasanidischer Palast, Kisch, bei Babylon, 5. Jh. n. Chr., M. Chicago

65
Stuckrelief, sasanidischer Palast, Kisch, bei Babylon, 5. Jh. n. Chr., M. Chicago

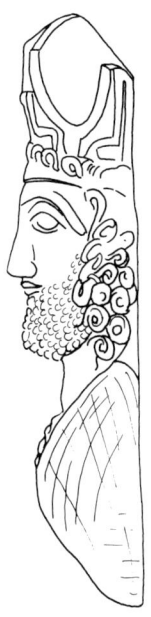

66
Büste eines sasanidischen Königs, Stuckrelief, Palast von Kisch, 5. Jh. n. Chr. M. Chicago

67
Seitenansicht der Büste Abb. 66

68   Jagdstele, Basalt, H: 80 cm, Uruk, Uruk-Periode, um 3200 v. Chr., I.M.
Bagdad

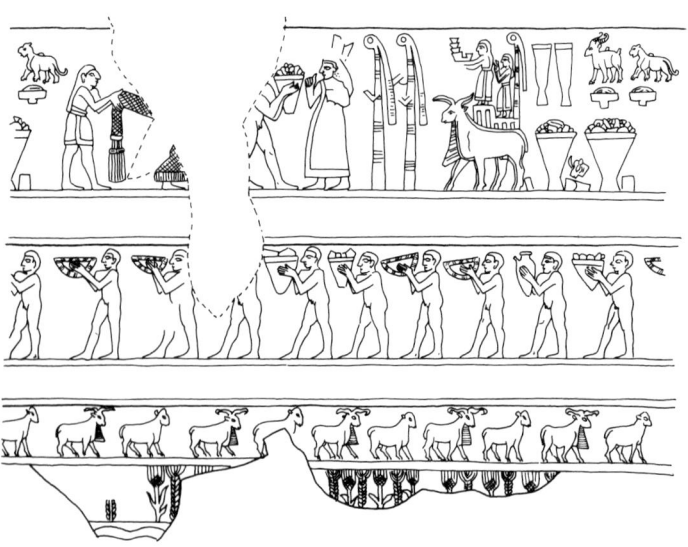

69   Kultvase, Dekor in Flachrelief, Alabaster, Uruk, Dschemdet Nasr-Periode,
um 3000 v. Chr., I.M. Bagdad

70
Weiheplatte mit Festszene, Gipsstein, H: 32 cm, Chafadschi, um 2700 v. Chr., I. M. Bagdad

71
Weiheplatte mit Festszene, Gipsstein, H: 20 cm, Chafadschi, um 2700 v. Chr., M. Chicago

72
Siegesdarstellung, Kalkstein, H: 18 cm, Tello (ehem. Girsu), 1. Hälfte 3. Jtsd. v. Chr., Louvre, Paris

73
Kriegsgott, Alabaster, H: 10 cm, Chafadschi, um 2600 v. Chr., I. M. Bagdad

74
Streitkolben des Mesalim, Königs von Kisch, Kalkstein, H: 19 cm, Tello, um 2600–2550 v. Chr., Louvre, Paris

75
Streitkolben Abb. 74, Ansicht von oben, Adler mit Löwenkopf

76   Relief des Ur-nansche, Königs von Lagasch, Kalkstein, H: 40 cm, Tello,
         2550–2500 v. Chr., Louvre, Paris

77   78
Relief des Ur-nansche, Gipsstein,   Stele des Ur-nansche, Kalkstein,
H: 15 cm, Tello, 2550–2500 v. Chr.,   H: 91 cm, el-Hiba (ehem. Lagasch),
Louvre, Paris   2550–2500 v. Chr., I. M. Bagdad

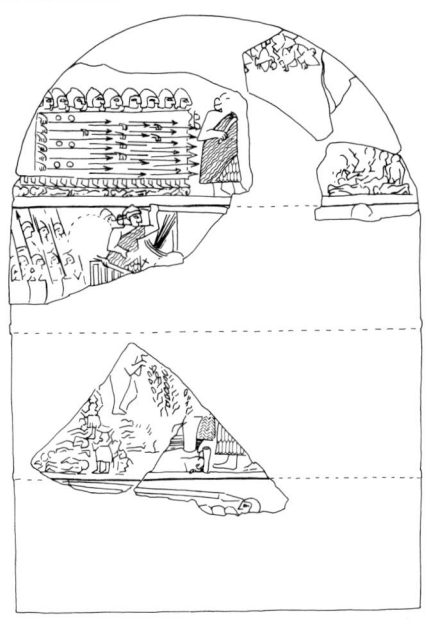

79 Geierstele, errichtet von Eannatum, Kalkstein, H: 180 cm, Tello, 2500–
    2450 v. Chr., Louvre, Paris

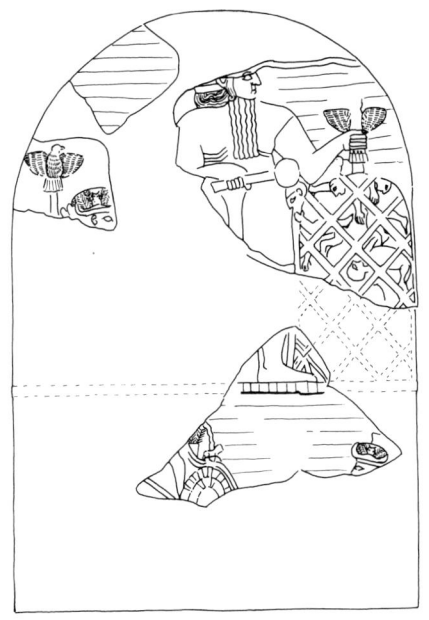

80 Rückseite der Geierstele Abb. 79

81
Weiheplatte mit Trankopfer vor
Göttin, Kalkstein, H: 12 cm, Tello, um
2400 v. Chr., Louvre, Paris

82
Gravierte Platte mit Kultszene, Schiefer, H: 19 cm, Nippur, um 2400
v. Chr., A. M. Istanbul

83   Muschelmosaik mit Molkerei, H: 23 cm, el-Ubaid, Nin-hursag-Tempel,
      I. Ur-Dynastie, um 2450 v. Chr., I. M. Bagdad

84
Mythologisches Relief, Kalkstein, H:
14,5 cm, el-Ubaid, um 2450 v. Chr.,
Univ. M. Philadelphia

85
Fragment eines mythologischen
Reliefs, Gipsstein, H: 13,5 cm, Mari,
um 2450 v. Chr., M. Damaskus

86   Fragment der Sargon-Stele aus Babylon, Diorit, H: ca. 50 cm, Susa, um
2300 v. Chr., Louvre, Paris

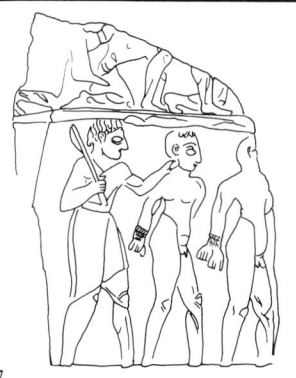

87
Fragment der Sargon-Stele, Diorit, H:
46 cm, Susa, um 2300 v. Chr., Louvre,
Paris

88
Encheduanna,   Tochter   Sargons,
Kalkspat-Scheibe, D: 26,5 cm, Ur, um
2300 v. Chr., Univ. M. Philadelphia

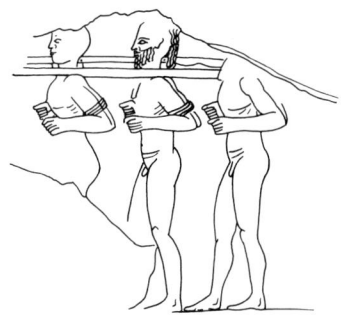

89
Fragment einer akkadischen Stele,
grüner Alabaster, Nasirije-Gebiet,
2300–2250 v. Chr., I. M. Bagdad

90
Fragment einer akkadischen Stele,
grüner Alabaster, H: 21 cm, 2300–
2250 v. Chr., I. M. Bagdad

91   Stele Naram-sins, des 4. Königs von Akkad, Kalkstein, H: 200 cm, Susa, um
2250–2200 v. Chr., Louvre, Paris

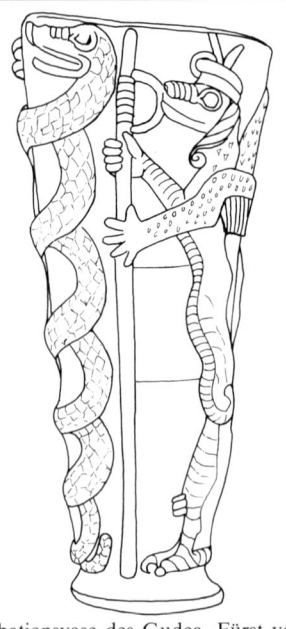

92
Libationsvase des Gudea, Fürst von
Lagasch, Steatit, H: 23 cm, Tello, um
2150 v. Chr., Louvre, Paris

93
Relieffragment, Steatit, H: 14 cm,.
Tello, Gudea-Zeit, um 2150 v. Chr.,
Louvre, Paris

94   Register der Stele des Ur-nammu, Kalkstein, Ur, um 2100 v. Chr., Univ. M.
Philadelphia

95
Gestempeltes Plättchen, gebrannter
Ton, H: 12 cm, Babylonien, Anf.
2. Jtsd. v. Chr., Louvre, Paris

96
Oberteil der Gesetzesstele Hammurabis, Basalt, H (total): 225 cm, Susa,
um 1792–1750 v. Chr., Louvre, Paris

97
Relief, aus Brunnen des Assur-Tempels, Gipsstein, H: 122 cm, Assur, 15.–14. Jh. v. Chr., Staatl. M. Berlin

98
Altar des Tukulti-Ninurta I. (1241–1205 v. Chr.), Kalkstein, H: 57,5 cm, Staatl. M. Berlin

99
Kudurru des Melischipak II., schwarzer Kalkstein, H: 68 cm, Susa, Anf. 12. Jh. v. Chr., Louvre, Paris

100
Kudurru des Marduk-nadi-nahhe, Kalkstein, H: 61 cm, Babylonien, Anf. 11. Jh. v. Chr., B. M. London

101   Nabuapaliddin, Relief, Kalkstein, H: 18 cm, Sippar (Babylonien), 9.Jh.
v. Chr., B. M. London

102   Relief, Gipsstein, H: 178 cm, Thronsaal Assurnasirpals II., Nimrud (ehem.
Kalach), 9.Jh. v. Chr., B. M. London

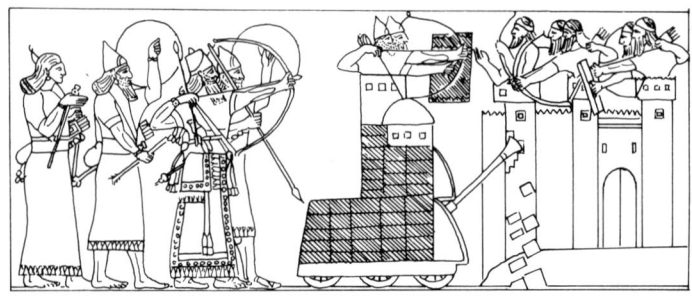

103   Relief, Gipsstein, H: 98 cm, Palast Assurnasirpals II., Nimrud, 9. Jh.
      v. Chr., B. M. London

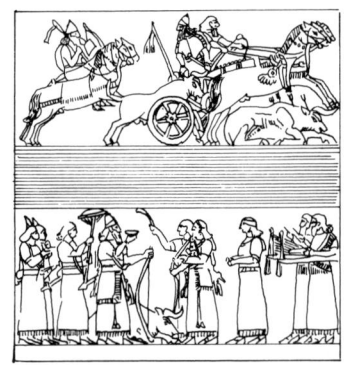

104   Relief, Gipsstein, Palast Assurnasirpals II., Nimrud, 9. Jh. v. Chr., B. M.
      London

105   Relief, Gipsstein, H: 92 cm, Palast Assurnasirpals II., Nimrud, 9. Jh.
      v. Chr., B. M. London

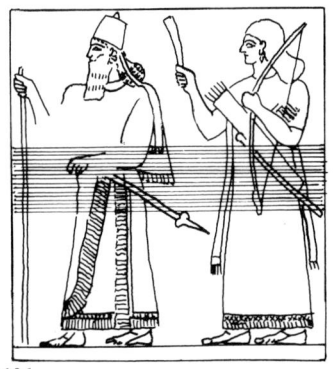

106
Relief, Gipsstein, H: 244 cm, Palast
Assurnasirpals II., Nimrud, 9. Jh.
v. Chr., B. M. London

107
Relief, Gipsstein, Ninurta-Tempel,
Nimrud, 9. Jh., v. Chr., B. M. London

108
Detail vom Bronzetor Salmanassars
III., H: 28 cm, Balawat (Assyrien),
9. Jh. v. Chr., B. M. London

109
Detail vom Obelisken Salmanassars
III., schwarzer Alabaster, Nimrud,
9. Jh. v. Chr., B. M. London

110
Sargon II. mit Würdenträger, Gipsstein, H: 298 cm, Chorsabad, 8. Jh.
v. Chr., Louvre, Paris

111
Schutzgottheit, Gipsstein, H: 306 cm,
Palast Sargons II., Chorsabad, 8. Jh.
v. Chr., Louvre, Paris

112 Der König bei der Belagerung von Lachisch, Gipsstein, Palast Sanhe-
     ribs II., Ninive, 7. Jh. v. Chr., B. M. London

113 Felsrelief, H der Figuren: 148 cm, Bavian (Nordassyrien), Anf. 7. Jh.
     v. Chr.

114 Assurbanipal im Streitwagen, Gipsstein, Assurbanipal-Palast, Ninive,
     7. Jh. v. Chr., Louvre, Paris

115
Krieger im Streitwagen, Gipsstein, Assurbanipal-Palast, Ninive, 7. Jh. v. Chr., Louvre, Paris

116
Flüchtende arabische Kameltreiber, Gipsstein, Assurbanipal-Palast, Ninive, 7. Jh. v. Chr., B. M. London

117
Elamische Deportierte, Gipsstein, Assurbanipal-Palast, Ninive, 7. Jh. v. Chr., Louvre, Paris

118
Königliches Siegesfest, Gipsstein, H: 55 cm, Assurbanipal-Palast, Ninive, 7. Jh. v. Chr., B. M. London

119   Der König auf der Jagd, Gipsstein, Assurbanipal-Palast, Ninive, 7. Jh. v. Chr., B. M. London

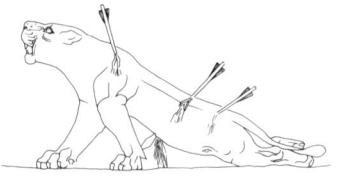

120
Verletzte Löwin, Gipsstein, Assurba-
nipal-Palast, Ninive, 7. Jh. v. Chr.,
B.M. London

121
Verletzter Löwe, Gipsstein, Assurba-
nipal-Palast, Ninive, 7.Jh. v.Chr.,
B.M. London

122   Tiere in assyrischer Steppe, Gipsstein, Assurbanipal-Palast, Ninive, 7.Jh.
v.Chr., B.M. London

123   Kudurru des Marduk-apal-iddin II. (721–710 u. 703 v.Chr.), Kalkstein,
H: 46cm, Staatl. M. Berlin

124
Votivstele, Assur, Partherzeit, 1.–2. Jh.
n. Chr.

125
Altar mit Höllengott, Alabaster,
Hatra, 2.–3. Jh. n. Chr., I. M. Bagdad

126 Göttin Allat mit zwei Untergöttinnen, Kalkstein, H: 115 cm, Hatra,
2.–3. Jh. n. Chr., I. M. Bagdad

127   Höllengott Nergal, Kalkstein, H: 90 cm, Hatra, 2.–3. Jh. n. Chr., I. M.
Bagdad

128   Relief mit drei Göttinnen, Alabaster, Hatra, M. Mossul

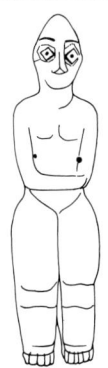

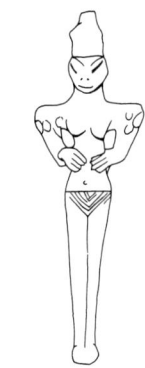

129
Weibliches Idol, Alabaster, Tell es-Sawwan, Hassuna-Periode, 1. Hälfte 6. Jtsd. v. Chr., I. M. Bagdad

130
Weibliches Idol, gebrannter Ton, H: 16 cm, Ur, Ubaid-Periode, um 4000 v. Chr., I. M. Bagdad

131
Weibliches Idol mit Kind, gebrannter Ton, H: 14 cm, Ur, Ubaid-Periode, um 4000 v. Chr., I. M. Bagdad

132
»Augenidol« mit Kind, Alabaster, Tell Brak, um 3200 v. Chr., M. Aleppo

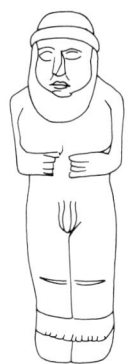

133
Priesterkönig, Kalkstein, H: 29,5 cm, Region Uruk, Uruk-Periode, um 3200 v. Chr., Louvre, Paris

134
Frauenkopf, Marmor, H: 20 cm, Uruk, Dschemdet Nasr-Periode, um 3000 v. Chr., I. M. Bagdad

135
Adorantin, Kalkstein, H: 11 cm, Sin-
Tempel, Chafadschi, um 3000–2900
v. Chr., I. M. Bagdad

136
Großer Adorant, Gipsstein, H: 72 cm,
Abu-Tempel, Tell Asmar, frühdynast.
Zeit, um 2700 v. Chr., I.M. Bagdad

137
Große Adorantin, Gipsstein, H:
59 cm, Abu-Tempel, Tell Asmar, um
2700 v.Chr., I.M. Bagdad

138
Schutzgeist mit Gefäß, Alabaster, H:
21 cm, Abu-Tempel, Tell Asmar, um
2700 v.Chr., I.M. Bagdad

139
Adorantinnenkopf, Kalkstein, H: 8 cm, Sin-Tempel, Chafadschi, um 2700 v. Chr., M. Chicago

140
Ansicht des Kopfes Abb. 139 von hinten

141
Schutzgeist mit Gefäß, Kalkstein, H: 10 cm, Schara-Tempel, Tell Agrab, um 2700 v. Chr., M. Chicago

142
Nackter Adorant, Alabaster, H: 24,5 cm, Nintu-Tempel, Chafadschi, um 2700 v. Chr., I. M. Bagdad

143
Hockender Adorant, Marmor, H: 15,5 cm, Nintu-Tempel, Chafadschi, um 2700 v. Chr., I. M. Bagdad

144
Stehender Adorant, Alabaster, H: 30 cm, Nintu-Tempel, Chafadschi, um 2700 v. Chr., M. Worchester

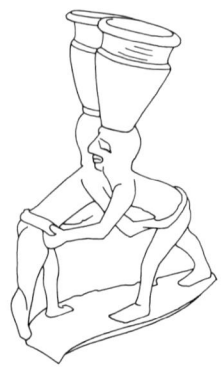 

145
Krugtragende Ringer, Kupfer, H:
10,2 cm, Nintu-Tempel, Chafadschi,
um 2700 v. Chr., I. M. Bagdad

146
Wagenmodell, Kupfer, H: 7,2 cm,
Schara-Tempel, Tell Agrab, um 2700
v. Chr., I. M. Bagdad

147
Nackter Mann, Ständer, Kupfer, H:
55,5 cm, Ovaltempel, Chafadschi, um
2700 v. Chr., I. M. Bagdad

148
Adorant, Alabaster, H: 16 cm, Eridu,
2600–2500 v. Chr., I. M. Bagdad

149   Adorant, Alabaster, H: 30 cm, Nintu-Tempel, Chafadschi, um 2500
v. Chr., Univ. M. Philadelphia

 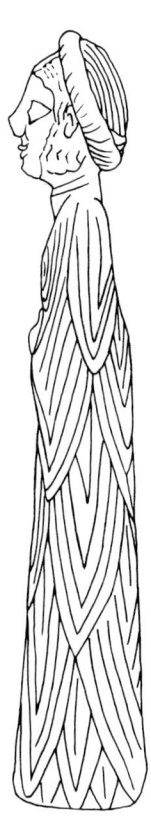

150
Adorantin, Kalkstein, H: 14,9 cm,
Sin-Tempel, Chafadschi, um 2600   151
v. Chr., I. M. Bagdad   Seitenansicht der Adorantin Abb. 150

152
Adorantin, Alabaster, H: 30,8 cm,
Nintu-Tempel, Chafadschi, 2600–
2500 v. Chr., Univ. M. Philadelphia

153
Adorantinnenkopf, Kalkstein, H:
12 cm, Schara-Tempel, Tell Agrab,
um 2600 v. Chr., I. M. Bagdad

154
Adorantin, Kalkstein, H: 41,5 cm,
Nintu-Tempel, Chafadschi, um 2500
v. Chr., M. Chicago

155
Der Tempelintendant Abichil, Alaba-
ster, H: 52,5 cm, Ischtar-Tempel,
Mari, um 2450 v. Chr., Louvre, Paris

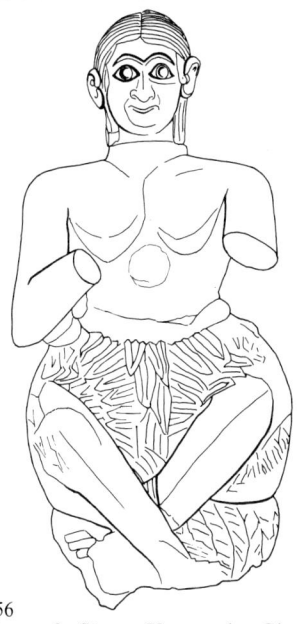
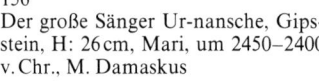

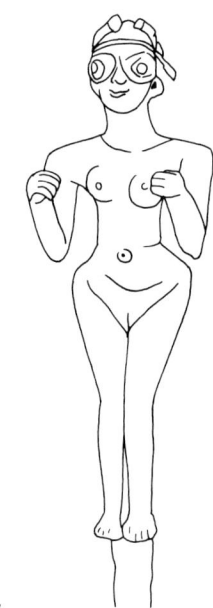

156
Der große Sänger Ur-nansche, Gipsstein, H: 26 cm, Mari, um 2450–2400
v. Chr., M. Damaskus

157
Göttin, Bronze, Silber u. Gold, H:
11,3 cm, vorsargonischer Palast, Mari,
um 2400 v. Chr., M. Damaskus

158
Nackte Frau, Elfenbein, H: 8,4 cm,
vorsargonischer Palast, Mari, um 2400
v. Chr., M. Damaskus

159
Stier, Kupfer, H: 62 cm, el-Ubaid, um
2450 v. Chr., B. M. London

160
Akkadischer Fürst, Diorit, Assur, um
2300–2250 v. Chr., Staatl. M. Berlin

161
Rückenansicht der Statue Abb. 160

162   Kopf eines akkadischen Königs, Bronze oder Kupfer, H: 30 cm, Ninive,
um 2250–2200 v. Chr., I. M. Bagdad

163   Mythologische Gruppe, Alabaster, H: 10,2 cm, Tell Asmar, um 2300–2200
v. Chr., I. M. Bagdad

164   Rückenansicht der Gruppe Abb. 163

165   Fürstenkopf, Gipsstein, H: 9 cm, Adab, Ende 3. Jtsd. v. Chr., M. Chicago

166
Kopf des Gudea, Fürst von Lagasch,
Diorit, H: 23 cm, Tello, um 2150
v. Chr., Louvre, Paris

167
Gudea als Architekt, Diorit, H: 93 cm,
Tello, um 2150 v. Chr., Louvre, Paris

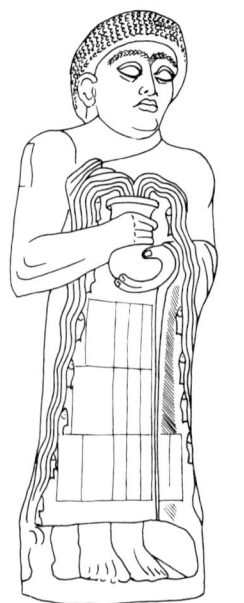

168
Wasserspendender Gudea, Kalkspat,
H: 63 cm, Tello, um 2150 v. Chr.,
Louvre, Paris

169
Frau im Wickelgewand, Steatit, H:
17 cm, Tello, Gudea-Periode, um 2150
v. Chr., Louvre, Paris

170
Büste des Ur-ningirsu, Gudeas Sohn, Diorit, H: 20 cm, Tello, um 2100 v. Chr., Staatl. M. Berlin

171
Sockel der Ur-ningirsu-Statue, brauner Alabaster, Tello, um 2100 v. Chr., Louvre, Paris

172   Stier mit Götterkopf, Steatit, H: 12 cm, Tello, Gudea-Periode, um 2150–2100 v. Chr., Louvre Paris

173
Schwimmerin, Bronze, H: 6,7 cm, Tell Asmar, Anf. 2. Jtsd. v. Chr., I. M. Bagdad

174
Seitenansicht   der   Schwimmerin Abb. 173

175
Gott mit vier Gesichtern, Bronze,
H: 17,3 cm, Ischthali?, Anf. 2. Jtsd.
v. Chr., M. Chicago

176
Göttin mit vier Gesichtern, Bronze,
H: 16,2 cm, Ischthali?, Anf. 2. Jtsd.
v. Chr., M. Chicago

177
Puzur-Ischtar, Fürst von Mari, Kalkstein, H: 175 cm, Babylon, 19. Jh.
v. Chr., M. Berlin und Istanbul

178
Wasserspendende Göttin, Kalkstein,
H: 149 cm, Zimrilim-Palast, Mari,
1. Hälfte 18. Jh. v. Chr., M. Aleppo

179
Kopf des Hammurabi?, Diorit, H:
15 cm, Susa (Beutestück aus Babylonien), 19.–18. Jh. v. Chr., Louvre, Paris

180
Kniender Beter, Bronze und Gold, H:
19,5 cm, Larsa, 18. Jh. v. Chr., Louvre,
Paris

181
Löwe als Tempelwächter, gebrannter
Ton, Tell Harmal (ehem. Scha-
duppum), 19. Jh. v. Chr., I. M. Bagdad

182
Hurritische Göttin, Elfenbein, H:
8,2 cm, Nuzi, 15. Jh. v. Chr., I. M.
Bagdad

183
Assurnasirpal II., Alabaster, H:
106 cm, Nimrud, 9. Jh. v. Chr., B. M.
London

184
Kopf einer assyrischen Fürstin?,
Kalkstein, Ninive, 8.–7. Jh. v. Chr.
B. M. London

185   Der Dämon Pazuzu, Bronze, H: 14,5 cm, Assyrien, 8.–7. Jh. v. Chr.,
Louvre, Paris

186
Gott mit Löwenjungen, Alabaster,
H: 90 cm, Hatra, 3. Jh. n. Chr., I. M.
Bagdad

187
Göttin, Alabaster, H: 84 cm, Hatra,
3. Jh. n. Chr., I. M. Bagdad

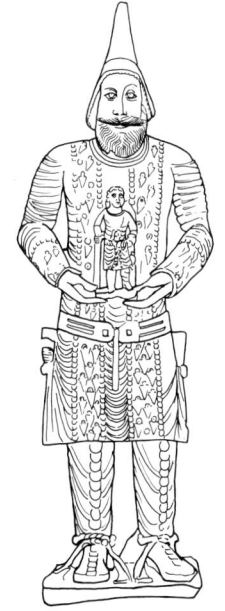

188
König von Hatra mit Statue eines jun-
gen Gottes, Kalkstein, H: 197 cm,
Hatra, 3. Jh. n. Chr., I. M. Bagdad

189
Kopf eines Edelmannes aus Hatra,
Kalkstein, Hatra, 2.–3. Jh. n. Chr.,
I. M. Bagdad

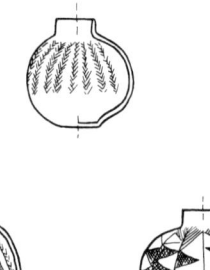

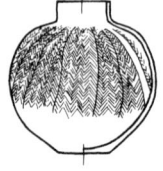 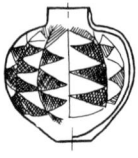

190 Keramik mit Ritzdekor, Hassuna (Assyrien), Hassuna-Periode, Anf.
     6. Jtsd. v. Chr., I. M. Bagdad

191
Schüssel mit gemaltem Dekor,
Samarra, Samarra-Periode, um 5000
v. Chr.

192
Schüssel mit gemaltem Dekor,
Samarra, Samarra-Periode, um 5000
v. Chr.

193 Polychrom bemalte Schüssel, Arpatschja, Tell Halaf-Periode, um 5000–
     4500 v. Chr., I. M. Bagdad

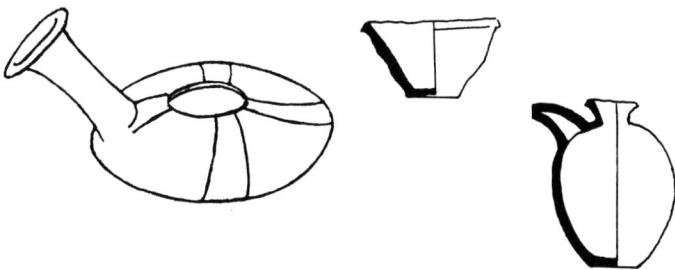

194
»Schildkröten«-Gefäß, Tepe Gaura,
Ubaid-Periode, Ende 5. Jtsd. v. Chr.

195
Keramik, Uruk, Uruk-Periode, 2.
Hälfte 4. Jtsd. v. Chr.

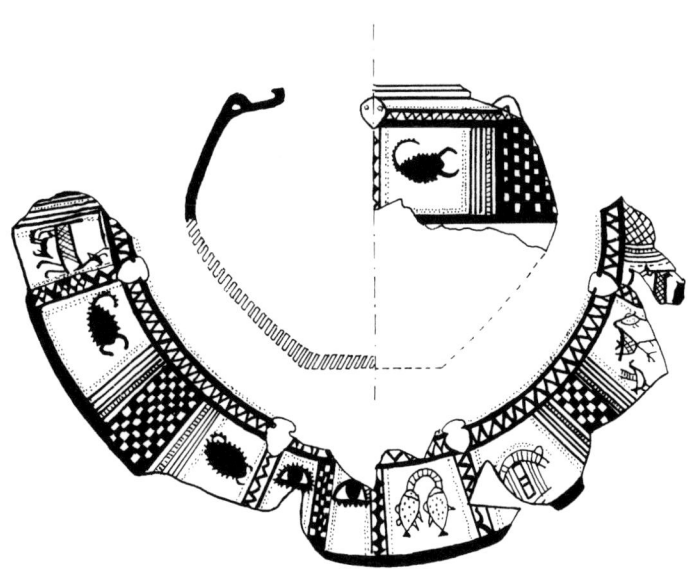

196   Bemaltes Gefäß, Dschemdet Nasr-Periode, um 3000 v. Chr.

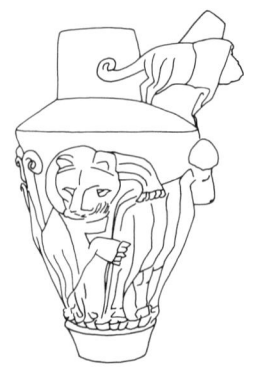

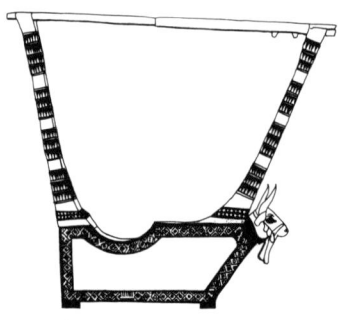

197
Geschnitztes Kultgefäß, Kalkstein, Inanna-Tempel, Uruk, um 3000 v. Chr. I. M. Bagdad

198
Rekonstruierte Lyra, Holz, Stierkopf aus Gold, Königsgrab in Ur, um 2500 v. Chr., I. M. Bagdad

199
Muschelmosaik als Lyra-Dekor, Ur, um 2500 v. Chr., Univ. M. Philadelphia

200
Standarte, Detail eines Muschelmosaiks, Ur, um 2500 v. Chr., B.M. London

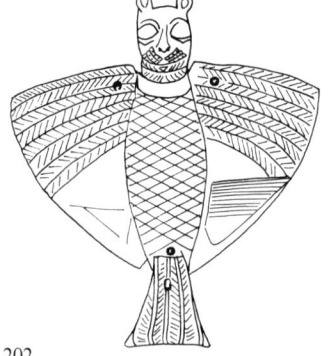

201
Standarte, Detail eines Muschelmosaiks, Ur, um 2500 v. Chr., B.M. London

202
Adler mit Löwenkopf, Anhänger, Lapislazuli und Gold, Mari, um 2400 v. Chr., M. Damaskus

203
Syrische Göttin, graviertes Muschel-
plättchen, Mari, um 2400 v.Chr.,
Louvre, Paris

204
Plättchen, Elfenbein, Nimrud, 8.Jh.
v.Chr.

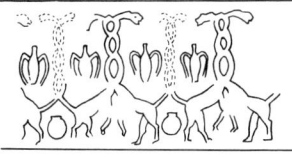

205
Petschaft mit Herrn der Tiere, Tepe
Gaura, Ubaid-Periode, um 4000
v.Chr., Univ. M. Philadelphia

206
Rollsiegel-Abdruck, Inanna-Tempel.
Uruk, Schicht IV, Uruk-Periode, um
3300 v.Chr.

207
Rollsiegel-Abdruck, Inanna-Tempel,
Uruk, Schicht IV, Uruk-Periode, um
3300 v.Chr.

208
Rollsiegel-Abdruck, Inanna-Tempel,
Uruk, Schicht IV, Uruk-Periode, um
3300 v.Chr.

209   Rollsiegel, Uruk, Schicht III, Dschemdet Nasr-Periode, Staatl. M. Berlin

210   Rollsiegel, Uruk, Schicht III, Dschemdet Nasr-Periode, I.M. Bagdad

211
Rollsiegel im Brokatstil, frühdynast.
Zeit I, um 2800 v. Chr.

212
Rollsiegel-Abdruck, Ur, frühdynast.
Zeit I, um 2800 v. Chr.

213   Rollsiegel, Fries mit Helden und Tieren, Mesopotamien, frühdynast.
      Zeit II, 2700–2600 v. Chr., Louvre, Paris

214   Rollsiegel mit Kampf zwischen Helden und Tieren, Königsgrab in Ur,
      um 2500 v. Chr., I. M. Bagdad

215
Rollsiegel mit Halbgöttin Pu-abi,
Lapislazuli, Königsgrab in Ur, um
2500 v. Chr., B. M. London

216
Rollsiegel mit Schiffsgottheit und
mehrstöckigem Gebäude, Kisch, um
2500–2400 v. Chr., I. M. Bagdad

217
Rollsiegel mit mythologischem Motiv,
Mesopotamien, 2400–2350 v. Chr.,
B. M. London

218
Rollsiegel mit Sonnengott über Bergen, Susa, akkad. Zeit, um 2300
v. Chr., Louvre, Paris

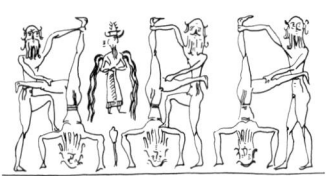

219
Rollsiegel mit Wassergott und
Beschützern, Mesopotamien, akkad.
Zeit, Bibl. nat. Paris

220
Rollsiegel mit Sonnengöttern vor
Wassergott, Ur, akkad. Zeit, um 2250
v. Chr., I. M. Bagdad

221   Siegel des Statthalters von Ischkun-sin, Vasall des Ur-nammu, Mesopotamien, um 2100 v. Chr., B. M. London

222   Rollsiegel, Susa, I. Babylon-Dynastie, um 1800 v. Chr., Louvre, Paris

223
Rollsiegel mit sumerischem Priester,
Babylonien, kassit. Zeit, 14.–13. Jh.
v. Chr., Louvre, Paris

224
Rollsiegel, Assyrien, ass. Renaissance,
14.–13. Jh. v. Chr., Pierpont Morgan
Library, New York

225   Rollsiegel mit mythologischem Motiv, Assyrien, neuass. Zeit, 8. Jh. v. Chr.,
B. M. London

226 Rollsiegel mit mythologischem Motiv, Bergkristall, Assyrien, Ende
neuass. Zeit, Louvre, Paris

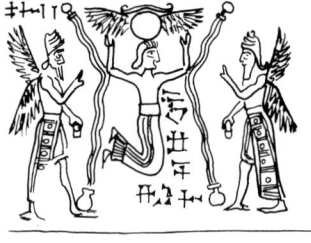

227
Rollsiegel mit Kriegsgöttin Ischtar,
Assyrien, 7. Jh. v. Chr., B. M. London

228
Rollsiegel mit Schutzgeist und Son-
nenscheibe, Assyrien, 7. Jh. v. Chr.,
B. M. London

229
Rollsiegel mit Kampf zwischen Gott
und Drachen, Assyrien, 7. Jh. v. Chr.,
Slg. Pierpont Morgan, New York

230
Abdruck   des   Sanherib-Siegels,
Nimrud, Anfang 7. Jh. v. Chr., I. M.
Bagdad

DIE LÄNDER DER LEVANTE: SYRIEN, LIBANON, ISRAEL, JORDANIEN

Die Mittelmeerküste Asiens verfügt über ein Klima, das seit ältester Zeit – ihre »Regenperioden« entsprechen der europäischen Eiszeit – den Menschen zur Ansiedlung lockte. Die Höhlen des Berges Karmel wurden von Menschen bewohnt, die mit dem Neandertaler verwandt waren. So überrascht es nicht, daß im 10. Jtsd. v. Chr. der Prozeß der neolithischen Revolution gerade hier begonnen hatte; dies geschah während der Natufium-Periode, die von Palästina bis zum Euphrat belegt ist. Typisch für sie sind kleine Werkzeuge, sogenannte Mikrolithen, sowie realistische Knochenschnitzereien und stark stilisierte Kalksteinskulpturen.

Das Gebiet um Jericho im Jordantal mit seinem tropischen Klima wurde von Bauern besiedelt, deren Agglomeration bald eine Fläche von 4 ha bedeckte. Ein ungewöhnlicher Turm mit Innentreppe überragte die Siedlung. Im 7. Jtsd. v. Chr. baute man in Jericho ein neues Dorf. Die aus großen Ziegeln errichteten Häuser umstanden ein kleines Heiligtum, dessen Vorraum ein Portikus vorgelagert war. Die Toten bestattete man in zwei Phasen (Zweitbestattung). Der vom Körper abgetrennte Kopf wurde entfleischt und mit Gips überzogen, der es erlaubte, die Gesichtszüge nachzubilden und auf diese Weise ein gemaltes Porträt anzufertigen. In die Augenhöhlen legte man Muscheln ein. Dieser Bestattungsbrauch ist auch in Syrien zur Entstehungszeit der Töpferei belegt. Später wurde Jericho, wie auch die Mehrheit der palästinischen Siedlungen, aufgrund eines Klimawechsels verlassen. Im Gegenzug gründete man Byblos an der libanesischen Küste, das sich zur gleichen Zeit wie andere Siedlungen, zum Beispiel das etwas nördlicher, Zypern gegenüberliegende Ugarit (Ras Schamra) entwickelte.

Im Laufe des 4. Jtsd. v. Chr. wurde Palästina erneut besiedelt, diesmal von Einwanderern, die sich auf die Vielfalt der ökologischen Bedingungen besser einzustellen vermochten. In Beerscheba in der südlichen Wüste (Negev) gab es mehrere Dörfer, deren Bewohner – Bauern und Viehzüchter – ihre Behausungen wie Höhlen in den Boden gegraben hatten. In jedem Dorf arbeiteten auf Basaltgefäße, Kupfer- und Elfenbeinarbeiten spezialisierte Handwerker.

Die hochstilisierten männlichen und weiblichen Statuetten aus dieser Zeit sind mit der ägyptischen Amarna-Kunst verwandt. Etwas nördlicher, vor allem bei Tel Aviv, wurden Höhlengräber angelegt, um darin zahlreiche Ossuarien aus gebranntem Ton zu deponieren. Die Behälter scheinen Pfahlhäuser nachzuahmen, denn man hatte manchmal die Form eines Tieres gab. Gleichzeitig entwickelten sich mehrere Töpfertraditionen, die wahrscheinlich verschiedenen ethnischen Gruppen entsprachen. Einige von ihnen haben die auf einen durchbrochenen Ständer gestellten Basaltgefäße zum Vorbild. Das »chalkolithische«

Palästina war ein Schmelztiegel der städtischen Kultur; geschaffen wurde diese von den ersten Kanaanäern, seßhaften Semiten, die mit den Ägyptern der ersten Dynastien Kontakte unterhielten.

Die Kanaanäer lebten in kleinen kriegerischen Königreichen, und ihre Städte waren von gewaltigen Mauern geschützt. Der Fürst von Ai bewohnte einen Palast mit einem Holzsäulen-Saal. In Megiddo in der Esdrelon-Ebene stand ein einfacher Tempel, der nach der in der Levante herrschenden Tradition nur einen Saal mit zwei Säulen umfaßte. Er stand neben einem großen, kegelstumpfartigen Altar, der unter freiem Himmel auf einer hohen Plattform errichtet war.

Die Ägypter machten aus Byblos eine Art Protektorat, durch das sie das für sie wichtige Zedernholz des Libanon kommen ließen. Sie stifteten dem Tempel, der der mit Isis-Hathor identifizierten Göttin von Byblos geweiht war, zahlreiche von den Pharaonen geschickte Opfergaben. Auch den Königen von Ebla machten die ägyptischen Herrscher Geschenke. In diesem mächtigen Königreich südlich von Aleppo hate man in der Mitte des 3. Jtsd. v. Chr. die Keilschrift der semitischen Sprache angepaßt. In der Folge wurden Syrien und Palästina durch einfallende amonitische Nomaden verheert, die sich schließlich niederließen und dynamische Königreiche gründeten. Im restaurierten Ebla besaßen die Tempel zu Kultzwecken große Steinbecken, deren Dekor mesopotamische Vorlagen auf eigenständige Weise wiederaufnimmt. Zu dieser Zeit ließen sich die Könige von Byblos ähnlich wie die Ägypter bestatten, mit aus Ägypten eingeführten oder nach ägyptischen Vorbildern hergestellten Grabbeigaben. In Byblos wurde der Obeliskentempel um einen riesigen Obelisk gebaut, der den Gott symbolisierte. In einem Hof standen mehrere kleinere Obeliske, die nach westsemitischer Auffassung Adorantenstatuen ersetzten.

Im 18. Jh. v. Chr. bildete sich die syrische Klassik aus, die im kleinen Königreich von Alalach am unteren Orontes gut vertreten ist. König Jarim-lin baute hier einen mit Malereien geschmückten mehrstöckigen Säulenpalast und einen Tempel, der hinsichtlich seiner einfachen Anlage dem in Megiddo gleicht. Die dort gefundenen Votivstatuen zeigen entweder Abhängigkeit von Ägypten oder aber ausgesprochene Eigenständigkeit, wie sie auch die Rollsiegel kennzeichnet. Auf den Siegeln erscheinen mythologische Motive, vor allem der Wettergott Hadad oder Baal, die nackte oder sich entblößende Göttin Ascherat und die Kriegsgöttin Anat. Baal wurde auf einer im Haupttempel von Ugarit (Ras Schamra) aufgestellten Stele abgebildet: Er schwenkt eine Lanze, Symbol des Blitzes, deren Ende wie ein Stiel mit Blättern aussieht und die glücklichen Auswirkungen seines Tuns andeuten soll. Diese Periode wurde zum goldenen Zeitalter Kanaans, des künftigen Palästina, dessen »Hyksos« genannte Könige in Ägypten einfielen. Die Ägypter rächten sich zu Beginn des 16. Jh. v. Chr., als sie sämtliche Länder bis nach Nordsyrien unterjochten. Dort stießen sie auf das Mitanni-Reich, in dem eine indoeuropäische Aristokratie über einheimische Hurri und Semiten herrschte.

König Idrimi von Alalach hinterließ uns seine Biographie, graviert auf eine »kubistische«, für die künstlerischen Tendenzen im damaligen Syrien typische Statue. Nachdem im 14. und 13. Jh. v. Chr. die aus Kleinasien kommenden Hethiter die Mitanni verdrängt hatten, konnten die Seefahrer auf dem Agäischen Meer – Kreter und vor allem Mykener und Zyprioten – ihre schöne bemalte Keramik in die ganze Levante ausführen. Damit setzte sich ein Kosmopolitismus durch, von dem die Vielfalt der geschriebenen Sprachen in Ugarit Zeugnis ablegt. Dazu gehörte auch das in Keilschrift geschriebene Kanaanäische, ein direkter Vorgänger unseres Alphabets. In der Kunst trafen sich ägyptische, ägäische, mesopotamische und gelegentlich hethitische Einflüsse auf Prunkstücken, hauptsächlich aus Elfenbein, wie etwa Dosen, oder auf kostbaren Möbelstücken. Im Süden, im ärmeren Kanaan, verband man die archaischen Kultzeremonien mit in Ägypten gemachten Anleihen. Die Tempel von Hazor, der galiläischen Metropole, sind typisch für die jüngere Bronzezeit. Im kleinsten von ihnen sind Adoranten symbolisierende Stelen im Halbkreis aufgestellt, neben ihnen eine einzelne Statue und ein monolithischer Türpfeiler, der nach der schon aus Ebla bekannten Tradition einen Löwen mit Kopf in Hoch- und Körper in Flachrelief trägt.

So sahen die Verhältnisse zur Zeit der Hebräer, deren Exodus aller Wahrscheinlichkeit nach im 13. Jh. v. Chr. stattfand, am Vorabend der Verwüstungen aus, die zunächst durch die Seevölker und später durch aramäische Nomaden angerichtet wurden. Die Aramäer profitierten vom Zerfall der Großmächte, um mehrere kriegslustige Königreiche zu gründen, wobei sie die einheimische Bevölkerung, aus der das Volk der Phönizier hervorgehen sollte, an die Küste zurückdrängten. Die Phönizier begannen mit der Kolonisierung des westlichen Mittelmeeres und brachten überallhin ihr vor kurzem erfundenes Alphabet und ihren Götterkult mit. Die phönizischen Gottheiten waren oft durch unbehauene Monolithe, sogenannte Baityloi, symbolisiert, und zum Kult gehörten Kinderopfer. Die Aramäer bereicherten sich dagegen durch Handel mit den östlichen Mächten; sie übernahmen von den Phöniziern das Alphabet und die meisten Kunstnormen. Ihre Paläste folgen dem Hilani-Typ mit einem Säulenportal und mit als Tiere skulptierten Pfosten. Der untere Teil der Mauern bestand aus schwerfällig behauenen Platten oder Orthostaten, die sich jedoch durch Vielfalt und Geschmack auszeichnen. Das beste Beispiel für diese Architektur ist der Palast des Schattenkönigs Kapara in Guzana (Tell Halaf) an den Chabur-Quellen, in dem Götterstatuen die Säulen ersetzen. In Tell Tayinat wurde hinter einem ähnlichen Palast ein kleiner Tempel errichtet. Die Vorhalle mit zwei Säulen führte in einen Saal, in dessen Hintergrund sich das Sanktuarium befand; diese in Syrien verbreitete Anordnung entspricht genau der des Salomotempels, dessen Dekor jenem sehr ähnlich gewesen sein mußte, den die in Möbel eingelegten Elfenbeinplatten zeigen. Phönizier und Aramäer führten die Elfenbeinkunst zu ihrem Höhepunkt. Diese äußerst eklektische Kunst inspirierte sich hauptsächlich an ägyptischen Vorbildern, wobei jedoch die übernommenen ikonographischen Motive nicht immer verstanden wurden. Solche Kunstwerke aus Elfenbein fand man in Samaria. Andere israelische Städte sind eher durch ihre großen königlichen Lagerhallen bekannt, die man, wie etwa in Megiddo, lange Zeit irrtümlicherweise für Ställe gehalten hatte.

Später wurden die Länder der Levante dem Persischen Reich angeschlossen. Ihre Eigenarten konnten sie allerdings bewahren. Sie behielten ihre stark von Ägypten beeinflußte Kunst bei, in die jedoch allmählich griechische Elemente eindrangen. So findet man in Sidon nach ägyptischer Art angefertigte Sarkophage aus dem 4. Jh. v. Chr. mit von ionischen Künstlern gehauenen Gesichtern. Mit der Eroberung durch Rom triumphierte schließlich der Hellenismus. Davon zeugt zweifellos am besten die riesige Anlage von Baalbek (Heliopolis) aus dem 2. Jh. n. Chr. Geweiht wurde sie dem Gott der Naturgewalten, dessen Name Jupiter Heliopolitanus auf die Sonne verweist.

Die Nomaden, die mit ihren Karawanen die Waren aus dem Osten heranbrachten, gelangten zu großem Reichtum. Die Nabatäer im Gebiet zwischen Transjordanien und Arabien machten Petra zu ihrem Handelszentrum. Die Stadt ist bekannt wegen ihrer vielen in den Fels gehauenen Gräber, deren Fassaden die der römischen Paläste nachzuahmen versuchten. Die Seelen der Toten wurden jedoch auf semitische Art durch große pyramidenförmige Stelen symbolisiert. Palmyra inmitten der syrischen Wüste ist schon in den Texten von Mari als Karawanenstadt belegt. Seine Einwohner bauten auf einer Esplanade einen semitischen Tempel, der wie jener von Jerusalem an isolierter Stelle stand. Sein Außendekor allerdings war hellenistisch beeinflußt. Die Gottheiten wurden wie die Toten entweder in römischen oder persischen Gewändern, aber immer nach dem Frontalitätsgesetz von vorne dargestellt, Kennzeichen einer – wie bereits bei den Parthern – hieratischen Kunst. Dasselbe Gesetz findet sich auch in der römischen Festung Dura-Europos am Euphrat angewandt, die einen syrischen

Tempel, einen Mithra-Tempel, eine Synagoge und eine christliche Kapelle
beherbergte. Die Wandmalereien mit Szenen aus dem Alten Testament in der
Synagoge bilden einen der Ausgangspunkte der christlichen Kunst.

KLEINASIEN

Kleinasien, dessen größter Teil das anatolische Hochland bildet, war ebenfalls
der Schauplatz einer neolithischen Revolution, die sich, verglichen mit dem
übrigen Orient, durch besondere Eigenständigkeit auszeichnete. Um 6500
v. Chr. entstand in der Ebene von Konya die große Agglomeration Catal Hüyük,
die durch ihren Umfang stadtähnliche Aspekte annahm, wobei von der für eine
Stadt notwendigen spezifischen sozialen und administrativen Organisation zu
dieser Zeit noch nicht die Rede sein kann. Die Häuser waren eng aneinanderge-
drängt und hatten keine Türen; man konnte nur durch Öffnungen im Dach hin-
eingelangen. Sie waren mit polychromen Malereien geschmückt, ebenso mit
Reliefs aus modellierter Tonerde, die Wildtiere und »Göttinnen« abbildeten.
Hinzu kamen modellierte Stierschädel, deren Symbolik schwer zu entschlüsseln
ist. Die übernatürlichen Kräfte, die ebenfalls durch Statuetten dargestellt wurden, erscheinen als entfernte Vorbilder der in der historischen Zeit bekannten
Gottheiten. Die Keramik kam nur langsam in Gebrauch, fast ein Jahrtausend
nach der Gründung dieser Siedlung. Nach ihrer Zerstörung um etwa 5700
v. Chr. entstand weiter westlich Hacilar. Die dortigen Töpfer schufen nicht nur
reich mit Malereien geschmückte Gefäße, sondern auch weibliche Idole, die allgemein als »Muttergöttinnen« bezeichnet werden. Sie sind außerordentlich frei
gestaltet und jeweils von einem Mann oder Kind, manchmal auch von einem
Tier, begleitet. Merkwürdigerweise fand dieser verheißungsvolle Aufschwung
keine Fortsetzung, denn nach der Zerstörung von Hacilar scheint die Weiterent-
wicklung dieser Kultur sehr unregelmäßig verlaufen zu sein. Von einer Fortsetzung kann man erst zu Beginn des 3. Jtsd. v. Chr. sprechen, zur Entstehungszeit
Trojas an der ägäischen Küste. Zentralanatolien jedoch entwickelte sich fortan
nicht mehr einheitlich, sondern zerfiel in eine Reihe mehr oder weniger unabhängiger Kulturen.

Vermutlich muß man Einwanderern, die um 2400 v. Chr. nach Anatolien
kamen und Vorfahren der indoeuropäischen Hethiter waren, die reichen
Königsgräber von Alaca Hüyük zuschreiben, in denen ein Balkenwerk die
Bahre des Toten beschützte, flankiert von Bronzestandarten mit Tieren oder
durchbrochenen Scheiben an der Spitze. Aus diesen Gräbern stammt der erste
bekannte Dolch, der aus Erdeisen – im Unterschied zu Meteoreisen – hergestellt
wurde.

Die Verbindung zu assyrischen Händlern, die den Handelsverkehr mit den
kleineren anatolischen Königtümern des 20. und 19. Jh. v. Chr. organisierten,
stellte einen wichtigen Faktor für die Integration der Region in den Vorderen
Orient dar. Diese Händler lebten in kleinen, Karum genannten Gemeinschaften
am Rand der Agglomerationen; die bekannteste bestand in Kanesch (heute
Kültepe) in der Nähe von Kayseri. Mit ihrer umfangreichen Korrespondenz
führten sie hier ihre Sprache, Keilschrift und Rollsiegel ein. Sie übernahmen die
einheimische Lebensart und ahmten auch die lokalen Gefäße in Tiergestalt
nach. Die autochthone Bevölkerung benützte ihrerseits Rollsiegel und schuf
eine Ikonographie für ihre der syrischen verwandte Mythologie. Nach einer
ersten Zerstörung wurden die assyrischen Kolonien gegen Ende des 18. Jh.
v. Chr. aufgegeben, im Laufe von Kriegswirren, die die Bildung des Hethitischen
Reiches begleiteten. Dieses brauchte lange, bis es sein Gleichgewicht gefunden
hatte, und noch im 15. Jh. v. Chr. war seine Kunst stark von Syrien abhängig,

wie Rollsiegel und Götterstatuen aus Bronze belegen. Auf einem Rollsiegel ist der Wettergott Teschub dargestellt, wie er auf seinem Wagen der großen Göttin entgegenfährt, die ihr Gewand öffnet, um sich durch den von Teschub gebrachten Regen befruchten zu lassen.

Erst im 14. Jh. v. Chr. war das Hethitische Reich genügend gefestigt und begann mit Ägypten einen Wettlauf um die Herrschaft über Syrien, das ein Handelszentrum des Vorderen Orients war. Ihrer indoeuropäischen, mit dem Lateinischen verwandten Sprache paßten die Hethiter die babylonische Schrift an, doch erfanden sie auch eine eigene Hieroglyphenschrift. Sie förderten eine Reichskunst, die vor allem dank ausländischen Künstlern geschaffen wurde.

Ihre Hauptstadt Hattusas (heute Boghazköy) war von einer Zitadelle beherrscht, die eine ganze Reihe von Bauwerken umfaßte. Um Höfe mit Portiken angelegt, gab es eine Bibliothek, einen großen Thronsaal mit Holzsäulen und ein Gebäude, vor dessen von zwei Türmen flankiertem Tor sich ein Portikus befand. Diese Architektur gilt in mancherlei Hinsicht als Vorgängerin der Baukunst, die sich später auf dem iranischen Plateau entfaltete. Die Stadtmauern waren durch gewölbte Tore unterbrochen, und die monolithischen Torpfeiler waren nach einer in Syrien entwickelten und von den Assyrern übernommenen Tradition mit Skulpturen in Flach- und Hochrelief versehen. Das bekannteste Tor wurde von einem Kriegsgott bewacht, der in einem kraftvollen Relief auf einem der Pfeiler erscheint. Ein Tor der Nachbarfestung Alaca Hüyük war in gleicher Weise mit einer Sphinx geschmückt, deren Kopf ägyptische Einflüsse verrät, sowie mit Reliefs im unteren Mauerbereich. Zum ersten Mal sieht man hier in echtem Profil dargestellte Menschen: Priester führen Gefangene herbei, und das Königspaar steht opfernd vor einem Stier, der, auf dem Altar sitzend, den Wettergott symbolisiert.

Die doppelte Felsschlucht von Yazilikaya unweit der Hauptstadt wurde in ein Heiligtum unter freiem Himmel umgewandelt. Den Eingang bildete ein Tempel mit Vorhalle. In die Felswände sind zwei Prozessionen von Göttern und Göttinnen aus dem hurritischen Pantheon gehauen, die im hinteren Teil der Hauptschlucht aufeinandertreffen. Sie spielen auf diese Weise auf die Vermählung des von zwei Berggöttern getragenen Wettergottes Teschub mit der Göttin Hepat an, die auf einem Löwen steht und der Göttersohn folgt.

Das Hethitische Reich zerfiel am Ende des 12. Jh. v. Chr. Lediglich im Osten konnten einige hethitische Fürstentümer überleben: in Malatya, wo man ebenfalls eine Pantheon-Darstellung fand, und an der Grenze mit Syrien, das damals von den Aramäern besetzt war. So entwickelte sich in dieser Region eine Mischkunst, während im 8. Jh. v. Chr. die Phryger Gordion zu einer großartigen Hauptstadt ausbauten. Im mutmaßlichen Grab ihres Königs Midas fand man einen Schatz von Bronzen, die mit denen von Urartu verwandt sind.

URARTU

Die mit den Hurri verwandten Bewohner des Urartu-Reiches lebten in Armenien, in der Gegend um den Van-See und den Ararat. Vom 9. bis 6. Jh. v. Chr. waren ihre Könige gefürchtete Gegner der Assyrer, deren Reich sie um etwa 20 Jahre überlebten. Ihre Festungen waren Militärbasen und Wirtschaftszentren zugleich. Innerhalb der Mauern befanden sich große Lagerhäuser und einfache Tempel – kleine Gebäude mit einem einzigen Saal, der wahrscheinlich von einem Walmdach überdeckt war. Im Inneren wurden Prunkwaffen und Kessel gefunden, Beispiele für eine bemerkenswerte Metallkunst, deren Dekor auf eindrucksvolle Weise den Kosmopolitismus dieser Periode spiegelt.

AUSWAHLBIBLIOGRAPHIE

Akurgal, E.: *Die Kunst der Hethiter*, München 1961
— *Die Kunst Anatoliens von Homer bis Alexander*, Berlin 1961
— *Orient und Okzident, Die Geburt der griechischen Kunst*, Baden-Baden 1966
— (Hg.) *Kunst in der Türkei*, Fribourg – Würzburg 1980
Bittel, Kurt K.: *Die Hethiter*, München 1976
Bossert, H. Th.: *Altanatolien*, Berlin 1942
— *Altsyrien*, Tübingen 1951
Kenyon, K.: *Archäologie im Heiligen Land*, Neukirchen ²1976
Loon, M. N. van: *Urartian Art, Its Distinctive Traits in the Light of the New Excavations*, Istanbul 1966
Matthiae, P.: *Ars Syra*, Rom 1962
Moscati, S.: *The World of the Phoenicians*, London 1973
Parrot, A., M. Chehab, H. Murice und S. Moscati: *Die Phönizier*, München 1975
    (= Universum der Kunst Bd. 23)

DIE WICHTIGSTEN MUSEEN

Frankreich
Musée national du Louvre, Paris (= Louvre, Paris)

Großbritannien
British Museum, London (= B.M. London)

Israel
Israel Museum, Jerusalem (= I. M. Jerusalem)

Libanon
Nationalmuseum, Beirut (= M. Beirut)

Syrien
Nationalmuseum, Aleppo (= M. Aleppo)
Nationalmuseum, Damaskus (= M. Damaskus)

Türkei
Archäologisches Museum, Ankara (= A. M. Ankara)

DIE LÄNDER DER LEVANTE

1 Troja	14 Kayseri	27 Ras Schamra (Ugarit)
2 Pergamon	15 Mersin	28 Ebla
3 Smyrna	16 Kition	29 Meskene (Emar)
4 Ephesos	17 Karatepe	30 Tartus (Amrit)
5 Milet	18 Marasch	31 Hamaa
6 Hacilar	19 Malatya	32 Byblos
7 Ankara	20 Sendschirli (Samal)	33 Beirut
8 Alaca Hüyük	21 Karkemisch	34 Damaskus
9 Yazilikaya	22 Tell Ahmar	35 Sidon
10 Boghazköy (Hattusas)	23 Tell Atschana (Alalach)	36 Sur (Tyrus)
11 Konya	24 Antiochia	37 Jericho
12 Catal Hüyük	25 Ain Dara	38 Jerusalem
13 Kültepe	26 Aleppo	39 Lachisch

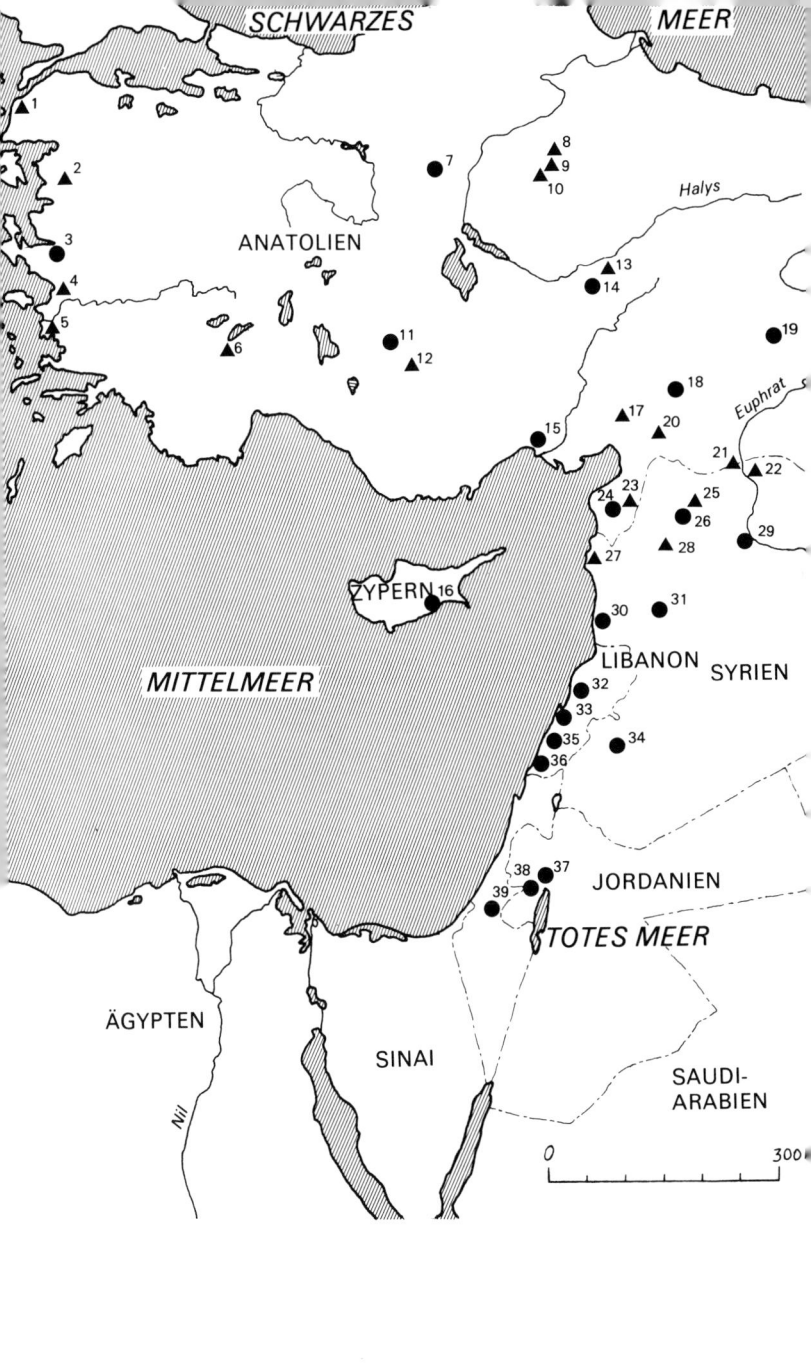

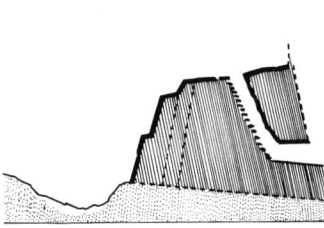

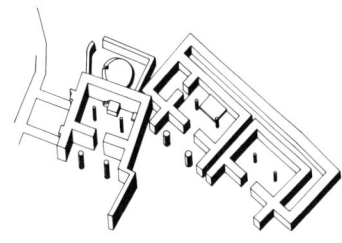

1
Schnitt durch Steinturm, Jericho, neolithische Periode, 8. Jtsd. v. Chr.

2
Drei Tempel, Megiddo, Ende frühe
Bronzezeit, um 2000 v. Chr.

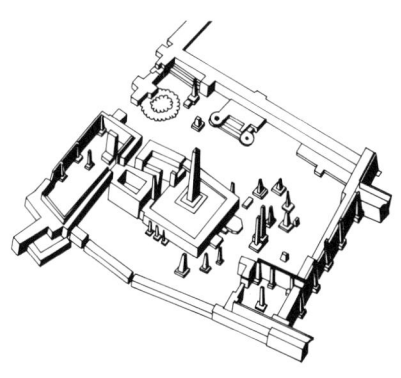

3   Tempel mit Obelisken, Byblos, Anf. 2. Jtsd. v. Chr.

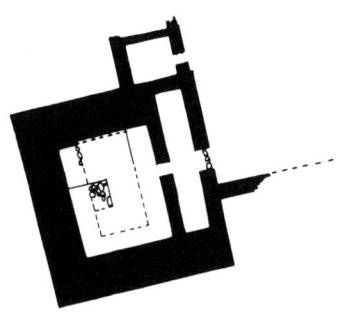

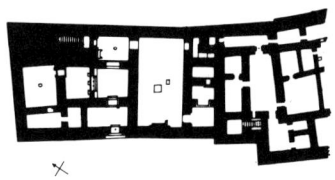

4
Tempel, Alalach (heute Tell Atschana, am Unterorontes), Schicht VII,
18.–17 Jh. v. Chr.

5
Palast des Königs Jarim-lim, Alalach,
18.–17. Jh. v. Chr.

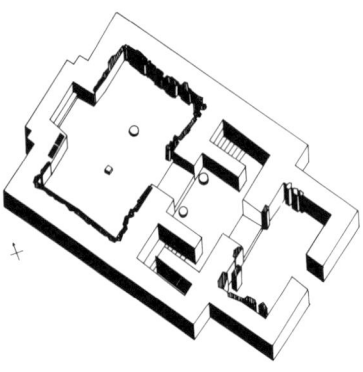

6   Tempel, Hazor (Israel), 14. Jh. v. Chr.

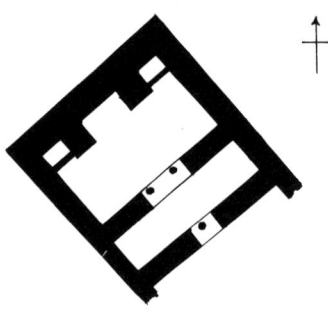

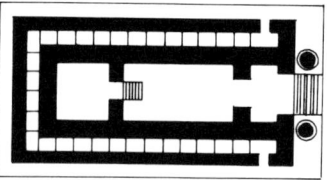

7
Tempel, Alalach, 13. Jh. v. Chr.

8
Planrekonstruktion des Salomotempels, Jerusalem, Mitte 10. Jh. v. Chr.

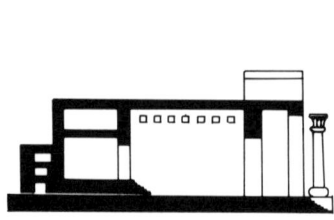

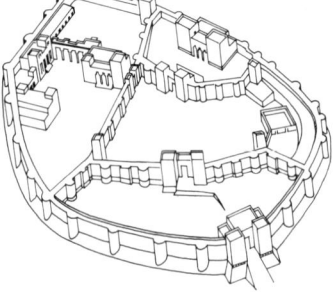

9
Längsschnitt durch den Salomotempel, Jerusalem, Mitte 10 Jh. v. Chr.

10
Zitadelle, Samal (heute Sendschirli, Nordsyrien), 9. Jh. v. Chr.

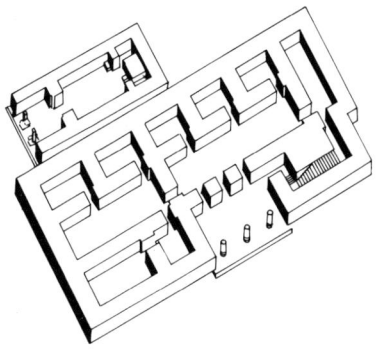

11   Hilani-Palast und Tempel, Tell Tayinat (Nordsyrien), 9. Jh. v. Chr.

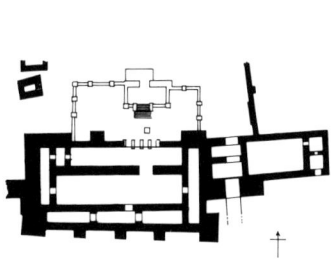

12
Palast des Kapara, Tell Halaf (ehem.
Guzana, Nordsyrien), 9. Jh. v. Chr.

13
Grabmal, sog. Megazil, Amrit, bei
Tartus (Libanon), 4. Jh. v. Chr.

14
Tempel, Amrit, bei Tartus (Libanon),
4. Jh. v. Chr.

15
Absalom-Grabmal, Kidrontal, Jerusalem, Mitte 1. Jh. v. Chr.

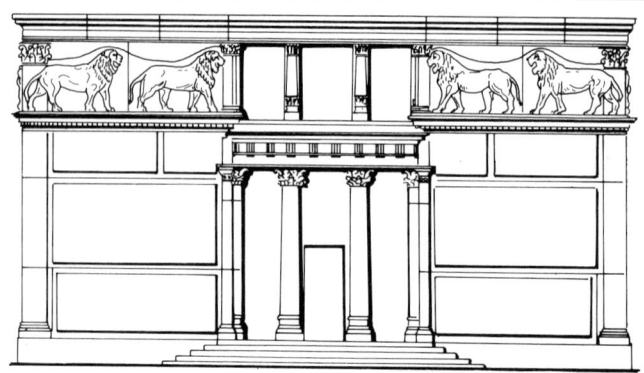

16 Stirnseite des Tobiaden-Grabmals, Araq el-Emir (Transjordanien), um 175 v. Chr.

17 Felsengrabmal, Petra, 1. Jh. n. Chr.

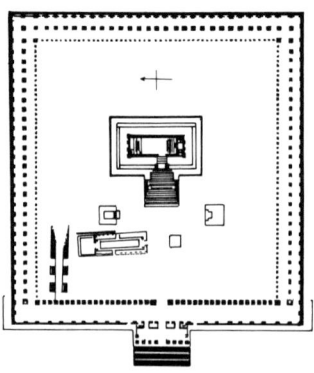

18
Felsengrabmal, überragt von Obelisken, Petra, 1. Jh. n. Chr.

19
Grundriß des Bel-Tempels, Palmyra, 1.–3. Jh. n. Chr.

20
Löwe als Torwächter eines Tempels,
Basalt, Alalach (heute Tell Atschana,
am Unterorontes), 14. Jh. v. Chr.

21
Torpfeiler, Basalt, Hazor (Israel),
I. M. Jerusalem

22 Kapitelle von eingebundenen Säulen, Kalkstein, Samaria (Israel),
        9.–8. Jh. v. Chr.

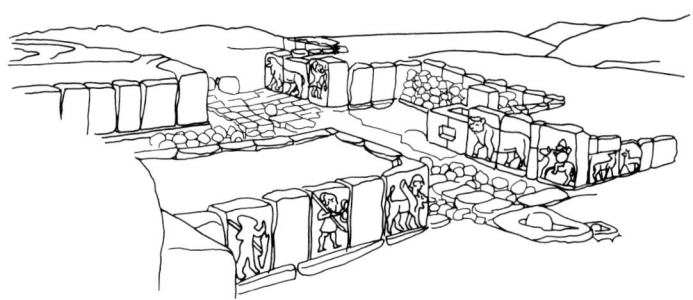

23 Orthostaten am Südtor, Samal (heute Sendschirli, Nordsyrien),
        9. Jh. v. Chr.

24   Löwe als Torwächter und Orthostaten, Sakcegözü (Nordsyrien),
     8. Jh. v. Chr.

25   Tordekor des Kapara-Palastes, Tell Halaf (ehem. Guzana, Nordsyrien),
     9. Jh. v. Chr.

26   Türsturz des Baalschamin-Tempels, Palmyra (Syrien), 3. Jh. n. Chr.

27   Synagogenmosaik, Salomotempel, Beth Alpha (Israel), 5. Jh. n. Chr.

28   Synagogenmosaik, Opferung Isaaks durch Abraham, Salomotempel, Beth
     Alpha (Israel), 5. Jh. n. Chr.

29   Fresko mit Ezechiels Vision, Synagoge, Dura-Europos (Mitteleuphrat),
     3. Jh. n. Chr., M. Damaskus

30
Dekor einer Kultschüssel, Basalt, Ebla (Syrien), Anf. 2. Jtsd. v. Chr., M. Damaskus

31
Stele mit Baal, Kalkstein, H: 140 cm, Ugarit (Syrien), 17.–16. Jh. v. Chr., Louvre, Paris

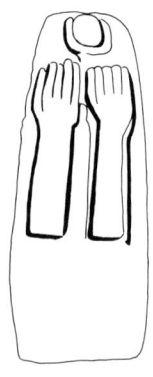

32
Stele mit symbolischer Adoranten-Darstellung, Basalt, H: 45 cm, Hazor (Israel), 14. Jh. v. Chr., I. M. Jerusalem

33
Stele mit Anbetung des Gottes El, H: 47 cm, Ugarit (Syrien), 13. Jh. v. Chr., M. Aleppo

34 Sarkophag des Königs Ahiram mit alphabetischer Inschrift, Byblos (Libanon), 10. Jh. v. Chr., M. Beirut

35
Deckel des Ahiram-Sarkophags, Byblos (Libanon), 10. Jh. v. Chr., M. Beirut

36
Stele des Tukulti-Ninurta II., Basalt, Mitteleuphrat (Syrien), 9. Jh. v. Chr. M. Aleppo

37
Großer Orthostat, Basalt, H: 120 cm, Tell Halaf (ehem. Guzana, Nordsyrien), M. Aleppo

38
Kleiner Orthostat mit Atlant, Basalt, H: 60 cm, Tell Halaf (ehem. Guzana), 9. Jh. v. Chr., Louvre, Paris

39
Kleiner Orthostat mit Tötung Humbabas, Basalt, Tell Halaf (ehem. Guzana, Nordsyrien), 9. Jh. v. Chr.

40
Kleiner Orthostat mit geflügeltem Schutzgeist, Basalt, Tell Halaf (ehem. Guzana, Nordsyrien), 9. Jh. v. Chr.

41
Stele mit Kriegsgott, Basalt, H: 103 cm, Schihan (Transjordanien), 9.–8. Jh. v. Chr., Louvre, Paris

42
Grabstele, Kalkstein, H: 80 cm, Marasch (Südosttürkei), 8. Jh. v. Chr., Louvre, Paris

43
Stele mit Kriegsgott, Kalkstein, H: 180 cm, Amrit (Libanon), 6. Jh. v. Chr., Louvre, Paris

44
Persischer Vorfahr, Antiochos-Grab, Nimrud Dagh (Südosttürkei), Mitte 1. Jh. v. Chr.

45
Gestirnkonjunktion im Sternbild des Löwen, Antiochos-Grab, Nimrud Dagh, Mitte 1. Jh. v. Chr.

46
Relief des Gottes Arsu, Dura-Europos (Mitteleuphrat), 3. Jh. n. Chr.

47   Opfer für die sechs Schutzgeister von Bet-Phasil, Kalkstein, Region Pal-
     myra (Syrien), 2.–3. Jh. n. Chr.

48
Szene vom Begräbnisfest des Maliku,
Kalkstein, Palmyra (Syrien), um 200
n. Chr., Louvre, Paris

49
Grabbüste, Kalkstein, H: 40 cm,
Palmyra (Syrien), um 200 n. Chr.,
Louvre, Paris

50   Göttliche Trias: Mondgott Aglibol, Himmelsgott Baalschamin, Sonnengott
     Iarhibol, Kalkstein, H: 57 cm, Palmyra, Louvre, Paris

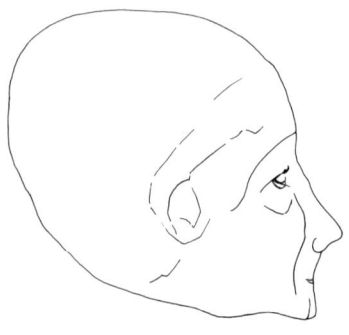 

51
Nachmodellierter Kopf, Jericho, (Israel), Neolithikum, um 7000 v. Chr., I. M. Jerusalem

52
Idolfigur, gebrannter Ton, Munhatta (Israel), Neolithikum, 5. Jtsd. v. Chr., I. M. Jerusalem

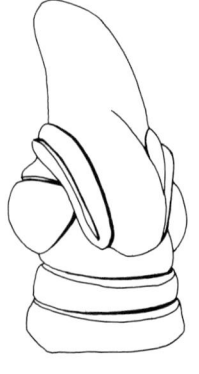 

53
Idolfigur, gebrannter Ton, Munhatta (Israel), Neolithikum, 5. Jtsd. v. Chr., I. M. Jerusalem

54
Idolfigur, gebrannter Ton, H: 8 cm, Nordsyrien, Tell Halaf-Zeit, um 5000 v. Chr., Louvre Paris

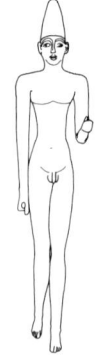 

55
Nackter Adorant, Bronze vergoldet, H: 34 cm, Byblos (Libanon), Anf. 2. Jtsd. v. Chr., M. Beirut

56
Männerstatuette, reines Kupfer, H: 28 cm, Libanon, Anf. 2. Jtsd. v. Chr., Louvre, Paris

57
Gott mit Federhut, Bronze, H: 125 cm, Syrien, Anf. 2. Jtsd. v. Chr., Louvre, Paris

58
Kopf eines Gottes, Basalt, H: 35 cm, Dschabbul (Syrien), 18. Jh. v. Chr., Louvre, Paris

59
Vergöttlichter König, Bronze, H: 17,5 cm, Mischrife (ehem. Qatna, Syrien), 17. Jh. v. Chr., Louvre, Paris

60
Kriegsgöttin, Bronze, H: 12,5 cm, Syrien, 15. Jh. v. Chr., Louvre, Paris

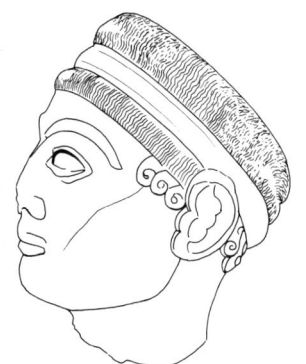

61
Königskopf, Kalkstein, Tempel der Schicht VII, Alalach, 17. Jh. v. Chr.

62
Thronende Göttin, Bronze, H: 24 cm, Ugarit (Syrien), 18. Jh. v. Chr., Louvre, Paris

63
Statue des Königs Idrimi, Kalkstein und Basalt, H: 140 cm, Alalach, 15. Jh. v. Chr., B. M. London

64
Gewicht in Form eines Kopfes, Bronze, H: 5 cm, Ugarit (Syrien), 13. Jh. v. Chr., Louvre, Paris

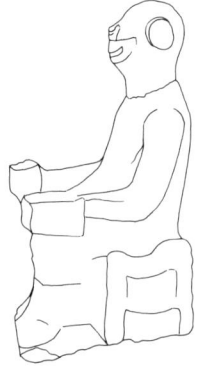

65
Adorant, Basalt, Hazor (Israel), 14. Jh. v. Chr., I. M. Jerusalem

66
Königsstatue, Kalkstein, H: 54 cm, Amman (Jordanien), 9.–8. Jh. v. Chr., M. Amman

67
Minerva, Basalt, H: 159 cm, Hauran, römische Periode, 1.–2. Jh. n. Chr., M. Damaskus

68
Jupiter Heliopolitanus, Bronze, H: 14,7 cm, Syrien, 2. Jh. n. Chr., Louvre, Paris

69
Mitannisches Gefäß mit Fuß, Tell
Billa (Assyrien), 15. Jh. v. Chr.

70
Gefäß, glasierte Fayence, Ugarit
(Syrien), H: 16,5 cm, 14.–13. Jh.
v. Chr., Louvre, Paris

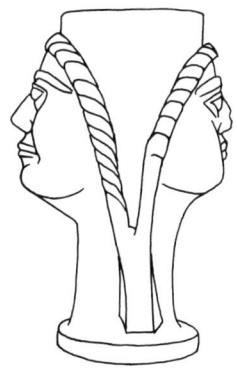

71
Gefäß, glasierte Fayence, H: 12,5 cm,
Ugarit (Syrien), 14.–13. Jh. v. Chr.,
Louvre, Paris

72
Gemalter Keramikdekor, Palästina,
13.–12. Jh. v. Chr.

73   Brustschmuck, Gold, B: 20,5 cm, Königsgrab, Byblos, 19. Jh. v. Chr.,
Louvre, Paris

74
Jagdopferschale, Gold, D: 19 cm, Uga-
rit (Syrien), 14. Jh. v. Chr., Louvre,
Paris

75
Anhänger, Gold, H: 6,5 cm, Minet
el-Beida, Hafen Ugarits (Syrien),
14.–13. Jh. v. Chr., Louvre, Paris

76   Elfenbeintäfelchen mit mykenischem Motiv, H: 3 cm, Megiddo (Palästina),
13. Jh. v. Chr.

77
Elfenbeinarbeit, Byblos (Libanon),
13. Jh. v. Chr., M. Beirut

78
Elfenbeindeckel mit mykenischem
Motiv, H: 13,7 cm, Minet el-Beida,
13. Jh. v. Chr., Louvre, Paris

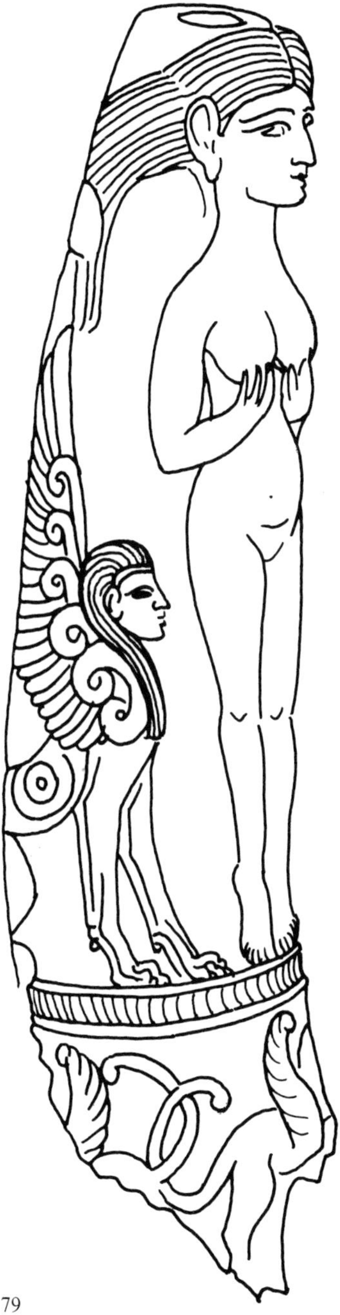

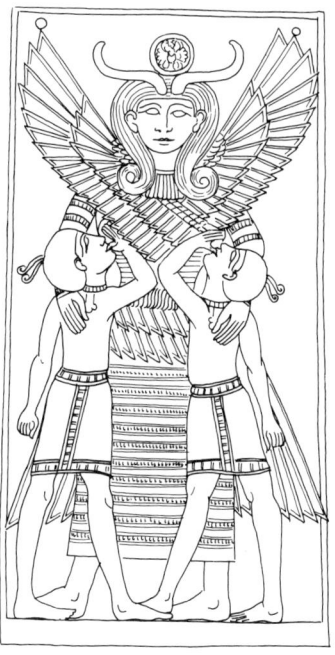

80
Teil des Dekors eines Prunkbettes,
Elfenbein, H: 23 cm, Ugarit (Syrien),
13. Jh. v. Chr., M. Damaskus

79
Geschnitzter Elefantenstoßzahn, H:
25 cm, Ugarit (Syrien), 14.–13. Jh.
v. Chr., M. Damaskus

81
In Hochrelief geschnitzter Kasten,
Megiddo (Palästina), 13. Jh. v. Chr.,
I. M. Jerusalem

82
Phönizische Elfenbeinarbeit, Nimrud
(Assyrien), 8.Jh. v.Chr., B.M. London

83
Phönizische Elfenbeinarbeit, Nimrud
(Assyrien), 8.Jh. v.Chr., B.M. London

84
Phönizische Elfenbeinarbeit, H:
7,8 cm, Arslan Tasch (Syrien), 8.Jh.
v.Chr., Louvre, Paris

85
Elfenbeinarbeit, eingelegt mit gefärbter Masse, H: 6 cm, Nimrud (Assyrien), 8.Jh. v.Chr., I.M. Bagdad

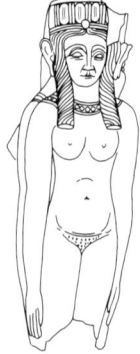

86
Griff in Form einer Frauenstatuette,
Nimrud (Assyrien), 8.Jh. v.Chr.

87
Geburt des Horus, phönizische Elfenbeinarbeit, Nimrud (Assyrien), 8.Jh.
v.Chr.

88
Sphinx, Elfenbein, Samaria (Israel),
8. Jh. v. Chr., I. M. Jerusalem

89
Syrischer Würdenträger, Elfenbein,
H: 20,7 cm, Arslan Tasch (Syrien),
8. Jh. v. Chr., Louvre, Paris

90
Dekor eines syrischen Prunkbettes,
Elfenbein, H: 11,5 cm, Nimrud (Assy-
rien), 8. Jh. v. Chr., I. M. Bagdad

91
Dekor eines syrischen Prunkbettes,
Elfenbein, Nimrud (Assyrien), 8. Jh.
v. Chr., I. M. Bagdad

92
Syrisches Rollsiegel mit Wettergott
und großer Göttin, 18. Jh. v. Chr., Slg.
Pierpont Morgan, New York

93
Rollsiegel-Abdruck mit Wassergott,
Ton, Zimrilim-Palast, Mari, 13. Jh.
v. Chr.

94
Syrisches Rollsiegel mit 4 Wassergei-
stern im Kreis, 13. Jh. v. Chr., Slg.
Newell

95
Syrisches Rollsiegel mit ägäischem
Jagdmotiv, 12. Jh. v. Chr., Louvre,
Paris

96
Siegel des Schema, Beamter des
Königs Jerobeam II. von Israel, 8. Jh.
v. Chr.

97
Petschaft des kgl. Beamten Jaazan-
jahu, Tell en-Nasbeh, nördlich
Jerusalem, Ende 7. Jh. v. Chr.

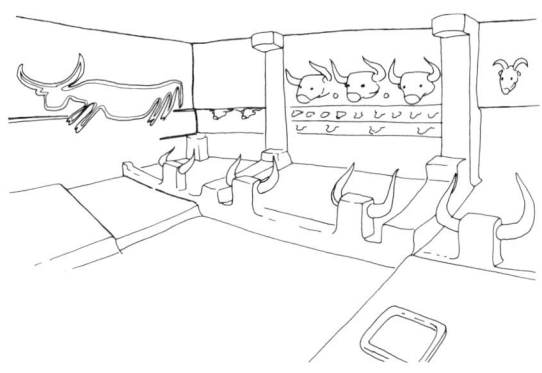

98 Rekonstruktion des neolithischen Heiligtums Catal Hüyük, bei Konya, um
6000 v. Chr.

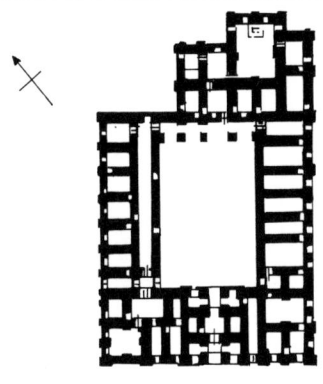

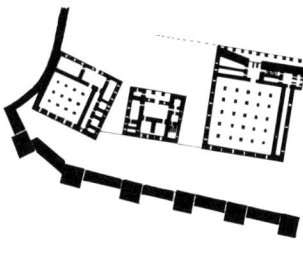

99
Grundriß des großen Tempels von
Hattusas, 14.–13. Jh. v. Chr.

100
Grundriß des Nordteils der Zitadelle
von Hattusas, rechts Thronsaal mit
Säulen, 14.–13. Jh. v. Chr.

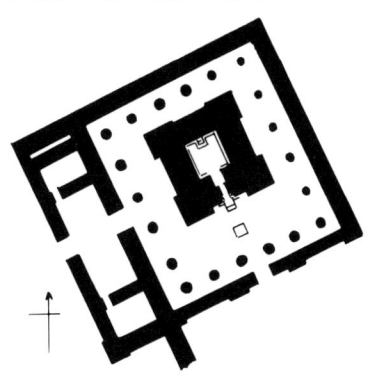

101 Grundriß des Tempels von Altin Tepe (Urartu, Osttürkei), 7. Jh. v. Chr.

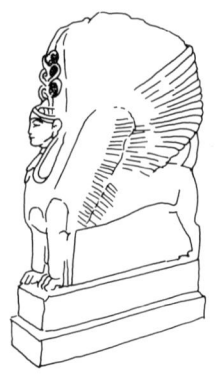 

102
Sphinx, Dekor eines Torpfeilers, Kalkstein, Festungsmauer von Hattusas, 13. Jh. v. Chr., Staatl. M. Berlin

103
Wächtergott, H: 200 cm, Königstor von Hattusas, 13. Jh. v. Chr., A. M. Ankara

104 Relief mit Begegnung der großen hethitischen Götter, Yazilikaya, 13. Jh. v. Chr.

105 Relief mit Trankopfer für hethitische Götter, Basalt, H: 86 cm, Malatya (Osttürkei), 11.–10. Jh. v. Chr., A. M. Ankara

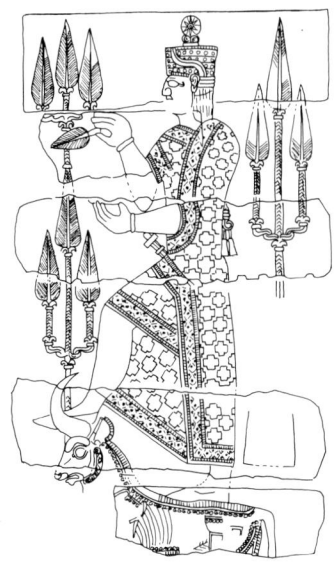

106
Stillende Göttin, Torrelief, Karatepe
(Südosttürkei), Ende 8. Jh. v. Chr.

107
Urartu-Göttin auf Stier, Flachrelief,
H: 280 cm, Adilcevas (Van-See) 7. Jh.
v. Chr.

108
Phrygische Göttin, Kultrelief, Ande-
sit, H: 175 cm, Ankara, A. M. Ankara

109
Stillende Frau, gebrannter Ton, Haci-
lar, Neolithikum, um 5300 v. Chr.,
A. M. Ankara

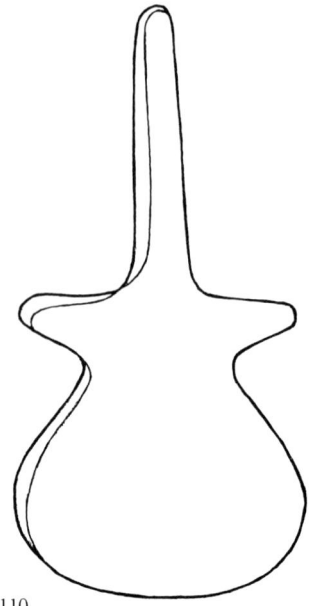

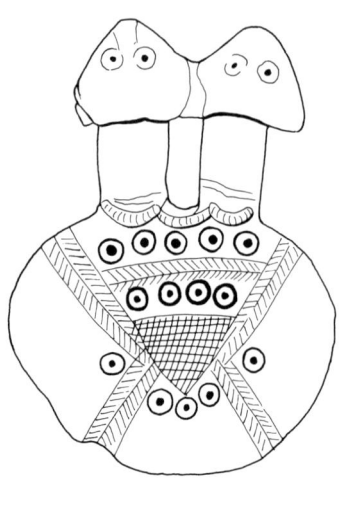

110
Anatolisches Idol, weißer Marmor, H:
13,5 cm, Beycesultan, um 2600 v. Chr.,
A. M. Ankara

111
Doppelidol, Alabaster, H: 18 cm,
Kültepe (ehem. Kanisch), Ende
3. Jtsd. v. Chr., Louvre, Paris

112
Greif, Teil eines urartäischen Göt-
terthrones, Bronze, H: 21 cm, To-
prak-kale, 8.–7. Jh. v. Chr.

113
Urartäischer Gott auf Ungeheuer,
Thronteil, Bronze, H: 30 cm, 8. Jh.
v. Chr., Slg. Stoclet, Brüssel

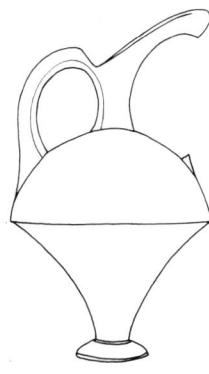

114
Hethitische Schnabelkanne, H: 38,4 cm, Hattusas, 18. Jh. v. Chr., A.M. Ankara

115
Kultstandarte mit Hirsch, Bronze, H: ca. 30 cm, Königsgrab, Alaca Hüyük, um 2300 v. Chr., A.M. Ankara

116
Kultstandarte mit Stier, Bronze und Silber, H: 37 cm, Königsgrab, Alaca Hüyük, um 2300 v. Chr., A.M. Ankara

117
Kultstandarte mit Stier, Bronze und Silber, H: 36,5 cm, Königsgrab, Alaca Hüyük, um 2300 v. Chr., A.M. Ankara

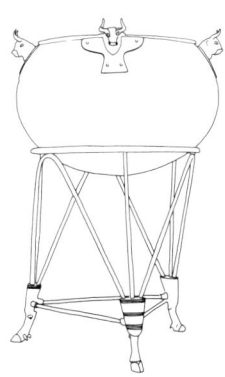

118   Kessel auf Dreifuß, Bronze, Altin Tepe (Urartu), 8. Jh. v. Chr., A.M. Ankara

Ägypten

von Christiane Desroches Noblecourt
Conservateur en chef du Département des Antiquités
Egyptiennes, Musée national du Louvre, Paris

ÄGYPTEN

Die Kultur der Pharaonen war, wie wohl kaum eine andere Hochkultur der Antike, in den letzten 40 Jahren ein bevorzugter Gegenstand prachtvoll ausgestatteter Bildbände. Die zarten Töne der Nillandschaft kontrastierten dabei mit den leuchtenden Farben thebanischer Malereien und dem Glanz von Gold und Halbedelsteinen aus den Grabschätzen. Dem ungeschulten Betrachter mögen die riesenhaften Pfeiler, die mit vielfältigen Pflanzenmotiven geschmückten Säulen, die Statuen der ägyptischen Herrscher, ihrer Kurtisanen und Prinzessinnen, schließlich die Darstellungen ihrer Gottheiten in Tier- und Menschengestalt auf den ersten Blick unüberschaubar erscheinen. Diese Spuren einer verschwundenen Welt zeugen von einer Kunst, die oft als hieratisch und für Jahrtausende in ihren Traditionen erstarrt bezeichnet wird. Betrachtet man sie jedoch genauer, erkennt man eine regelmäßige Entwicklung in den künstlerischen Zeugnissen des alten Ägyptens. Nach Gesetzen. die, wie Texte belegen, auf die Götter selbst zurückgehen, wurde eine geistige Welt in Farbe und Form gefaßt, in ausdrucksvolle Darstellungen, die auch noch den modernen Betrachter zutiefst beeindrucken.

Zu Recht stellt man die Frage nach der Art der Gesetze, die hinter einer so einzigartigen und in ihrer Art vollkommenen Kunst stehen. Ihre Wurzeln reichen in die Entstehungszeit des Landes am Nil zurück. Während Jahrtausenden erstreckte sich im Gebiet zwischen dem südöstlichen Mittelmeer und der Gegend, in der heute die Hauptstadt des Sudan liegt, ein riesiger, von tropischen Regenfällen gespeister Golf, der an Breite immer mehr abnahm, um schließlich zu einem der ältesten und längsten Ströme der Welt zu werden. An seinen Ufern begannen vor drei bis vier Millionen Jahren Zeitgenossen des Australopithecus und des in Afrika und Vorderasien nachgewiesenen Omo-Menschen Steine zu bearbeiten und erste Werkzeuge herzustellen.

Im Paläolithikum breiteten sich die als Jäger und Nomaden lebenden Nilmenschen immer weiter aus. Davon zeugen verschiedene in der Wüste gefundene helle Silexbrocken, die mit dem allen prähistorischen Völkern eigenen Formempfinden behauen sind. Aus den anfänglichen Formen entwickelt sich am Nil jedoch bald eine eigenständige, feinere Art der Steinbearbeitung. Vom Ende dieser Entwicklungsperiode stammen mit steinernen Sticheln in die Nilfelsen gegrabene Darstellungen von Jagdtieren: Elefanten, Giraffen, Strauße, Antilopen und Steinböcke. Nach dem Rückgang des ehemals reißenden Flusses wurden die Nomaden an seinen Ufern seßhaft. Im Neolithikum erwarben sie neben der Fähigkeit zur Herstellung vielerlei Gerätschaften, die der Erleichterung des täglichen Lebens dienten, auch den Glauben an eine Existenz nach dem Tod.

Die Existenz in diesem wüstenähnlich gewordenen Gebiet hing einzig von den jährlichen Nilüberschwemmungen ab. Sie wurden durch die tropischen

Ägypten

Regenfälle in Zentralafrika, im Ursprungsgebiet der beiden Nilläufe, verursacht; der Weiße Nil kommt vom Albertsee am Fuß der Mondberge, der Blaue Nil aus Abessinien. Die beiden Läufe vereinigen sich bei Khartum. Die jährlichen Überschwemmungen bewässerten nicht nur Flußufer und Delta, sondern ermöglichten mit der Ablagerung von feinem, fruchtbarem Schlamm erst ein erneutes Bebauen des Bodens. Dieser Situation entspringt die Ausrichtung Ägyptens von Süden (den Quellen) nach Norden (der Vollendung) und die Vorstellung der zyklischen Erneuerung, die für einen ausgetrockneten Boden alljährlich wieder Hoffnung und Leben bedeutete.

Schon um 4000 v. Chr. legten die Astronomen den Beginn eines neuen Jahres auf den Zeitpunkt, zu dem der Weiße Nil erneut anschwoll und durch die in den sumpfigen Ebenen mitgerissenen Papyrusblüten grün erschien, bevor sich der Strom durch den Zufluß von eisenhaltigem Schwemmaterial aus dem Atbara rot färbte (Nilschwelle). So entstand das Sonnenjahr mit 12 Monaten von je 30 Tagen und fünf zusätzlichen Tagen (von den Griechen später Epagomenes genannt), die in der Regel um den 18. Juli des Julianischen Kalenders eingeschoben wurden. Die Gelehrten hatten auch beobachtet, daß diese Rückkehr des Lebens von der Wiederkehr des Sirius-Sothis begleitet wurde, des Morgensterns, der nach 70 Tagen Unsichtbarkeit wieder dort am Horizont erschien, wo kurz darauf die Sonne aufgehen sollte. Die Färbung der Nilwasser wurde zur Grundlage der ägyptischen Farbensymbolik: Grün und das nachfolgende Rot als Symbol der über den Tod triumphierenden Hoffnung und des Wiederanfangs. Aus diesem jährlichen Wiederaufleben schöpften die Nilmenschen auch ihre Überzeugung, nach dem Tode weiterzuleben. Schon früh entwickelten sie eine bäuerliche Religion, in der die Leben spendenden Überschwemmungen (es sei hier an den berühmten Satz »Ägypten ist ein Geschenk des Nils« erinnert, den Herodot nach Hekataios von Milet zitiert) den Jahreslauf symbolisierten, während die kleine Achse der Sonnenbahn und die große Achse des Flusses Symbole für die Abfolge der Tage und der Jahre waren. Auch den Sonnenlauf empfand der Nilmensch als zyklische Wiederkehr von Dunkelheit und Verzweiflung in der Nacht sowie Hoffnung auf den Tag und das von der Sonne gespendete Leben. Aus dieser Spannung heraus entstanden nicht nur Glaube und Mythen, sondern auch eine moralische und materielle Bereitschaft zur Disziplin, zur Unterordnung unter einen Herrn, die die lebenswichtigen gemeinsamen Anstrengungen leitete und koordinierte. Vordringlich war die alljährliche Instandsetzung und Reinigung der Kanäle, die möglichst viel Nilwasser in die Felder ableiteten. Der Kampf gegen Hunger und Epidemien, das ständige, allen afrikanischen Völkern gemeinsame Bemühen, Gleichgewicht und Ordnung aufrechtzuerhalten, wurden zur Hauptbeschäftigung der Ägypter. Maat, »die geliebte Tochter der Sonne«, war das Symbol des kosmischen Gleichgewichtes einerseits, dessen Erhaltung der Herrscher auf Erden – der Pharao – zu garantieren hatte, und jener Triebkraft andererseits, der Handeln und Schaffen entspringen.

Angesichts der Wohltaten und Gefahren dieser kosmischen Kräfte und der Naturgewalten war der Ägypter ständig bestrebt, sich den Schutz der wohlwollenden Mächte zu erhalten und seine Existenz im Leben wie nach dem Tod nicht durch eine Verletzung von Recht und Ordnung aufs Spiel zu setzen. Aus dem gesetzmäßigen Handeln entwickelten sich die Riten, die mit dem Glauben zusammen die Religion der Ägypter bildeten. Sie war entstanden aus dem unendlichen Willen eines Volkes, zu überleben und sich ewiges Leben zu sichern. Mit dieser starken Hinwendung zum Jenseits erlangte es Unsterblichkeit.

Die künstlerische Tätigkeit der Nilbevölkerung war nie Selbstzweck, sondern diente ausschließlich dem Ausdruck des Göttlichen und der Existenz nach dem Tod. Natürlich entbehrten auch die Gegenstände des täglichen Lebens – Gerätschaften, Möbel, Truhen und Kleider – nicht einer gewissen, meist ebenso raffinierten wie schlichten Schönheit. Die Kunstwerke waren jedoch vor allem dazu bestimmt, den Pharao, als Mittler zwischen der Welt und den göttlichen Mächten, gnädig zu stimmen und sich seines Schutzes zu versichern.

Die tiefe Verbundenheit der Nilbewohner mit ihrem Fluß, der ihn umgebenden Landschaft und der darin waltenden Natur, deren Wirken den Gläubigen als Beweis für die Macht der Götter galt, schlug sich auch in den künstlerischen Ausdrucksformen nieder. Zu allen Zeiten waren die Architekten bemüht, ihre Bauwerke der landschaftlichen Umgebung anzupassen. Die Pyramidenform der ältesten Königsgräber und die abgeflachten Trapezformen der Mastabas in den Gräberstädten bei Memphis übernahmen die Formen der waagrechten Felsriegel und der aufragenden Felsterrassen. So wurde die ägyptische Landschaft ein Teil der Tempel des Pharaonenkultes. Die im Mittleren Reich durch die Felsen gegrabenen Zugänge zu den Gräbern zeugen davon ebenso wie die im Mittleren und Neuen Reich in einem eindrucksvollen Felsenzirkus errichteten Totentempel des Mentuhotep und der Hatschepsut. Der pyramidenförmige Gipfel im Tal der Könige war dazu ausersehen, die Felsgräber der Pharaonen des Neuen Reiches zu überragen (Biban el-Moluk), die »Grotte der großen Göttin« im Wadi Malikate wurde gewählt, um über die Gräber der Königinnen und Prinzen der Ramessiden im Friedhof der Königinnen zu wachen.

Die wesentlichen Elemente der zeichnerischen und plastischen Kunst wurden schon seit dem ausgehenden Neolithikum von magisch-religiösen Vorschriften geprägt, die Gültigkeit hatten, solange Ägypten unter der Herrschaft von Pharaonen und Priestern stand. Vergleicht man die allerersten menschlichen Darstellungen – auf Gefäßen der Negade-Kultur, auf den etwas jüngeren Malereien von Hierakonpolis oder auf dem geschnitzten Elfenbeingriff des Messers von Dschebel el-Arak – mit dem ersten aus geschichtlicher Zeit bekannten Zeugnis ägyptischer Reliefkunst, der Narmerpalette, so findet man die gleichen Züge. Die zeichnerischen Grundlagen blieben über Jahrtausende unverändert gültig. Die Darstellung eines Menschen galt nicht seinen wirklichen, körperlichen Zügen, sondern seinem für die Ewigkeit geschaffenen Idealbild. Menschliche Figuren wurden in der Regel im Profil dargestellt, wobei das Auge jedoch frontal blickt. Der Oberkörper ist ganz und das Becken zu drei Vierteln dem Betrachter zugewendet, um den durch Kleid oder Schurz verhüllten Sitz der menschlichen Fruchtbarkeit nicht den Blicken zu entziehen. Aus dem gleichen Grund ist das für den Betrachter hintere Bein immer leicht vorgestellt: Sind die Schultern einer Figur nach links gedreht, so ist das rechte Bein vorgestellt, bei einer Rechtsdrehung der Schultern ist es das linke Bein. Erst in der saitischen Zeit, 2500 Jahre später, findet man die ersten Abweichungen von dieser Regel.

Den Menschendarstellungen wurde große Macht zugeschrieben. Deshalb unterzogen sich die im Dienst von Staat und Priesterschaft stehenden Künstler auch ohne weiteres den an sie gestellten Forderungen. Die Darstellung des Auftraggebers oder des Grabbesitzers hatte nicht dessen physisches Bild wiederzugeben, sondern eine vollkommene und ideale Synthese seiner Persönlichkeit auf dem Höhepunkt seiner Existenz zu sein. Natürlich findet man auch Darstellungen, die diesem Konzept nicht entsprechen, so das vom Alter zerfurchte Gesicht des mächtigen Anchaf, ein Meisterwerk des Alten Reiches, das im Museum of Fine Arts von Boston zu besichtigen ist, oder eine in Kairo aufbewahrte, aus der 18. Dynastie stammende Statue, die den Sohn des Hapu, Amenhotep, als Greis zeigt. Es dürfte sich jedoch dabei um von Priestern in Auftrag gegebene Ausnahmen mit religiösem Aussagewert handeln: Amenhotep-Hapu war, wie dem biblischen Joseph, von Gott ein Alter von 110 Jahren vergönnt. Die beiden Greisenstatuen sind von einer Meisterschaft, die der Jahre nichts anhaben konnten. Eine ähnliche Aussage liegt auch in den angsterfüllten und manchmal tragischen Gesichtern der letzten Herrscher der 12. Dynastie.

Wenn der Künstler auch gezwungen war, der menschlichen Darstellung ideale Züge zu verleihen, so blieb ihm doch eine gewisse, allerdings beschränkte

Freiheit, ihr durch die Gestaltung des Hintergrundes und durch die Darstellung weiterer, anonymer Personen eine Handlung zuzuordnen: In Ackerbau-, Handwerks-, Fest- und Kriegsszenen war es ihm erlaubt, Anekdotisches wiederzugeben. So findet man in Tempelhöfen und Grabkapellen Wandmalereien von sehr lebendiger und manchmal humoristischer Aussagekraft, die dieser Kunst einen besonderen Glanz verleihen.

Einzig in Kulträumen und in einigen Grabkammern mußte der Künstler auf solche Ausschmückungen verzichten, um den Respekt zu wahren und das Gespräch mit den Erscheinungen des Göttlichen nicht zu stören. Auch die Statuen hatten frei zu sein vom Ausdruck menschlicher Gefühle. Ob es sich um einen Gott, einen König, einen Prinzen oder, später, um einen Bürger handelte, die einzig mögliche Haltung, dem ewig Unsichtbaren gegenüberzutreten, war die äußerster Ruhe und Selbstbeherrschung. Dies auszudrücken, gelang dem Künstler und dem Kunsthandwerker fast immer in hohem Maße, wie auch aus ganz bescheidenen Gräbern stammende Grabstatuetten zeigen.

All diese Vorschriften wurden von der Priesterschaft bestimmt. Der berühmte Stein von Palermo erwähnt, daß während der ersten Dynastien festgelegt wurde, in welcher Gestalt die Götter darzustellen seien. (Jahrtausende später, auf dem Konzil von Trient, wurde Ähnliches beschlossen: Die Ikonographie wurde geregelt, um den von der Reformation bedrohten Katholizismus zu stärken.) Trotz der scheinbaren Gleichförmigkeit der ägyptischen Kunst läßt sich in ihr eine innere Entwicklung verfolgen, die in vielen subtilen Ausdrucksvarianten die Geschichte der Pharaonen begleitet. Im Gegensatz zu den Nachbarvölkern in ärmeren Gebieten begannen die Bewohner des Niltals schon in ältester Zeit, die Bodenschätze auszubeuten. Sie nannten ihr Land »Schwarze Erde«, Kemy oder Kemet, eine Bezeichnung, aus der das Wort für die Wissenschaft der Chemie hervorging.

Aus dem Nilschlamm entstand Töpferware, und unter der strengen Kontrolle des Pharaos wurden überall im Land Steinbrüche betrieben und Rohstoffe gewonnen: Quarzit in Dschebel el-Ahmar, Kalkstein in Tura, nummulitischer Kalkstein in Hermopolis, ein elfenbeinfarbener Kalkstein auf dem thebanischen Westufer, Alabaster in Hatnub, Schiefer und Grauwacke in den östlichen Wadis von Oberägypten, Sandstein in Dschebel es-Silsile und sogar Diorit im westlichen Nubien. Bald zierten Karneol und Achat aus der Wüste, Amethyst und Feldspat aus dem Süden, Türkis vom Sinai und Granat die Arbeiten und fanden als Einlagen Verwendung an Statuen von Königen und Göttern und in den Kulträumen der Tempel.

Das Bewußtsein, daß der Mensch aus Stroh und Erde geschaffen sei, erlaubte den Menschen am Nil nicht, ihr irdisches Haus aus anderen Materialien als Holz und irdenen Ziegeln herzustellen. Auch Paläste machten keine Ausnahme. Die dem ewigen Leben dienenden Gebäude wie Tempel und Grabanlagen dagegen waren in der Regel aus Stein. Kostbare Möbel wurden aus seltenen und besonders harten afrikanischen Hölzern hergestellt. Ebenfalls aus Afrika kamen Straußenfedern, Häute von Wildkatzen und Gold. Da Silber sehr schwierig zu beschaffen war – es mußte wie das Eisen aus Anatolien und benachbarten Gegenden importiert werden –, blieb es bis zum Neuen Reich praktisch unbekannt. Kupfer dagegen wurde aus Sinai-Erzen gewonnen. Die Bronze war, wohl dank der Anleitung von der Metallverarbeitung kundigen Kaukasiern, seit dem Mittleren Reich bekannt. Die vor den Tempeln aufgerichteten hohen Masten stammten aus dem Libanon, dessen reiche Wälder schon in der Antike berühmt waren. Der in den Werkstätten des Pharaos sehr begehrte Lapislazuli wurde von Karawanen aus dem fernen Baktrien (Nordafghanistan) herbeigeschafft.

Im Neolithikum, einer für die Nilbevölkerung blühenden und schöpferischen Epoche, hieß der Nil allgemein Iteru, in der Hochwasserperiode erhielt er den Namen Hapi. Erst in klassischer Zeit wurde er von Reisenden Neilos genannt, ein Wort, dessen Buchstaben die Ziffer 365 (Tage) bedeuteten. Mit dem Ende dieser Epoche kamen neue semitische Einwanderer ins Nilland. Die sich festigende semitisch-hamitische Bevölkerung brachte die Kultur der 1. Dynastie hervor. Der legendäre König Menes, in den Texten Narmer genannt, errichtete als erster eine starke zentralistische Herrschaft, die nach ihm durch die Pharaonen (dieser Name kommt von Per-âa – das große Haus) von 30 Dynastien weitergeführt wurde. Dank Manetho, einem Historiker der Spätzeit, sind wir über ihre Namen unterrichtet.

Die beiden ersten Dynastien werden nach der bei Abydos gelegenen Stadt Thinis, ihrer vermutlichen Hauptstadt, Thiniten genannt. Von ihnen weiß man bis heute sehr wenig. Die vorhandenen Spuren lassen auf eine bereits stark institutionalisierte Kultur schließen, in der zahlreiche Schreiber mit der in der 1. Dynastie plötzlich erscheinenden Hieroglyphenschrift umgingen. Eine der hervorragendsten Persönlichkeiten der 2. Dynastie war der Pharao Chasechemui, der während seiner Regierungszeit das Land gegen libysche Übergriffe verteidigen mußte. Mit der 3. Dynastie begann die erste große Epoche der ägyptischen Geschichte, das Alte Reich. Auf Djoser, der mit seinem berühmten Baumeister Imhotep die Steinarchitektur begründete, folgte die 4. Dynastie, in der Snofru, Cheops, Chefren, Mykerinos und dazwischen der umstrittene Didufri regierten. Sie errichteten ihre Hauptstadt in Memphis und hinterließen nicht weit davon, in Giseh, ihre Totenstadt, wo sich im Schutze des Sandes, bewacht von der Sphinx, die drei größten ägyptischen Pyramiden erhalten haben. Der Name Sphinx kommt vom ägyptischen pa sechem anch, d. h. das Bild des Lebens. Die Bezeichnung Pyramide stammt dagegen aus dem Griechischen. Griechische Söldner leiteten den Namen von pyramis (Brötchen) ab, um sich damit über die ihnen unverständlichen Bauwerke lustig zu machen.

In der Zeit des Pyramidenbaus, in der die Architekten ihre technischen Probleme mit derselben Meisterschaft lösten wie die Pharaonen ihr Reich regierten, hatte Ägypten bereits eine hoch entwickelte Kultur. Der Papyrus Smith bescheinigt den Chirurgen der 4. Dynastie die Fähigkeit, ihren Schülern wissenschaftliche Diagnosemethoden beizubringen. Grundlage dieser Kultur war eine tief verwurzelte Moral und Ethik, wie ein im Papyrus Westcar überlieferter Text zeigt: Als Cheops einem Magier vorschlug, mit einem Kriegsgefangenen ein Experiment zu machen, antwortete der greise Mann: »Nein, mein Herr und Meister, nicht mit einem Glied der Herde Gottes.« Der Pharao gab nach und ließ stattdessen eine Nilgans holen.

Die ältesten religiösen Inschriften Ägyptens fand man auf den Wänden der letzten Pyramide der 5. Dynastie, der des Unas. Sie sind in einer stark archaisierenden Sprache abgefaßt. Inhaltlich findet man in diesen Texten im wesentlichen bereits das, was in der Folge während Jahrtausenden, bis zur ptolemäischen Zeit, in den Schriften der Tempel wiederholt, erklärt und kommentiert worden ist. Die Namen der wichtigsten Götter sind ebenso erwähnt wie die Mythen, die sich um die großen Mysterien der Natur rankten. Der Pharao wurde als Mensch gewordener Sohn der Kräfte, die Welt regieren, betrachtet. Nach seinem Tod kehrte er ins Reich des Göttlichen zurück und nahm jene mit sich, die unter seiner Anleitung nach den von ihm gegebenen Gesetzen gelebt hatten. Abgesehen von einigen Kontakten mit den Nachbarstaaten, Expeditionen bis zum zweiten Nilkatarakt, um nach Diorit zu suchen, oder zu den Denga, um dem König einen zwergwüchsigen »Gottestänzer« oder aus anderen Ländern eine orientalische Prinzessin als Gemahlin mitzubringen, war Ägypten bis zum Beginn des Neuen Reiches ein stark in sich abgeschlossenes Land.

Die 6. Dynastie ging mit der längsten Regierungszeit der ägyptischen Geschichte zu Ende, mit der des Pharaos Pepi II. Die Macht des Königs wurde jedoch geschmälert durch den wachsenden Einfluß der Gaufürsten. Das Alte Reich ging in inneren Kämpfen und mit einer asiatischen Invasion zu Ende.

Nach einer ersten Zwischenzeit, in der sich die untersten Bevölkerungsschichten in einer sozialen Revolution offenbar gewisse Rechte erkämpften, wurden die Machtkämpfe zwischen den Gaufürsten und dem Herrscherhaus durch den Begründer der 11. Dynastie, den aus dem Süden stammenden Prinzen Mentuhotep, beendet. Mit seiner Machtübernahme begann das Mittlere Reich. Von Theben, wo der Hof zuerst residierte, verlegten die Könige der 12. Dynastie ihren Sitz nach Fayum, einer Art Oase in der Nähe des Nils, die vom ersten, parallel zum Fluß verlaufenden und in den Karunsee mündenden Kanal Bahr Jusuf bewässert wurde. Es folgte eine Reihe von großen Königen mit den Namen Amenemhêt und Sesostris, die die Verwaltung ausbauten und die Möglichkeiten der landwirtschaftlichen Nutzung des Bodens erweiterten. König Sesostris I., um friedliche Beziehungen zu den Nachbarstaaten bemüht, hinterließ in Tôd, im Süden von Theben, ein Werk, vor dem auch noch die Ptolemäer Respekt und Achtung zeigten. Sesostris III. war gezwungen, Krieg gegen Nubien zu führen. Sein Einfluß war jedoch so groß, daß ihn das schließlich befriedete Land zum Gott erhob und sich in der folgenden Epoche an Ägypten anschloß. Zur gleichen Zeit begannen jedoch an der östlichen, durch Zitadellen und die »Prinzenmauer« befestigten Grenze die Einfälle asiatischer Beduinenstämme. Die von den Ägyptern Hyksos genannten Eindringlinge eroberten in der Folge das Nildelta und bemächtigten sich der Herrschaft.

Die zweite Zwischenzeit endete mit der Vertreibung der Hyksos durch Fürsten aus dem Süden, die mit der Gründung der 18. Dynastie das Neue Reich einleiteten. Ägypten konnte sich nun nicht mehr auf friedliche Beziehungen zu den Nachbarstaaten verlassen, es galt, die verschiedenen Völker entlang der Grenze in Schach zu halten und ihre Angriffe abzuwehren. Nicht immer waren die Beziehungen so gut wie mit Byblos, wo sogar ein ägyptischer Statthalter residierte. Wichtig war auch die Sicherung der Karawanenstraßen, die der Küste entlang oder durch das Hinterland nach dem Land Amor führten. Amenophis I. und Thutmosis I. sicherten das Land soweit, daß unter Königin Hatschepsut auch das seit den Wirren darniederliegende Kunsthandwerk wiederauflebte und mit dem Wiederaufbau und der Restaurierung der zerstörten Kultstätten zu neuer Blüte kam. Hatschepsut veranlaßte auch die berühmte Expedition in das sagenhafte Land Punt, die von sowohl wissenschaftlichen als auch wirtschaftlichen Interessen geleitet war. Ihr Neffe und Nachfolger Thutmosis III. stieß in 17 Feldzügen mit der ägyptischen Armee bis an den Euphrat vor und sicherte dem Land für lange Zeit, bis zum Ende der 18. Dynastie, Friede und Wohlstand.

Den unerbittlichen Gesetzen der Geschichte folgend, vergaßen die Ägypter in dieser Zeit der Hochblüte zunehmend die Gefahr, die nach wie vor an ihren Grenzen drohte. Ihre Kunst hatte eine normale Entwicklung durchlaufen: Auf die erste, experimentelle Periode folgte eine klassische Epoche, die durch eine Periode zunehmender Verfeinerung der Ausdrucksweisen abgelöst wurde. Zur Zeit des Königs Amenophis III. war das Stadium des Manierismus erreicht.

Rê, die Sonne, war die Kraftquelle allen Lebens. Der Pharao, die Erdengestalt des Horus, galt als Sohn des Rê. Er trat die Nachfolge desjenigen an, der zu Osiris ins unterirdische Totenreich eingegangen war. Der Totengott Osiris und seine Mächte flößten dem Volk große Furcht ein, die von den Priestern noch genährt wurde, denn die Priesterschaft hütete das Geheimnis, woher der Gott, in dessen Reich nie die Sonne schien, seine Lebensenergie nehme, und die Erkenntnis, daß Leben und Tod eins sind. Aus dieser Situation heraus wandte sich der Reformator Amenophis IV. gegen den herrschenden Anthropomorphismus und erhob die Sonnenscheibe, Aton, zum alleinigen Gott der Ägypter. Die neue Lehre wurde auf seine Anweisung hin von den Künstlern durch neue plastische Formen ausgedrückt. Die häufigste Darstellung des Gottes Aton zeigt die Sonnenscheibe mit in Händen endenden Strahlen. Der Aton-Glaube erlosch jedoch mit dem Tod des Ketzerkönigs. Nach kaum zwei Jahrzehnten ging die Amarnazeit zu Ende. Der junge Tutanchamun kehrte zum alten Glauben zurück. Kurz nach ihm bestieg der General Haremhab den Thron und begründete die

19. Dynastie, die der Ramessiden. Ihr berühmtester König war Ramses II., der während 67 Jahren regierte und seinem Land durch ein Friedensabkommen mit den anatolischen Hethitern eine lange Periode der Ruhe verschaffte. Die Kunst der Ramessidenzeit übernahm die in der Amarnazeit neu geschaffenen Formen und verwirklichte den von Echnaton angestrebten Universalismus, wenn auch mit einem gewissen Hang zu großsprecherischem Ausdruck. Das Neue Reich ging um das Jahr 1000 v. Chr. zu Ende, nachdem sich die letzten Ramessidenkönige erfolgreich gegen Angriffe der Nachbarvölker und eine Invasion vom Meer her verteidigt hatten.

Die dritte Zwischenzeit dauerte von der 21. bis zum Ende der 24. Dynastie. Die Macht über das Land war geteilt: In Tanis, im Norden, herrschten die Priesterkönige der Psusen, in Theben regierten die Königspriester, die Osorkon. Die Libyer drangen ins Land ein, wie die Erwähnung von Sisak (Schoschenk) in der Bibel bezeugt. Die sudanesischen Fürsten Pianchi, Taharka und Schabaka bildeten die 25. Dynastie, die mit der Invasion der Assyrer tragisch zu Ende ging. Erst den Psammetich-Königen der 26. Dynastie gelang die erneute Einigung des Reiches. Sie errichteten ihre Hauptstadt in der im Delta gelegenen Stadt Sais. Die in der saitischen (oder auch neomemphitisch genannten) Zeit wiederaufblühende Kunst zeigt eine Rückwendung zur Vergangenheit, die jedoch im Laufe der Geschichte erworbenen Ausdrucksformen einbezieht. Neu machten sich fremde, exotische Einflüsse bemerkbar.

Die 30. Dynastie des Königs Nektanebôs wurde durch die Herrschaft der Perser abgelöst. Als Alexander der Große nach der Schlacht bei Issos (333 v. Chr.) in Ägypten eintraf, wurde er als Befreier begrüßt: Griechische Händler und Verwalter waren ihm bereits vorausgegangen, und auch die Gelehrten und Philosophen waren seit langem vom überlieferten Wissensgut der Ägypter angezogen worden. Das von Ptolemaios XIII. und Kleopatra VII. regierte Ägypten der Generäle Alexanders (der Ptolemäer) wurde schließlich von Julius Caesar erobert und, nach dem Tod der mutigen Königin, Provinz und Kornspeicher des Römischen Reiches. Unter dem Einfluß der letzten bedeutenden Priester entstanden noch einmal Tempel im pharaonischen Stil, deren Hieroglyphentexte vom Wissen einer zum Untergang verurteilten Welt ein letztes Zeugnis ablegen.

Die Entwicklung einer Kunst, die sich während so vieler Jahrtausende getreulich den Regeln der Religion unterwarf, wird erst durch die Betrachtung vieler nebeneinandergestellter Beispiele sichtbar. Nur so werden gültige Aussagen über die zwar langsamen, doch kontinuierlichen Veränderungen möglich. Diese Überlegung liegt auch der Auswahl der hier behandelten Themen zugrunde.

Auf den folgenden Seiten wird zuerst die Entwicklung der Architektur dargestellt. An Kult- und Totenbauten, zivilen und militärischen Bauwerken sind Genie und Lebensart eines Volkes am besten zu erkennen. Die anschließend untersuchte Bauplastik war für Ägypten zu allen Zeiten die wichtigste Ergänzung der Architektur. Es folgen die bedeutendsten Reliefs und Malereien dieses langen künstlerischen Abenteuers. Die kunsthandwerklichen Gegenstände, die den Verstorbenen auf seiner Reise ins Jenseits begleiteten, spiegeln in der Regel den Stil der Vollplastiken, Wandmalereien und Tierdarstellungen.

Eine Formen- und Stilkunde durfte logischerweise nur mit Zeichnungen illustriert werden. Auch die schönsten Fotografien beeinträchtigen oder verfälschen das Bild, das der in der archäologischen Betrachtungsweise ungeschulte Leser in sich aufnimmt. Die Zeichnung dagegen erlaubt es, dem Betrachter einen Stil oder eine bestimmte Form durch das Weglassen von Details, Unvollkommenheiten und Schatten verdeutlichend vor Augen zu führen. Diese auf die wesentlichen Linien reduzierten Zeichnungen schulen das Auge des Betrachters für die Begegnung mit dem Objekt selbst und erlauben dem Archäologen, seine Aussagen dem Leser zu übermitteln.

Ägypten

AUSWAHLBIBLIOGRAPHIE

Aldred, C.: *Old Kingdom Art in Ancient Egypt*, London 1949
— *Middle Kingdom Art in Ancient Egypt*, London 1950
— *New Kingdom Art in Ancient Egypt during the Eighteenth Dynasty*, London 1961
Anthes, R.: *Ägyptische Plastik in Meisterwerken (Die Sammlung Parthenon)*, Stuttgart 1954
Badawy, A.: *A History of Egyptian Architecture*, 3 Bde., Gizeh–Berkeley/Los Angeles–London 1954–1968
— *Ancient Egyptian Architectural Design, A Study of the Harmonic System*, Berkeley/Los Angeles 1965
Brunner-Traut, E. und V. Hell: *Ägypten*, Stuttgart ³1978
Cenival, J.-L. de: *Ägypten, Das Zeitalter der Pharaonen*, Fribourg 1964 (= Architektur der Welt)
Cooney, J.D.: *Amarna Reliefs in Ancient Art, The Norbert Schimmel Collection*, Mainz 1974
Davies, N.M. de Garis: *Ancient Egyptian Paintings*, Chicago 1936
Desroches Noblecourt, C.: *Tut-ench-Amun*, Berlin 1963
— (Hg.) *Tutankhamon et son époque*, Ausstellungskatalog, Paris 1967
— (Hg.) *Ramsès le Grand*, Ausstellungskatalog, Paris 1976
Evers, H.G.: *Staat aus dem Stein*, 2 Bde., München 1929
Fechheimer, H.: *Die Plastik der Ägypter*, Berlin 1920
Forman, W. und B.: *Ägyptische Kunst aus den Sammlungen des Museums in Kairo*, Hanau 1962
Giedion, S.: *The Eternal Present: The Beginning of Architecture*, Washington 1957 (= Bolligen Series XXXV, 6, 11)
Hayes, W.C.: *The Scepter of Egypt, A Background for the Study of Egyptian Antiquities in the Metropolitan Museum of Art*, 2 Bde., Cambridge, Mass., 1953–1959
— *Most Ancient Egypt*, Chicago 1965
Hornemann, B.: *Types of Ancient Egyptian Statuary*, 7 Bde., Kopenhagen 1951–1969
Iversen, E.: *Canon and Proportion in Egyptian Art*, London 1955
Klebs, L.: *Die Reliefs und Malereien des Neuen Reiches*, Heidelberg 1934 (= Abhandlungen der Akademie der Wissenschaften zu Heidelberg 9)
Lange, K. und M. Hirmer: *Ägypten, Architektur, Plastik, Malerei in drei Jahrtausenden*, München 1955, ⁵1975
Lauffray, J.: *Karnak d'Egypte, Domaine du divin*, Paris 1979
Leclant, J. (Hg.):*Ägypten*, 3 Bde., München 1979–1981 (= Universum der Kunst Bd. 26–28)
— *Le Musée du Caire*, Paris 1949
— *Les Antiquités Egyptiennes du Musée du Louvre*, Paris 1936
Müller, H.W.: *Altägyptische Malerei, Von der Vorgeschichte bis zum Ende des Neuen Reiches*, Berlin 1959 (= Meisterwerke außereuropäischer Malerei)
Nims, C.F.: *Thebes of the Pharaohs*, London 1965
Petrie, W.M.F.: *The Pyramids and Temples of Gizeh*, London ²1883
Posener, G.: *Lexikon der ägyptischen Kultur*, Wiesbaden 1976
Ricke, H.: *Der Grundriß des Amarnawohnhauses*, Leipzig 1932
Schäfer, H.: *Von ägyptischer Kunst, Eine Grundlage*, Wiesbaden 1963
Smith, E.B.: *Egyptian Architecture as a Cultural Expression*, New York 1938
Smith, W.S.: *A History of Egyptian Sculpture and Painting in the Old Kingdom*, Boston 1946, ²1949
— *The Art and Architecture of Ancient Egypt*, Harmondsworth 1958, ²1965

— *Interconnections in the Near East, A Study of the Relationships between the Arts of Egypt, the Aegean and Western Asia,* New Haven–London 1965

Steindorff, G. und W. Wolf: *Die Thebanische Gräberwelt,* Glückstadt 1936 (= Leipziger Ägyptologische Studien 4)

Vandier, J.: *Manuel d'archéologie égyptienne,* 5 Bde., Paris 1952–1969

Vandersleyen, C.: *Das Alte Ägypten,* Berlin 1975 (= Propyläen-Kunstgeschichte Bd. 15)

Woldering, I.: *Ägypten, Die Kunst der Pharaonen,* Baden-Baden 1962 (= Kunst der Welt)

Wreszinski, W.: *Atlas zur altägyptischen Kulturgeschichte,* 2 Bde., Leipzig 1915–1923

Yoyotte, J.: *Die Kunstschätze der Pharaonen,* Genf 1968

DIE WICHTIGSTEN MUSEEN

Ägypten
Ägyptisches Museum, Kairo (= Ä. M. Kairo)
Luksor Museum, Luksor

Belgien
Musées Royaux d'Art et d'Histoire, Brüssel (= M. Brüssel)

Dänemark
Ny Carlsberg Glyptothek, Kopenhagen

Deutschland
Staatliche Museen, Ägyptisches Museum (Bode-Museum), Berlin (Ost) (= Staatl. M. Berlin)
Staatliche Museen Preußischer Kulturbesitz, Ägyptisches Museum, Berlin (West) (= A. M. Berlin)
Kestner Museum, Hannover
Pelizaeus-Museum, Hildesheim
Badisches Landesmuseum, Karlsruhe
Staatliche Sammlung ägyptischer Kunst, München

Frankreich
Musée Calvet, Avignon
Musée Borély, Marseille
Musée national du Louvre, Paris (= Louvre, Paris)

Großbritannien
Fitzwilliam Museum, Cambridge
British Museum, London (= B. M. London)
University College, London
Ashmolean Museum, Oxford (= Ashm. M. Oxford)

Italien
Museo Egizio, Turin

Niederlande
Rijksmuseum van Oudheiden, Leiden (= M. Leiden)

Österreich
Kunsthistorisches Museum, Wien

Ägypten

DIE WICHTIGSTEN ARCHÄOLOGISCHEN FUNDORTE IN ÄGYPTEN

1 Alexandria
2 Sais
3 Tanis
4 el-Kantara
5 el-Arisch
6 Gaza
7 Kantir (Pi-Ramses)
8 Bubastis
9 Athribis
10 Merimde
11 Abu Roasch
12 el-Katta
13 Heliopolis
14 Kairo
15 Giseh
16 Memphis
17 Lischt
18 Tarchan
19 el-Gerze
20 Medum
21 Kars es-Sagha
22 Medinet el-Faijum
23 Mit Fares
24 Hawara

25 Illahun
26 Kahun
27 Herakleopolis
28 Beni Hasan
29 Speos Artemidos
30 el-Bersche
31 Tell el-Amarna
   (Achet-Aton)
32 Hermopolis magna
33 Tuna el-Dschebel
34 Meir
35 Assiût
36 Badari
37 Gau el-Kebir
38 Rekakna
39 Beit-Challaf
40 Thinis?
41 Abydos
42 el-Amra
43 Dschebel el-Arak
44 Dendera
45 Koptos
46 Nagada

47 Theben
48 Karnak
49 Luksor
50 Esna
51 el-Kab
52 Hierakonpolis
53 Edfu
54 Kôm Ombo
55 Assuan
56 Abu Gorab (Abusir)
57 Maadi
58 Mit Rahineh
59 Sakkara
60 Dahschur
61 Deir el-Bahari
62 Deir el-Medine
63 Ramesseum
64 Scheich Abd-el-Gurna
65 Medamud
66 Medinet Habu
67 Malgatta
68 Erment
69 Tôd

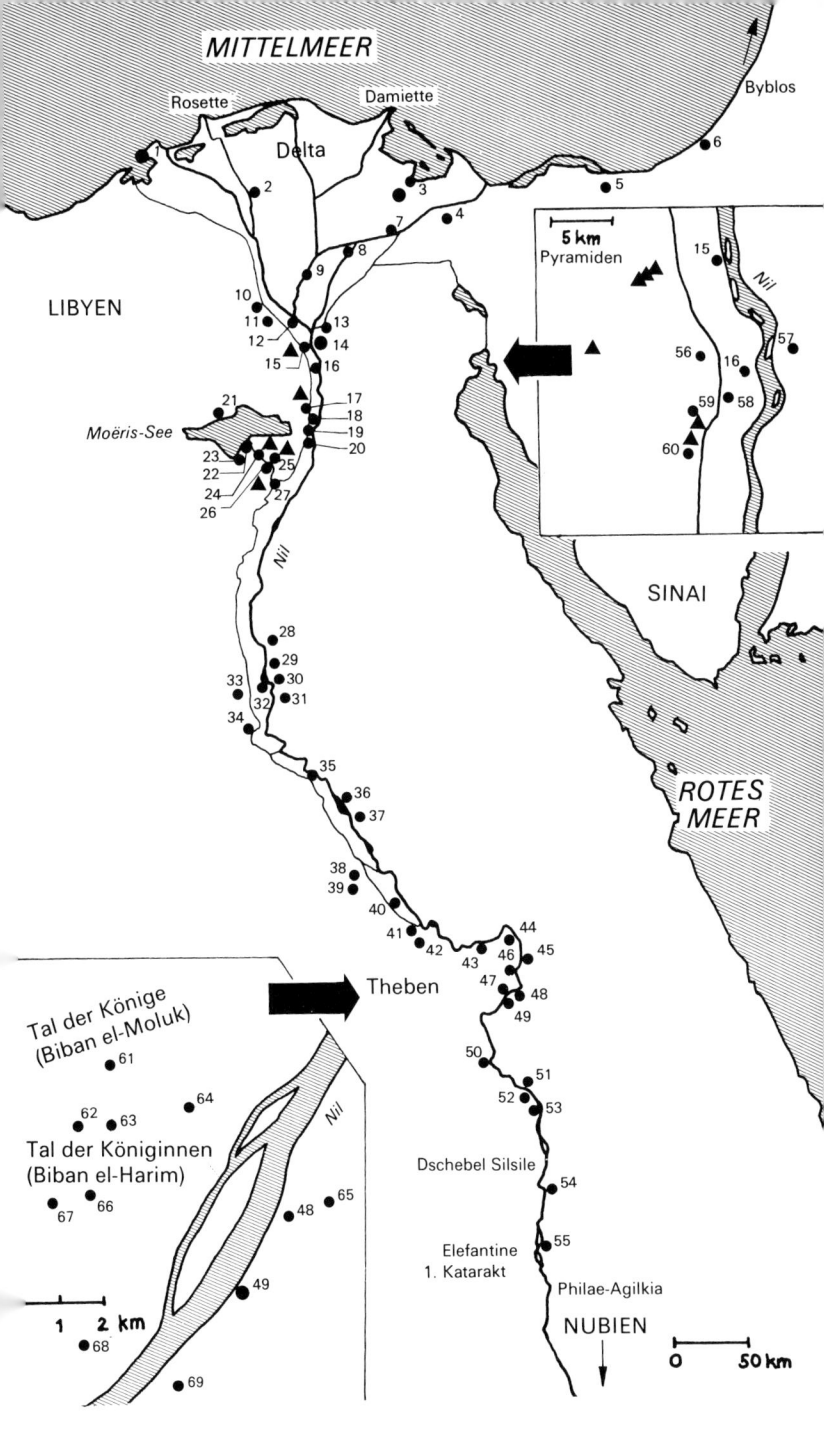

MITTELMEER

Rosette   Damiette   Byblos

Delta

LIBYEN

Moëris-See

Nil

Pyramiden

5 km

Nil

SINAI

ROTES
MEER

Theben

Tal der Könige
(Biban el-Moluk)

Tal der Königinnen
(Biban el-Harim)

Nil

Dschebel Silsile

Elefantine
1. Katarakt

Philae-Agilkia

NUBIEN

1   2 km

0   50 km

ZEITTAFEL

Um 3000	Beginn der geschichtlichen Zeit, Einigung Ägyptens, erste Schriftzeugnisse
2955–2635	THINITISCHE ZEIT: 1.–2. Dynastie
2635–2155	ALTES REICH: 3.–6. Dynastie Pyramidenzeit (Cheops, Chefren, Mykerinos)
2155–2060	ERSTE ZWISCHENZEIT: 7.–11. Dynastie Unruhige, wechselvolle Zeit
2060–1785	MITTLERES REICH: 11.–12. Dynastie Herrschaft der Könige Mentuhotep, Amenemhêt und Sesostris
1785–1554	ZWEITE ZWISCHENZEIT: 13.–17. Dynastie Zeit des Zerfalls, Fremdherrschaft der Hyksos
1554–1080	NEUES REICH: 18.–20. Dynastie

	1554–1305	18. Dynastie Herrschaft der Thutmosis und der Amenophis, religiöse Reform Amenophis' IV.-Echnatons, Restauration des Amun-Kultes durch Tutanchamun
	1305–1196	19. Dynastie Ramses I. (1305–1303) Sethos I. (1303–1290) Ramses II. (1290–1224) Merenptah (1224–1214) Amenmes (1214–1210) Sethos II. (1210–1204) Siptah und Tausert (1204–1196)
	1196–1080	20. Dynastie Sethnacht und die letzten Ramessiden

1080–332	SPÄTZEIT: 21.–31. Dynastie

	1080–946	21. Dynastie Teilung des Reiches unter die Herrscher von Tanis und die Priesterschaft von Theben Psusennes I. (1054–1004) Siamon (975–960)
	946–332	22.–31. Dynastie Fremdherrschaft der Libyer, Äthiopier und Perser Saitische Renaissance: 26. Dynastie (664–525)

332	Eroberung Ägyptens durch Alexander den Großen

VOR- UND FRÜHGESCHICHTE
UND DAS ALTE REICH

Der ägyptische Stil entstand bereits in vorgeschichtlicher Zeit, als die Nilbevölkerung noch nicht unter einer zentralen Macht vereint war. Er ist älter als die Schrift, deren Erscheinen den Beginn der geschichtlichen Zeit markiert. Schon im Neolithikum, in der nach der Stadt Gersea benannten Periode, findet man tierische und menschliche Darstellungen, die von einer außergewöhnlichen Beobachtungsgabe und einem ausgeprägten Formensinn zeugen. In weichen Stein gehauen oder auch aus Lehm geformt sind uns Darstellungen der verschiedensten Tierarten überliefert. Der häufig auftauchende Widderkopf hatte wohl die Funktion eines Amulettes, das den Schutz durch das Leittier symbolisierte. Daneben findet man Darstellungen von Flußpferden, Schildkröten, Paarhufern, Fröschen, Vögeln und vor allem von Affen, allein, in häufig seltsamen Haltungen, oder auch zu zweit, ein Muttertier mit einem Jungen im Schoß. Die noch schmucklosen Tonwaren nehmen mit ihren durch Jahrhunderte gebräuchlichen Formen bereits die kostbaren aus Brekzie, Diorit, Granit und Alabaster gefertigten Erzeugnisse späterer Epochen vorweg. Die unverzierten eiförmigen Krüge und hohen Becher waren glasiert, von roter, nach oben zunehmend schwarz verfärbter Tönung, da sie auf dem Kopf stehend gebrannt wurden. Mit fortschreitender Entwicklung des Begräbniskultes begann man, die Opfergefäße mit einfachen Zeichnungen von Pflanzen und sogar Darstellungen des Totenzuges in der Nillandschaft sowie Jagdszenen zu schmücken, wie sie auch die Wände einer Grabkammer in Hierakonpolis zierten. Schlanke, hieroglyphenartige Figuren wurden aus rotglasierter Erde geformt oder aus Knochen und Elfenbein geschnitzt. Neben der rituellen Darstellung von Mann und Frau erkennt man bereits die Gestalten der am Grab trauernden Angehörigen oder von Mutter und Kind. Meist handelt es sich jedoch um die »offizielle« Darstellung von Mann und Frau. Aus den anfänglich noch primitiven Formen entwickelten sich bis zum Ende der Frühzeit Statuetten nackter oder mit einem Mantel bekleideter Figuren, mit kunstvoll dargestelltem Haarschmuck. Ein wesentlicher Schritt der künstlerischen Entwicklung war zu diesem Zeitpunkt bereits vollzogen.

Die Nilbewohner begannen auch sehr früh, aus Schiefer Tafeln in geometrischen Formen herzustellen. Die quadratischen, rautenförmigen, rechteckigen und sogar runden Tafeln wurden zuoberst mit der Silhouette eines Tieres geschmückt und beide Seiten mit magischen Darstellungen von Mensch und Tier gefüllt. Das letzte und vollkommenste Zeugnis dieser Kunst ist die berühmte Schminkpalette des Königs Narmer im Ägyptischen Museum in Kairo. Sie zeigt beidseits zuoberst die Umrisse von zwei Kuhköpfen. Die Mitte der Rückseite nimmt, wie bei allen gefundenen Schminkpaletten, eine majestätische Darstellung des ersten ägyptischen Pharaos ein. Des weiteren zeugen fremdländische Gestalten und eingenommene Zitadellen mit zinnenbewehrten Mauern, deren Bauweise von den Ägyptern bald kopiert wurde, von siegreichen Eroberungen des Königs. In Hieroglyphen erscheint der Namenszug des Pharaos.

Die Bildhauerkunst entwickelte und verfeinerte sich rasch. Stein als Werkmaterial war sicher weniger leicht zu bearbeiten als das weichere Elfenbein. Trotzdem sind die Statuen eines sprungbereiten Löwen, eines knienden Mannes oder einer sitzenden Frau in kraftvollen, wenn auch manchmal noch etwas steifen Zügen gearbeitet, wie dies ihrer Bestimmung als Vertreter des Menschen in der Ewigkeit entsprach. Nach der 2. Dynastie mit den ausdrucksvollen Statuen des Königs Chasechemui brachte die 3. Dynastie mit der Statue ihres Gründers, des Königs Djoser, eines der schönsten Beispiele für den Stil der Monumentalstatuen des Alten Reiches hervor. Dem berühmten Frontalitätsgesetz folgend, sitzt der Pharao auf einem archaischen, würfelförmigen Stuhl – während dreier Jahrtausende der traditionelle Zeremonialthron der Pharaonen und Götter – und schaut der Ewigkeit entgegen. Die Beine sind geschlossen, die Unterarme liegen entweder auf den Schenkeln oder sind vor der Brust gekreuzt, je nachdem ob die Statue rituelle oder offizielle Funktionen hatte, Kopf und Augen sind geradeaus gerichtet.

Mit dem Fortschritt der Architektur entwickelten sich die zuerst aus gestampfter Erde, später aus Lehmziegeln hergestellten Rundbauten zu rechteckigen Wohnstätten. Das Modell von el-Amra zeigt die allen Erweiterungen der Pharaonenzeit zugrundeliegende neolithische Form mit einem Terrassendach, hohen Fenstern und einer durch einen Rolladen geschützten Türe. Kapellen und Kulträume wurden in relativ bescheidenen Größen aus einheimischen Hölzern (Palme, Sykomore, Akazie und Weide) errichtet.

Erst in der 3. Dynastie führte der Architekt Imhotep die Verwendung von Stein, der bisher nur in Grabbauten zur Anwendung gekommen war, als allgemeines Baumaterial ein. Es gelang ihm auch in vollendeter Weise, auf dem wüstenartigen Plateau von Sakkara den Stil der leichten Lehmbauten in Kalkstein nachzuvollziehen. So wie in den frühen Königsgräbern im weichen Schiefer noch die Opferkörbe und in den goldenen Gefäßen Muschelbehältnisse zu erahnen sind, spiegeln Imhoteps Bauten die früheren Lehm- und Holzstrukturen. Diese Entwicklung entsprang dem Wunsch, unvergängliche, auch im ewigen Leben weiterdauernde Werke zu schaffen.

Die anfänglich noch unvollkommenen Techniken brachten es mit sich, daß die Kunstwerke aus der Zeit des Sepa und des Nesa noch archaisch anmuten: Die Haltung ist steif, und mangels geeigneter Werkzeuge ist der Hals nicht deutlich von den Schultern abgesetzt. Noch war es unmöglich, die Statuen mit vorgestrecktem Arm und Stock einerseits sowie herunterhängendem Arm und Szepter andererseits darzustellen. Einzig hölzerne Bildnisse erlaubten derlei Kühnheiten.

In der 4. Dynastie ging die Beziehung zu den früheren Lehmbauten verloren. Die ägyptische Architektur entwickelte für ihre Sakral- und Grabbauten einen monumentalen Stil, dessen Anspruch auf Unvergänglichkeit mit den bescheideneren Bauten für das irdische Leben stark kontrastierte. Die vom Nil herkommende Prozession betrat zuerst einen Taltempel, von dem ein ansteigender Gang zum eigentlichen Totentempel hinaufführte. Dieser befand sich gewöhnlich an der Seite einer Pyramide oder eines anderen, für den Götterkult oder die periodische Erneuerung der königlichen Kräfte bestimmten Gebäudes. Je nach Funktion des Bauwerkes wurden verschiedene Steinarten verwendet. Während die Gräber der Herrscher von der nach und nach erworbenen vollkommensten aller geometrischen Formen, der Pyramide, überragt wurden, ließen sich die Fürsten und Höflinge unter einem trapezförmigen, von den Ausgräbern Mastaba (von einem arabischen Wort für Bank) genannten Grabaufbau bestatten.

Der Reliefschmuck dieser Anlagen zeigte den Verstorbenen in verklärter Haltung während seines Aufenthaltes auf Erden. Nur in Darstellungen mit magischer und kultischer Bedeutung findet man anonyme Menschengestalten und Tiere. Die einzige Ausnahme bilden Darstellungen des Herrschers, der siegreich gegen seine Feinde kämpft, und des Grabinhabers, der Flußpferde oder andere als schädlich geltende Tiere des Sumpfes erlegt. Als Bewegung kommt allein noch auf königlichen Reliefs jene der kultischen Prozession hinzu.

Die Bildhauerkunst verzichtete dagegen völlig auf den Ausdruck von Bewegung. Die – wie auch die Maler – anonym wirkenden Bildhauer der 4. Dynastie schufen technisch vollkommene und harmonische Werke. Wenn ihre Statuen auch noch nicht ganz die Eleganz derjenigen der 5. Dynastie zeigen, so sind sie doch von einer majestätischen Kraft und Vollendung ohnegleichen. Trotz der vorgeschriebenen Idealisierung sieht man sich einer Galerie erstaunlich differenzierter Porträts gegenüber, denen einzig der verklärte Ausdruck gemeinsam ist. Das gleiche empfindet man beim Anblick von Statuengruppen in den traditionellen Anordnungen als Trias, Schreiber, sitzendes Paar oder der (nur selten auch umgekehrt anzutreffenden) Kombination von sitzendem Mann und stehender Frau. Erst nach und nach wurden auch Kinder in die Darstellungen aufgenommen. Die Vielfalt der Details an diesen Skulpturenreihen wird erst in den Zeichnungen richtig deutlich. Sie zeigen, wie die ägyptische Kunst zwar einheitlich, aber nie einförmig ist.

In der 6. Dynastie, am Ende des Alten Reiches, verlieren die Statuen und Gesichter ihre vollkommenen Proportionen und ihre Ausdruckskraft. Die erste kupferne Statue des Königs Pepi I. zeugt vom Fortschritt in der Metallbearbeitung, die im Bereich des Kunsthandwerkes bereits Meisterwerke wie den Falken von Hierakonpolis hervorgebracht hatte.

Die Malerei lehnte sich zu allen Zeiten an die plastische Kunst an. Beide Kunstrichtungen hatten nur eine beschränkte Bedeutung als Ergänzung der Architektur. Die wenigen Farben und der graphische Stil der Malereien weisen deutlich auf die Entwicklung des gemalten Dekors aus hieroglyphischen Formen hin.

Am Ende dieser Epoche erscheinen unter den Grabbeigaben neu auch kleine Figuren und Figurengruppen. Sie stellen Handwerker dar, die dem Verstorbenen auf seiner Reise ins Jenseits ihre Dienste leisten. An diesen meist aus Kalkstein gefertigten und bemalten Figuren konnte sich die Begabung der Künstler auch außerhalb der religiös-traditionellen Normen ausdrücken.

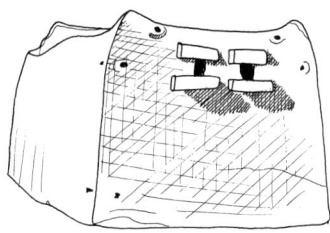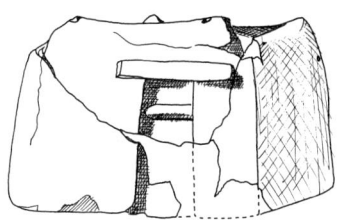

1, 2   Hausmodell, Terrakotta, L: 45 cm, B: 27,5 cm, H: 20 cm, el-Amra, Ende Frühzeit, B.M. London

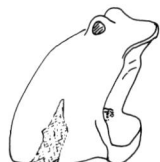

3
Amulett, Tierkopf, Elfenbein, H: 3,5 cm, vorgeschichtliche Zeit, Ä.M. Berlin

4
Frosch, Elfenbein, H: 2,9 cm, Negade?, frühgeschichtliche Zeit, Ä.M. Berlin

5
Nilpferd, Nilschlamm, H: 13,7 cm, vordynastische Zeit, M. Boston

6
Schildkröte, Terrakotta, L: 14 cm, Dendera, vordynastische Zeit, Ashm. M. Oxford

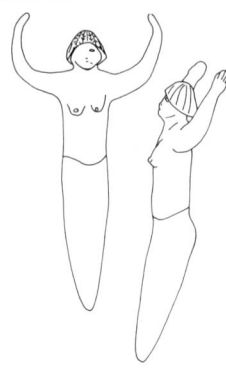

7
Frauenfigur, Terrakotta, H: 19,5 cm, vorgeschichtliche Zeit, M. Boston

8
Frauenfigur, bemalte Terrakotta, H: 22,9 cm, frühe vordynastische Zeit, M. M. New York

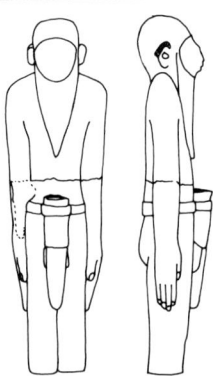

9
Frauenfigur, roher Ton, H: 35,4 cm, vordynastische Zeit, M. Toronto

10
Bärtiger Mann, schwarzer Basalt, H: 40 cm, Frühzeit, Ashm. M. Oxford

11, 12   Sitzender Mann, Terrakotta, H: 7 cm, vordynastische Zeit, Memorial Art Gallery, Rochester

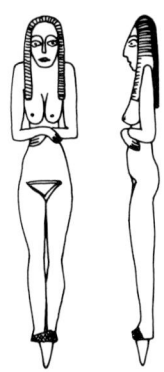

13
Frauenfigur, Elfenbein, H: 10,5 cm,
vorgeschichtliche Zeit, Negade II,
B. M. London

14
Frauenfigur?, Elfenbein, H: 17,9 cm,
Hierakonpolis, Frühzeit, Ashm. M.
Oxford

15
Frauenfigur, Elfenbein, H: 13,5 cm.
Frühzeit, Louvre, Paris

16
Rückenansicht   der   Frauenfigur
Abb. 15

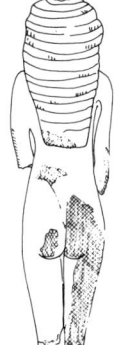

17
Frauenfigur, Elfenbein, H: 16 cm,
Hierakonpolis, Frühzeit, Ashm. M.
Oxford

18
Rückenansicht   der   Frauenfigur
Abb. 17

19
Frau mit Kind, Elfenbein, H: 7,4 cm, frühe geschichtliche Zeit, Staatl. M. Berlin

20
Kind mit Finger im Mund, Chrysokoll, H: 3,3 cm, Hierakonpolis, Frühzeit, Ashm. M. Oxford

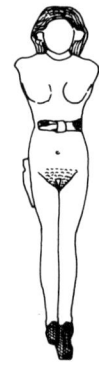

21
Frauenfigur, Elfenbein, H: 12,5 cm, Frühzeit, Louvre, Paris

22
Rückenansicht der Frauenfigur Abb. 21

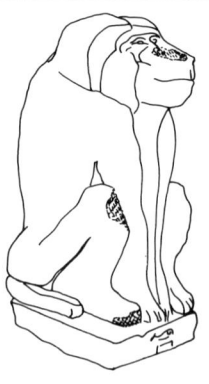

23
Löwe, Granit, H: 31,5 cm, 1. Dynastie, Staatl. M. Berlin

24
Sitzender Affe mit dem Namen des Königs Narmer, Alabaster, H: 53 cm, Sakkara, 1. Dynastie, Staatl. M. Berlin

25
Stele des Schlangenkönigs, Kalkstein,
H: 145 cm, Abydos, 1. Dynastie,
Louvre, Paris

26
Ruinen des Grabes von Horus Djet
mit gegliederter Umfassungsmauer,
Sakkara, 1. Dynastie

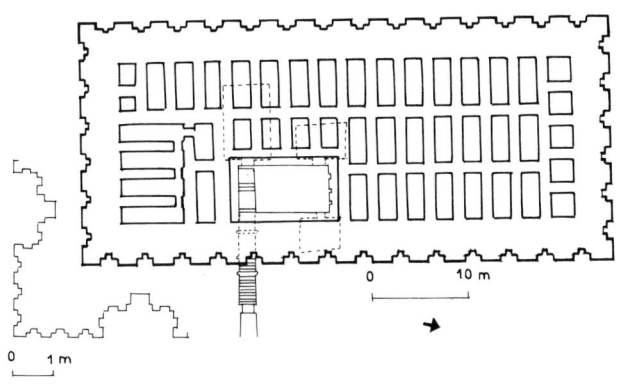

27   Grab des Horus Den mit gegliederter Umfassungsmauer, Grundriß, Sakkara, 1. Dynastie

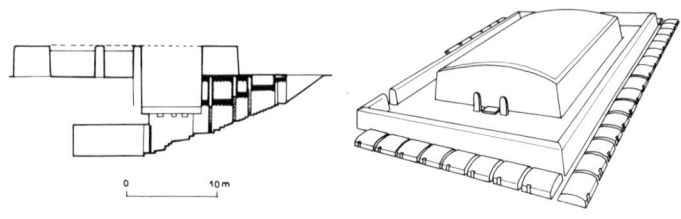

28
Grab des Horus Den, Schnitt durch
Einstieg und Grabkammer, Sakkara,
1. Dynastie

29
Kenotaph? der Königin Merneith,
Rekonstruktion, Abydos, 1. Dynastie

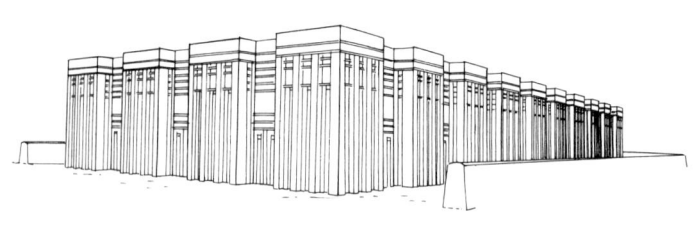

30   Grab der Königin Merneith, Rekonstruktion, Sakkara, 1. Dynastie

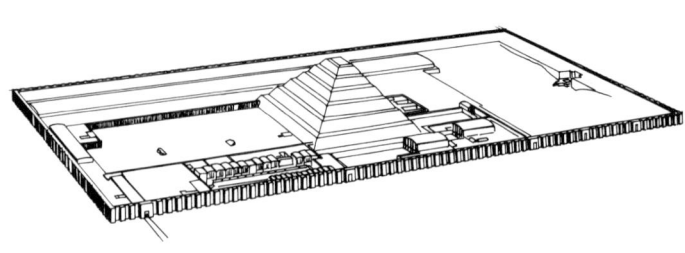

31   Grabbezirk des Königs Djoser, Rekonstruktion, Sakkara, 3. Dynastie

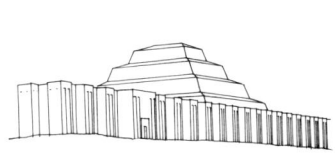

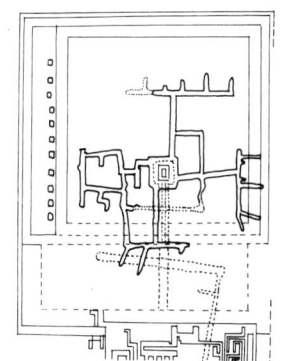

32
Grabmal des Königs Djoser, Rekonstruktion der Eingangsfassade, Sakkara, 3. Dynastie

33
Stufenpyramide des Königs Djoser, Plan der unterirdischen Gänge, Sakkara, 3. Dynastie

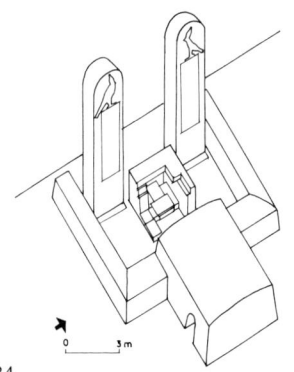

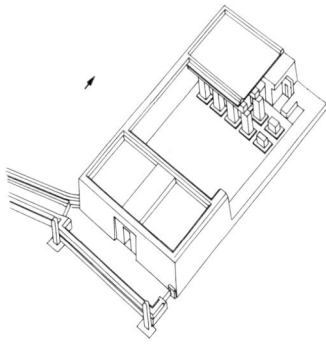

34
Grabanlagen des Königs Snofru, Rekonstruktion des Totentempels, Dahschur, 4. Dynastie

35
Taltempel der Knickpyramide des Königs Snofru, Rekonstruktion, Dahschur, 4. Dynastie

36
Pyramide von Medum, unvollendet, 4. Dynastie

37
Knickpyramide des Königs Snofru, Dahschur, 4. Dynastie

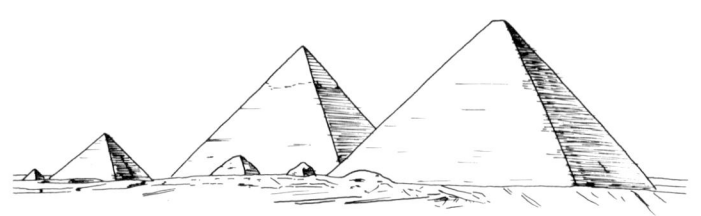

38   Pyramiden von Giseh, 4. Dynastie

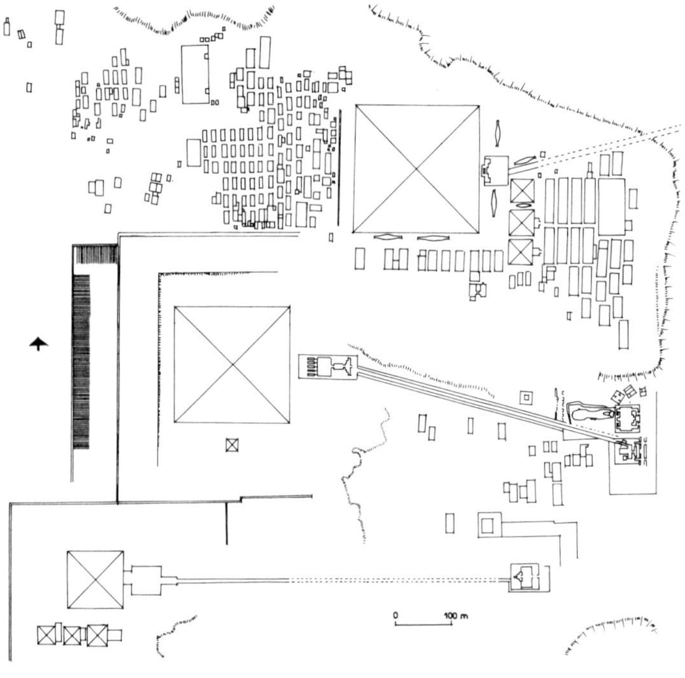

39   Pyramidenanlagen von Giseh, Grundriß, 4. Dynastie

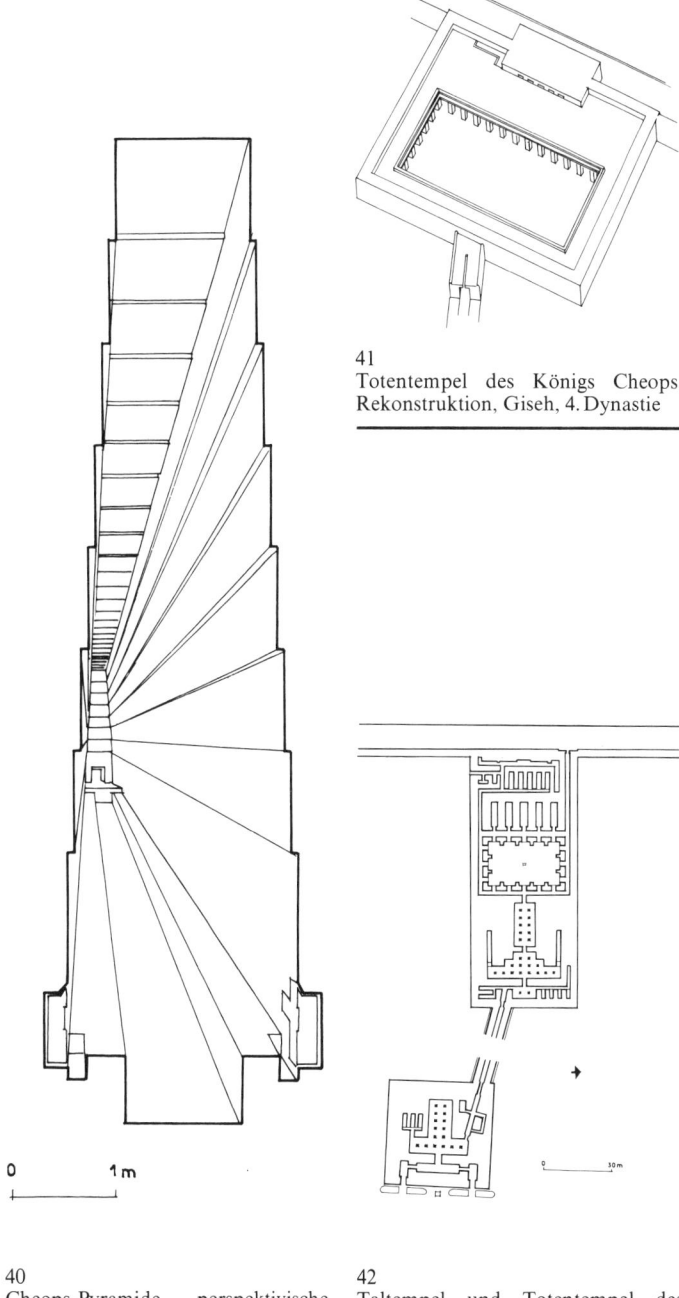

41
Totentempel des Königs Cheops, Rekonstruktion, Giseh, 4. Dynastie

0   1 m

40
Cheops-Pyramide, perspektivische Darstellung des Hauptganges, Giseh, 4. Dynastie

42
Taltempel und Totentempel des Königs Chefren, Grundriß, Giseh, 4. Dynastie

43   Taltempel des Königs Chefren, T-förmiger Pfeilersaal, Giseh, 4. Dynastie

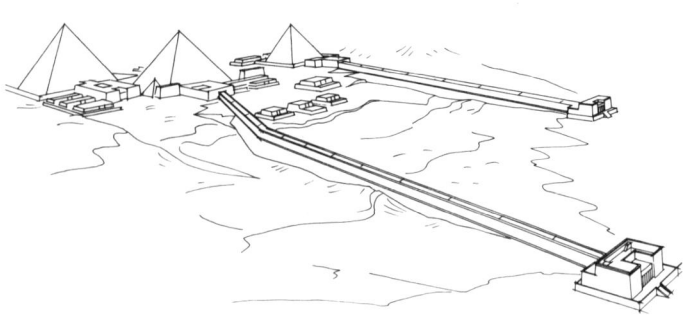

44   Grabanlagen von Abusir, Rekonstruktion, 5. Dynastie

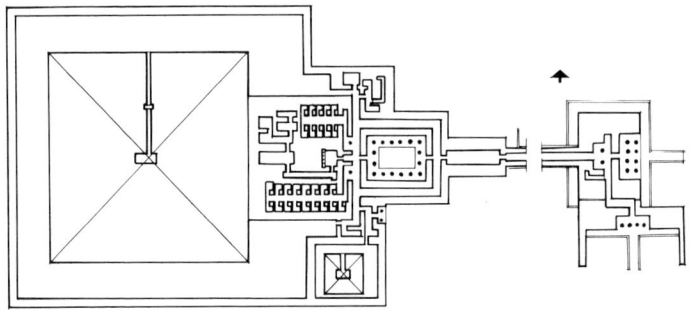

45   Grabanlagen des Königs Sahurê, Grundriß (Aufgang unvollständig), Abusir, 5. Dynastie

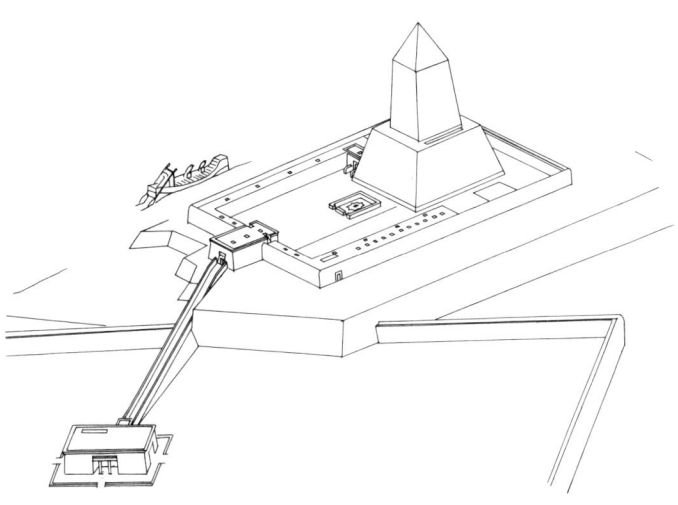

46   Sonnenheiligtum des Königs Ne-user-rê, Rekonstruktion, Abu Gorab, 5. Dynastie

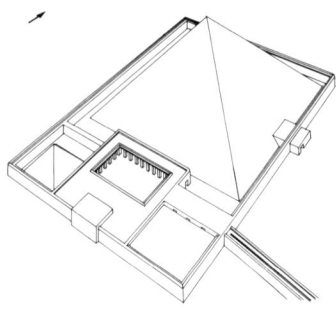

47
Pyramide und Totentempel des Königs Userkaf, Rekonstruktion, Sakkara, 5. Dynastie

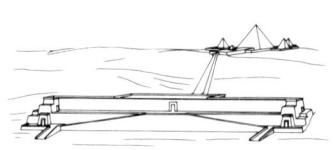

48
Grabanlagen des Königs Pepi II., Rekonstruktion, südlich Sakkara, 6. Dynastie

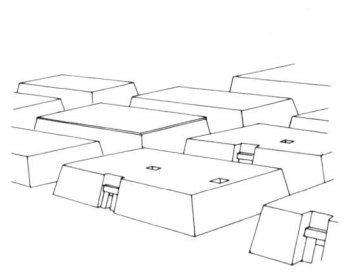

49
Mastabagräber in den Pyramidenanlagen von Giseh, 4. Dynastie

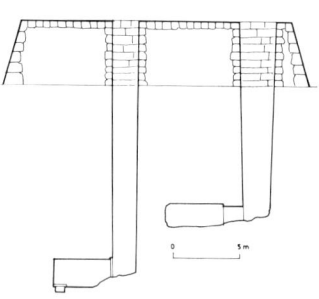

50
Mastaba, Schnitt, Giseh, 4. Dynastie

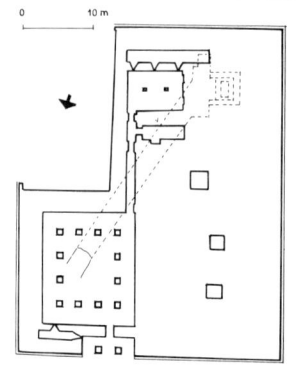

51
Mastaba des Ti, Grundriß, Sakkara, 5. Dynastie

52
Säulenfassade der Mastaba des Mereruka, Rekonstruktion, Giseh, 5. Dynastie

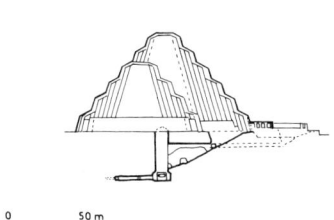

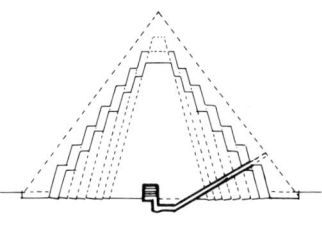

0 ⊢——⊣ 50 m

53
Stufenpyramide des Königs Djoser,
Schnitt, Sakkara, 3. Dynastie

54
Pyramide des Königs Snofru, Schnitt,
Medum, 4. Dynastie

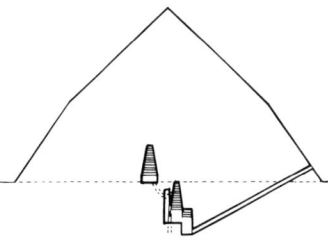

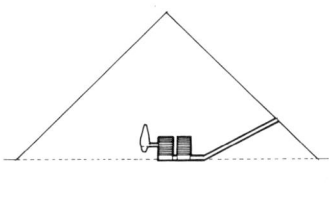

55
Knickpyramide, Schnitt, Dahschur,
4. Dynastie

56
Regelmäßige Pyramide des Königs
Snofru, Schnitt, Dahschur, 4. Dyna-
stie

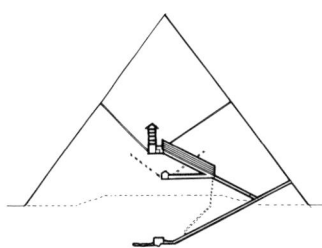

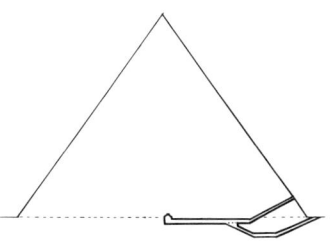

57
Vollkommene Pyramide des Königs
Cheops, Schnitt, Giseh, 4. Dynastie

58
Pyramide des Königs Chefren,
Schnitt, Giseh, 4. Dynastie

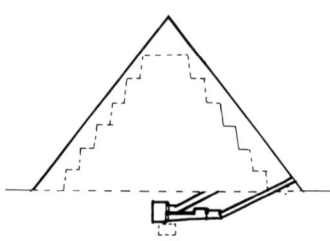

59
Pyramide des Königs Mykerinos, Schnitt, Giseh, 4. Dynastie

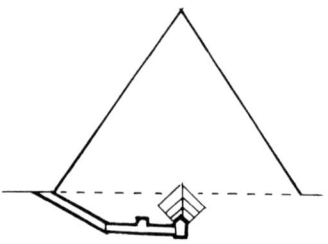

60
Pyramide des Königs Userkaf, Schnitt, Sakkara, 5. Dynastie

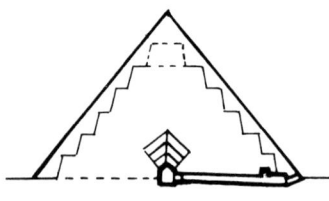

61
Pyramide des Königs Sahurê, Schnitt, Abusir, 5. Dynastie

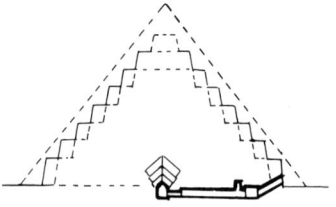

62
Pyramide des Königs Nefererkerê, Schnitt, Abusir, 5. Dynastie

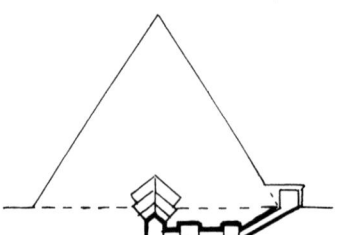

63
Pyramide des Königs Unas, Schnitt, Sakkara, 5. Dynastie

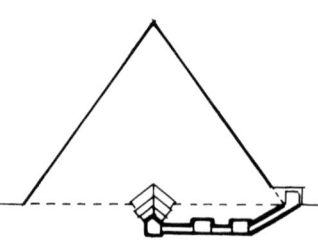

64
Pyramide des Königs Teti, Schnitt, Sakkara, 6. Dynastie

66
König Chasechemui, Schiefer, H: 56 cm, Kom el-Ahmar, 2. Dynastie, Ä. M. Kairo

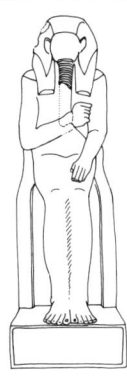

65
Schminkpalette des Königs Narmer, Schiefer, H: 64 cm, Hierakonpolis, 1. Dynastie, Ä. M. Kairo

67
König Djoser, Kalkstein, H: 144 cm, Sakkara, 3. Dynastie, Ä. M. Kairo

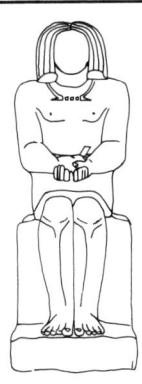

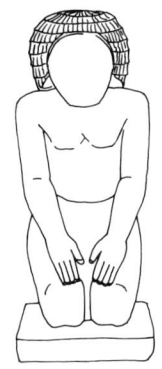

68
Statue des Nedjem, Diorit, H: 63 cm, 3. Dynastie, Louvre, Paris

69
Statue des Hetepdjef, gefleckter Granit, H: 40 cm, Mit Rahineh, 3. Dynastie, Ä. M. Kairo

70
Statue des Sepa, Kalkstein, H: 166 cm,
3. Dynastie, Louvre, Paris

71
Rückenansicht der Statue des Sepa
Abb. 70

72
Statue des Nesa, Kalkstein, H: 152 cm,
3. Dynastie, Louvre, Paris

73
Rückenansicht der Statue des Nesa
Abb. 72

74 Stele des Nefertiabet, bemalter Kalkstein, H: 37,5 cm, Friedhof Giseh,
        4. Dynastie, Louvre, Paris

75   König Chefren, Diorit, H: 168 cm, Giseh, 4. Dynastie, Ä. M. Kairo

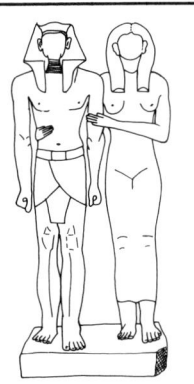

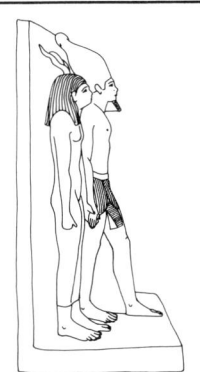

76
Mykerinos mit Königin Chamerer-
nebti, Schiefer, H: 145 cm, Giseh,
4. Dynastie, M. Boston

77
Mykerinos, Hathor, Gaugöttin von
Diospolis Parva, Schiefer, H: 96 cm,
Giseh, 4. Dynastie, Ä. M. Kairo

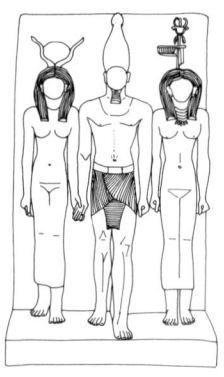

78
Mykerinos, Hathor, Gaugöttin von
Diospolis Parva, Schiefer, H: 96 cm,
Giseh, 4. Dynastie, Ä. M. Kairo

79
Ka-Aper, »Scheich el-Beled«, Holz,
H: 110 cm, Sakkara, Ende 4. Dynastie,
Ä. M. Kairo

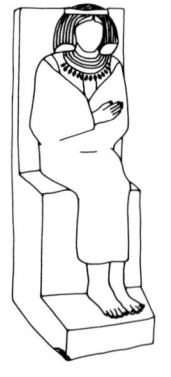

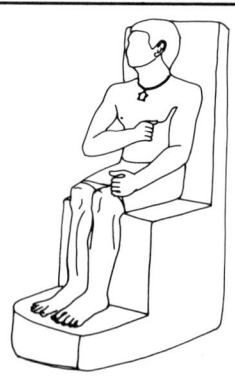

80
Prinzessin Nofret, Kalkstein, H:
118 cm, Medum, 4. Dynastie, Ä. M.
Kairo

81
Prinz Rahotep, Kalkstein, H: 120 cm,
Medum, 4. Dynastie, Ä. M. Kairo

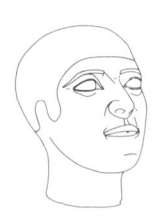

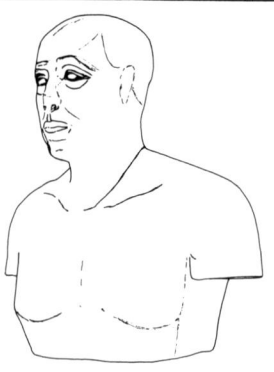

82
Männerkopf, Kalkstein, Original
natürliche Größe, Giseh, 4. Dynastie,
Ä. M. Kairo

83
Büste des Fürsten Anchaf, Kalkstein
mit Stuck und bemalt, H: 58 cm,
Giseh, 4. Dynastie, M. Boston

84   Die Gänse von Medum, Malerei auf Lehmverputz, Mastaba der Itet,
     Medum, 4. Dynastie, Ä. M. Kairo

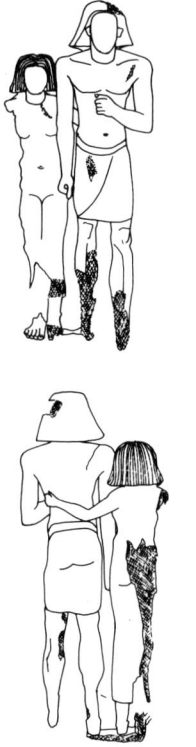

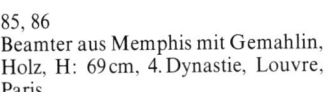

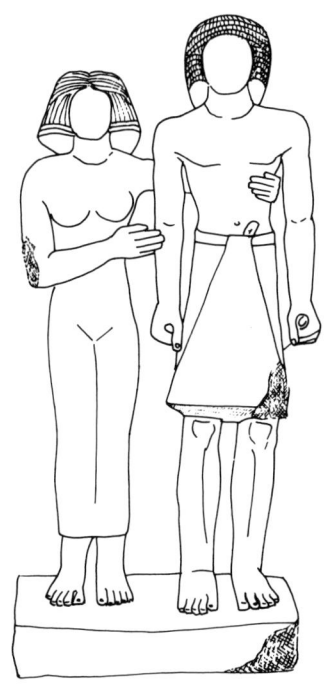

85, 86
Beamter aus Memphis mit Gemahlin,
Holz, H: 69 cm, 4. Dynastie, Louvre,
Paris

87
Imysetkai und Chuit-baiunu?, Kalk-
stein, H: 57 cm, Giseh, 4. Dynastie,
Ä. M. Kairo

88
Djosernedj und Nefertka, Granit, H: 42 cm, 4. Dynastie, Staatl. M. Berlin

89
König Menkauhor, Alabaster, H: 47,5 cm, Karnak, 5. Dynastie, Ä. M. Kairo

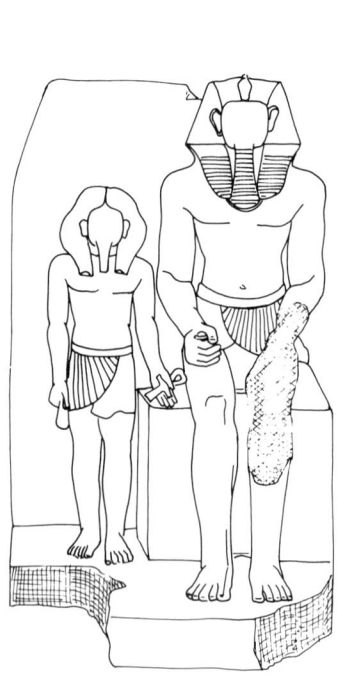

90
König Sahurê mit dem Gaugott von Koptos, Diorit, H: 63,5 cm, Sakkara, 5. Dynastie, M. M. New York

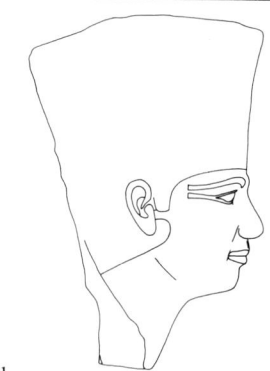

91
Kopf des Königs Userkaf, Schiefer, natürliche Größe, Abusir, 5. Dynastie, Ä. M. Kairo

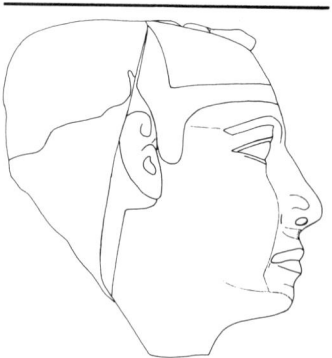

92
König Userkaf, Kopf einer Kolossalstatue, Granit, H: 67 cm, Sakkara, 5. Dynastie, Ä. M. Kairo

 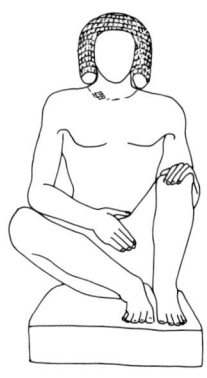

93
Statue des Ti, Kalkstein, H: 199,5 cm,
Sakkara, 5. Dynastie, Ä. M. Kairo

94
Neanchrê, Kalkstein, H: 64,5 cm,
Giseh, 5. Dynastie, Ä. M. Kairo

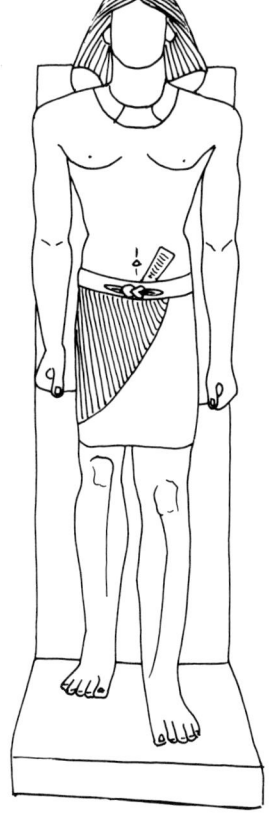 

95
Statue des Ranefer, Kalkstein, H:
180 cm, Sakkara, 5. Dynastie, Ä. M.
Kairo

96
Statue des Ranefer (ohne Perücke),
Kalkstein, H: 185 cm, Sakkara, 5. Dy-
nastie, Ä. M. Kairo

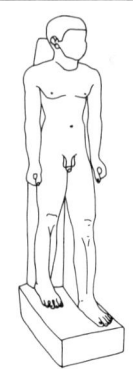

97
Statue einer Frau, Alabaster, H:
50 cm, Sakkara, 5. Dynastie, Ä. M.
Kairo

98
Statue des Thenti, Kalkstein, H:
59 cm, Giseh, 5. Dynastie, Ä. M. Kairo

99
Sitzender Mann, Granit, H: 67,5 cm,
Sakkara, 5. Dynastie, Ä. M. Kairo

100
Der Zwerg Chnumhotep, Kalkstein,
H: 46 cm, Sakkara, 5. Dynastie, Ä. M.
Kairo

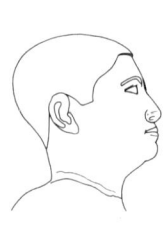

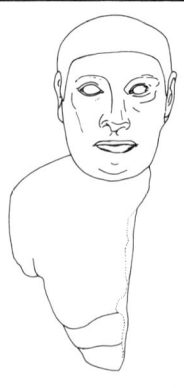

101
Kopf des Ranefer, Kalkstein, Sakkara, 5. Dynastie, Ä. M. Kairo

102
Büste des Urchuu, Kalkstein, H:
35 cm, Giseh?, 6. Dynastie, Ä. M.
Kairo

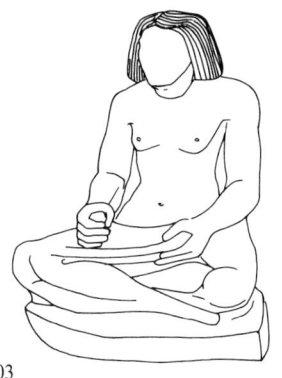

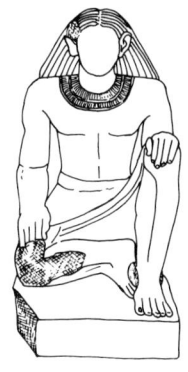

103
Der Schreiber Dersenedj, gefleckter Granit, H: 68 cm, Giseh, 4. Dynastie, Staatl. M. Berlin

104
Der Schreiber Iku, Kalkstein, H: 24,5 cm, Empfangstempel des Mykerinos, Giseh, 4. Dynastie, Ä. M. Kairo

105
Der Schreiber Setymu, Kalkstein, H: 25 cm, 4. Dynastie, Ä. M. Kairo

106
Der »Schreiber von Kairo«, Kalkstein, H: 51 cm, Sakkara, 5. Dynastie, Ä. M. Kairo

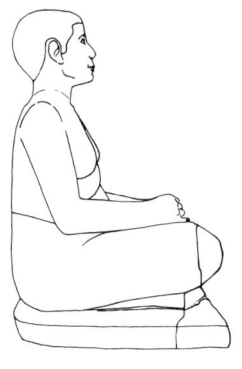

107
Der »Schreiber des Louvre«, bemalter Kalkstein, H: 53 cm, Sakkara, 5. Dynastie, Louvre, Paris

108
Seitenansicht des »Schreibers des Louvre« Abb. 107

109
Rückenansicht des »Schreibers des Louvre« Abb. 107

110
Der Schreiber Ptahschepses, Kalkstein, H: 42 cm, Sakkara, 5. Dynastie, Ä. M. Kairo

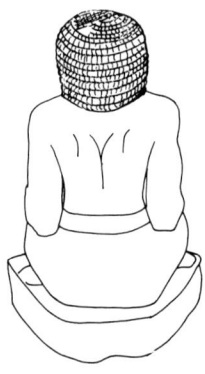

111
Der Schreiber Ptahschepses, Kalkstein, H: 32,5 cm, Giseh, Ende 5. Dynastie, Pelizaeus-M. Hildesheim

112
Der Schreiber Ptahschepses, schwarzer Granit, H: 29,5 cm, 4. Dynastie, M. Leiden

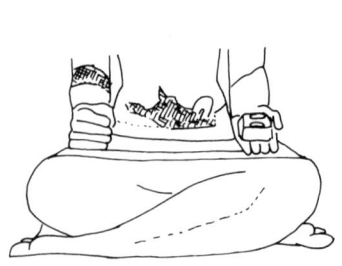

113
Haltung des Schreibers Chnum-ba-ef, Granit, H: 36,3 cm, Giseh, 5. Dynastie, M. Boston

114
Handhaltung des Schreibers Chnumba-ef Abb. 113

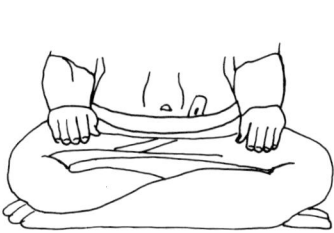

115
Sitzhaltung eines Schreibers, grauer
Granit, H: 47,5 cm, Sakkara, 5. Dyna-
stie, Ä. M. Kairo

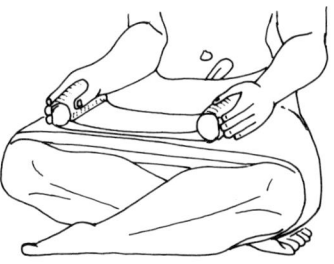

116
Haltung des Schreibers Maâ-nefer,
Granit, H: 47 cm, Sakkara, 5. Dyna-
stie, Ä. M. Kairo

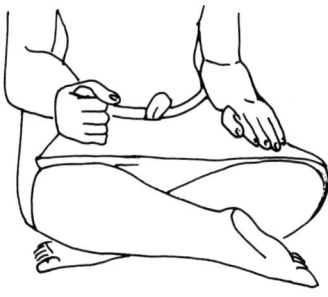

117
Sitzhaltung eines Schreibers, schwar-
zer Granit, H: 37 cm, 5. Dynastie,
Ä. M. Kairo

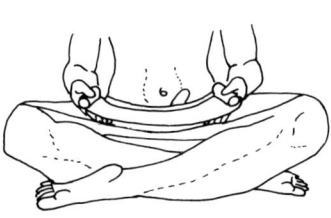

118
Sitzhaltung eines Schreibers, grauer
Granit, H: 47,5 cm, Sakkara, 5. Dyna-
stie, Ä. M. Kairo

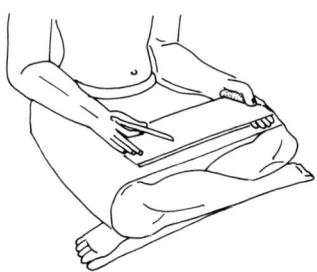

119
Sitzhaltung eines Schreibers, Kalk-
stein, H: 40,5 cm, 5. Dynastie, Ä. M.
Berlin

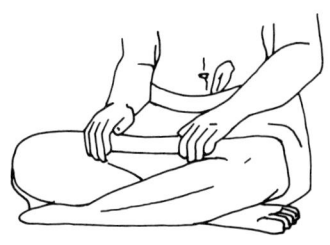

120
Sitzhaltung eines Schreibers, Alaba-
ster, H: 33 cm, Sakkara, 5. Dynastie,
Ä. M. Kairo

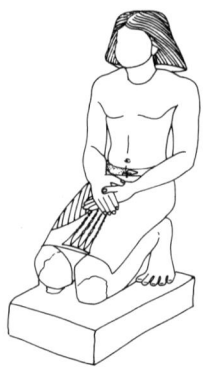

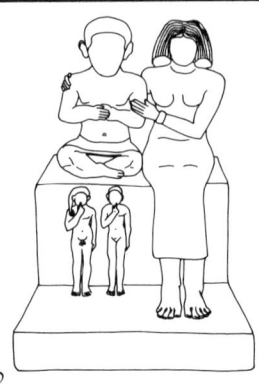

121
Kemked auf den Knien, Kalkstein, H:
43 cm, Sakkara, 5. Dynastie, Ä. M.
Kairo

122
Der Zwerg Seneb mit Gemahlin und
Kindern, Kalkstein, H: 34 cm, Giseh,
Ende 5. Dynastie, Ä. M. Kairo

123
Ptah-chenu mit Gemahlin, Kalkstein,
H: 70,1 cm, Giseh, 5. Dynastie, M.
Boston

124
Die Göttin Neith und ein Priester,
rosa Granit, H: 52 cm, Sakkara,
5. Dynastie, Ä. M. Kairo

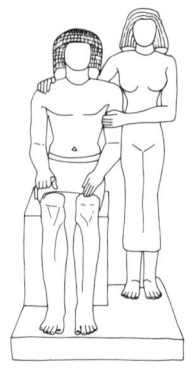

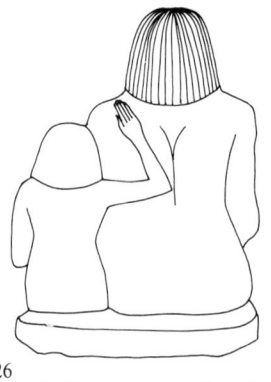

125
Anchti-nefer mit Gemahlin, Kalk-
stein, H: 45 cm, Sakkara, 5. Dynastie,
Ä. M. Kairo

126
Sitzendes Paar, rosa gefleckter Granit,
H: 52,5 cm, Giseh, 5. Dynastie, Ä. M.
Kairo

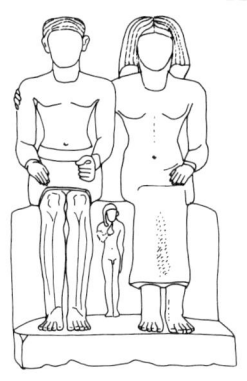

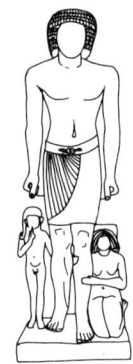

127
Sitzendes Paar mit Kind, Kalkstein,
H: 75 cm, 5. Dynastie, Louvre, Paris

128
Iruka-Ptah mit Gemahlin und Sohn,
Kalkstein, H: 73,5 cm, Sakkara, 5. Dy-
nastie, Brooklyn M. New York

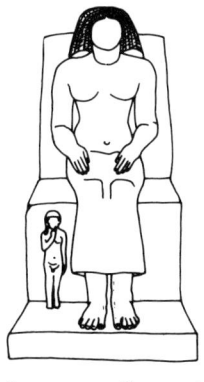

129
Chentetka, genannt Chent, mit ihrem
Sohn Redju, Kalkstein, H: 54 cm,
Giseh, 5. Dynastie, K. M. Wien

130
Sechemka mit Gemahlin und Sohn,
Kalkstein, H: 68 cm, Giseh, 5. Dyna-
stie, Louvre, Paris

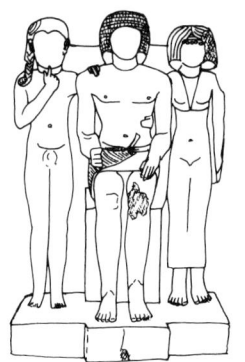

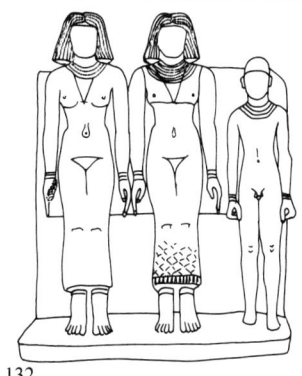

131
Nekaurê mit Gemahlin und Sohn,
Kalkstein, H: 57,5 cm, 5. Dynastie,
Brooklyn M. New York

132
Frauen mit Kind, Kalkstein, H:
69,7 cm, Giseh?, 5. Dynastie, M. Leiden

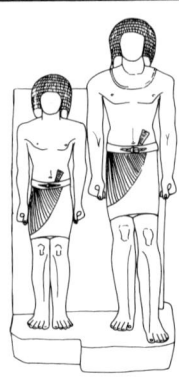

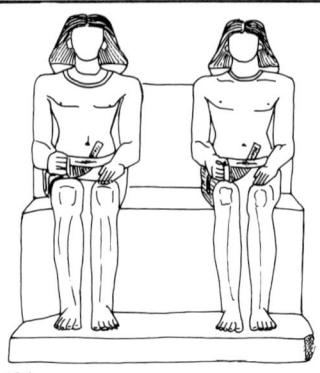

133
Anch mit Sohn, Kalkstein, H: 72 cm,
5. Dynastie, Ä. M. Kairo

134
»Pseudo-Gruppe« des Itisen, Kalk-
stein, H: 54 cm, 5. Dynastie, Louvre,
Paris

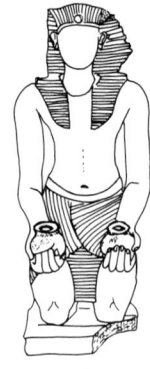

135
König Pepi I. beim Weinopfer, grüner
Schiefer, H: 15,2 cm, Sakkara, 6. Dy-
nastie, Brooklyn M. New York

136
König Pepi I. schreitend, Kupfer, H:
177 cm, Hierakonpolis, 6. Dynastie,
Ä. M. Kairo

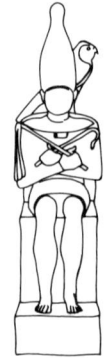

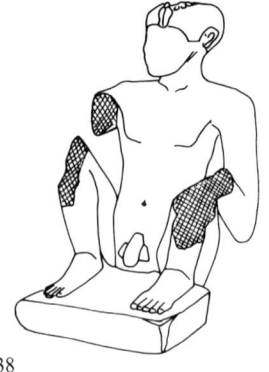

137
König Pepi I. bei Jubiläumsfeier,
Alabaster, H: 26,5 cm, Sakkara, 6. Dy-
nastie, Brooklyn M. New York

138
König Pepi II. (als Sonnenkind),
Alabaster, H: 16 cm, Sakkara, 6. Dy-
nastie, Ä. M. Kairo

139   Transport einer Grabstatue, Relief, Kalkstein, Mastaba des Ti, Sakkara,
      5. Dynastie

140
Transport einer Grabstatue, Relief,
Kalkstein, Mastaba des Ti, Sakkara,
5. Dynastie

141
Relief, Ausschnitt, Kalkstein, Mastaba des Achtyhetep, Sakkara, 5. Dynastie, Louvre, Paris

142, 143   Überbringerinnen von Opfergaben, Relief, Kalkstein, Mastaba des
Ti, Sakkara, 5. Dynastie

144   Boot in Papyrus-Sümpfen, Relief, bemalter Kalkstein, Mastaba des Ti,
Sakkara, 5. Dynastie

145
Iteti sitzend, Kalkstein, H: 92 cm, Sakkara, 6. Dynastie, Ä. M. Kairo

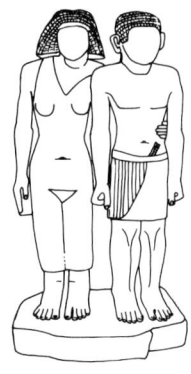

146
Stehendes Paar, Kalkstein, H: 68 cm, Giseh, 6. Dynastie, Ä. M. Kairo

147
Schreitender Mann, Holz, H: 34 cm, Sakkara, 6. Dynastie, Ä. M. Kairo

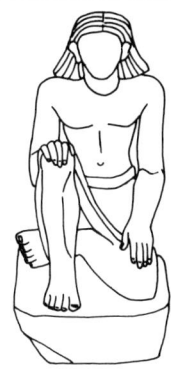

148
Tschau sitzend, Schiefer, H: 34,5 cm, Sakkara, 6. Dynastie, Ä. M. Kairo

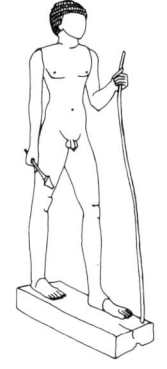

149
Meryrê-Jashetef, Holz, H: 74 cm, Sedimentgestein, 6. Dynastie, Ä. M. Kairo

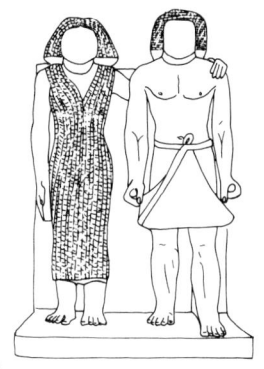

150
Naupkau mit Gemahlin, Kalkstein, H: 52,4 cm, Ende 5./Anf. 6. Dynastie, Oriental Institute, Chicago

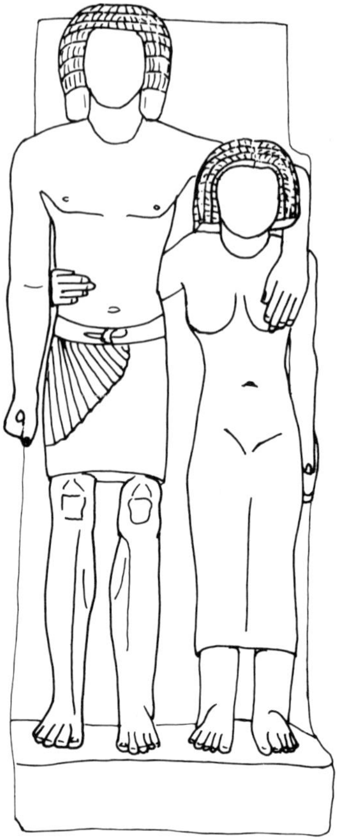

151
Memy-Sabu mit Gemahlin, Kalk-
stein, H: 61 cm, Giseh, 5.–6. Dynastie,
M. M. New York

152, 153
Sitzendes Paar, Kalkstein, H: 39,5 cm,
Edfu, Ende Altes Reich, Louvre, Paris

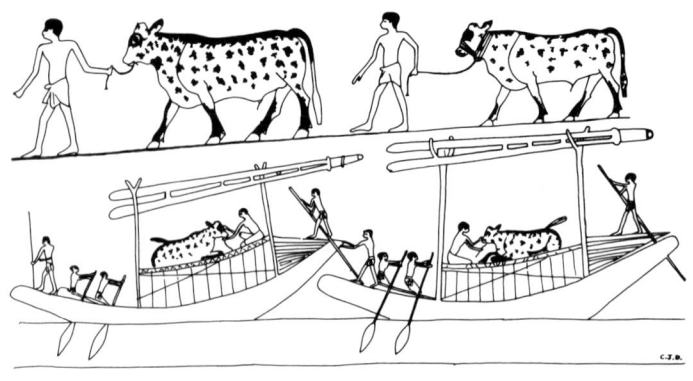

154   Viehtransport, Malerei, Grab des Kaiemanch, Giseh, 5. Dynastie

DAS MITTLERE REICH

Während der ersten Zwischenzeit, die vom Alten ins Mittlere Reich überleitete, gehörten die vorher schon gelegentlich auftretenden Handwerkerfiguren mehr und mehr zu den allgemein üblichen Grabbeigaben. Die in Gräbern der Provinz gefundenen hölzernen Figuren sind zwar oft stark vereinfacht, doch von großer Ausdruckskraft. Man findet Dienerscharen, heimkehrende Herden, Scheunen mit den die Ernte einbringenden Trägern und den kontrollierenden Schreibern, Fischerboote oder mit dem heiligen Auge »Udjat« gekennzeichnete Pilgernachen. Eines der vollkommensten Beispiele dieser Kunst ist die berühmte Trogträgerin im Musée national du Louvre in Paris. Die gleiche gradlinige und feingliedrige Darstellung der Personen findet man auf den Wandmalereien in den Gräbern jener Zeit. Aus der Provinz stammende Kunsthandwerker hatten die in den königlichen Ateliers ausgebildeten Künstler der Hauptstadt abgelöst. Ihre manchmal noch etwas ungeschickten Darstellungen zeugen von einer vielversprechenden Begabung der neuen Künstlergeneration.

Mit der Gründung der 11. Dynastie durch Mentuhotep entwickelte die plastische Kunst in der Hauptstadt Theben einen neuen Stil. Man spricht in diesem Zusammenhang oft von den groben Formen der Statuen aus dem Süden, was angesichts der Statue des Mentuhotep aus dem Bab el-Hosan, des Reliefs des Kauit aus Deir el-Bahari und anderer in der Gegend des ersten Nilkataraktes ausgegrabener Statuen verständlich ist. Von den architektonischen Zeugnissen der 12. Dynastie, die ihre Hauptstadt in Fayum errichtete, ist sehr wenig erhalten. Ihre Pyramiden waren wahrscheinlich trotz der gegenüber der 9. Dynastie bescheideneren Bauweise beeindruckend, da die aus Lehmziegeln errichteten Bauten außen mit hellen Kalksteinplatten verkleidet waren, die jedoch im Laufe der Zeit Plünderern zum Opfer fielen. Die Reste der königlichen Grabanlagen und die labyrinthartigen Tempel zeugen von Bauwerken, die der Größe eines Sesostris oder eines Amenemhêt angemessen waren. Auch der Totentempel des Mentuhotep in Deir el-Bahari ist ein Beispiel dieses vergangenen Glanzes. Der an die Felswand angelehnte Bau wurde wahrscheinlich von einem pyramidenförmigen Dach überragt und war von einer überdeckten Wandelhalle mit rechteckigen Pfeilern umgeben.

Von den Tempeln, die dem Götterkult dienten, ist uns praktisch nichts erhalten. Da sie in der Regel an geweihten Stätten standen, wurden Neubauten entweder anstelle der alten errichtet oder das alte Gebäude in die Erweiterungen einbezogen. So fand man unter anderem im dritten Pylon des Amun-Tempels von Karnak Fragmente aus feinem behauenem Kalkstein, aus denen eine kleine Ruhekapelle der Amunsbarke rekonstruiert werden konnte. Ihr Stil ist typisch für die von Säulen umgebenen Bauten der älteren Zeit. Die Kapelle wird von einem Terrassendach beherrscht, um das ein Gesims mit der Palmwedel nachahmenden Hohlkehle läuft. An ein weiteres vegetales Element erinnert der strickartige Wulst, der jede Seite des Gebäudes einrahmt und die haltgewährende Bauweise der ursprünglichen »Laubhütte« imitiert. Die quadratischen Pfeiler sind als Rahmen in eine niedrige, stark gewölbte Wand eingebunden, die mit dem Fundament des hochgestellten Gebäudes eine Einheit bildet. Zwei einander gegenüberliegende Treppenrampen gewähren Zutritt und Abgang.

In anderen Tempelruinen findet man Überreste von Pflanzenbündelsäulen, wie sie bereits im Alten Reich neben rechteckigen Pfeilern vorkamen. Ihre Kapitelle haben oft (vor allem in den fürstlichen Grabkammern) die Form einer Lotosblüte oder einer Papyrusknospe, seltener auch der offenen Dolde der Papyruspflanze. In diesem Fall zeigt der Schaft immer einen dreieckigen Querschnitt. In den Anlagen von Sakkara wurden die ersten sogenannten frühdorischen Säulen festgestellt, deren vollendetste Formen aus dem Mittleren Reich stammen. Auch der Osirispfeiler, der mit einer Statue des eng in sein Leichentuch gehüllten Totengottes verbunden war, entstand in dieser Epoche. Im Gegensatz zu den Karyatiden war der Kopf des Gottes dabei frei von jeder Last. Die Deckenkonstruktion ruhte direkt auf der Säule, hinter der Gestalt. Das Hathorkapitell mit dem kuhohrigen Kopf der Göttin war dagegen Bestandteil der tragenden Säule. Ebenfalls bereits seit dem Alten Reich wurde die Palmensäule verwendet. Die aus mehreren Lagen zusammengesetzten, massiven Obelisken der 5. Dynastie wurden durch monolithische »Nadeln« abgelöst.

Die Wohnbauten hatten, nach den gefundenen Überresten zu schließen, ihre Form trotz der wohl erfolgten Verbesserungen seit dem Alten Reich nicht wesentlich verändert. Die Ruinen der riesigen Siedlung von Kahun, wo die Erbauer der Pyramide von Illahun lebten, vermitteln einen Eindruck von der großzügigen Anlage eines ländlichen Wohnsitzes. Der von Speichern und Anbauten umgebene herrschaftliche Wohnteil wies die zu allen Zeiten beobachtete klassische Dreiteilung auf: Eingang, Empfangs- und Repräsentationsräume sowie die privaten Wohnräume. Oft gehörte auch eine Art Hof mit schlanken Pflanzenbündelsäulen dazu, der gegen den von Sykomoren umrahmten Garten und das Wasserbecken hinausging. Die viel kleineren Stadthäuser hatten die Form eines zwei- bis dreistöckigen Turmes mit feinen Gitterfenstern und einer ummauerten Dachterrasse.

Große Bedeutung kam bereits im Alten Reich den militärischen Befestigungsanlagen zu. Auf Wandmalereien, zum Beispiel in Beni Hasan, erkennt man ihre gezackten Zinnen. Aus den in Nubien und sogar im Gebiet des heutigen Sudan gefundenen Überresten hat man außergewöhnliche Befestigungswerke rekonstruiert. So weiß man, daß die Ägypter ihre Garnisonsstädte mit dicken Lehmmauern umgaben. Es fehlten weder die mit Schießscharten versehenen Bollwerke und Brustwehren noch ein Wehrgang für die Wachen, wie wir dies von den mittelalterlichen Festungen Europas kennen.

Die Reliefs und Statuen der 12. Dynastie spiegeln die rasche Entwicklung neuer Formen, in denen man nach der unterschiedlichen Behandlung der Gesichtszüge zwei Stilrichtungen unterscheiden kann. Die anatomisch möglichst exakte Darstellung der Körper entsprach dagegen nach wie vor den traditionellen Vorschriften. Die im Süden entstandenen Statuen sind durch sehr realistische, ernste, manchmal sogar tragische Gesichtszüge gekennzeichnet, während die Arbeiten aus dem Norden eher den idealisierenden Traditionen des Alten Reiches folgen. Diese Erklärung vermag jedoch nicht zu befriedigen. Natürlich waren die zerfurchten Gesichter der Statuen Amenemhêts III. oder Sesostris' III. ihren physischen Vorbildern realistisch nachgebildet. Daneben gibt es jedoch auch Hinweise auf – entsprechend der Entwicklung der religiösen Anschauungen – veränderte Gewohnheiten in der Darstellung der verstorbenen Könige. Sie wurden in ihrem Sonnenzyklus, auf dem Höhepunkt ihrer Existenz, und zu Beginn des osirischen Zyklus, im Alter an der Schwelle des Todes, gezeigt.

Weitere Veränderungen sind charakteristisch für das Mittlere Reich. Ein verlängerter oder vorstehender Schurz etwa entspricht der Entwicklung der Kleider. Die Statuen bekamen neue Haltungen, Königinnen wurden beispielsweise sitzend und mit einer Hathor-Perücke dargestellt. Gegen Ende der 12. Dynastie, in den sogenannten Hyksos-Monumenten, kommt die Härte in der Darstellung der königlichen Gesichtszüge noch stärker zum Ausdruck (Sphinx, Statuen, Opferträgerinnen). Die 13. Dynastie ist gekennzeichnet durch eine zunehmende Verwässerung der Gesichtszüge, durch das Auftreten von Kolossalstatuen und durch eine Vorliebe für sogenannte Pseudogruppen, die aus zwei Darstellungen der gleichen Person bestanden.

Die Entwicklung der religiösen Vorstellungen und vor allem die allgemeine Verbreitung des Osiriskultes prägten ganz besonders die nicht-religiöse Plastik. Die Ähnlichkeit der menschlichen Darstellungen mit ihren Vorbildern wurde größer, die weiblichen Formen wurden unter dem enganliegenden Gewand ausdrucksvoller hervorgehoben, die neue Männerkleidung detailliert wiedergegeben. Für die Pilgerfahrt nach Abydos, der heiligen Stadt des Totengottes, wurden tragbare Grabstatuetten hergestellt, die die Pilger mitnahmen. Die Erkenntnis, daß alle Menschen ins Reich des Osiris eingehen, brachte es mit sich, daß die Grabdarstellungen nicht mehr nur privilegierte Paare, sondern ganze Familien auf einem Sockel oder einer Stele vereint zeigten.

Die Schönheit der weiblichen Gesichter berührt vor allem den modernen europäischen Betrachter zutiefst, da er in ihnen seine eigenen Ideale wiederfindet. Die Vielfalt der Haltungen nimmt zu, bleibt jedoch im vorgegebenen Rahmen. Als Kleid erscheint oft ein die Arme und Beine bedeckender Pilgermantel. Der Mann wurde häufig als sogenannter Würfelhocker dargestellt, bei dem nur Kopf, Hände und Füße sich von der in ein Mantelgewand gehüllten, kauernden Gestalt abheben. Die Männerstatuen in der Haltung eines Schreibers verschwanden dagegen zeitweise.

Die Malereien sind weiterhin erzählenden Charakters. In den Gräbern von el-Bersche und Beni Hasan gibt es Darstellungen von Prinzessinnen mit Schmuckstücken, die auch wirklich im Grab gefunden wurden, aber auch Bilder von ausländischen Besuchern bei den Statthaltern des Pharaos, deren fremdartige Aufmachung von den Künstlern festgehalten wurde.

Die ägyptische Töpferkunst brachte, als eines ihrer hervorragendsten Erzeugnisse, besonders schöne, in leuchtendem Türkisblau glasierte Fritte-Figuren hervor.

1
Figur einer Brauerin, Kalkstein, H: 26,7 cm, Giseh, 5. Dynastie, Ä. M. Kairo

2
Figur einer Brauerin, Kalkstein, H: 32 cm, Giseh, 5.–6. Dynastie, Oriental Institute, Chicago

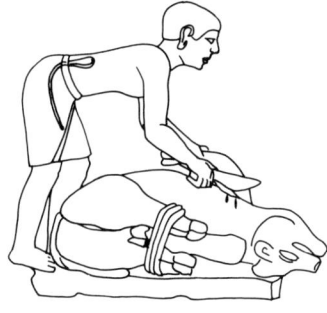

3
Figur eines Metzgers, Kalkstein, H: 37 cm, Giseh, 5.–6. Dynastie, Oriental Institute, Chicago

4
Figur eines Bäckers, bemalter Kalkstein, H: 26,5 cm, Giseh, 5. Dynastie, Pelizaeus-M. Hildesheim

5
Figur eines Töpfers, Kalkstein, H: 14 cm, Giseh, 5.–6. Dynastie, Oriental Institute, Chicago

6
Figur einer stillenden Mutter, die gekämmt wird, Kalkstein, H: 7,2 cm, Lischt, 12. Dynastie, M. M. New York

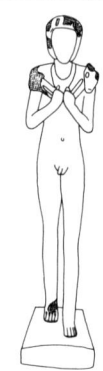

7
Figur einer Trogträgerin, bemaltes Holz, H: 104 cm, Assiût, 11.–12. Dynastie, Louvre, Paris

8
Opferträger, bemaltes Holz, H: 35,5 cm, 1. Zwischenzeit, Louvre, Paris

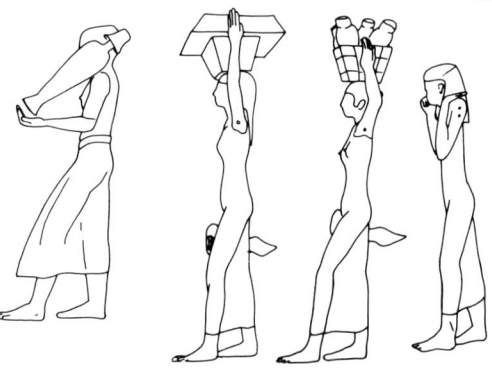

9   Opferträger und Opferträgerinnen, bemaltes Holz, H (v.l.n.r.): 31,5, 39, 39, 32 cm, el-Bersche, Mittleres Reich, M. Boston

10
Figur einer stillenden Frau, Kalkstein, H: 10,5 cm, Giseh, 5.–6. Dynastie, M.M. New York

11
Kampfszene?, Kalkstein, H: 9,8 cm, Arab el-Burg (Assuan), Mittleres Reich, M. Brüssel

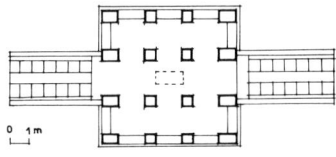

12
»Weiße Kapelle« des Königs Sesostris I., Kalkstein, Karnak, 12. Dynastie

13
»Weiße Kapelle« des Königs Sesostris I., Grundriß, Karnak, 12. Dynastie

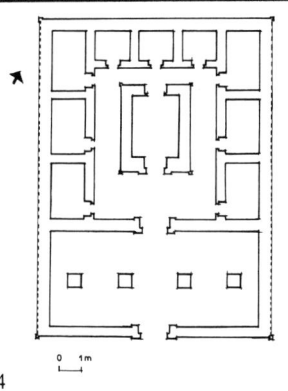

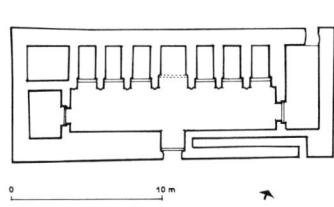

14
Tempel des Königs Sesostris I., Rekonstruktion des Grundrisses, Tôd,
12. Dynastie

15
Tempel von Kasr es-Sagha, Grundriß,
Mittleres Reich

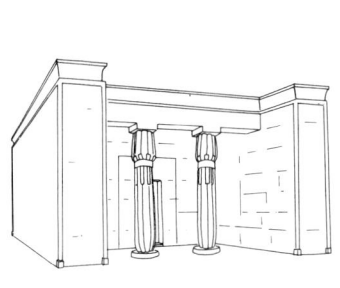

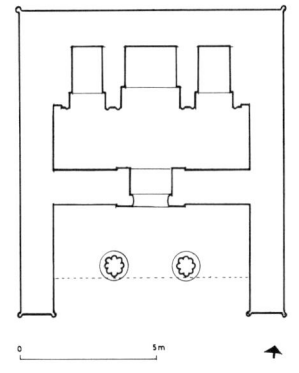

16
Tempel von Medinet Madi, Rekonstruktion der Fassade, Mittleres Reich

17
Tempel von Medinet Madi, Grundriß, Mittleres Reich

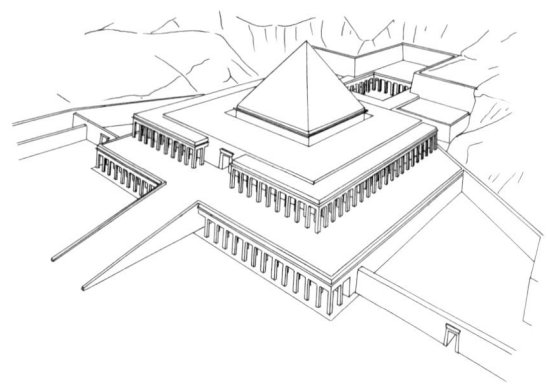

18   Totentempel des Mentuhotep, Rekonstruktion, Deir el-Bahari, 11. Dyna-
      stie (die kleine Pyramide ist umstritten)

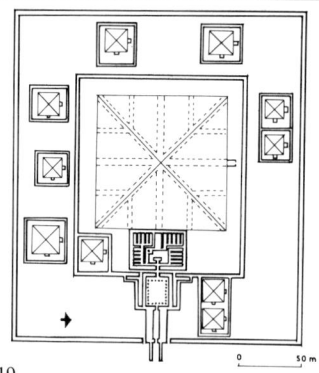

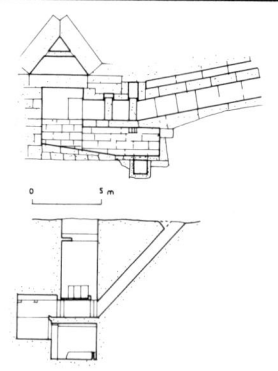

19
Gräber Sesostris' I. und der königlichen Familie, Grundriß, Lischt,
12. Dynastie

20
Pyramide Amenemhêts II., Grabkam-
mer, Dahschur. Schnitt, Mastaba des
Inpy, Schnitt, Lahun, 12. Dynastie

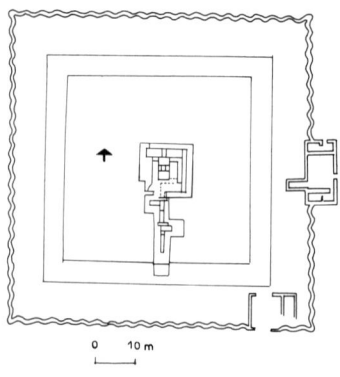

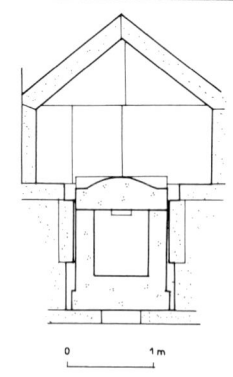

21
Südliche Pyramide von Mazghuna,
Grundriß, Mittleres Reich

22
Privatgrab Nr. 306, Schnitt durch die
Grabkammer, er-Rikka, Mittleres
Reich

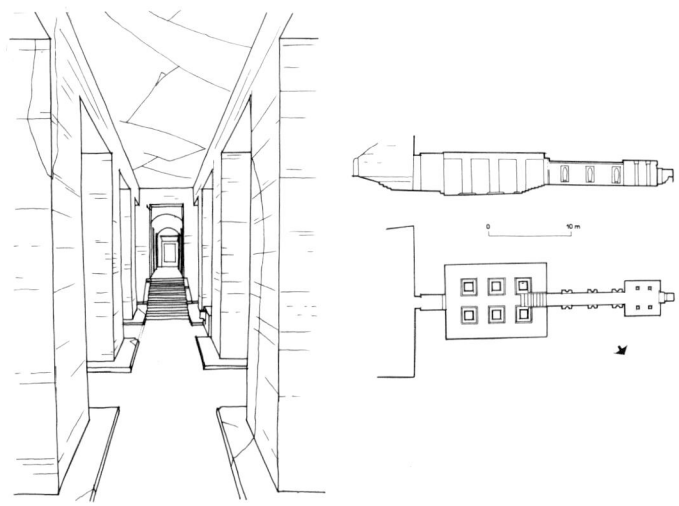

23
Felsengrab des Gaufürsten Saren-
put II., Innenansicht, Assuan, 12. Dynastie

24
Felsengrab des Gaufürsten Saren-
put II., Schnitt und Grundriß, Assuan,
12. Dynastie

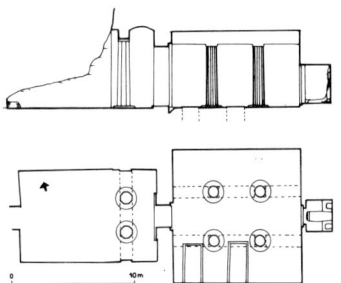

25, 26   Grab des Königs Amenemhêt, Schnitt und Grundriß, Beni Hasan,
12. Dynastie

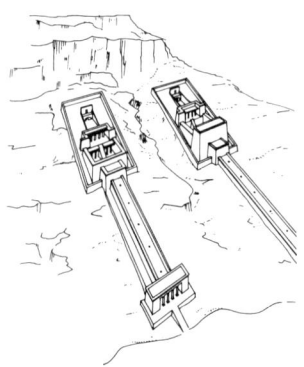

27   Grabanlagen der Gaufürsten Wahka I. und Ibu, Rekonstruktion, Gau
     el-Kebir, 12. Dynastie

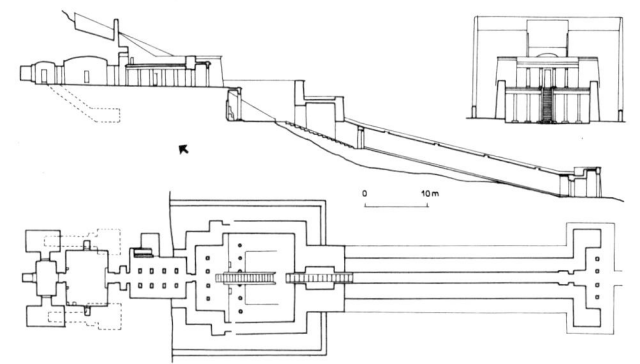

28   Grab des Gaufürsten Wahka I., Schnitt und Grundriß, Gau el-Kebir,
     12. Dynastie

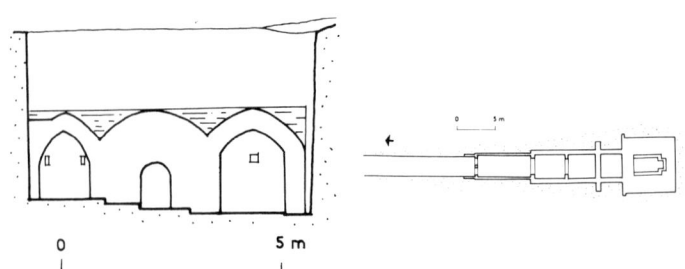

29
Grab Nr. 1, Schnitt, Katta, Mittleres
Reich

30
Grab Nr. 2, Grundriß, Katta, Mittleres Reich

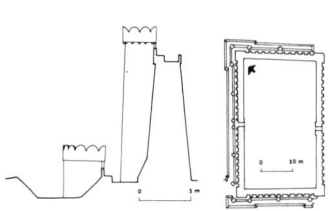

31
Kampf um eine Festung, Malerei, Grab Nr. 2, Beni Hasan, 12. Dynastie

32
Festung des Königs Sesostris I., Schnitt und Grundriß, Rekonstruktion, Aniba, 12. Dynastie

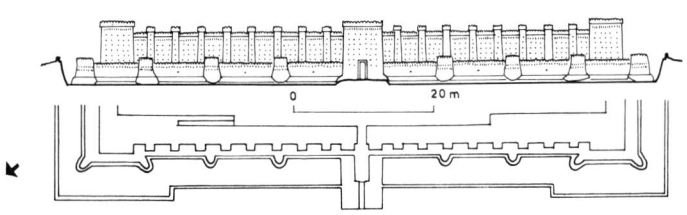

33 Westseite einer Festung, Grundriß und Aufriß, Rekonstruktion, Buhen, 12. Dynastie

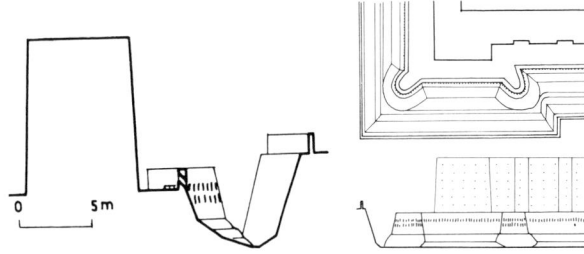

34
Bollwerk, Ausschnitt, Buhen, 12. Dynastie

35
Festung, Ausschnitt, Buhen, 12. Dynastie

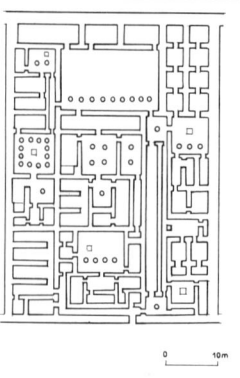

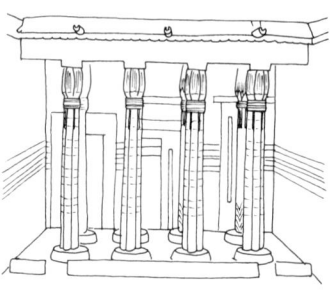

36
Grundriß eines großen Hauses, Kahun, Mittleres Reich

37
Modell des Hauses von Meketrê,
Holz, Deir el-Bahari, 11. Dynastie,
M. M. New York

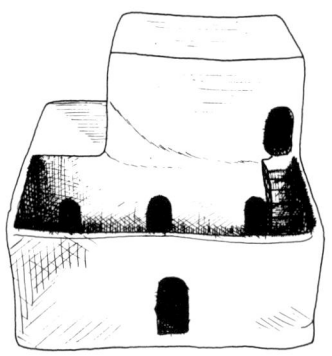

38
Modell des Hauses von Amenemhêt,
Grundriß und Aufriß, el-Bersche,
Mittleres Reich

39
Hausmodell, Terrakotta, Mittleres
Reich, Louvre, Paris

40   Speicher, Malerei, Grab des Intefiker, Wesir unter Sesostris I., West-Theben, 12. Dynastie

 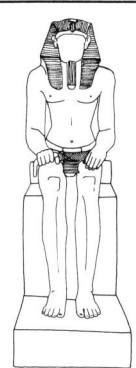

41
Statue des Königs Mentuhotep, Sandstein, H: 208 cm, Deir el-Bahari, 11. Dynastie, Ä. M. Kairo

42
König Sesostris I. sitzend, mit Kopftuch, Kalkstein, H: 194 cm, Lischt, 12. Dynastie, Ä. M. Kairo

 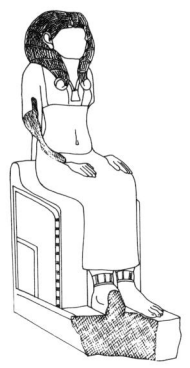

43
König Sesostris I. stehend, mit der weißen Krone, Holz, H: 56 cm, Lischt, 12. Dynastie, Ä. M. Kairo

44
Königin Nofret, Gemahlin Sesostris' II., grauer Granit, H: 155 cm, Tanis, 12. Dynastie, Ä. M. Kairo

45
Sesostris I. mit der weißen Krone Südägyptens, Kalkstein, H: 189 cm, Lischt, 12. Dynastie, Ä. M. Kairo

46
Sesostris I. mit der roten Krone Nordägyptens, Kalkstein, H: 183 cm, Lischt, 12. Dynastie, Ä. M. Kairo

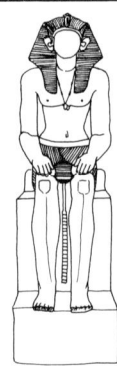

47
König Amenemhêt III. mit Kopftuch,
gelber Kalkstein, H: 160 cm, Hawara,
12. Dynastie, Ä. M. Kairo

48
König Amenemhêt III., schwarzer
Granit, H: 200 cm, Memphis, 12. Dy-
nastie, Staatl. M. Berlin

49
König Amenemhêt III., Granit, H:
110 cm, Karnak, 12. Dynastie, Ä. M.
Kairo

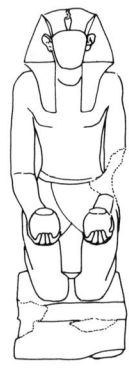

50
König Sesostris III. beim Weinopfer,
Sandstein, H: 52 cm, Karnak, 12. Dy-
nastie, Ä. M. Kairo

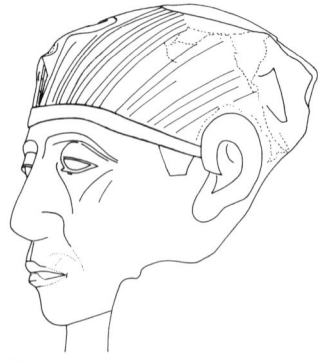

51
Kopf einer Statuette Königs Amenemhêt III., Obsidian, H: 10,2 cm,
12. Dyn., Gulbenkian-M. Lissabon

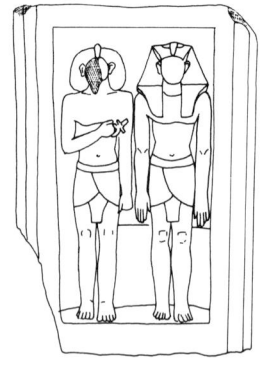

52
Naos des Königs Amenemhêt III.,
rosa Granit, H: 215 cm, Hawara,
12. Dynastie, Ä. M. Kairo

53
König Amenemhêt III. in Sphinxge-
stalt, grauer Granit, L: 220 cm, Tanis,
12. Dynastie, Ä. M. Kairo

54
Amenemhêt III.?, schwarzer Granit,
H: 100 cm, Mit Fares, Mittleres Reich,
Ä. M. Kairo

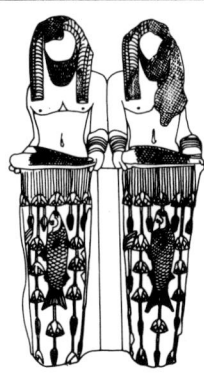

55
Überschwemmungsgottheiten,
schwarzer Granit, H: 160 cm, Tanis,
Mittleres Reich?, Ä. M. Kairo

56
Überschwemmungsgottheiten,
schwarzer Granit, H: 160 cm, Tanis,
Mittleres Reich?, Ä. M. Kairo

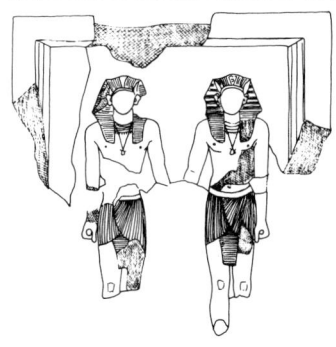

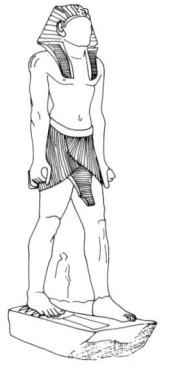

57
Naos des Königs Neferhetep I., Kalkstein, H: 100 cm, Karnak, 13. Dynastie, Ä. M. Kairo

58
König   Sechemuadj-chau-rê-Sebe-
kemsaf, rosa Granit, H: 147 cm,
Abydos, 13. Dynastie, Ä. M. Kairo

59
Hoher Würdenträger, Bronze, H: 28 cm, Dahschur, Mittleres Reich, Louvre, Paris

60
Unbekannter Mann, Holz, H: 37,8 cm, 12. Dynastie, Ä. M. Berlin

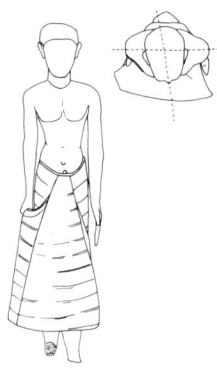

61
Statuette eines Mannes, Holz, H: 27 cm, Mittleres Reich, Ä. M. Kairo

62
Der Priester Amenemhêt Anch, Sandstein, H: 72 cm, 12. Dynastie, Louvre, Paris

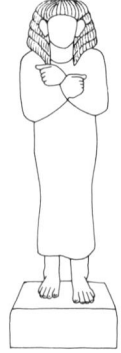

63
Der Beamte Intef, Kalkstein, H: 37 cm, Mittleres Reich, Ä. M. Berlin

64
Die Priesterin Imeret-nebes (mit beweglicher Perücke), Holz, H: 48 cm, 12. Dynastie, M. Leiden

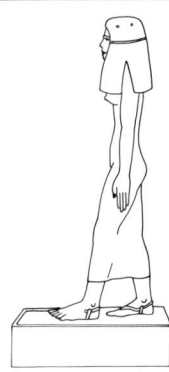

65
Statuette der Priesterin Anuket, Alabaster und Holz, H: 18 cm, Elefantine, Mittleres Reich, Ä. M. Kairo

66
Frauenstatuette ohne Kopf, graues Elfenbein, H: 18,5 cm, Mittleres Reich, Louvre, Paris

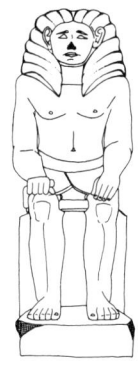

67
Sitzender Mann, Kalkstein, H: 47 cm, Mittleres Reich, M. Leiden

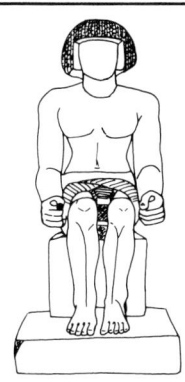

68
Der Adlige Mentuhotep sitzend, Kalkstein, H: 27 cm, Dendera, 11. Dynastie, Ä. M. Kairo

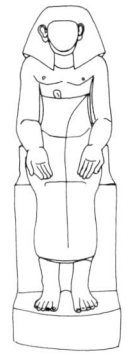

69
Würdenträger in Gebetshaltung, Granit, H: 46 cm, Kiman Fares, 12. Dynastie, Ä. M. Kairo

70
Statuette eines ruhenden Mannes, Bronze, H: 51,3 cm, 12. Dynastie, M. M. New York

71
Der Wesir Hemet-Tscha?, Granit, H: 115 cm, Karnak, 12. Dynastie, Ä.M. Kairo

72
Kopf einer Statue der Dame Sennui, Granit, H: 172 cm, Kerma, Sudan, Mittleres Reich, M. Boston

73
Kemehu in Hockstellung, dunkelbrauner Stein, H: 19 cm, Abydos, Mittleres Reich, Ä.M. Kairo

74
Cheti in Hockstellung, Granit, H: 20,5 cm, Abydos, Mittleres Reich, Ä.M. Kairo

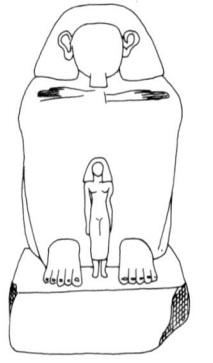

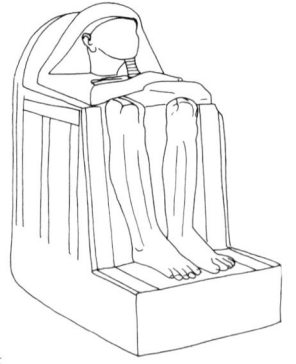

75
Würfelhocker des Senusret-senebef-ni, Quarzit, H: 68,3 cm, 12. Dynastie, Brooklyn M. New York

76
Hetep in einer Sänfte, Kalkstein, H: 110 cm, Sakkara, Mittleres Reich, Ä.M. Kairo

77
Stele eines Paares, mit dem Namen
Did, Kalksteinrelief, H: 48 cm, 1. Zwi-
schenzeit, M. Leiden

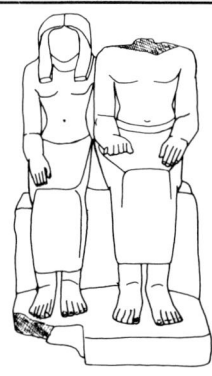

78
Sitzendes Paar, roter Sandstein, H:
20 cm, Tempel Königs Pepi II., Sakkara, Mittl. Reich, Ä. M. Kairo

79
Stehendes Paar, Steatit, H: 17,5 cm,
Kom el-Hism, 12. Dynastie, Ä. M.
Kairo

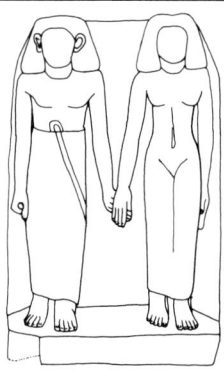

80
Hand in Hand gehendes Paar, schwar-
zer Granit, H: 12,6 cm, 12. Dynastie,
M. M. New York

81
Stehendes Paar, Serpentinstein, H:
16,5 cm, 12. Dynastie, M. M. New
York

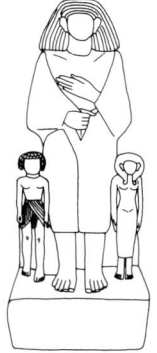

82
Verstorbener in Leichentuch, Frau
und Sohn, schwarzer Stein, H: 20 cm,
Theben, Mittl. Reich, Ä. M. Berlin

83
Würfelhocker und Frauenfigur, roter
Sandstein, H: 25 cm, Kom es-Shatain,
Mittl. Reich, Ä.M. Kairo

84
Priester   Sehetepibrê-anch-Nedjem
und Neb-pu, Sandstein, H: 83 cm,
Memphis, 12. Dyn., Louvre, Paris

85
Uchhotep mit Familie, Reliefstele,
grauer Granit, H: 31,5 cm, Meir, Grab
C 1, 12. Dynastie, Ä.M. Kairo

86
Betscha mit Familie, Kalkstein, H:
47,5 cm,   Abydos,   1. Zwischenzeit,
Louvre, Paris

87
Sebechotep mit Familie, grauer
Granit, H: 35 cm, L: 32 cm, Kiman
Fares, 13. Dynastie, Ä.M. Kairo

88
Senpu mit Familie vor Opfertisch,
Kalkstein und Alabaster, H: 24 cm,
12. Dynastie, Louvre, Paris

89
König Mentuhotep der Große, Relief,
Kalkstein, Tôd, 11. Dynastie, Louvre,
Paris

90
Tochter des Gaufürsten Djehuti-
Hetep, Malerei auf Lehm. H: 80 cm,
el-Bersche, 12. Dynastie, Ä. M. Kairo

91   Sarkophag der Chahuit, Gattin des Mentuhotep, Ausschnitt, Kalkstein mit
      Farbspuren, Deir el-Bahari, 11. Dynastie, Ä. M. Kairo

92
Ptah und Sesostris I., Pfeiler der kgl.
Jubiläumskapelle,   Kalksteinrelief,
Karnak, 12. Dynastie, Ä. M. Kairo

93
Horus und Sesostris I., Pfeiler der kgl.
Jubiläumskapelle,   Kalksteinrelief,
Karnak, 12. Dynastie, Ä. M. Kairo

94   Adlige Hyksosdamen, Wandmalerei, Felsgrab des Chnumhotep, Beni
        Hasan, 11. Dynastie

95   Hyksosfürsten auf friedlichem Besuch, Wandmalerei, Felsgrab des
        Chnumhotep, Beni Hasan, 11. Dynastie

96   Akrobatische Spiele, Wandmalerei, Felsgrab Nr. 15 des Prinzen Baket,
        Beni Hasan, 11. Dynastie

DAS NEUE REICH

Unter der 18. Dynastie, im Neuen Reich, entwickelte sich die Hauptstadt Theben zu einem der bedeutendsten Kulturzentren der damaligen Welt. In dieser
Epoche begann man, die Gräber räumlich getrennt von den Totentempeln in
den ausgetrockneten Flußtälern auf dem westlichen Nilufer zu errichten. Die
nach außen schlichten Felsengräber bargen unter den nach Art der Pyramiden
aufragenden Bergen eigentliche Wohnungen mit mehreren Räumen. Ihre
Anordnung erfolgte ursprünglich entlang einer leicht gebogenen Achse, später
in einem rechten Winkel und in der Amarnazeit in Richtung der einfallenden
Sonnenstrahlen. Die Räume waren hierbei so angeordnet, daß griechische Besucher diese Bauweise wegen ihrer Ähnlichkeit mit einer Flöte »Syrinx« nannten.
Auf den Privatgräbern wurde gewöhnlich eine kreuzförmige, bisweilen mit Säulen geschmückte Felskapelle mit einem pyramidenförmigen Aufbau errichtet.

Der eindrucksvollste der königlichen Totentempel dieser Epoche ist zweifellos der, den Senenmut für die Königin Hatschepsut errichtete. Am Fuß der Felsen von Deir el-Bahari, ganz in der Nähe des Grabes Mentuhoteps II. gelegen,
besteht er aus drei stufenartig übereinander angeordneten Terrassen, die von
quadratischen Pfeilern und Osirispfeilern gesäumt sind. Zuoberst liegen die
Totenkapellen der Königin und der ersten beiden Thutmosis. Dieses großartige
Bauwerk wird ganz zu Recht als vollkommener Ausdruck der Erhabenheit bezeichnet.

Ebenfalls auf dem Westufer geben die Überreste der Gründungen Amenophis' III. einen Eindruck von der Pracht und der Größe der Bauten in der Epoche, die der Amarnazeit unmittelbar vorausging. Aus dieser Zeit stammen auch
die ersten Kolossalstatuen, Monolithen von 20 m Höhe, die vor allem vor Kultbauten aufgestellt waren. Derselbe Amenophis III. ließ auf dem rechten Nilufer,
in Luksor, eine Tempelanlage errichten, deren Hof und Säulenhalle zahlreiche,
besonders gut erhaltene Papyrusbündelsäulen mit geschlossenem Kapitell aufweisen. Eine majestätische Kolonnade von Papyrusbündelsäulen mit Kapitellen
in Form der offenen Blütendolden bildete eine Art Triumphstraße, wie sie unter
Ramses II. endgültig im Zentrum des Säulensaals eingeführt wurde. Vor der
Kolonnade von Luksor legte Ramses II. einen Hof und einen bedeutenden zweitürmigen Pylon an.

Im Gegensatz zu den Tempeln der Ramessidenzeit wurden jene der 18. Dynastie noch nicht nach einem festen Schema erbaut. Die Tempelanlagen des Gottes
Amun in Karnak zeigen, wie jeder Pharao versuchte, dieser Stätte der Erneuerung der kosmischen Kräfte durch Erweiterungen und Ergänzungen der bestehenden Bauten ein persönliches Gepräge zu geben. Vor dem dritten Pylon Amenophis' III. wurde wie in Luksor eine weite Kolonnade errichtet. Haremhab,

Ramses I., Sethos I. und Ramses II. ergänzten sie nach und nach mit 134 etwas weniger hohen Papyrusbündelsäulen mit geschlossenem Kapitell. Die Seitenwände des erhöhten Mittelteiles wurden mit vergitterten Fenstern versehen. Auf diese Art entstand eine dreischiffige Basilika, ein Vorläufer der späteren Kathedralen.

Die von Amenophis IV. zu Ehren des Sonnengottes Aton errichteten Tempel waren dagegen nach oben offen. Die mächtigen Bauten von Amarna enthielten für jeden Tag des Jahres zumindest einen Opfertisch. Die Türme der Pylone waren außerdem mit je fünf Flaggenmasten versehen. Erst in der 19. Dynastie entstanden mit dem von Ramses II. in West-Theben errichteten (und von Ramses III. in Medinet Habu kopierten) Ramesseum Anlagen, deren Bauweise bis in die Spätzeit beibehalten wurde: Obelisken und Kolossalstatuen standen vor den hohen, trapezförmigen Türmen der Pylone, zu denen ein bis vier Fahnenmasten gehörten. Durch zwei Höfe für die Jubiläumsfeierlichkeiten gelangte man in eine Säulenhalle mit dem Grundriß einer Basilika. Das Allerheiligste war von einer Reihe von Nebenräumen umgeben. Außerhalb befanden sich Nebengebäude, Magazine, Werkstätten, Ställe und ein kleiner Palast, der dem König während der Zeremonien als Wohnung diente.

Vor allem unter Thutmosis III. waren rundum von Säulen umgebene Tempel entstanden, die zur Aufnahme des heiligen Totenbarken bestimmt waren. Die Kenotaphen und Felstempel Nubiens stammen dagegen vor allem aus der Zeit Sethos' I. und Ramses' II.

Die in der Regel auf dem rechten Flußufer gelegenen Paläste müssen prunkvolle Bauten gewesen sein. Die in den Ruinen der Anlagen Amenophis' III. in Malgatta (auf dem thebanischen Westufer), in Amarna oder in denjenigen Sethos' und der Ramessiden im Delta gefundenen Malereien vermitteln jedenfalls diesen Eindruck. Mit ihrem Thron- und Festsaal, Privaträumen des Königs, einem eigenen Haus für die königliche Gemahlin sowie den Wohnungen für die Nebenfrauen und die Kinder glichen sie kleinen Städten. Die dreiteilige Bauweise wiederholte jedoch genau die der Tempel- und Grabanlagen: Hof und Vorhalle bildeten den Eingang, die großen Säle die Repräsentationsräume, und dem Allerheiligsten entsprachen die privaten Wohnräume. In den Ruinen von Tell el-Amarna erkennt man noch die Überreste von geräumigen Gebäuden, die in einem Garten mit rechteckigem Wasserbecken lagen. Mit dem dazugehörigen Wirtschaftsteil, der neben Küchen, Vorratsräumen, Ställen und den Wohnungen der Bediensteten auch eine Bäckerei, eine Metzgerei und Textilwerkstätten umfaßte, bildete jedes Landgut eine selbständige Einheit. Bei Stadthäusern war die Loggia durch ein Geschoß mit hohen Gitterfenstern ersetzt. Die Malereien der privaten Grabkapellen enthielten oft auch eine Darstellung der irdischen Wohnstätte des Verstorbenen.

Durch Zufall blieb uns eine Zeichnung mit dem Schnitt des Hauses von Djehuty-hetep in Theben erhalten. Im Untergeschoß befanden sich Spinnwerkstätten. Das Erdgeschoß enthielt die Wohn- und Empfangsräume. Ein breites Treppenhaus führte in den zur Hälfte terrassenartigen ersten Stock, wo unter einem Vordach Küche, Bäckerei und die Aufhängevorrichtungen für das an der Luft trocknende Fleisch zu finden waren.

Die früheren Festungsbauten wurden verstärkt und neue Befestigungen errichtet, um vor allem die Katarakte zu schützen. Die Ramessiden sicherten insbesondere die Grenzgebiete zu Libyen. Bereits zu Anfang der 18. Dynastie war damit begonnen worden, die Befestigungen zum Schutz der Brunnen und Karawanenwege entlang der Küste nach Ugarit (Ras Schamra) und nach Asien wieder instandzustellen. Festungsstädte wie Kadesch am Orontes und Dapur, dessen Architektur von der amoritischen und hethitischen Baukunst geprägt war, dienten den militärischen Architekten als Vorbilder.

Zu Beginn der 18. Dynastie, nach der langen Besetzung durch die Hyksos, wurde in den thebanischen Werkstätten ausschließlich nach traditionellen

Vorlagen gearbeitet. Erst in der vom Frieden geprägten Herrschaftszeit der Königin Hatschepsut fanden die Künstler wieder zu schöpferischem Elan zurück. Der Kontakt mit der asiatischen Welt und die Befreiungskriege führten zu einem starken Bedürfnis nach Prunk und Luxus, das sich in der durch die Eroberungen von Thutmosis III. ermöglichten Periode des Wohlstandes auch in allen Bereichen der Kunst niederschlug. Die Darstellungen gewannen in dieser Zeit sichtbar an Leichtigkeit, Eleganz und Ausdruckskraft. Die Anmut des hübschen Gesichts der Königin Hatschepsut spiegelt sich in allen Statuen aus der 18. Dynastie wider. Sogar die mächtigen Darstellungen muskulöser Pharaonengestalten wurden davon beeinflußt. Die Perücken veränderten sich entsprechend der Mode. Seit Amenophis II. mit seiner jungenhaften Figur und unter Amenophis III. mit den Mandelaugen entstanden neben der höfischen Plastik Werke, die die Herrscher zwar in ihren reichen Hofgewändern, doch auf intimere, privatere Art gestalten zeigten. In Relief und Malerei, als Statuen aus Stein und kostbaren Hölzern, zum Teil mit Goldeinlagen, entstanden bewundernswerte Darstellungen schöner Frauen und Männer. Der Ausdruck der Lieblichkeit erreichte seine vollendetste Form. Auf den Knien Betende mit einem Naos oder einer Stele, Würfelhocker königlicher Erzieher mit dem kleinen Kopf einer Prinzessin im Schoß, vornehme Paare mit Faltengewändern und modischen Perücken – jedes dieser Werke ist eine Augenweide.

Dieser verfeinerten Kunst wurde durch Amenophis IV.-Echnaton ein Ende gesetzt. Der Reformkönig entwickelte nicht nur für die Religion, sondern auch für die Kunst neue Normen. In Übereinstimmung mit den religiösen Grundsätzen verlangte er eine möglichst genaue Darstellung der Wirklichkeit, die jedoch eine expressionistische Hervorhebung einzelner wichtiger Züge nicht ausschloß. Im Gegensatz zur früheren offiziellen Darstellungsweise wurde das Königspaar nun neu mit den ihre Fruchtbarkeit bezeugenden Kindern entweder Hand in Hand oder eng umschlungen abgebildet. Die »nassen« Gewandfalten lassen meist den Körper der Königin hervortreten. Auch Wandmalereien und Reliefs spiegeln diese Hinwendung zum Realismus, zum Ausdruck des pulsierenden Lebens, der sich farblich in der Verwendung neuer Zwischentöne niederschlug.

Nach dieser revolutionären Periode war eine Rückkehr zu reiner Klassik nicht mehr möglich. Obwohl Ramses II. die Kolossalstatuen aus der Zeit Amenophis' III. kopieren ließ, strahlen die Werke seiner Epoche nicht mehr dieselbe Vollkommenheit und Ruhe aus wie ihre Vorbilder. Genannt sei etwa eine Porträtstatue Ramses' II., den Kopf leicht geneigt, in zeitgenössischer Kleidung mit langem, plissiertem Gewand; der Uräus an seiner Stirn tritt ebenso stark hervor wie unter Echnaton.

Auch die Privatplastik zeigt eine ständige Entwicklung der Themen. Der Verstorbene war in prächtige Gewänder gekleidet. Oft wurde er eingerahmt von Mutter und Gattin und bisweilen mit einem Kind dargestellt. Einzelne Locken der Damenperücken fielen bis auf die Brust. Die Gesichter waren von vollkommener Schönheit. Bei Statuen wie derjenigen des Wesirs Pa Ramessu oder des Bakenchonsu läßt der Ausdruck der Augen eine ganze metaphysische Gedankenwelt erahnen. Die Darstellungen des thronenden Königs zeigen ihn umgeben von Göttern, die beschützend einen Arm um seine Schultern oder seine Mitte legen. Seit der Amarnazeit wurden Schreiber oft in ihrer typischen kauernden Stellung vor dem Bildnis des hundsköpfigen Gottes Thot abgebildet. Auch der kniende König wurde meist vor der Statue eines Gottes gezeigt. Daneben gibt es Darstellungen von Königen und Privatpersonen als Insignienträger. Ramses erscheint mehrmals als kriechender Athlet, der eine Opfergabe vor sich herschiebt. Das bis dahin in Ägypten unbekannte Pferd brachte Bewegung in die vorher eher statischen Kompositionen in Registern. Sehr beliebt waren Darstellungen des Pharaos als Wagenlenker.

Auch in Reliefs und Malereien ersetzte der individuelle Ausdruck der einzelnen Figuren die traditionellen Gesten. Dies wird zum Beispiel durch den Vergleich verschiedener Szenen mit klagenden Frauen aus den Epochen vor, während und nach der Amarnazeit sehr deutlich. Für einige Darstellungsweisen haben wir bis heute keine Erklärung anzubieten. So wissen wir nicht, weshalb die Gattin des Pharaos – in allen Epochen – manchmal zu seiner Rechten, manchmal aber auch zu seiner Linken sitzt.

Die Kunst des Neuen Reiches – Abbild einer Epoche, die vom Bedürfnis nach Schönheit und einem starken Sinn für Kostbarkeit geprägt war – brachte erstmals Werke hervor, deren Hauptaufgabe es war, den Betrachter zu erfreuen, Kunstwerke im eigentlichen Sinn dieses Wortes. Als Beispiel sei die im Metropolitan Museum of Art in New York gezeigte kleine Gazelle genannt.

ÄGYPTEN UND SEIN EINFLUSSBEREICH
ZUR ZEIT DES NEUEN REICHES

1 Karkemisch	10 Kantir (Pi-Ramses)
2 Mari	11 Memphis
3 Kadesch	12 Lischt
4 Byblos	13 Faijum
5 Tyrus	14 Tell el-Amarna (Achet-Aton)
6 Megiddo	15 Thinis?
7 Gaza	16 Theben
8 el-Arisch	17 Napata
9 Petra	18 Chartum

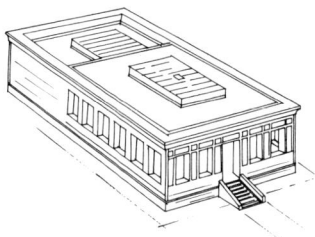

1
Kleiner Thutmosis-Tempel von Medinet Habu, Rekonstruktion, Theben,
frühe 18. Dynastie

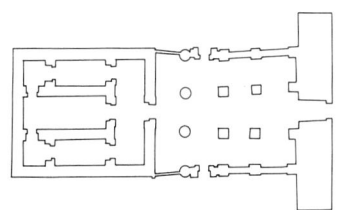

2
Kapelle von Amada, Grundriß,
Nubien, 18. Dynastie

3
Tempel des Amun-Rê, Relief der
Fassade im Säulenhof Ramses' II.,
Luksor, 19. Dynastie

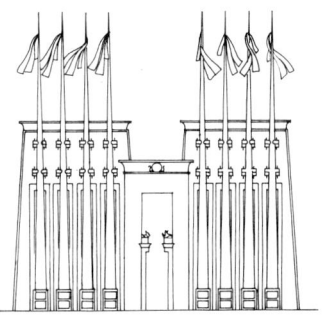

4
Tempel des Chons, antike Zeichnung
des 2. Pylons des Amun-Tempels,
Karnak, 20. Dynastie

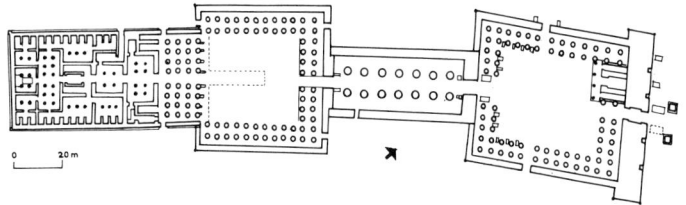

5   Tempelanlagen von Luksor, Grundriß, 18.–19. Dynastie

6   Säulensaal Amenophis' III., Tempel von Luksor, 18. Dynastie

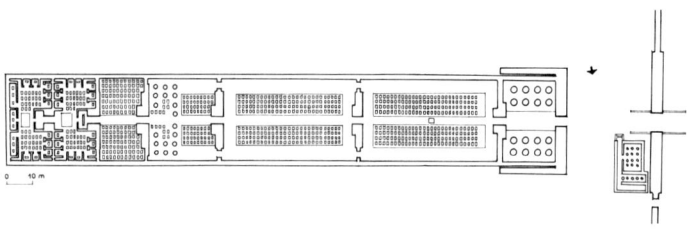

7   Großer Tempel des Aton in Amarna, Per Hai, Grundriß, Ende 18. Dynastie

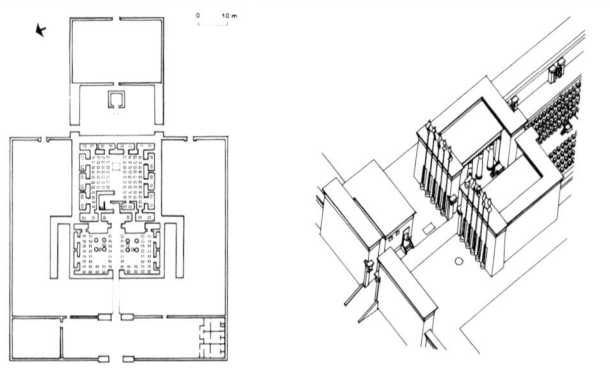

8
Großer Tempel in Amarna, Gem Aton, Grundriß, Ende 18. Dynastie

9
Eingang des Per Hai, Rekonstruktion, Amarna, Ende 18. Dynastie

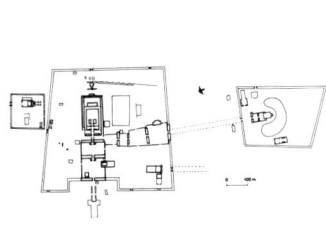

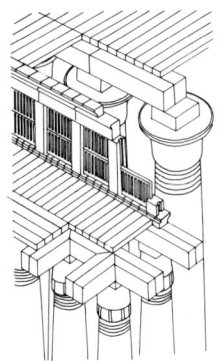

10
Heiligtümer der Götter Amun-Rê, Chons, Mut und Month in Karnak, Lageplan

11
Tempel des Amun-Rê in Karnak, Rekonstruktion der Decken der großen Säulenhalle, 19. Dynastie

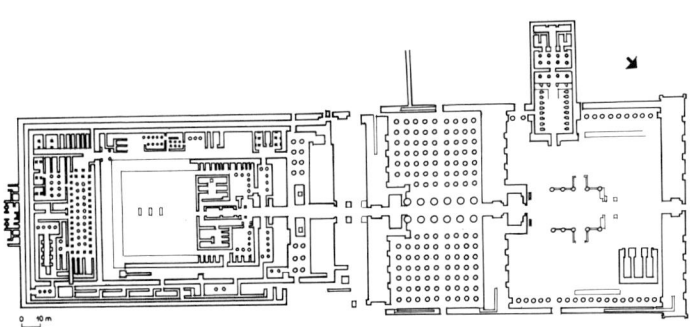

12   Tempel des Amun-Rê in Karnak, Grundriß

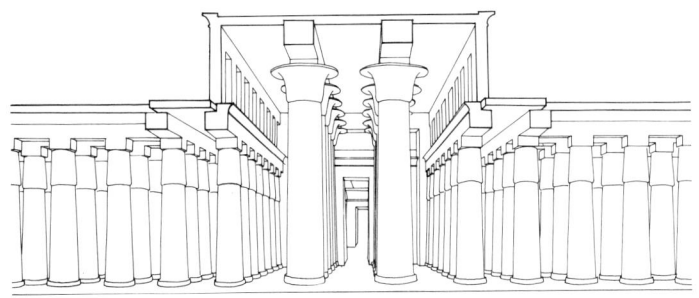

13   Säulenhalle des Tempels in Karnak (nach Perrot und Chipiez), Neues Reich

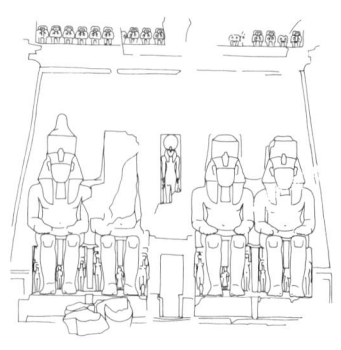

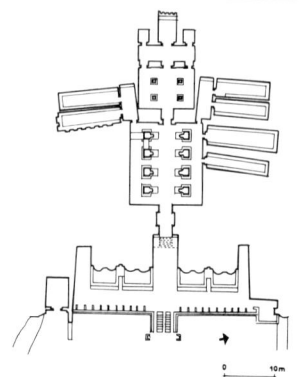

14
Großer Tempel Ramses' II. in Abu
Simbel, Fassade, 19. Dynastie

15
Großer Tempel Ramses' II. in Abu
Simbel, Grundriß, 19. Dynastie

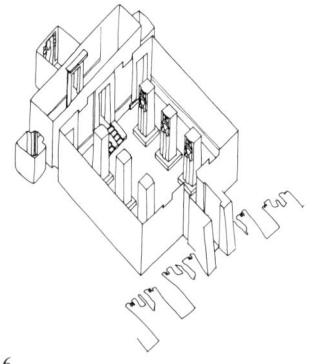

16
Kleiner Tempel der Königin Nofretiri
in Abu Simbel, Axonometrie, 19. Dynastie

17
Kleiner Tempel der Königin Nofretiri
in Abu Simbel, Fassade, 19. Dynastie

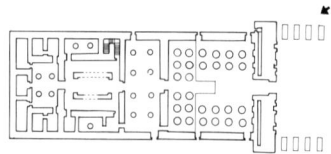

18
Tempel des Gottes Chons in Karnak,
Grundriß, 20. Dynastie

19
Tempel des Gottes Chons in Karnak,
Rekonstruktion, 20. Dynastie

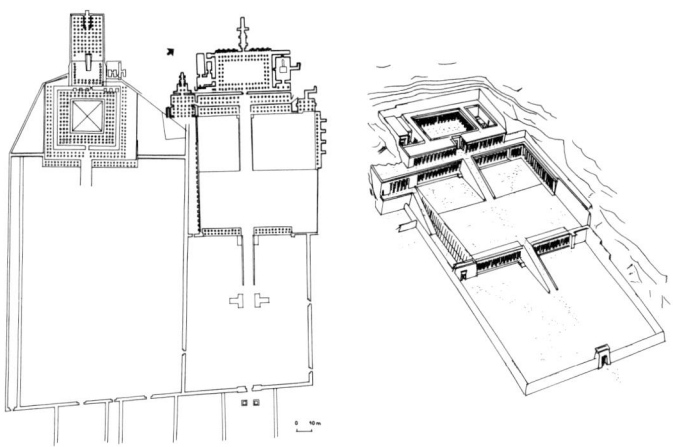

20
Tempel von Mentuhotep I.–III. und
Hatschepsut, Grundrisse, Deir el-
Bahari, 11./18. Dynastie

21
Tempel der Königin Hatschepsut,
Rekonstruktion, Deir el-Bahari, 18.
Dynastie

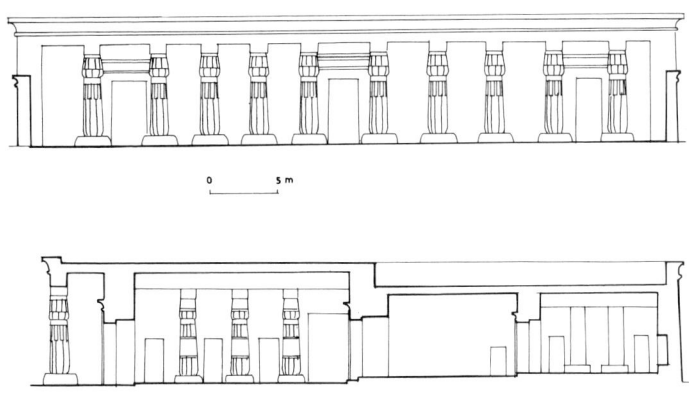

22   Tempel des Königs Sethos I., Fassade und Längsschnitt, Gurna, 19. Dynastie

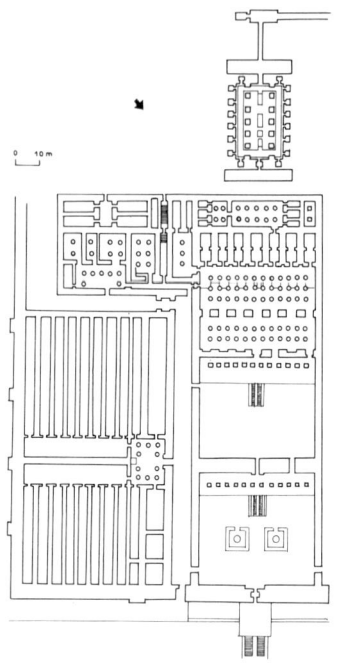

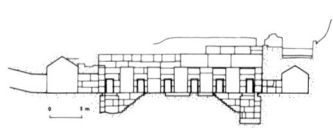

24
Kenotaph des Tempels Sethos' I. im Osireion, Längsschnitt durch das Innere, Abydos, 19. Dynastie

23
Tempel und Osireion des Königs Sethos I., Grundriß, Abydos, 19. Dynastie

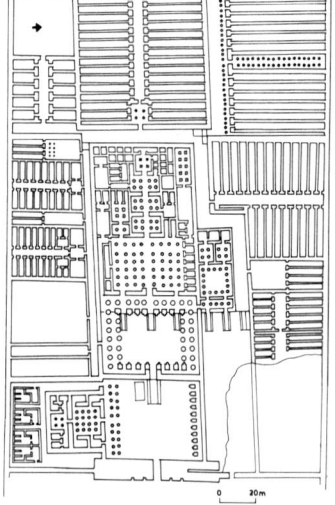

25
Tempel des Königs Sethos I., Längsschnitt, Abydos, 19. Dynastie

26
Ramesseum, Jubiläumstempel Ramses' II., kl. Tuy-Tempel und Nebengebäude, West-Theben, 19. Dynastie

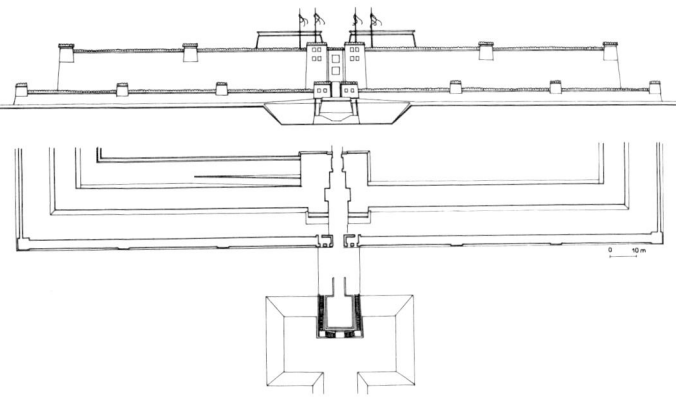

27 Umfassungsmauer des Jubiläumstempels Ramses' III., Aufriß und
Grundriß des Eingangs mit Landeplatz, Medinet Habu, Theben, 20. Dynastie

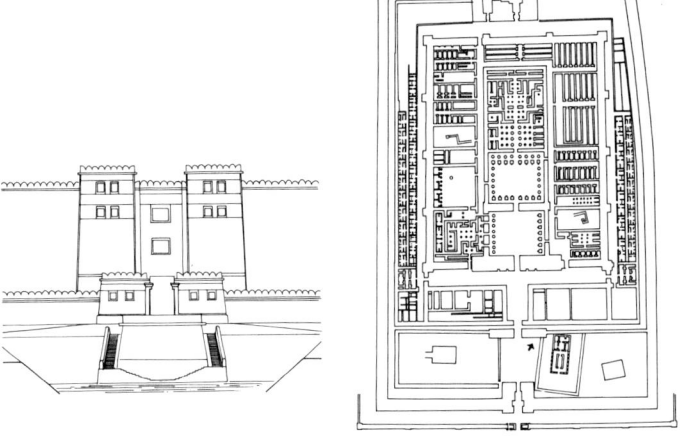

28
Tempel von Medinet Habu, Landeplatz und »Hohes Tor«, Theben,
20. Dynastie

29
Jubiläumstempel des Königs Ramses
III., Grundriß des Tempelbezirkes,
Medinet Habu, Theben, 20. Dyn.

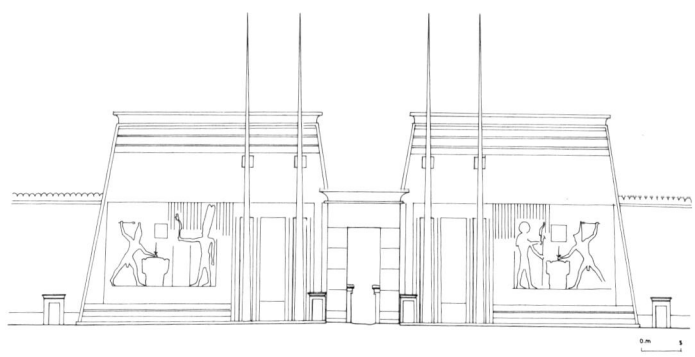

30   Tempel von Medinet Habu, Fassade, Theben, 20. Dynastie

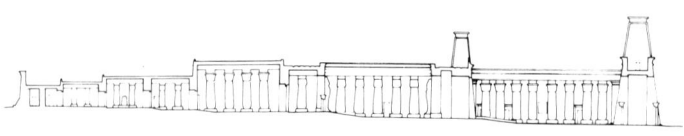

31   Tempel von Medinet Habu, Längsschnitt, Theben, 20. Dynastie

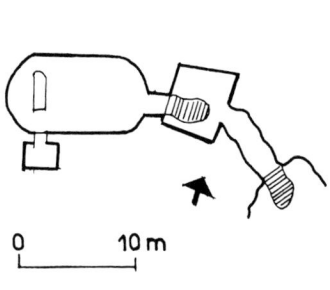

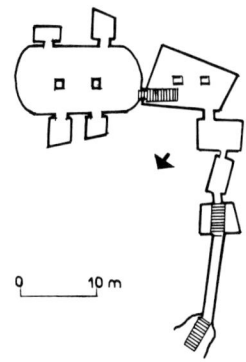

32
Grab des Königs Thutmosis I., Grundriß, Tal der Könige, West-Theben, 18. Dynastie

33
Grab des Königs Thutmosis III., Grundriß, Tal der Könige, West-Theben, 18. Dynastie

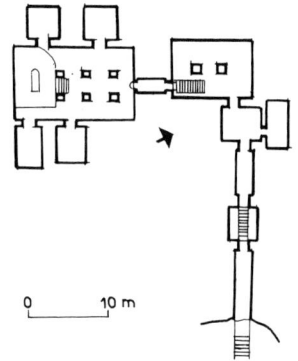

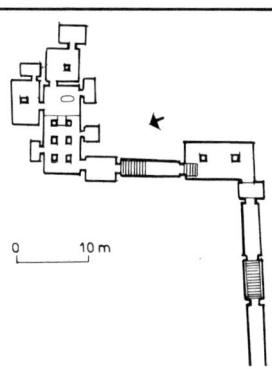

34
Grab des Königs Amenophis II., Grundriß, Tal der Könige, West-Theben, 18. Dynastie

35
Grab des Königs Amenophis III., Grundriß, Tal der Könige, West-Theben, 18. Dynastie

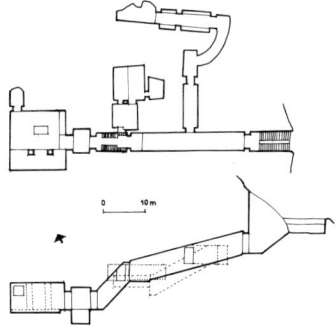

36, 37   Königliches Grab, Grundriß und Schnitt, Deir el-Melek, Amarna, 18. Dynastie

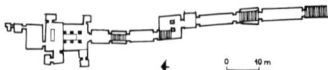

38
Grab des Königs Haremhab, Grundriß, Tal der Könige, West-Theben, 18. Dynastie

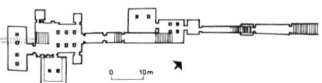

39
Grab des Königs Sethos I., Grundriß, Tal der Könige, West-Theben, 19. Dynastie

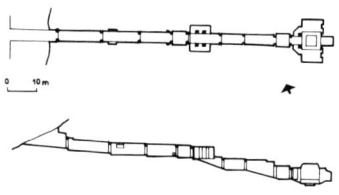

40
Grab des Königs Ramses VI., Grundriß und Schnitt, Tal der Könige, West-Theben, 20. Dynastie

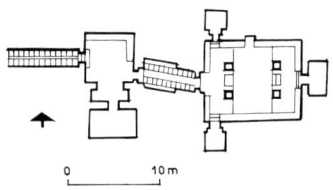

41
Grab der Königin Nofretiri, Grundriß, Tal der Königinnen, West-Theben, 19. Dynastie

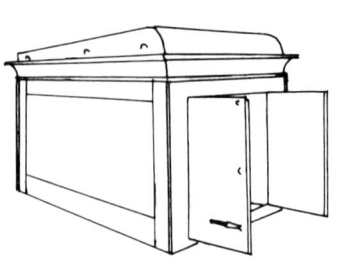

42
Innenkapelle, ehem. Südheiligtum, Grab des Tutanchamun, West-Theben, 18. Dynastie, Ä. M. Kairo

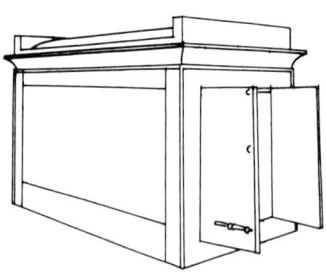

43
Zweite und dritte Kapelle, ehem. Nordheiligtum, Grab des Tutanchamun, 18. Dynastie, Ä. M. Kairo

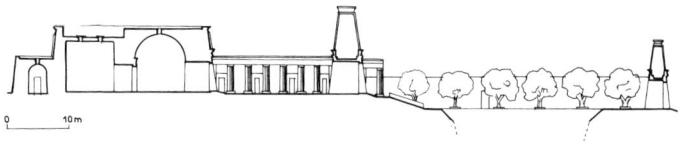

44   Totentempel des Amenhotep, Sohn des Hapu, vergöttlichter königlicher
     Architekt, Schnitt, Rekonstruktion, West-Theben, 18. Dynastie

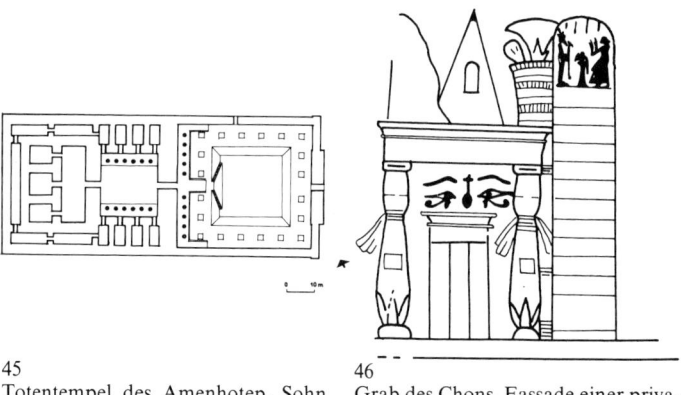

45
Totentempel des Amenhotep, Sohn
des Hapu, Grundriß, Rekonstruktion,
West-Theben, 18. Dynastie

46
Grab des Chons, Fassade einer priva-
ten Grabkapelle, Scheich Abd-el-
Gurna Nr. 31, West-Theben, 19. Dyn.

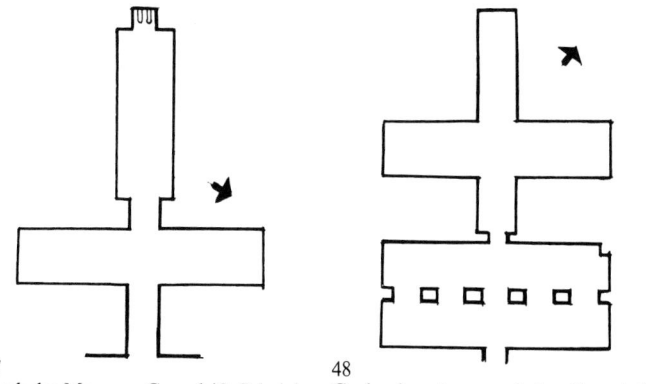

47
Grab des Menena, Grundriß, Scheich
Abd-el-Gurna Nr. 69, West-Theben,
18. Dynastie

48
Grab des Amenemheb, Grundriß,
Scheich Abd-el-Gurna Nr. 85, West-
Theben, 18. Dynastie

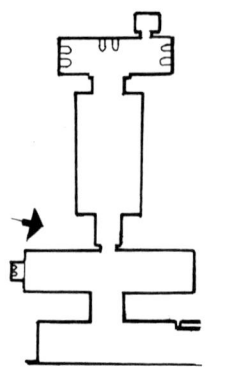

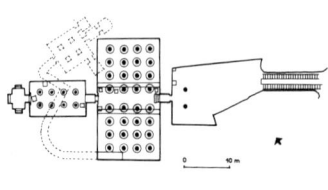

49
Grab des Chaemhet, Grundriß, Scheich Abd-el-Gurna Nr. 57, West-Theben, 18. Dynastie

50
Grab des Ramose, Grundriß, Scheich Abd-el-Gurna Nr. 55, West-Theben, 19. Dynastie

51   Grab des Ramose, restaurierte Kapelle, Schnitt, Scheich Abd-el-Gurna Nr. 55, West-Theben, 19. Dynastie

52
Grab des Ipuy, Säulenpavillon, Wandmalerei, Deir el-Medine Nr. 217, West-Theben, 19. Dynastie

53
Felsengrab eines Handwerkers, mit Tonnengewölbe, Schnitt, Deir el-Medine, West-Theben, Neues Reich

54   Grab des Djehuti-Nefer, antike Zeichnung eines Schnittes durch ein Stadt-
     haus, Scheich Abd-el-Gurna Nr. 80, West-Theben, 18. Dynastie

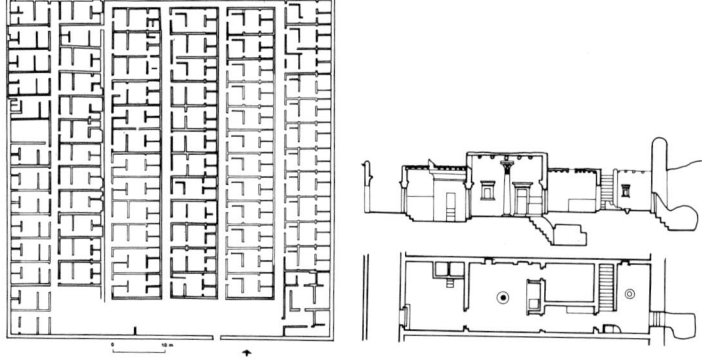

55
Ein orientalisches Handwerkerdorf,
Grundriß, Amarna, 18. Dynastie

56
Haus eines Arbeiters, Schnitt und
Grundriß, Deir el-Medine, Neues
Reich

57
Modell eines Stadthauses, Neues
Reich, Louvre, Paris

58
Landgut des Ineny, Scheich Abd-el-
Gurna Nr. 81, West-Theben, Neues
Reich

59
Grab des Nebamun, Zeichnung seines
Hauses, Scheich Abd-el-Gurna Nr.
90, West-Theben, Neues Reich

60
Festung, perspektivische Zeichnung
mit Rekonstruktion, West-Semna,
12.? oder 18. Dynastie

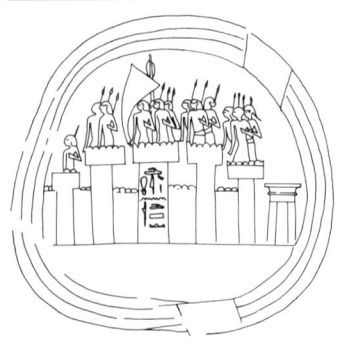

61
Zeichnung der Festung Kadesch,
Tempel Ramses' II., Abu Simbel,
19. Dynastie

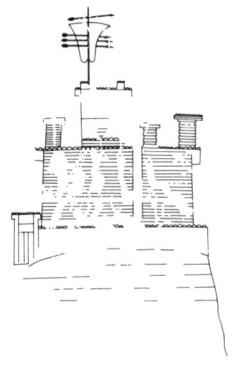

62
Zeichnung der Festung Dapur, Säulensaal des Ramesseums, West-Theben, 19. Dynastie

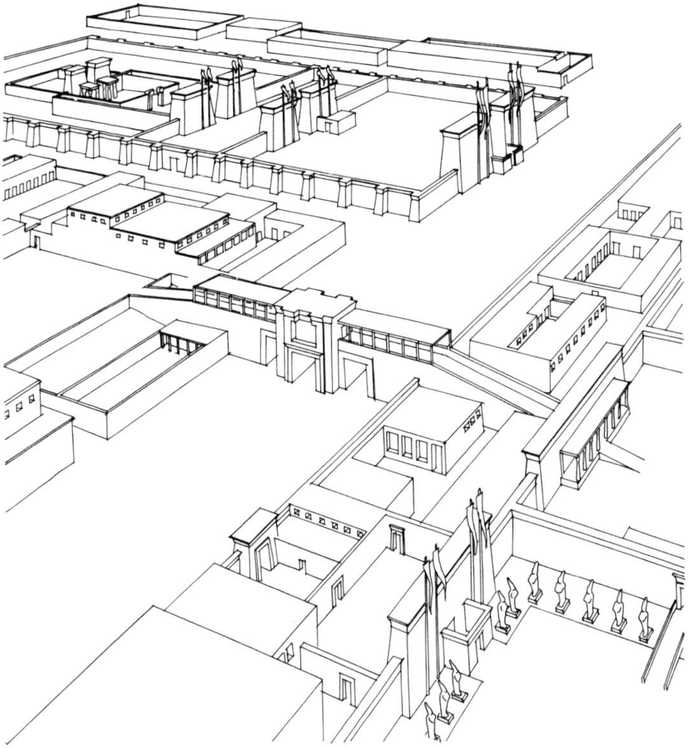

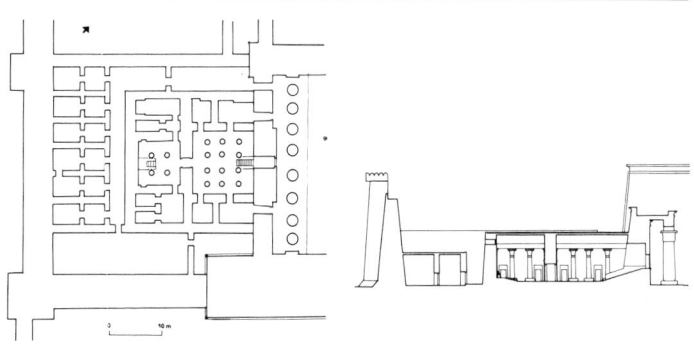

63   Zentrum der Stadt des Königs Echnaton, Tempel und Palast, Rekonstruktion, Amarna, 18. Dynastie

64
Nebenpalast Ramses' III., Grundriß
(ursprüngl. Zustand), Medinet Habu,
West-Theben, 20. Dynastie

65
Palast Ramses' III., Längsschnitt,
Rekonstr. ursprüngl. Zustand, Medi-
net Habu, West-Theben, 20. Dynastie

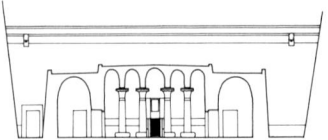

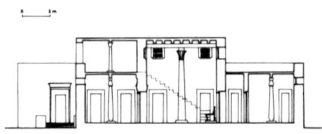

66
Palast Ramses' III., Querschnitt, Rekonstr. ursprüngl. Zustand, Medinet Habu, West-Theben, 20. Dynastie

67
Haus (V 37-1), Längsschnitt Nord-Süd, Rekonstruktion, Amarna, 18. Dynastie

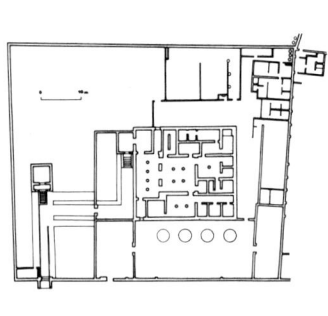

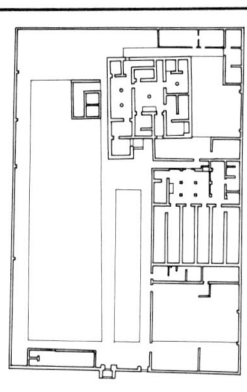

68
Haus eines vornehmen Bürgers (T. 36. II), Grundriß, Amarna, 18. Dynastie

69
Haus und Amtsräume des Steuereinnehmers, Grundriß, Amarna, 18. Dynastie

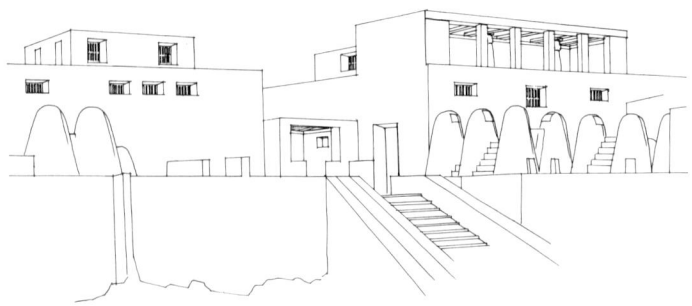

70   Geschäftsviertel der Stadt Echnatons, Rekonstruktion, Amarna, 18. Dynastie

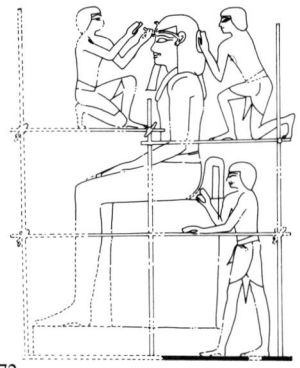

71
Handwerker bei der Arbeit an einer
Königsstatue, Malerei, Grab des
Rechmirê, West-Theben, 18. Dynastie

72
Handwerker bei der Arbeit, Malerei,
Grab des Rechmirê, West-Theben,
18. Dynastie

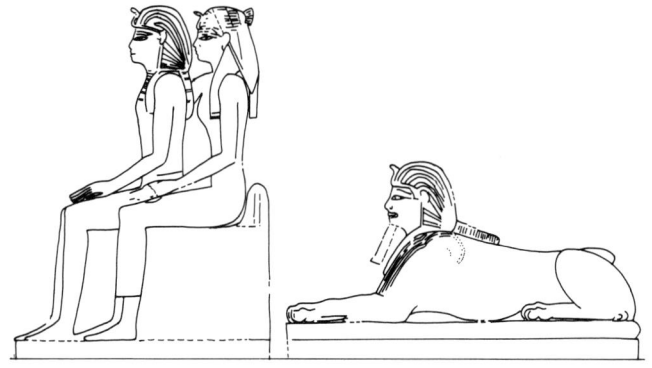

73   Statuen des Königspaares und des Königs Thutmosis III. als Sphinx,
      Malerei, Grab des Rechmirê, West-Theben, 18. Dynastie

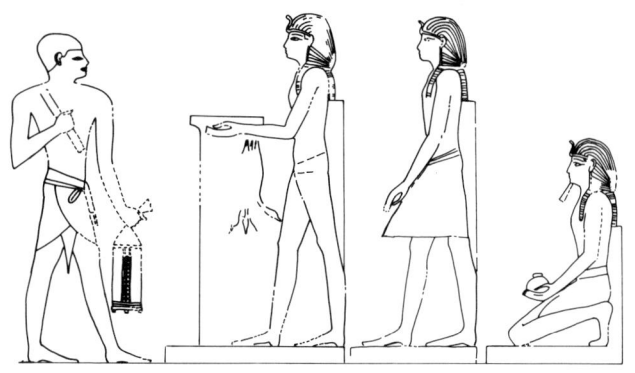

74   Der Schreiber des Wesirs begutachtet die vollendeten Königsstatuen,
      Malerei, Grab des Rechmirê, West-Theben, 18. Dynastie

75
Tetischeri, Mutter des Ahmose, bemalter Kalkstein, H: 37 cm, Dra abul'Naga, 18. Dyn., B. M. London

76
Statue der Königin Hatschepsut, schwarzer Granit, H: 150 cm, Deir el-Bahari, 18. Dyn., M. M. New York

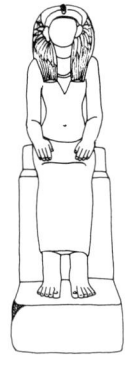

77
Mut-Nofret, Mutter Thutmosis' II., Sandstein, H: 165 cm, Gurna, 18. Dynastie, Ä. M. Kairo

78
Isis, Mutter Thutmosis' III., schwarzer Granit, H: 98 cm, Karnak, 18. Dynastie, Ä. M. Kairo

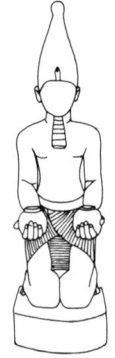

79
Königin Hatschepsut beim Weinopfer, rosa Granit, H: 280 cm, Deir el-Bahari, 18. Dyn., M. M. New York

80
König Thutmosis III., Kalkstein, H: 27,5 cm, Tempel von Deir el-Medine, 18. Dynastie, Ä. M. Kairo

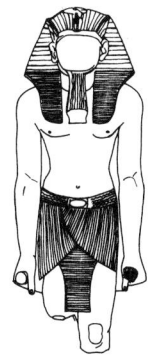

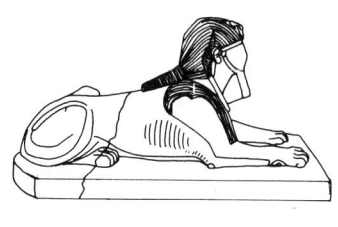

81
König Thutmosis III., Schiefer, H: 89 cm, Karnak, 18. Dynastie, Ä. M. Kairo

82
König Thutmosis III. als Sphinx, grauer Granit, H: 63 cm, Karnak, 18. Dynastie, Ä. M. Kairo

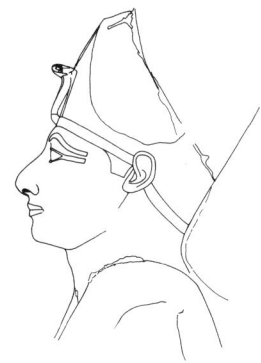

83
König Thutmosis III. im Profil, grau-grüner Schiefer, H: 200 cm, Karnak, 18. Dynastie, Ä. M. Kairo

84
König Amenophis II. auf den Knien, grauer Granit, H: 121 cm, Karnak, 18. Dynastie, Ä. M. Kairo

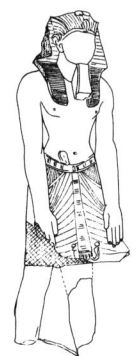

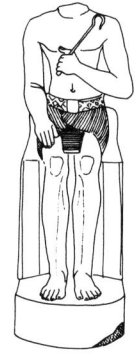

85
König Amenophis II., rosa Granit, H: 144 cm, Karnak, 18. Dynastie, Ä. M. Kairo

86
Kopflose Statue des Königs Amenophis II., grauer Granit, H: 63 cm, Karnak, 18. Dynastie, Ä. M. Kairo

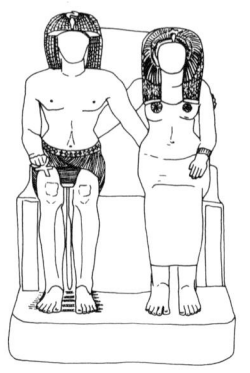

87
König Thutmosis IV. und seine Mutter, schwarzer Granit, H: 110 cm, Karnak, 18. Dynastie, Ä. M. Kairo

88
König Amenophis III., Teje und ihre Töchter, Kalkstein, H: 700 cm, West-Theben, 18. Dynastie, Ä. M. Kairo

89
Amenophis III., Kalkstein, fast natürl. Größe, Grab des Chaemhet, West-Theben, 18. Dyn., Staatl. M. Berlin

90
Königin Teje, Relief, Kalkstein, H: 42 cm, Grab des Userhat, West-Theben, 18. Dynastie, M. Brüssel

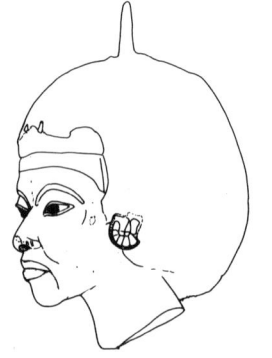

91
Kopf der Königin Teje, Holz mit Einlagen, H: 10,7 cm, Palast Medinet Gurab, 18. Dynastie, Ä. M. Berlin

92
Sphinx Amenophis' III., blau glasierte Fritte, H: 29,5 cm, L: 28 cm, Karnak, 18. Dynastie, Ä. M. Kairo

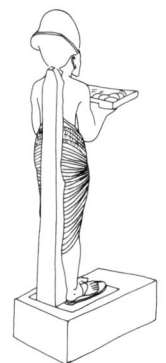

93
König Amenophis III., brauner Schiefer, H: 23 cm, 18. Dynastie, M. M. New York

94
König Amenophis IV. mit Opferplatte, gelber Kalkstein, H: 37 cm, Amarna, 18. Dynastie, Ä. M. Kairo

95
Kolossalstatue des Königs Amenophis IV., Sandstein, H: 400 cm, Karnak, 18. Dynastie, Ä. M. Kairo

96
Kolossalstatue des Königs Amenophis IV., Sandstein, H: 295 cm, Karnak, 18. Dynastie, Ä. M. Kairo

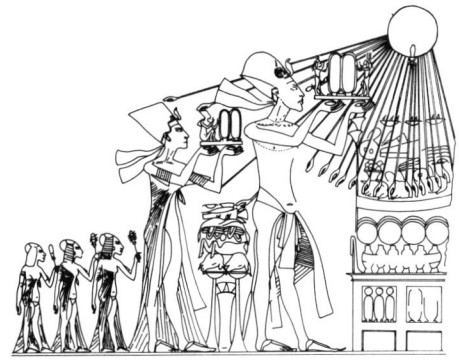

97   Amenophis IV.-Echnaton, Nofretete und drei Prinzessinnen opfern dem Aton, Flachrelief, Grab des Apy, Amarna, 18. Dynastie

98
Echnaton mit Tochter (unvollendet),
Werkstatt des Thutmes, Kalkstein, H:
42 cm, 18. Dynastie, Ä. M. Kairo

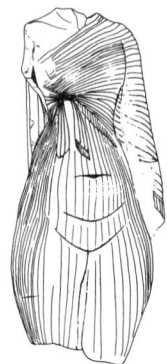

99
Torso der Königin Nofretete, roter
Quarzit, H: 30 cm, 18. Dynastie,
Louvre, Paris

100
Nofretete opfert Aton, Relief, Sandstein, H: 21,5 cm, B: 26,3 cm, Amarna,
18. Dynastie, Privatslg.

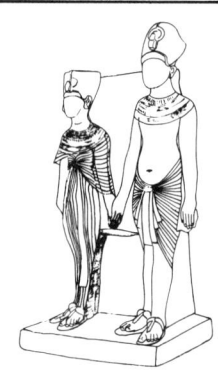

101
Echnaton und Nofretete, bemalter
Kalkstein, H: 22,5 cm, Amarna,
18. Dynastie, Louvre, Paris

102
Zwei Töchter Echnatons, Wandmale-
rei, Palast neben Aton-Tempel,
Amarna, 18. Dyn., Ashm. M. Oxford

103
Palastpersonal, Vorzeichnung für ein
Relief, Grab des Ramose, West-The-
ben, 18. Dynastie

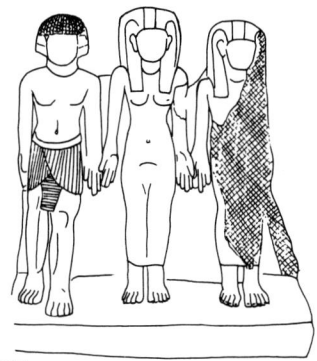

104
Dame Ahmes, Sen und Uadjet, Kalkstein, H: 16,2 cm. Assassif, West-Theben, 17./18. Dyn., M.M., New York

105
Archaisierende männliche Statuette,
Holz, H: 17,8 cm, Neues Reich,
Louvre, Paris

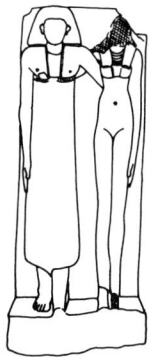

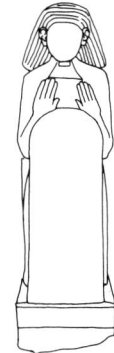

106
Der Wesir Useramun mit Gemahlin,
schwarzer Granit, H: 88 cm, Karnak,
18. Dynastie, Ä. M. Kairo

107
Amenemhêt als Stelenträger, Sandstein, H: 45 cm, Assassif, West-Theben, 18. Dynastie, Ä. M. Kairo

108   Puyemrê mit Gemahlin vor Opfertisch, Wandmalerei, Grab des Puyemrê,
      Scheich Abd-el-Gurna, West-Theben, 18. Dynastie

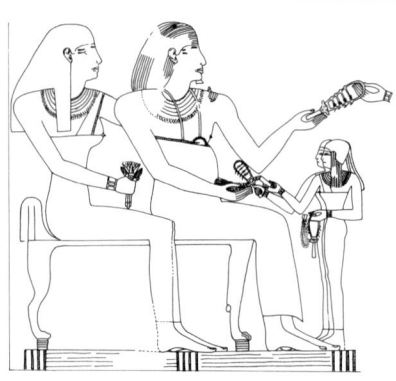

109 Der Wesir und seine Gemahlin empfangen von ihren Töchtern Geschenke, Wandmalerei, Grab des Rechmirê, West-Theben, 18. Dynastie

110
Dienerinnen und Gäste der Totenfeier, Wandmalerei, Grab des Rechmirê, West-Theben, 18. Dynastie

111
Setau, kniend, mit Kryptogramm, Kalkstein, H: 26,7 cm, 18. Dynastie, Louvre, Paris

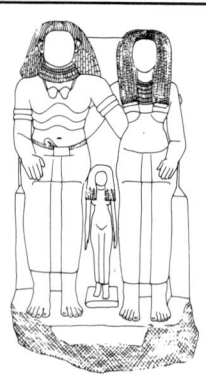

112
Unbekannte Familie, Kalkstein, H: 46 cm, 18. Dynastie, M. Leiden

113
Sennefer und Senetnai mit Tochter, schwarzer Granit, H: 120 cm, Karnak, 18. Dynastie, Ä. M. Kairo

114
Würfelhocker des Amenemhêt, Granit, H: 80 cm, Mut-Tempel, Karnak, 18. Dynastie, Ä. M. Kairo

115
Männerstatue, Holz, H: 18,4 cm, 18. Dynastie, M. Meermanno-Westreenianum, Den Haag

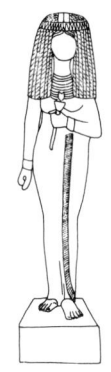

116
Die Dame Nai, Holz, H: 26,4 cm, 18. Dynastie, Louvre, Paris

117
Statuette eines Offiziers, Holz, H: 43 cm, Theben, 18. Dynastie, Ä. M. Berlin

118
Gastmahl, Wandmalerei, Grab des Rechmirê, West-Theben, 18. Dynastie

119
Gastmahl (Musik und Tanz), Wandmalerei, Grab des Nebamun, West-Theben, 18. Dyn., B. M. London

120
Nubischer Tributbringer mit Affen, Wandmalerei, Grab des Rechmirê, West-Theben, 18. Dynastie

121
Erntearbeiten, Wandmalerei, Grab des Menena, Scheich Abd-el-Gurna Nr. 69, West-Theben, 18. Dynastie

122
Tschai und Naja, Kalkstein, H: 90 cm, Sakkara, 18./19. Dynastie, Ä. M. Kairo

123
Iny und Tentimentet, Kalkstein, H: 29 cm, Gurna, 18. Dynastie, Ä. M. Kairo

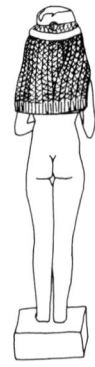

124
Nacktes Mädchen mit Katze, Holz, H: 14,3 cm, Neues Reich, Louvre, Paris

125
Nacktes Mädchen mit Katze, Holz, H: 10,5 cm, Neues Reich, Louvre, Paris

126
Die Eltern des Ramose, Mâi und Uel, Grab des Ramose, West-Theben, 18. Dynastie

127
Statuette des Tschai, Ebenholz, H: 40 cm, Sakkara, 18. Dynastie, Ä. M. Kairo

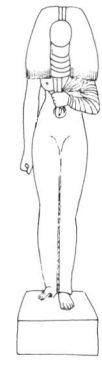

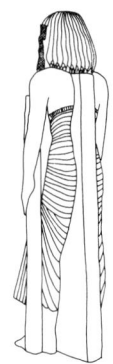

128
Die Dame Tui, Holz, H: 33,2 cm, Theben, 18. Dynastie, Louvre, Paris

129
Amennacht mit Insignien, Rückenansicht, Holz, H: 60 cm, 18. Dynastie, Staatl. M. Berlin

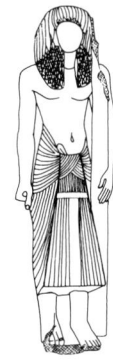

130
Vorderansicht der Statuette des Amennacht Abb. 129

131
Amenophis, Sohn des Hapu, schwarzer Granit: H: 128 cm, Karnak, 18. Dynastie, Ä. M. Kairo

132   Jagdszene, Wandmalerei (Fragment), Grab des Nebamun?, Scheich
      Abd-el-Gurna Nr. 90, West-Theben, 18. Dynastie, B. M. London

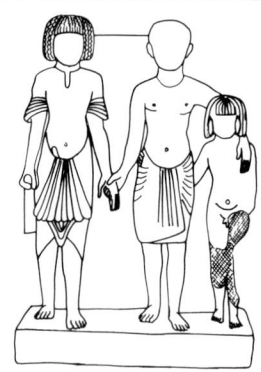

133
Statuette eines Priesters?, Holz, H:
25,5 cm, Neues Reich, Staatl. M.
Berlin

134
Gruppe aus Amarna, Kalkstein, H:
17,5 cm,   Amarna?,   18. Dynastie,
M. M. New York

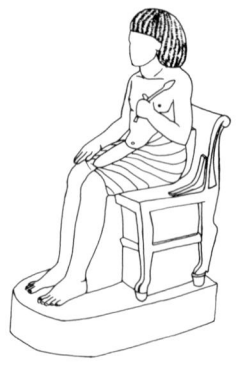

135
Beamter aus Amarna, Kalkstein, H:
18 cm, Amarna, 18. Dynastie, Ä. M.
Kairo

136
Schreiber vor dem hundsköpfigen
Gott Thot, Steatit, H: 14 cm, Amarna,
18. Dynastie, Ä. M. Kairo

137
Kolossalstatue des Maja, Kalkstein,
H: 216 cm, Sakkara?, 18. Dynastie,
M. Leiden

138
Ptah-Mai mit seiner Familie, Kalkstein, H: 95 cm, Memphis, 18. Dynastie, Staatl. M. Berlin

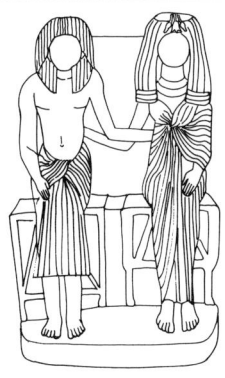

139
Adliger mit Gemahlin, Steatit, H:
15,9 cm, 19. Dynastie, M. M. New
York

140
Haremhab als Schreiber, grauer
Granit, H: 117 cm, Memphis, 18. Dy-
nastie, M. M. New York

141
Haremhab mit Isis, Osiris und Horus,
schwarzer Granit, H: 142 cm, Abydos,
18. Dynastie, Ä. M. Kairo

142
Klagende Frauen, Relief, Kalkstein,
Grab des Haremhab, Sakkara, 18. Dy-
nastie, Louvre, Paris

143   Klagende Frauen, Relief, Kalkstein, Grab des Haremhab, Sakkara, 18. Dynastie, Louvre, Paris

144   Klagende Frauen auf dem Boot des Verstorbenen, Wandmalerei, Grab des Nebamun und der Ipuky, Chocha Nr. 181, West-Theben, 19. Dynastie

145   König Ramses II. und der Kronprinz bei der Wildstierjagd, Relief, Tempel Sethos' I., Abydos, 19. Dynastie

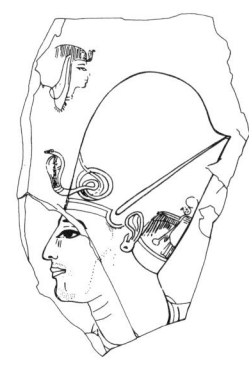

146
Ramses II., Ausschnitt, schwarzer Granit, H: 194 cm, Karnak, 19. Dynastie, M. Egizio, Turin

147
Ostrakon mit zwei kgl. Porträts, Kalkstein, H: 12,4 cm, Deir el-Medine, Neues Reich, Ä. M. Kairo

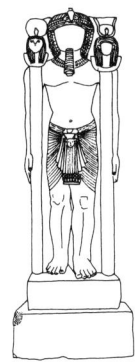

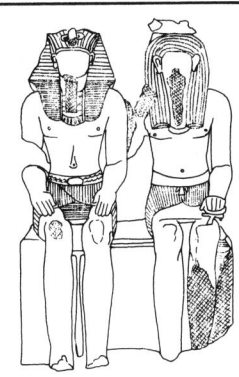

148
König Ramses II. mit Insignien, rosa Granit, H: 262 cm, Erment, 19. Dynastie, Ä. M. Kairo

149
Ramses II. und der Gott Ptah-ta-Tenen, rosa Granit, H: 168 cm, Memphis, 19. Dynastie, Ä. M. Kairo

150
Ramses II., kniend, beschützt von Amun, Schiefer, H: 55 cm, Karnak, 19. Dynastie, Ä. M. Kairo

151
Ramses II. auf Zweig des hl. Baumes, grün-grauer Schiefer, H: 27 cm, B: 76 cm, Karnak, 19. Dyn., Ä. M. Kairo

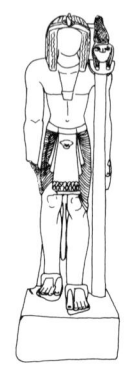

152
Büste einer kgl. Gemahlin des Ramses, bemalter Kalkstein, H: 77 cm, Ramesseum, 19. Dyn., Ä. M. Kairo

153
König Merenptah mit Insignien, rosa Granit, H: 196 cm, 19. Dynastie, Ä. M. Kairo

154
König Merenptah bedroht einen gefangenen Feind, rosa Granit, H: 165 cm, 19. Dynastie, Ä. M. Kairo

155
König Sethos II. mit Insignien, rosa Sandstein, H: 290 cm, Karnak, 19. Dynastie, Ä. M. Kairo

156
Ostrakon mit Tänzerin, bemalter Kalkstein, L: 16,8 cm, B: 10,5 cm, Deir el-Medine?, Neues Reich, M. Turin

157
Blinder Sänger und Harfenspieler, Malerei, Grab des Nacht, West-Theben, 19. Dynastie

158
Irnacht-Imen? mit seiner Gemahlin
Uiay, roter Sandstein, H: 45 cm,
Neues Reich, M. Leiden

159
Der Steuerverwalter Maja mit seiner
Gemahlin, Kalkstein, H: 158 cm, Sak-
kara, 18. Dynastie, M. Leiden

160
Der Schreiber An-ger-iautef mit Göt-
terstatuette, Kalkstein, H: 128 cm,
19. Dynastie, M. Leiden

161
Insignienträger mit Widderkopf,
Holz, H: 42,5 cm, Deir el-Medine,
19. Dynastie, Louvre, Paris

162
Der Wesir Pasar, einen Altar darbrin-
gend, grauer Granit, H: 110 cm,
Karnak, 19. Dynastie, Ä. M. Kairo

163
Der Beamte Hapy, rosa Sandstein, H:
70 cm, Karnak, 19./20. Dynastie,
Ä. M. Kairo

164
Mahuhi mit dem Naos des Amun, Schiefer, H: 38,6 cm, Karnak, Neues Reich, Ä. M. Kairo

165
Der kgl. Schreiber Ramsesnacht mit Gott Thot, grauer Granit, H: 80 cm, Karnak, 20. Dynastie, Ä. M. Kairo

166
Würfelhocker des Piai, Kalkstein, H: 84 cm, 19. Dynastie, Ä. M. Kairo

167
Würfelhocker des Châi mit dem Naos des Horus, Kalkstein, H: 110 cm, Sakkara, 19. Dynastie, Ä. M. Kairo

168
Gazelle, Elfenbein, eingelegtes Holz, H: 11,5 cm, West-Theben, Ende 18. Dynastie, M. M. New York

169
Statue des Gottes Thot, Sandstein, H: 92 cm, Abu Simbel, 19. Dynastie, Ä. M. Kairo

DIE SPÄTZEIT

Nach dem Zusammenbruch des Neuen Reiches teilten sich die Könige von Tanis und die thebanischen Amunspriester mit der jeweils dem Königshaus entstammenden Priesterfürstin oder »Gottesgemahlin« in die weltliche und geistliche Macht über Ägypten. Mangels genügender Geldmittel beschränkten sich die neuen Herrscher des Nordens darauf, von den Ramessiden in Kantir errichtete Monumente (Pi-Ramses) in ihre Hauptstadt zu überführen und wiederaufzustellen. In Theben dagegen ließen die libyschen Herrscher neue Mauern und Tore bauen, die ohne wesentliche Veränderungen den traditionellen Stil weiterführten. Für die Priesterfürstinnen wurden kleine Kapellen erstellt.

Erst in der 25. Dynastie, unter der Herrschaft des Königs Taharka, entstanden wieder Werke, die dazu bestimmt waren, die künstlerischen Zeugnisse früherer Generationen zu verschönern und zu erweitern. So baute man in Karnak vor mehreren Tempeln neue Tortürme. Eine vor dem zweiten Pylon stehende mächtige Papyrussäule mit offenem Kapitell zeigt besonders deutlich, daß sich auch die äthiopischen Ägypterkönige ganz an die klassischen künstlerischen Traditionen hielten.

Auch die Kultstätten der saitischen Renaissance wurden nach den alten Regeln und Vorbildern erbaut. In griechischen Reiseberichten wird vor allem der Tempel der großen Neith in Sais erwähnt. Im Delta waren jedoch viele Bauwerke den verbesserten Bewässerungsanlagen zum Opfer gefallen. Die letzten Zeugnisse ägyptischer Kunst findet man in Oberägypten: die Kapelle mit der Totenbarke von Achoris und Neferites in Karnak, die aus der äthiopischen und griechisch-römischen Zeit stammenden Bauten der Tempelanlagen der Thutmosiden in Medinet Habu sowie die ptolemäischen und römischen Tempel in Oberägypten und Nubien. Sie zeigen deutlich, wie die vom ersten ägyptischen Architekten Imhotep erlassenen Gesetze, trotz mehrerer Perioden der Fremdherrschaft, bis zum Untergang des Reiches im wesentlichen unverändert gültig blieben. Natürlich hatten sich auch verschiedene Neuerungen durchsetzen können, so die Kompositkapitelle mit mehrstufigen, manchmal durch verschlungene Blumen, Dattelbüschel oder Lotossträuße aufgelockerten Blütenkronen.

Die Fassaden der Säulenhallen nach dem ersten Hof bestanden bisweilen aus Stützmauern mit eingebundenen Säulen. Zwischen dem Tempel und seiner Umfassungsmauer wurde ein weitläufiger Wandelgang und manchmal auch ein Nilmesser angelegt. Einzig die Ausführungsweise und die überdeutliche Hervorhebung einzelner Linien weisen auf die Entstehungszeit dieser im übrigen traditionellen Bauwerke hin. Ein Ausnahme sei hier besonders erwähnt: Der

Doppeltempel von Kôm Ombo umfaßt zwei symmetrische Teile, die den Göttern Sobek und Haroëris (großer Horus) geweiht waren. Das Hathorkapitell hat sich ebenfalls leicht verändert: Statt der klassischen zwei Gesichter zeigt es seit der saitischen Zeit auf allen vier Seiten das Gesicht der Göttin.

Ein Meisterwerk jener Zeit stellen zweifellos die Tempelanlagen auf der Insel Philae dar. Die größtenteils auf der Westflanke errichteten Gebäude bildeten mit der Insel eine künstlerische Einheit. Den vogelförmigen Konturen der Insel entsprechend waren die Bauten einer gebogenen Achse entlang angeordnet. Die großartige doppelte Säulenreihe, die zum Isis-Pylon führt, stellt mit ihren verschiedenartigen Kapitellen eine Neuerung dar. Ebenfalls typisch für jene Epoche war das westlich des Hofes gelegene Geburtshaus (Mammisi) des jungen Gottes Horus, das Säulen mit Hathorkapitellen aufwies.

Wie die klassischen Tempel wurden auch jene der griechisch-römischen Zeit stufenförmig, in niederen, ansteigenden Terrassen angelegt, wahrscheinlich in Anlehnung an die von Senenmut geschaffenen Grabanlagen in Deir el-Bahari.

Im Gegensatz zu den prunkvollen thebanischen Tempeln waren die Grabanlagen der Herrscher von Tanis eher bescheidene Bauwerke. Die saitischen Fürsten konstruierten für ihre Gräber, etwa das des Petamenophis auf dem thebanischen Westufer, eigentliche unterirdische Labyrinthe, die – wie in Sakkara – unter dem Niveau der älteren Gräber lagen und sehr gut gegen Grabräuber geschützt werden konnten. Die Totenkapelle wurde durch ein kleines kubisches Gebäude ersetzt, das mit einem Relieffries geschmückt war, wie einige erhaltene Reste mit sehr schönen Darstellungen klassischer Themen – Musizierende, bäuerliche und poetische Szenen – zeigen.

In Mittelägypten wurde kurz vor der Eroberung des Reiches durch Alexander den Großen der berühmte Petosiris, Großpriester des Gottes Thot in Hermopolis, in einem prunkvollen, fast königlichen Grab bestattet. Seine Grabkapelle hat die Form eines kleinen Tempels. Die Malereien an den Innenwänden sind in Pastellfarben gehalten. Sie zeigen Einflüsse der ägyptischen wie auch der griechischen Tradition; eine solche Gegenüberstellung der Stilrichtungen ist nur ganz vereinzelt anzutreffen und wurde nicht fortgeführt. Im Ägyptischen Museum in Kairo ist sie an einer Statue des Alexander Aigos zu beobachten: Der Körper ist nach ägyptischem, der Kopf nach makedonischem Vorbild geschaffen.

Die plastische Kunst beschränkte sich während der ganzen dritten Zwischenzeit (21.–25. Dynastie) auf die unpersönliche Nachahmung der großen Vorbilder der Ramessidenzeit. So ist die Statue Osorkons III., der auf den Knien das Abbild einer heiligen Barke vor sich herschiebt, eine Kopie entsprechender Statuen aus der Zeit Ramses' II. Die Würfelhocker aus dieser Epoche zeigen dagegen für ihre Zeit charakteristische Besonderheiten. Die in dieser Haltung dargestellte Gestalt trägt vor sich eine kleine Götterfigur oder ist mit eingeschnittenen oder ausgehauenen Götterprozessionen geschmückt. Schurz und Haartracht wurden wie die anatomischen Details wieder in archaischen Formen abgebildet. Eine Neuerung stellt die Bronzekunst dar. Ein Meisterwerk dieser Gattung besitzen wir in der mit Gold, Silber und Elektron damaszierten Bronzestatue der Priesterfürstin Keromama.

Erst die Künstler der äthiopischen 25. Dynastie fanden in ihren Werken wieder zu einer Ausdrucksweise eigener Prägung. Die Gesichter der Statuen gewannen erneut an Charakter und Ausstrahlung, wie die Büste des berühmten Montemhêt in Kairo beweist. Die trotz ihres Realismus anmutigen Reliefs wiesen den Weg zu jenen der saitischen Zeit, die nicht nur durch veränderte Proportionen, sondern auch durch einen etwas akademischen Charme gekennzeichnet sind. Während Jahrtausenden hatten die Menschendarstellungen von der Fußsohle bis zum Ansatzpunkt der Perücke auf der Stirn genau die Höhe von 18 Einheiten. In der 26. Dynastie wurde sie für Vollplastiken und Reliefs gleichermaßen auf 21 bis 21 1/4 Einheiten vergrößert.

Die Epoche ist gekennzeichnet durch eine Vorliebe für wirkungsvolle Materialien, vor allem für poliertes Hartgestein, durch eine Reihe von charakteristischen Porträts alter Männer mit kahlem Schädel und bis zur Leblosigkeit vergeistigtem Gesichtsausdruck, durch die Rückkehr zu Statuenformen des Alten Reiches wie dem Schreiber und den kauernden Männergestalten. Bei aller Eleganz überwiegt jedoch der Eindruck einer gewissen Kühle, ob die Figuren nun den langen Schurz des Mittleren Reiches oder den kurzen der Pyramidenzeit tragen. Mehr und mehr wurde auch Bronze künstlerisch verarbeitet. Das fast gänzliche Verschwinden der früher häufigen Grabkapellen brachte es mit sich, daß auch die Produktion von steinernen Statuen und Votivstatuetten zurückging. Im Gegensatz zu den Statuen der älteren Zeit, die den Verstorbenen unverwundbar machen sollten und in zuversichtlicher Erwartung des ewigen Lebens zeigten, entstanden in der unsicheren und wechselvollen Spätzeit stattdessen kleine tragbare Bronzestatuetten, die einen Betenden in einer der verschiedenen rituellen Haltungen abbildeten. Der Betende wurde auf einem großen Sockel vor dem Bildnis seines Gottes aufgestellt. Die vielen Statuetten dieser Art, die außerhalb ihres ursprünglichen Standortes und ohne Sockel gefunden wurden, stammen aus den Göttertempeln. Bis zum Beginn der ptolemäischen Zeit waren sie größtenteils von nüchterner Eleganz und bemerkenswert fein gearbeitet. Nach dem Ende der Nektanebôs-Dynastie wurden die anatomischen Formen zunehmend runder. Die aufgebläht wirkenden Gestalten und Gesichter verloren jede Ausdruckskraft. Die Tierdarstellungen der Spätzeit sind dagegen wahre Meisterwerke. Sie bezeugen nicht nur die außerordentliche Beobachtungsgabe der Künstler, sondern stehen auch für die Verbundenheit der Ägypter mit der sie umgebenden Natur.

Die Reliefkunst zeigte bis zum Ende der 30. Dynastie eigenständige, anmutige, wenn auch etwas stark gerundete Formen, in denen sich auch persische und griechische Einflüsse niedergeschlagen hatten. Sie folgte somit der Entwicklung der Plastik. Die übertriebenen Rundungen und die überladene Kleidung lassen die Gestalten der Könige und Priester auf den Tempelreliefs der römischen Zeit schwerfällig und unbeweglich erscheinen.

Der Geschmack der wohlhabenden Ägypter wandte sich in der Spätzeit den kunsthandwerklichen Erzeugnissen ausländischer Herkunft zu, wie sie zum Beispiel in den nach griechischen Vorbildern arbeitenden Keramikwerkstätten von Mit Rahine hergestellt wurden. Auch der Schmuck der Damen war den fein gearbeiteten griechischen und den ihrerseits von Kleopatras Schlangen beeinflußten römischen Schmuckformen nachgebildet.

Mit dem Bau des letzten Pharaonentempels erloschen sowohl die ägyptische Architektur wie auch die Plastik. Einzig in Meroe, im Sudan, wurde die ägyptische Tradition der Pharaonendarstellungen in vereinfachter Form weitergeführt, um schließlich in der afrikanischen Kunst aufzugehen.

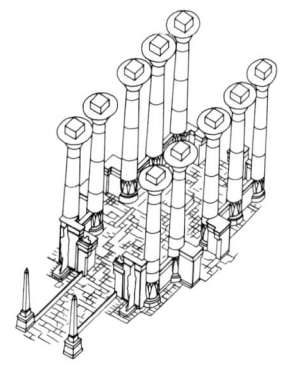

1
Tempel des Amun-Rê, 1. Hof mit den Säulen Taharkas, Rekonstruktion, Karnak, 25. Dynastie

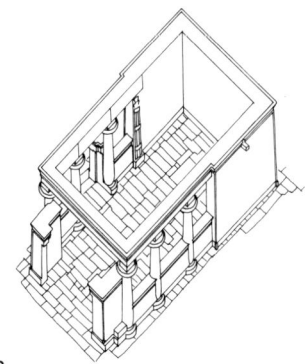

2
Tempel des Amun-Rê, Kapelle des Achoris, Rekonstruktion, Karnak, 29. Dynastie

3
Tempel des Horus, Hauptfassade, Edfu, ptolemäische Zeit

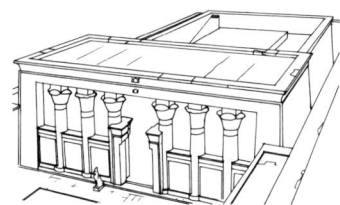

4
Tempel des Horus, Blick auf die Vorhalle, Edfu, ptolemäische Zeit

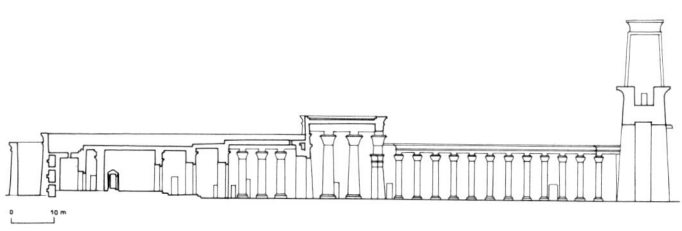

5   Tempel des Horus, Längsschnitt, Edfu, ptolemäische Zeit

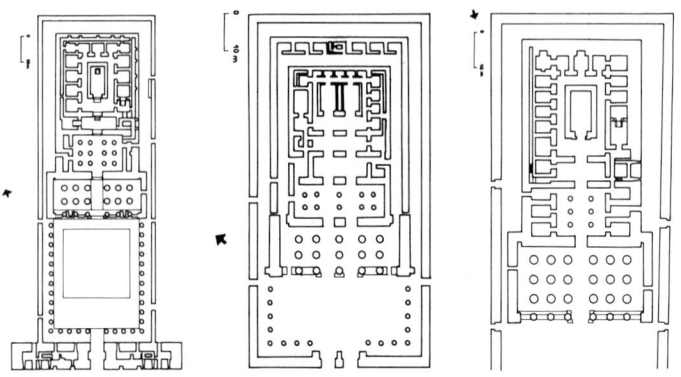

6–8   Links: Tempel des Horus, Grundriß, Edfu, ptolemäische Zeit. Mitte: Doppeltempel des Horus und des Sobek, Grundriß, Kôm Ombo, ptolemäische Zeit. Rechts: Tempel der Hathor, Grundriß, Dendera, ptolemäische Zeit

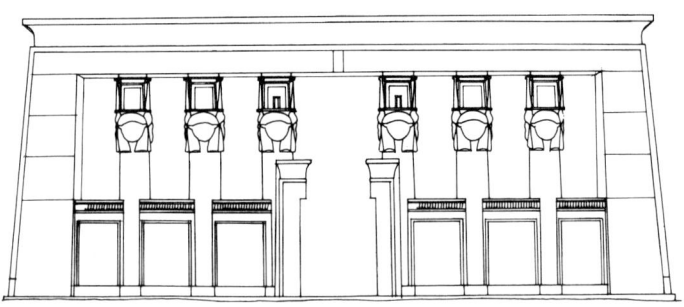

9   Tempel der Hathor, Fassade der Vorhalle, Dendera, ptolemäische Zeit

10
Tempel des Horus, monolithische Kapelle und Sockel des Bootes, Granit, Edfu, ptolemäische Zeit

11
Tempel der Hathor, Ausschnitt der Fassade der Vorhalle, Dendera, ptolemäische Zeit

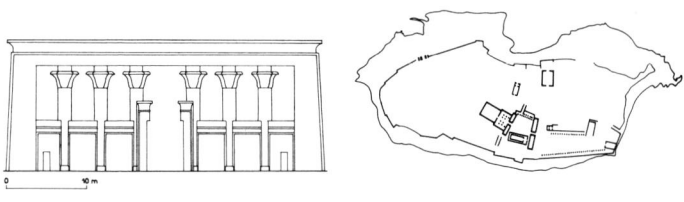

12
Tempel des Chnum, Fassade der Vorhalle, Esne, römische Zeit

13
Insel Philae, Lageplan

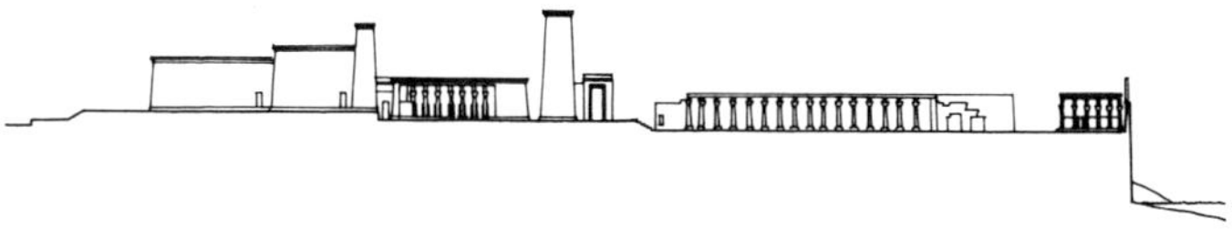

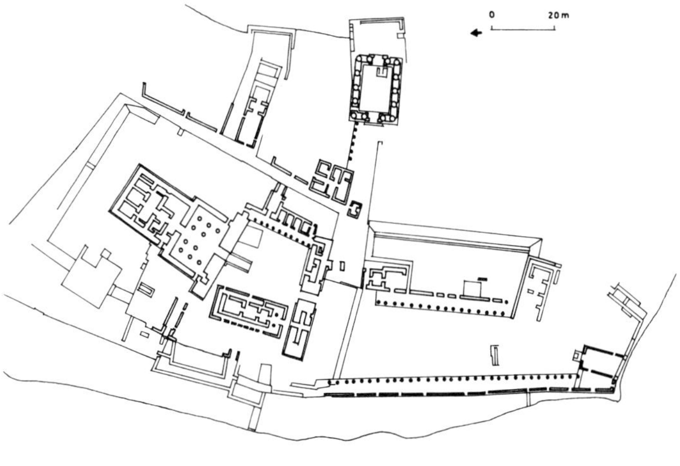

14   Insel Philae, Aufriß und Grundriß der Tempel, griechisch-römische Zeit

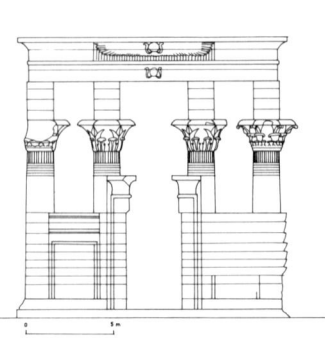

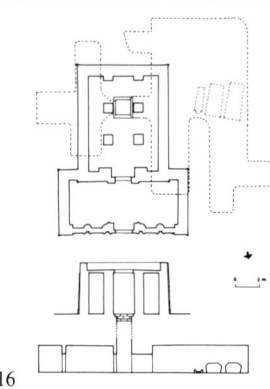

15
Pavillon des Trajan, Aufriß, Insel Philae, römische Zeit

16
Grab des Petosiris, Grundriß und
Schnitt, Tuna el-Dschebel, frühe pto-
lemäische Zeit

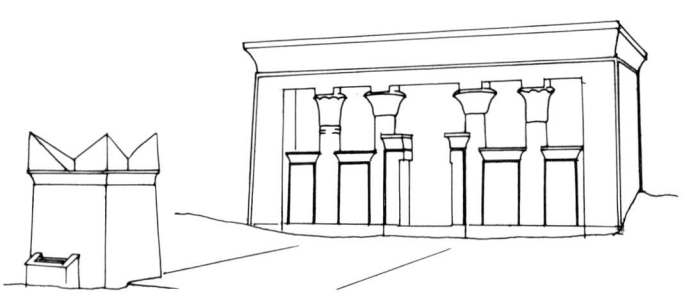

17   Grab des Petosiris, Tuna el-Dschebel, frühe ptolemäische Zeit

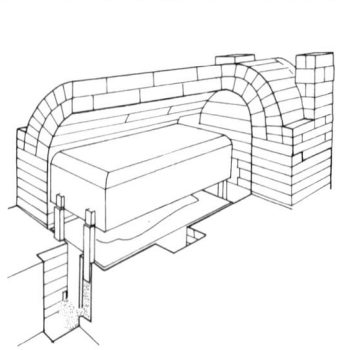

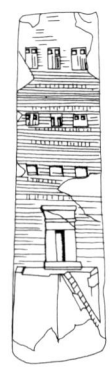

18
Grab des Neferibrê-Sa-Neith, Schnitt
durch das Gewölbe, Sakkara, saiti-
sche Zeit, 26. Dynastie

19
Modell eines Stadthauses, Kalkstein,
griechisch-römische Zeit, Ä. M. Kairo

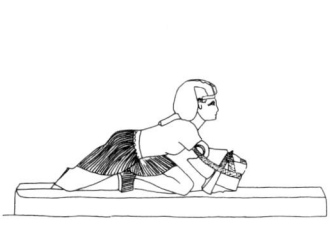

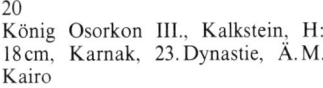

20
König Osorkon III., Kalkstein, H:
18 cm, Karnak, 23. Dynastie, Ä. M.
Kairo

21
Priesterin Keromama, Bronze mit
Gold- und Silbereinlagen, H: 59 cm,
Theben, 22. Dynastie, Louvre, Paris

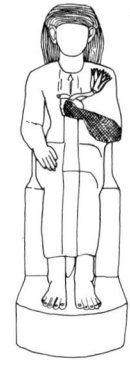

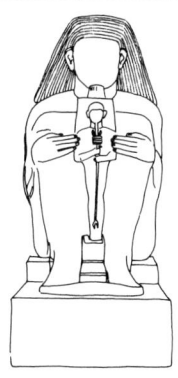

22
Nespauty-tauy mit Blume der Wie-
dergeburt, Granit, H: 52,2 cm,
Karnak, 21./22. Dyn., Ä. M. Kairo

23
Nachtef-mut mit dem Bild des Gottes
Ptah, Kalkstein, H: 42 cm, Karnak,
22. Dynastie, Ä. M. Kairo

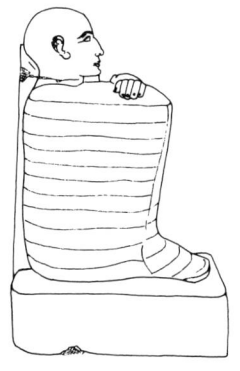

24
Würfelhocker des Priesters Hor mit
Gottheiten, Granit, H: 69,5 cm,
Karnak, 22. Dyn., Ä. M. Kairo

25
Seitenansicht des Würfelhockers
Abb. 24

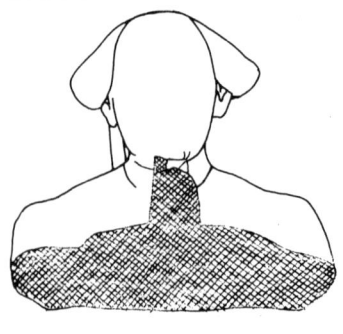

26
Montemhêt, Fragment einer Statue, schwarzer Granit, H: 50 cm, Karnak, 25. Dynastie, Ä.M. Kairo

27
Prinz Harmachis, roter Sandstein, H: 66 cm, Karnak, 25. Dynastie, Ä.M. Kairo

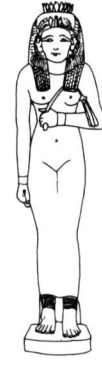

28
Königin Amenerdas, Alabaster auf Granit, H: 170 cm, Karnak, 25. Dynastie, Ä.M. Kairo

29
Priesterfürstin Anchnes-nefer-ib-rê, grünlicher Basalt, H: 71 cm, Karnak, 26. Dynastie, Ä.M. Kairo

30
Der Wesir Montemhêt in Prunkmantel, Granit, H: 47,5 cm, Karnak, 25. Dynastie, Staatl. M. Berlin

31
Yuef-aâu, eine Osiris-Statue darbringend, Schiefer, H: 36 cm, Karnak, Spätzeit, Ä.M. Kairo

32   Traubenernte, Relief, Kalkstein, H: 35,5 cm, Sais, 25. Dynastie, Louvre, Paris

33
Petamenophis als Schreiber, rosa Sandstein, H: 75,5 cm, Karnak, 26. Dynastie, Ä. M. Kairo

34
Horbes, gen. Psammetich-nefer, mit Osiris-Statue, Basalt, H: 61,5 cm, Karnak, 26. Dyn., M. M. New York

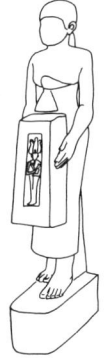

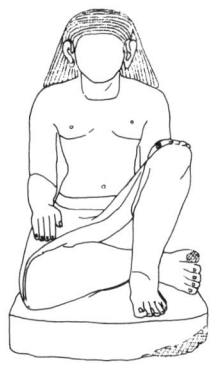

35
Hoher Beamter als Naosträger mit Bild des Osiris, Basalt, H: 44 cm, 26. Dynastie, M. M. New York

36
Padi-Imen-Nebnesuttauy in Ruhestellung, Kalkstein, H: 74 cm, Karnak, Spätzeit, Ä. M. Kairo

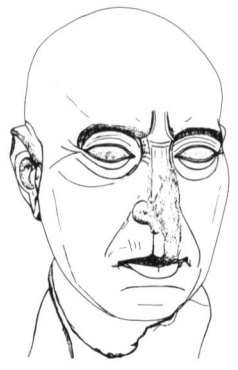

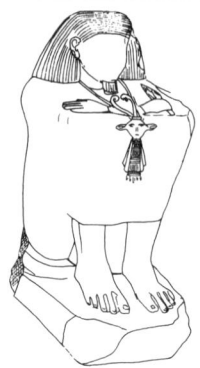

37
Kopf eines Greises (»grüner Kopf«),
grüner Schiefer, H: 21 cm, Memphis,
26. Dynastie, Staatl. M. Berlin

38
Würfelhocker eines hohen Beamten
mit »Bat«-Anhänger, Kalkstein, H:
17,5 cm, Spätzeit, Ä. M. Kairo

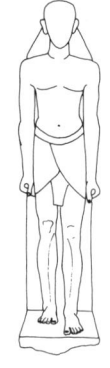

39
Statue des Priesters Ahmosis, schwarzer Granit, H: 98 cm, Karnak, Spätzeit, Ä. M. Kairo

40
Psammetich-Saneith als Naosträger,
grüner Schiefer, H: 44 cm, Mit
Rahine, Spätzeit, Ä. M. Kairo

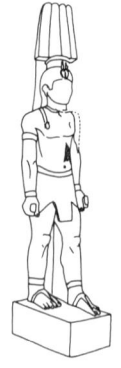

41
König Aspalta, Granit, H: 332 cm,
Napata, Spätzeit, M. Boston

42
Alexander der Große, rosa Granit, H:
200 cm, Karnak, frühe ptolemäische
Zeit, Ä. M. Kairo

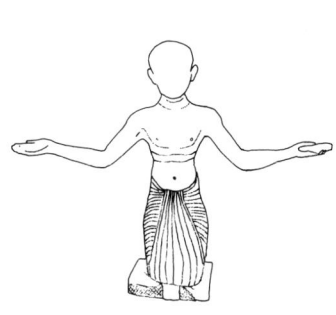

43
Priester in Gebet, Bronze, H: 8,5 cm, 26. Dynastie, Louvre, Paris

44
Thot-Priester mit dem Bild seines Gottes, Bronze, H: 5,6 cm, 26. Dynastie, M. Brüssel

45
Priester beim Trankopfer, Bronze, H: 6,4 cm, Spätzeit, Vleeshuis, Antwerpen

46
Adorant in makedonischer Kleidung, Bronze, H: 14,5 cm, Spätzeit, Louvre, Paris

47
Priester? bei einem rituellen Tanz, Bronze, H: 6,7 cm, Spätzeit, Louvre, Paris

48
Statuette des Baumeisters Imhotep, Bronze, H: 11 cm, Spätzeit, Pelizaeus-M. Hildesheim

49   Gastmahl, Relief, Kalkstein, Grab des Nefer-Sechem-Psammetich, Alexandria, 26. Dynastie

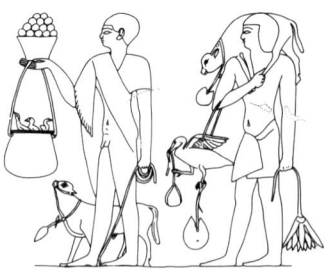

50
Nektanebôs II. und Isis, Relief, bemalter Kalkstein, Serapeum, Memphis, 30. Dynastie, Louvre, Paris

51
Träger der Opfer des verstorbenen Horhotep, Kalkstein, H: 30 cm, Buto, Spätzeit, Ä. M. Kairo

52
Die Göttin Isis stillt Horus, das Sonnenkind, Bronze, H: 42 cm, Spätzeit, Pelizaeus-M. Hildesheim

53
Der Gott Osiris, Bronze mit Goldspuren, H: 23,7 cm, Spätzeit, Pelizaeus-M. Hildesheim

54
Der Gott Harpokrates, Bronze, H: 24 cm, Spätzeit, Pelizaeus-M. Hildesheim

55
Hor-sematauy, die Sonne aus der Lotosblüte, Bronze, H: 19,6 cm, Spätzeit, Pelizaeus-M. Hildesheim

56
Der Gott Chons, Bronze, H: 11,9 cm, Spätzeit, Pelizaeus-M. Hildesheim

57
Der Gott Nefertum, Bronze, H: 20,2 cm, Spätzeit, Pelizaeus-M. Hildesheim

58
Betender vor der Göttin Neith mit
Horus, Bronze, H: 14,5 cm, Spätzeit,
Walters Art Gallery, Baltimore

59
Die Katze der Göttin Bastet mit Jun-
gen, Bronze, H: 12,7 cm, Spätzeit,
Ä.M. Berlin

60
Die Göttin Bastet mit Schild und
Korb, Bronze, H: 11,6 cm, Spätzeit,
Pelizaeus-M. Hildesheim

61
Priester mit Horusmaske während
Reinigungsritus, Bronze, H: 95 cm,
Spätzeit, Louvre, Paris

62 Ibis, Grabstatuette, Bronze und Holz mit Stuck, Tuna el-Dschebel, Spätzeit, Louvre, Paris

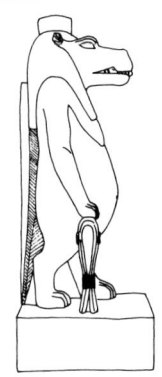

63
Der Gott Anubis, Bronze, H: 20,7 cm, Spätzeit, Walters Art Gallery, Baltimore

64
Nilpferdgestalt der Göttin Toëris, grüner Schiefer, H: 96 cm, Karnak, 26. Dynastie, Ä. M. Kairo

65
Der Gott Chnum, Bronze, H: 12,6 cm, Spätzeit, Pelizaeus-M. Hildesheim

66
Der Gott Sobek, Bronze, H: 23 cm, Spätzeit, Kestner M. Hannover

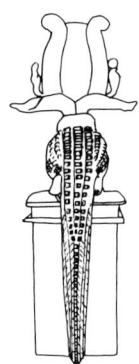

67
Der Gott Uadjet, Bronze, H: 21 cm, Spätzeit, Pelizaeus-M. Hildesheim

68
Die Krokodilsgestalt des Sobek, Bronze, H: 12,2 cm, ptolemäische Zeit, B. M. London

69
Schreitender Löwe, Möbelfuß, Bron-
ze, H: 15,6 cm, Leontopolis, Spätzeit,
Ä. M. Berlin

70
Maus, Bronze, H: 3 cm, Spätzeit,
Louvre, Paris

71
Weibliche Figur in königlicher Haltung, Kalkstein, H: 48 cm, Karnak,
ptolemäische Zeit, Ä. M. Kairo

72
Insignientragender König, Relief,
Tempel von Dendera, römische Zeit

73 Rückkehr von der Tempelterrasse, Königspaar und Priester mit Schrein,
     Relief, Tempel von Dendera, römische Zeit

DIE HAUPTSTÜTZENTYPEN IN DER
ARCHITEKTUR DER PHARAONEN

LOTOSSÄULEN

Altes Reich   Altes Reich

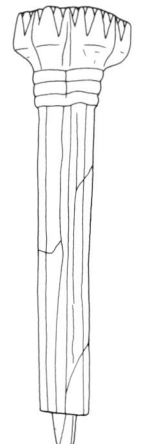

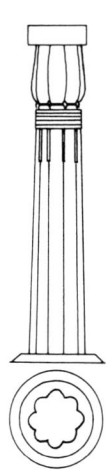

1
Kleine Elfenbeinsäule, Heluan,
1. Dynastie

2
Mastaba des Ptahschepses, Abusir,
5. Dynastie

LOTOSSÄULEN

Mittleres Reich   Neues Reich

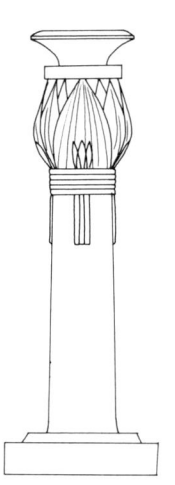

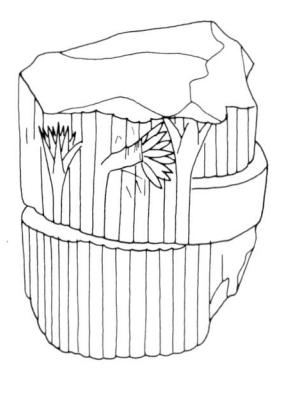

5
Rekonstruierte Säule, El Lahun,
12. Dynastie

6
Säulenschaft, Tell el-Amarna (Maru
Aton), 18. Dynastie

LOTOSSÄULEN

Altes Reich Mittleres Reich

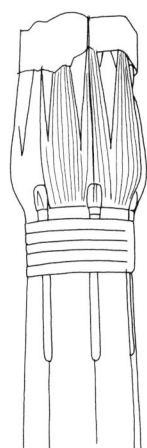 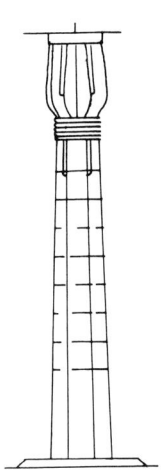

3
Kapitell, Mastaba des Ptahschepses,
Abusir, 5. Dynastie

4
Grab des Cheti, Beni Hasan,
12. Dynastie

LOTOSSÄULEN

Spätzeit

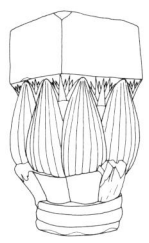

7
Kapitell aus dem Palast des Apries,
Memphis, 26. Dynastie?

PAPYRUSSÄULEN MIT OFFENEM KAPITELL

Altes Reich

Neues Reich

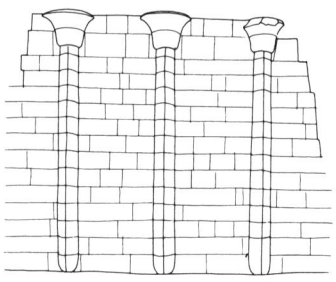

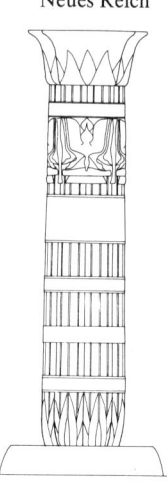

8
Halbsäule des Nordpalastes im Grabbezirk des Königs Djoser, Sakkara,
3. Dynastie

9
Rekonstruktion einer Säule aus dem
Palast von Tell el-Amarna, 18. Dyna-
stie

PAPYRUSSÄULEN MIT OFFENEM KAPITELL

KOMPOSITSÄULEN

Spätzeit

Ptolemäische Zeit

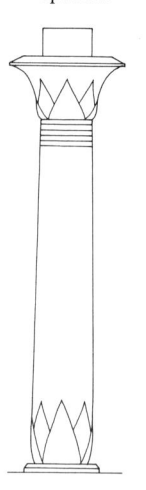

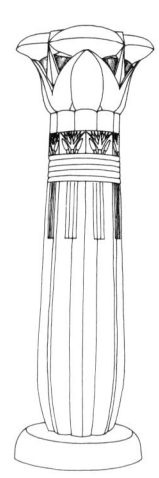

12
Säule des Pavillons Taharkas im
1. Hof des Amun-Tempels, Karnak,
25. Dynastie

13
Säulenmodell, Kalkstein, Louvre,
Paris

PAPYRUSSÄULEN MIT OFFENEM KAPITELL

Neues Reich   Neues Reich

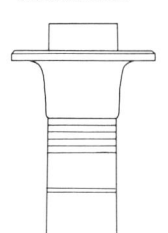 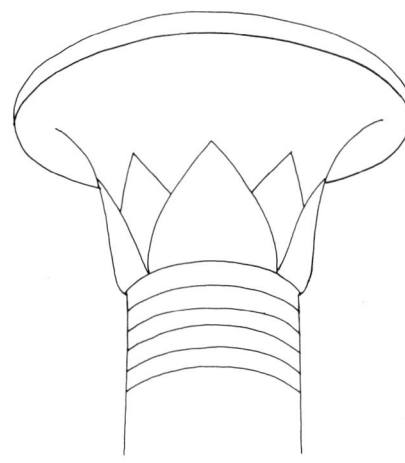

10
Säule des Mittelganges im Säulensaal
des Amun-Tempels, Karnak, 19. Dynastie

11
Detail des Kapitells

KOMPOSITSÄULEN

Ptolemäische Zeit

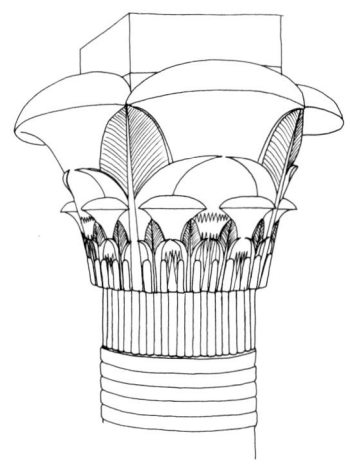

14
Kapitell einer Säule der Vorhalle des
Horus-Tempels, Edfu

PAPYRUSSÄULEN MIT GESCHLOSSENEM KAPITELL

Altes Reich   Altes Reich

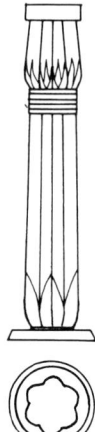

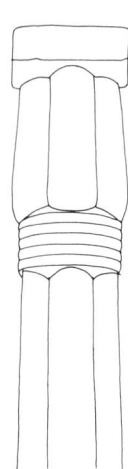

15
Säule des Totentempels des Ne-
user-rê, Abusir, 5. Dynastie

16
Kapitell einer Säule im Grabbezirk
des Sahurê, Abusir, 5. Dynastie

PAPYRUSSÄULEN MIT GESCHLOSSENEM KAPITELL

Neues Reich   Neues Reich

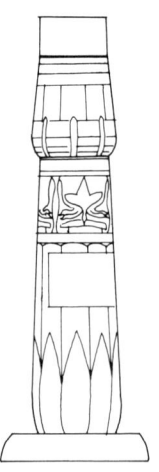

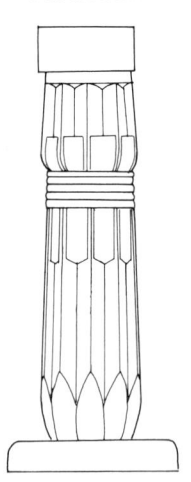

19
Säule aus der Zeit des Königs Amenophis IV., Tell el-Amarna, 18. Dynastie

20
Säule aus der Zeit des Königs Sethos I., 19. Dynastie

PAPYRUSSÄULEN MIT GESCHLOSSENEM KAPITELL

Mittleres Reich   Neues Reich

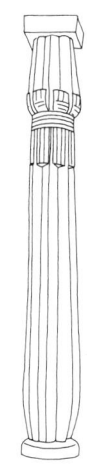

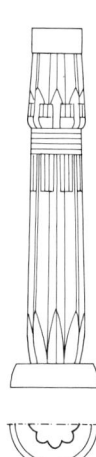

17
Kalksteinsäule, Medamûd, Louvre, Paris

18
Säule aus der Zeit des Königs Amenophis III., Luksor, 18. Dynastie

PAPYRUSSÄULEN MIT GESCHLOSSENEM KAPITELL

Neues Reich

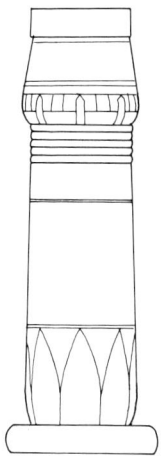

21
Säule aus der Zeit des Königs Ramses III., 20. Dynastie

»FRÜHDORISCHE« SÄULEN

Altes Reich   Mittleres Reich

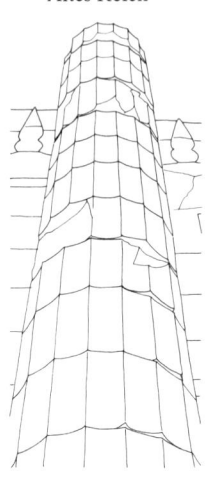 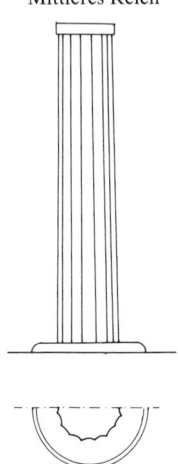

22
Halbsäule der Fassade des Südpala-
stes im Grabbezirk des Königs Djoser,
Sakkara, 3. Dynastie

23
Säule aus einem Felsengrab, Beni
Hasan, 12. Dynastie

SÄULEN MIT HATHORKAPITELL

Mittleres Reich   Neues Reich

26
Sandsteinkapitell aus Bubastis, M.
Boston

27
Säule der Hathor-Kapelle im Tempel
der Königin Hatschepsut, Deir el-
Bahari, 18. Dynastie

»FRÜHDORISCHE« SÄULEN

Neues Reich   Neues Reich

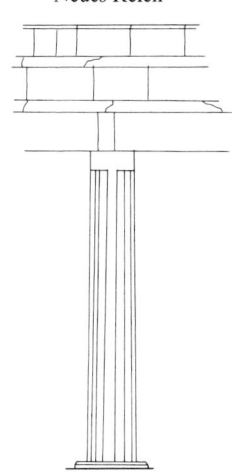 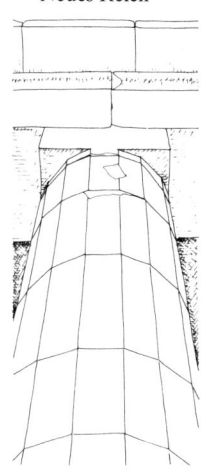

24
Säule der Kapelle des Gottes Anubis
im Tempel der Königin Hatschepsut,
Deir el-Bahari, 18. Dynastie

25
Säule der »frühdorischen« Säulen-
halle im Tempel der Hatschepsut,
Deir el-Bahari, 18. Dynastie

SÄULEN MIT HATHORKAPITELL

Neues Reich   Griechisch-römische Zeit

28
Pfeiler im Felstempel der Nofretiri,
Abu Simbel, 19. Dynastie

29
Detail eines Kapitells aus dem
Pavillon von Kertassi

PALMENSÄULEN

Altes Reich   Altes Reich

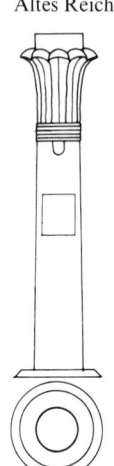 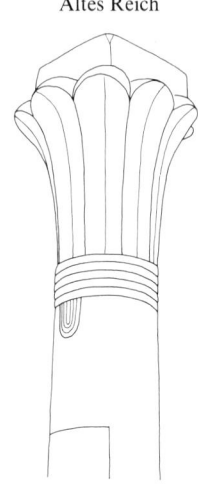

30
Säule des Totentempels des Königs
Sahurê, Abusir, 5. Dynastie

31
Kapitell aus dem Grabbezirk des
Sahurê, Abusir, Granit, 5. Dynastie,
Ä.M. Kairo

WEITERE SÄULEN-
UND PFEILERTYPEN

Neues Reich   Neues Reich

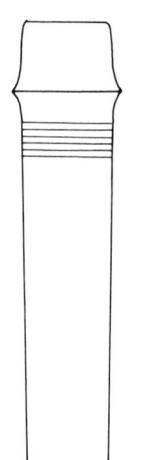 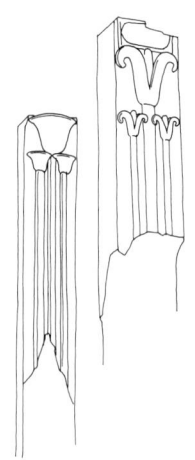

34
Säule in Form eines Zeltpfahls, Fest-
saal des Königs Thutmosis III. im
Amun-Tempel, Karnak, 18. Dynastie

35
Pfeiler mit Symbolen für Ober- und
Unterägypten, Lilie und Papyrus,
Amun-Tempel, Karnak, 18. Dynastie

PALMENSÄULEN

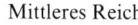

Mittleres Reich   Römische Zeit

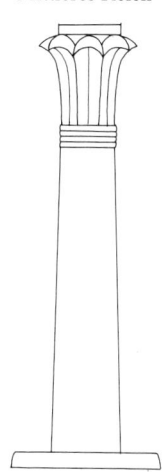

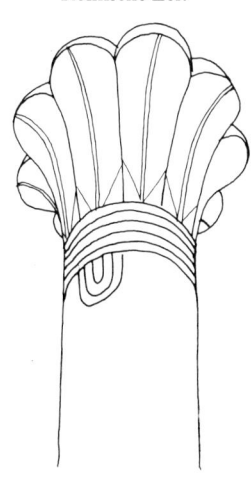

32
Säule im Grab des Prinzen Djehuti-
hetep, el-Bersche, 12. Dynastie

33
Kapitell aus der Vorhalle des
Chnum-Tempels, Esne

WEITERE SÄULEN-
UND PFEILERTYPEN

Mittleres Reich   Neues Reich

36
Osirispfeiler Sesostris' I. mit der wei-
ßen Krone, Kalkstein, H: 189 cm,
Lischt, 12. Dynastie, Ä. M. Kairo

37
Osirispfeiler Ramses' II. in könig-
lichem Gewand, Abu Simbel, 19.
Dynastie

Griechenland

von Alain Pasquier
Conservateur au Département des Antiquités
Grecques et Romaines,
Musée national du Louvre, Paris

GRIECHENLAND

Die Geschichte der Kunst auf griechischem Boden beginnt nicht erst mit dem 1. Jtsd. v. Chr. Funde aus mehreren Gegenden belegen, daß schon in den vorausgehenden Epochen so manche Formen und Stilrichtungen entstanden und wieder untergingen. Die Wissenschaft bezeichnet diese Epochen als vorhellenisch, denn erst am Ende des 2. Jtsd. erfolgte die letzte Einwanderung von Indogermanen, durch die die komplexe Zusammensetzung der griechischen Bevölkerung vollendet wurde. Die Bevölkerung, die zuvor schon die Halbinsel im Südosten Europas sowie die Inseln im Ägäischen Meer bewohnte, wartete mit ihrer künstlerischen Tätigkeit nicht bis zur Ankunft der Dorer.

Schon aus der Zeit vor dem Erscheinen der ersten Indogermanen sind uns Bauwerke, Skulpturen und Schmuckstücke der Bevölkerung des ausgehenden Neolithikums (4500–3200 v. Chr.) erhalten. Die zu jener Zeit modellierten Vasen sind mit geritzten und gemalten Motiven von erstaunlicher Vielfalt verziert. Spuren dieser Tätigkeit wurden allenthalben in Makedonien, Böotien und Attika, ebenso auf der Peloponnes gefunden. Doch vor allem auf dem Boden Thessaliens häufen sich die Zeugnisse. Durch ihre geographische Lage bedingt, stand diese Region in besonders engem Bezug zu Anatolien, dessen Steinzeit-Kultur großen Einfluß auf das griechische Neolithikum hatte. Zum ersten Mal zeigt sich hier die Beziehung zwischen Griechenland und dem Orient, die auch weiterhin in mehr oder weniger ausgeprägtem Maß die hellenische Kunst befruchten wird.

Die Kunst der Bronzebearbeitung, eine Errungenschaft, die ohne Zweifel orientalischem Einfluß zu verdanken ist, taucht nicht plötzlich auf, sondern wird allmählich im Verlauf des 4. Jtsd. v. Chr. erlernt. So kann man den Beginn der Bronzezeit erst auf das Ende dieses Jahrtausends ansetzen. Die Historiker unterteilen diese in drei Perioden: Frühe Bronzezeit (3200–2100 v. Chr.), Mittlere Bronzezeit (2100–1580 v. Chr.) und Späte Bronzezeit (1580–1150 v. Chr.).

In der Frühen Bronzezeit findet ein eindrucksvoller kultureller Aufschwung auf den Inseln statt, vor allem auf den Kykladeninseln; ihre Lage im Zentrum des Austausches zwischen Griechenland und Kleinasien begünstigt diesen Aufstieg. Die Marmoridole sind das berühmteste Zeugnis dieser blühenden Periode (Altkykladisch), in der die kleinen Inseln, die die Handelswege säumen, eine rege künstlerische Aktivität entfalten. Eine Insel von ganz anderen Dimensionen steht indessen zur selben Zeit am Beginn einer großartigen Zukunft: Das Kreta der Frühen Bronzezeit (Altminoisch) bringt Ende des 3. Jtsd. v. Chr. Werke hervor, deren schöpferische und handwerkliche Qualität zukunftsweisend für die Meisterwerke des 2. Jtsd. ist. Stein, Ton und Elfenbein, vor allem aber Gold sind uns in Gestaltungen überliefert, deren Vielfalt und Reichtum alles hinter sich lassen, was aus entsprechender Zeit auf dem Festland gefunden wurde.

Griechenland

Die Mittlere Bronzezeit ist das goldene Zeitalter für das minoische Kreta (Mittelminoisch). Prunkvolle Paläste erheben sich an zahlreichen Stellen der Insel, inmitten von wichtigen städtischen Zentren. Ihre Ausstattung, der Luxus der Gegenstände, die dort entdeckt wurden, geben einen Anhaltspunkt für die außerordentliche Entwicklung der kretischen Hochkultur. Die Fürstenpaläste von Knossos, Phaistos und Mallia erstaunen durch ihre sinnvolle Anordnung, die Zeugnis ablegt vom Bemühen der Baumeister, allen Bedürfnissen des täglichen Lebens im Palast gerecht zu werden. Keramik und Goldschmiedekunst erreichen hier einen hohen Grad der Vollkommenheit. Phantasie, Freiheit der Inspiration, Lebensfreude und innige Naturverbundenheit drücken sich intensiv auf allen Gebieten der Kunst aus.

Diese ersten Paläste wurden durch eine Katastrophe, wahrscheinlich ein Erdbeben zerstört, aber bald wieder aufgebaut, in einer Phase, die den Beginn der Spätbronzezeit bildet. Der minoische »Stil« erreicht im Bau der neuen Paläste seinen Höhepunkt. Im Labyrinth des Palastes von Knossos beleben gemalte Szenen das Mauerwerk, an denen die Freude an der Naturbeobachtung klar abzulesen ist. Die Verzierungen der Gegenstände zeigen dieselbe Tendenz.

Die Empfänglichkeit für die Erscheinungsformen der Natur zeigt sich noch ausgeprägter an den Fresken, die man gegenwärtig bei den Grabungen von Akrotiri in Thera entdeckt. Reiche Bürger bewohnten dort Privathäuser, in denen mindestens ein Raum mit Malereien von lebendiger Frische geschmückt war. Hier drückt sich Naturempfinden in unvergleichlicher Differenziertheit aus. Die brutale Zerstörung durch einen Vulkanausbruch, vermutlich um 1500 v. Chr., hat das Leben dieser Gemeinschaft auf einen Schlag beendet. Vielleicht kann man diese Zerstörung in Verbindung bringen mit jener der jüngeren kretischen Paläste, obwohl letztere erst später einzutreten scheint. ʾ

Dagegen steht fest, daß seit dem 16. Jh. v. Chr. in der ägäischen Welt, diesmal auf dem griechischen Festland, eine neue Macht erscheint. Das Mittelhelladikum (2000–1580 v. Chr.) ließ einen solchen Aufschwung nicht vorausahnen. Dabei handelt es sich um eine Kultur, deren Geburtsstätte in der Argolis (Nordosten der Peloponnes), vor allem in der Akropolis von Mykene, liegt. Einheimische Traditionen und kretische Einflüsse vermischen sich hier. Im 15. Jh. v. Chr., zur Zeit, da die neuen Paläste in Kreta zerstört werden, geht die Vorherrschaft an die mykenischen Herren über. Auch wenn er ganz von minoischem Geist geprägt ist, entfernt sich der Lebensstil der Mykener doch in der letzten Phase der Spätbronzezeit (1400–1150 Chr.) deutlich von dem ihrer Vorgänger. Dies ist eine stark hierarchisch gegliederte, auf Eroberungen bedachte Gesellschaft, wie man sie in den homerischen Gedichten wiedererkennen kann. Festungen (z. B. Mykene, Tiryns, Pylos) ersetzen die Paläste, wenn auch in der Innenausschmückung die Fresken von Knossos imitiert werden. Die mykenische Kultur breitet sich in der ganzen mediterranen Welt aus, von Syrakus bis nach Zypern, und sie begründet eigentliche Königreiche, wie etwa in Rhodos. Die Entzifferung der Linear-B-Schrift, die vor allem auf zahlreichen Archivtafeln erhalten ist, hat gezeigt, daß die Mykener griechisch sprachen. Ihre Kunst gewinnt allmählich an Eigenständigkeit gegenüber den minoischen Vorbildern; deutlich wird dies am Beispiel der Keramik, deren häufig abstrakter Dekor durch strengere Gestaltung auffällt. Die Architektur wirkt einfacher und gleichzeitig massiver. Die Tholosgräber (Rotunden) stellen einen eigenständischen Bautyp dar. Auch die Goldschmiedekunst (Schmuck, Waffen, Vasen) steht weiterhin in hohem Ansehen. Die Erzeugnisse der mykenischen Kunst werden in weitem Umkreis exportiert.

Nach manchen Erschütterungen bricht das mykenische Reich um 1150 zusammen. Kriegszüge der »Seevölker« lösen Völkerbewegungen aus, in deren Gefolge Griechenland von Thessalien bis zum Süden der Peloponnes verwüstet wird. Die ganze Mittelmeerwelt wird dabei erschüttert: das Hethiterreich, Syrien, Palästina, Ägypten.

Vermutlich nahmen die Dorer, die sich als letzter Stamm in Griechenland ansiedelten, an diesen Verwüstungen teil und drangen allmählich in das schon zerrüttete Reich ein. Ihre Ansiedlung fällt mit einer Periode der kulturellen Verarmung zusammen (das »griechische Mittelalter«), auf die eine Art Renaissance folgen wird.

Die griechische Kunst scheint also an der Wende vom 2. zum 1. Jtsd. v. Chr. wieder aus dem Nichts zu erstehen. Hier beginnt das geometrische Zeitalter. Nach einer kurzen vorbereitenden Periode, der protogeometrischen (1025–900 v. Chr.), in der man mit einiger Mühe spätmykenische Übergangselemente erkennen kann, herrscht während fast zwei Jahrhunderten der geometrische Stil (900–725 v. Chr.). Die künstlerische Produktion dieser Zeit entlehnt ihre Ornamente der Geometrie. Die Abstraktion beherrscht die Kunst und bestimmt sogar die Darstellung der menschlichen Gestalt. Die bemalten Vasen, die Kleinfiguren aus Bronze und Terrakotta sind Zeugnis dafür. Die Architektur steckt noch in den Anfängen. In der geometrischen Periode wird der Grundstein für eine zentrale Institution im Gemeinschaftsleben der Griechen gelegt, für die »Polis«, jene politische Körperschaft, die bis zur Ankunft der Römer und noch darüber hinaus den Kern der griechischen Kultur bilden wird. Die Organisation der Bürger in kleinen autonomen Gemeinschaften, die auf historischen wie auf geographischen Gründen beruht, bleibt nicht ohne Auswirkung auf die künstlerische Tätigkeit. Seit der geometrischen Epoche bilden sich bestimmte Kunstzentren heraus, deren Eigenart durch die Tradition der Werkstätten von Generation zu Generation weiterlebt. Vasenmalerei und Bildhauerkunst bringen zum Ausdruck, wie in Athen (dem nun große Bedeutung zukommt), in Theben oder in Korinth ein jeweils eigenes Schönheitsideal sich entwickelt.

Gegen Ende des 8. Jh. v. Chr. spürt man in allen Schulen ein gewisses Unbehagen gegenüber dem geometrischen Kanon. Darstellungen von menschlichen und tierischen Wesen durchbrechen immer häufiger das starr Schematische. Dazu hält die orientalische Ornamentik, zu der der Kontakt nie abgerissen war, ein ganzes Repertoire von ornamentalen und figürlichen Motiven bereit. Mit der Aufnahme dieser Ornamentik beginnt ein neuer Abschnitt in der Geschichte der griechischen Kunst.

Tatsächlich ist seit dem Ende des 8. Jh. v. Chr. das gehäufte Auftreten von Mischgestalten, Sphingen und Greifen, Chimären und Kentauren, zu beobachten. Auch Ornamente pflanzlicher Herkunft wie Lebensbaum, Lotosblüten und Palmetten erleben eine Blütezeit. Dies ist der Beginn der orientalisierenden Periode (725–620 v. Chr.), in der die Intensität der Einflüsse aus dem Osten ihren Höhepunkt erreicht. Keine Kunststätte kann sich diesem Einfluß entziehen, eine jede aber assimiliert die neuen Formen ihrer eigenen Tradition gemäß. Die Griechen geben der Verführung durch den Orient nach, ohne in sklavische Nachahmung zu verfallen.

Die starke Wirkung, die sich aus der Berührung mit den exotischen Dekorarten ergibt, führt zu üppiger künstlerischer Produktion. Das Aktionsfeld der Kunst wird noch beträchtlich durch das Phänomen der Kolonisierung erweitert. Getrieben von wirtschaftlichen Schwierigkeiten, verlassen die Griechen seit dem 8. Jh. v. Chr. ihre Heimatstädte, um an den Gestaden des Mittelmeers und des Schwarzen Meers Kolonien zu gründen. Von Süditalien und Sizilien über die Kyrenaika bis zum Hellespont blühen neue Städte auf; zuerst sind sie noch mit der Mutterstadt, aus der sie hervorgehen, eng verbunden, später führen sie eine autonome Existenz, deren Freiheit sich in der Produktion ihrer Künstlerwerkstätten widerspiegelt.

Einige Städte, wie das durch seine geographische Lage bevorzugte Korinth, beginnen durch den Handel mit Kunstgegenständen (vor allem Keramik) sich Reichtum zu erwerben. Tonfläschchen aus dieser Stadt überschwemmen sämtliche Märkte der Mittelmeerwelt. Künstlern aus Korinth ist die Technik des schwarzfigurigen Stils zu verdanken. In dieser Technik (Ritzung und Farbauftrag) ausgeführte Keramik erzielt eine lebendige Wirkung; sie erlebt in der Folgezeit einen gewaltigen Aufschwung. Athen ist Neuerungen gegenüber zurückhaltender, schmiedet sich aber durch vielfältige Experimente die Waffen, mit denen es einige Generationen später die Vorherrschaft gewinnen wird. Die Kykladen sind voller Werkstätten, deren Produktion vorwiegend exportiert wird. Die Marmorbearbeitung nimmt von hier ihren Ausgang. Rhodos und der griechische Küstenstreifen von Kleinasien stellen Gegenstände her, die am stärksten vom orientalischen Einfluß geprägt sind: Schmuckstücke sowie Vasen, auf denen unzählige Male das Motiv der »Wildziege« erscheint. Kreta schließlich, an der Straße zum Orient gelegen, spielt eine bedeutende Rolle; es erlebt während des 7. Jh. v. Chr. eine eigentliche Renaissance. Mit der dädalischen Skulptur, deren Schwerpunkt in Kreta liegt, wird ein entscheidender Schritt gegen den Manierismus der geometrischen Zeit getan.

Zu Ende des 7. und Anfang des 6. Jh. v. Chr. werden jene künstlerischen Aspekte wirksam, die dem griechischen Archaismus ihr Gepräge geben: Zum einen ist es die Reglementierung der architektonischen Strukturen sowie die getrennte Entwicklung der dorischen und ionischen Stilrichtung, zum anderen das Auftreten der beiden Haupttypen der griechischen Skulptur: des Kuros und der Kore. Hinzu kommt die Ausdehnung der schwarzfigurigen Technik von Korinth auf fast alle Werkstätten, in denen sie während eines Jahrhunderts vorherrschend sein wird. Wenn auch die orientalisierende Art an der Jahrhundertwende noch fortbesteht, so verschwinden doch allmählich Dämonen und orientalische Ornamente aus dem Dekor und überlassen das Feld zunehmend der Darstellung des Menschen, der die Mythen und Taten der Götter und Heroen interpretiert.

In den Jahren zwischen 620 und 580 v. Chr. setzen sich die neuen Formen durch und werden durch die Gesamtheit der Kunstzentren vom asiatischen Griechenland bis nach Süditalien und Sizilien aufgenommen. Nach dieser Einführungsperiode folgt während der Reifezeit des Archaismus (580–530 v. Chr.) ein Meisterwerk dem andern. Die Bildhauer, angetrieben durch unablässigen Wettstreit, sind fieberhaft tätig, was sie im Entwurf wie in der Ausführung zu Höchstleistungen führt. Der lächelnde Gesichtsausdruck der Figuren und der reiche Faltenwurf, der immer wieder neu gestaltet wird, sind vom ionischen Stil mit seiner schmuckvollen Anmut geprägt. Auch die Architekten liegen miteinander im Wettstreit: In Samos und Ephesos erheben sich prunkvolle ionische Bauten. Im griechischen Mutterland und im Westen ist die Bauweise zwar etwas weniger prächtig; die Meisterwerke im dorischen Stil erwecken trotzdem höchste Bewunderung. Delphi und Olympia umgeben ihre großen Heiligtümer mit kleinen Gebäuden, den Schatzhäusern, die von ebensoviel Frömmigkeit wie Selbstbewußtsein zeugen. Zwischen den Keramikwerkstätten ist der Wettstreit womöglich noch heftiger, da er durch kommerzielle Interessen geschürt wird. Korinth und Athen liegen in ununterbrochenem Kampf, bis schließlich Athen siegt und sich mit einer Produktion durchsetzt, die vom feierlichen Ton des Meisters Exekias bis zu den Miniaturen der »Kleinmeister« reicht. Anderseits entfalten die Bronzekünstler aus der Isthmosstadt wie auch diejenigen vieler anderer Städte eine unermüdliche Aktivität, die sich mit dem bescheidensten Nutzgegenstand ebenso abgibt wie mit der kostbarsten Votivgabe.

Das Ende der archaischen Zeit läßt eine gewisse Mäßigung im schöpferischen Überschwang erkennen, keineswegs aber eine Verarmung der Künstlerzentren. Der anmutige Reigen von Koren aus Marmor im Akropolis-Museum beweist, daß die innenpolitischen Erschütterungen (in Athen löst die Demokratie die Tyrannis der Peisistratiden ab) und die von außen auftauchenden Gefahren (die Bedrohung durch die Perser wird akuter) keineswegs lähmend auf die Bildhauer wirken. Doch wird der Gesichtsausdruck der Figuren ernster, je mehr man sich den entscheidenden Kämpfen der Perserkriege nähert. Die Kunst der Vasenmalerei erreicht in Athen Ende des 6. Jh. v. Chr. ihren Höhepunkt mit einer neuen

Technik, die die bisherige Aufteilung umkehrt: Die Figur ist nicht mehr schwarz, sondern rot, und ihre helle Silhouette, die sich vom dunklen Hintergrund abhebt, ermöglicht dem Künstler die freiere und besser gegliederte Darstellung, so daß er mehr auf das Detail eingehen kann. In Ägina, einer Insel nahe bei Attika, erhebt sich ein der Athena geweihter Tempel, in dem alle Errungenschaften der archaischen Kunst zusammengefaßt erscheinen. Er stellt ein Wunderwerk an Ausgewogenheit dar und ist zugleich die letzte Botschaft des archaischen Stils.

Nichts könnte den Übergang von archaischer zu klassischer Kunst besser illustrieren als ein Vergleich der beiden Giebel dieses Tempels. Die Figuren des Westgiebels entsprechen in ihrer Anmut noch ganz den vorhergehenden künstlerischen Normen, eine jede ist in sich und in ihrer eigenen Bewegung abgeschlossen. Am 15 Jahre jüngeren Ostgiebel hingegen spielt sich eine lebhafte Kampfszene ab, wobei die Figuren in ihrer Bewegung einander zugeordnet sind. Erst so ergibt sich eine durchgehende Bildkomposition. Der Zeitpunkt für das Entstehen von neuen Formen und Wertvorstellungen ist gekommen.

Die klassische Zeit erstreckt sich über anderthalb Jahrhunderte (480–330 v. Chr.). Es wäre aber irrig, sie als einen monolithischen Block zu betrachten. Während eines ersten Zeitabschnitts bildet sich der »Strenge Stil« heraus. Am Ende der Kriegswirren, als die für das Griechentum tödliche Bedrohung abgewendet ist, entwickeln sich aus dem Ehrgeiz, in der künstlerischen Gestaltung die Realität einzuholen, streng disziplinierte Ausdrucksformen. Die Körperhaltung löst sich aus dem konventionellen Schema, die Bewegungen der Athleten sind exakt durchstudiert, wobei die Bronze, deren Verwendung sich nun schlagartig ausbreitet, das geeignetste Material darstellt. Das menschliche Antlitz ist nicht mehr durch das schematische Lächeln geprägt, sondern gewinnt an Ausdruckskraft, indem der Künstler versucht, einen Seelenzustand wiederzugeben. Nach den kunstvollen Variationen der archaischen Gewänder überrascht das vorklassische Gewand durch seine Schlichtheit und sein »schweres« Material. Die Giebel des Zeus-Tempels in Olympia illustrieren diese Tendenzen am besten; ebenso deutlich treten sie aber auch in Westgriechenland und an den Küsten Kleinasiens hervor, und man erkennt sie ebenso leicht an den bedeutendsten Werken der Bildhauerkunst wie an den bescheidensten Tonfigürchen. Die Architektur ihrerseits entfaltet sich auf der Basis ihrer Tradition in Werken von klarer und monumentaler Aussage, sei es in Olympia oder in Westgriechenland, wo bedeutende Zeugnisse entstehen.

Die hochklassische Periode umfaßt die Zeit von 450 bis 420 v. Chr. Die künstlerische Vorherrschaft Athens wurde vorbereitet durch die führende Rolle, die diese Stadt im Kampf gegen die persischen Invasoren spielte; verstärkt wird sie durch die imperialistische Politik Athens in der Welt der Ägäis (Delischer Seebund), und sie verfestigt sich nun auf fast allen Gebieten schöpferischer Tätigkeit. Perikles betraut Pheidias mit der Aufgabe, ein großangelegtes architektonisches Gesamtkonzept zu entwerfen und auszuführen, was entscheidende Auswirkungen auf die griechische Kunst im besonderen wie auf die abendländische Kunst ganz allgemein haben sollte. Der Boden Attikas, vor allem der Akropolis-Felsen, ist übersät mit Baudenkmälern, aus deren Anlage sich leicht der Wunsch nach Verwirklichung eines eigentlichen Architekturprogramms herauslesen läßt. Daß man die Achse der Propyläen verändert, um sie an den noch glanzvolleren Parthenon anzupassen, zeugt von einer Freiheit, die ein Zeichen von echt demokratischem Geist sein mag. Die Bauwerke dieser Periode, in welcher ionische und dorische Säulenordnung sich vermischen, zeugen von der hohen Kunst der Baumeister, das heikle Problem der Innenraumgestaltung zu lösen: Die stehende Athena-Skulptur in der Cella des Parthenon wirkt viel freier als die sitzende Zeus-Statue in Olympia. Die Verfeinerung der Baukunst wird besonders deutlich am Beispiel von optischen Korrekturen, die mit Hilfe mathematischer Berechnungen vorgenommen werden.

Griechenland

Alles ist den Gesetzen des Nous, der Vernunft, untergeordnet. Denselben Gesetzen gehorcht auch die Kunst der Bildhauergeneration unter Perikles. Im Vergleich zum »Strengen Stil« tritt das Streben nach wirklichkeitsgetreuer Darstellung zurück; Meister wie Polyklet oder Pheidias schaffen menschliche Gestalten, die Selbstbeherrschung, ruhige Kraft und Würde ausdrücken. Die Proportionen ihrer Figuren sind das Ergebnis ausgeklügelter Berechnungen, und der vollkommene Bau des menschlichen Körpers scheint nun das Schönheitsideal aller künftigen Zeiten zu werden. Nach allen vorangegangenen Bemühungen glaubt man sich mit diesem Schönheitsideal endlich am Ziel.

Die Ausgewogenheit solcher Kunst erweist sich als ebenso stabil, indem sie die ästhetischen Maßstäbe bis heute prägt, wie zerbrechlich, da sie das Werk einer einzigen Generation war. Verewigt wurde sie im Skulpturenschmuck des Parthenon, wo Götter und Menschen im gleichen Glauben an die Vernunft einander verbunden sind. Von nun an konnte kein Bildhauer seinen Meißel, kein Maler seinen Pinsel zur Hand nehmen, ohne dabei den Panathenäenumzug vor Augen zu haben. Eine solche Konzentration der künstlerischen Kräfte Griechenlands sollte nicht ohne Auswirkungen auf die schöpferische Entfaltung der verschiedenen Kunstzentren bleiben. Die Eigenständigkeit der einzelnen Schulen schwächte sich allmählich ab, während sie doch für das Kunstschaffen der archaischen Zeit von entscheidender Bedeutung gewesen war. Man bemüht sich nun um die Nachahmung berühmter Vorbilder. Besonders deutlich zeigt sich dies bei der Kleinplastik aus Bronze, die zahlenmäßig abnimmt und an Einfallsreichtum verarmt. Ähnliches gilt für die Vasenmalerei, trotz der beachtenswerten Serie von Grab-Lekythen, deren Technik (weißer Grund, Farbauftrag nach dem Brennen) vielfältigere malerische Effekte ermöglichte. Doch ob es sich nun um Terrakottafiguren oder um bemalte Vasen handelt, überall erkennt man das Streben nach lichten und ausgewogenen Formen, nach ästhetischer Vollendung der Gesichter, deren Blick in ruhiger Konzentration Unvergänglichem sich zuzuwenden scheint.

Mit dem Peloponnesischen Krieg jedoch, mit dem Abschied von Perikles und Pheidias, erfolgt der große Umschwung. Im Zeitraum von 420 bis 390 v. Chr. bricht eine neue Periode an und kündet vom Aufkommen neuer Werte. Zwar bleiben die klassischen Formen äußerlich erhalten, doch spricht eine ganz andere Botschaft aus den Werken. Mit der Rückkehr der Aristokraten in die Regierungsämter Athens lebt der ionische Stil wieder auf, reicher nun, schmuckvoller und mehr auf das Detail bedacht, ganz den Traditionen der Vergangenheit gemäß. Dieselbe Entwicklung ist an der Skulptur zu erkennen, wo der preziöse Faltenwurf der eng sich anschmiegenden Gewänder eine weitaus weniger ruhige Körperhaltung verrät. Die kriegsbedingten Umwälzungen inspirieren zu neuen Sujets. Das männliche Ideal des siegreichen jungen Athleten tritt zurück und macht Werken Platz, in denen die Empfänglichkeit der Künstler für zuvor noch unbeachtete Werte durchscheint: Der einzelne Mensch, die Frau und das Kind werden zum Gegenstand der künstlerischen Gestaltung. Die Vasen in Athen zeigen eine Fülle von Frauenszenen, wobei das lebhafte Flattern der Gewänder bezeichnend ist. Aphrodite und der kleine Eros beherrschen viele Bilder. Eine gewisse Melancholie überschattet nun die Gesichter, die den Ausdruck innerer Sicherheit verloren haben. Die Zeit des Sokrates ist gekommen, eine Zeit, in der man alles in Frage stellt.

Dieser Verlust an Ausgewogenheit und Stabilität wird an allen Schöpfungen des 4. Jh. v. Chr. deutlich, bis hin zur »Alexanderschlacht« (390–320 v. Chr.). Die Baumeister wenden sich in ihrem Schaffen den Bedürfnissen des täglichen Lebens zu, sorgen für bequemere Wohnungen und für Stätten der Zerstreuung und Erholung. Durch die Begegnung mit der barbarischen Welt der anatolischen Fürsten in Xanthos und Halikarnassos angeregt, passen sie die griechischen Stilelemente ganz neuartigen Konzepten an und bereiten so den Synkretismus der hellenistischen Zeit vor. Die Skulptur verläßt mit Skopas und Praxiteles den perikleischen ästhetischen Kanon, strahlt nicht mehr innere Ruhe und Heiterkeit aus. Skopas entringt dem Steinblock Gestalten mit gequältem Antlitz, die den Blick klagend zum Himmel richten. Praxiteles drückt die allgemeine Verunsicherung durch die Zweideutigkeit der lässig hingestellten, keinem Geschlecht eindeutig zuzuordnenden Körper aus, durch die weiche Melancholie im Blick seiner Göttergestalten. Die Epoche entwickelt eine Tendenz, die dem Idealismus der hochklassischen Zeit ganz fremd war. Die Porträtkunst bezeichnet das Interesse, das man dem Individuum, dem menschlichen Antlitz als Spiegel einer unverwechselbaren Seele entgegenbringt. So fixiert Lysipp, der letzte große Künstler des 4. Jh. v. Chr., in dessen Schaffen der Schritt zur hellenistischen Kunst vollzogen wird, die jugendlichen Züge Alexanders in Bronze. Und wenn Lysipp auch zu den polykletischen Athleten zurückkehrt, so gestaltet er doch nicht mehr jene in letzter Vollendung gleichsam erstarrten Figuren, sondern in Anstrengung und Schmerz sich windende Körper.

In der Vasenmalerei stellt Athen nicht mehr den bestimmenden Mittelpunkt dar. Am produktivsten ist Italien, wo die verschiedenen Werkstätten sich ziemlich schnell vom attischen Einfluß befreien. Athen selbst erlebt immerhin eine Renaissance dank der Aufträge von Barbarenfürsten aus der Krim, deren Geschmack nun die Vasenkunst beeinflußt, wie sich aus so exotischen Motiven wie den Kampfszenen zwischen Arimaspen und Greifen ersehen läßt. Daneben findet aber auch die religiöse Unruhe der Zeit ihren Niederschlag in dionysischen und eleusinischen Szenen. Damit erlischt eine Kunstgattung, die auf dem Boden Griechenlands besonders glanzvoll vertreten war.

Der Sieg des makedonischen Staates gegen die griechischen Städte, von Philipp II. gegen Demosthenes, der abenteuerliche Eroberungszug Alexanders, der die Wertvorstellungen des Griechentums bis an die Grenzen Afghanistans trägt, revolutionieren das Kunstschaffen in Griechenland. Allenthalben entstehen Kunstzentren, die die barbarischen Einflüsse in mehr oder weniger ausgeprägtem Maß auf die griechische Tradition einwirken lassen. Die nächsten drei Jahrhunderte (330–30 v. Chr.) zeitigen sehr verschiedene Entwicklungen; Strömungen und Gegenströmungen lösen einander so rasch ab, daß man sie kaum überblicken kann. Einfacher ist es, sie in ihrer Gesamtheit zu betrachten. Die Architektur schiebt die Ergebnisse der vorausgegangenen Baukunst nicht einfach beiseite, sie wendet weiterhin die überkommenen Formen des ionischen und des dorischen Stils an. Daneben aber wird der neue korinthische Stil mit seinen Akanthusblättern immer beliebter. Das wachsende Bestreben der Baumeister, architektonische Gesamtkomplexe ornamental zu bereichern, führt zu einer Prunkarchitektur, die keinen Bauteil unverziert läßt. Der funktionale Aspekt der verschiedenen Bauelemente tritt hinter der ornamentalen Wirkung zurück. Daraus ergibt sich die wachsende Freiheit gegenüber den traditionellen Regeln der verschiedenen Bauordnungen. Die auffälligste Neuerung besteht darin, daß das Einzelbauwerk nicht mehr isoliert gesehen wird, sondern als Bestandteil einer architektonischen Gesamtkonzeption. Diese Tendenz entspricht den Bemühungen der Zeit um einheitliche Städteplanung und der Politik der hellenistischen Monarchen, die sich durch immer prunkvollere Anlagen auszeichnen wollen. Pergamon mit seinem Altar ist das berühmteste Beispiel für diese Bestrebungen in der Zeit des Hellenismus.

Der Skulpturenschmuck des Pergamon-Altars, der durch das traditionelle Thema des Kampfes zwischen Göttern und Giganten bestimmt ist, stellt in seiner Formenvielfalt ein Meisterwerk der Frieskunst dar. Man erkennt hier die neuen Akzente der Bildhauerei, in denen etliche Tendenzen des 4. Jh. v. Chr. voll wirksam werden. Der klinisch genau anmutende Realismus in der Darstellung des menschlichen Körpers beweist das Interesse des hellenistischen Künstlers an der Beobachtung. Die hellenistische Zeit ist das goldene Zeitalter der Porträtkunst, deren Spannweite vom Gelehrtenhaupt des Menander über die nüchtern-realistischen Darstellungen verschiedenster Philosophen und Herrscher bis zum durch Inspiration und Begeisterung überstrahlten Antlitz des Homer reicht. Der Realismus wird zugleich überwunden durch die barocke Tendenz, Tragik durch Übertreibung deutlich zu machen, wobei an Furcht und Mitleid appelliert wird. Die Gestalten wirken gequält und erwecken den Eindruck, daß der Mensch von Leiden und ungezügelten Trieben bedroht sei. In der Ornamentik von Pergamon spiegelt sich aber auch ein der hellenistischen Epoche ureigenes Phänomen, die Wiederaufnahme der künstlerischen Formen der Vergangenheit. Die hellenistischen Meister übernehmen das Erbe der klassischen Zeit. Dies erkennt man deutlich am Gesicht der Venus von Milo. Die »alexandrinische« Kunst ist letztlich eine Weiterführung der Ausdrucksmittel des Praxiteles. Von ihm stammt wohl die Vorliebe für die weichen Konturen der weiblichen oder kindlichen Gestalten und für die verspielten Sujets. In ihrer Rückkehr zum Erbe der Vergangenheit bleibt die hellenistische Epoche nicht beim Vorbild der Klassiker stehen; wohl läßt das letzte hellenistische Jahrhundert jenes klassische Idealbild des Athleten wiedererstehen, andererseits aber hinterläßt es uns Werke mit deutlich archaischem Einschlag.

Vom selben Reichtum an Inspiration und künstlerischer Begabung dürfte auch die hellenistische Wandmalerei gelebt haben; um so mehr ist zu bedauern, daß wir nur auf dem Umweg über die römischen Kopisten und Mosaikkünstler etwas davon erahnen können. In der hellenistischen Epoche tritt die Vasenmalerei endgültig hinter den großen Gemälden zurück und überlebt nur noch in vereinzelten Serien, die den Niedergang dieser Disziplin deutlich erkennen lassen. Ganz anders verhält es sich mit der Wandmalerei; sie verdankt ihren beträchtlichen Aufschwung dem neu aufkommenden Interesse für die Innengestaltung der Privathäuser. Hauptsächlich am Beispiel der römischen Villen von Herculaneum und Pompeji kann man sich eine Vorstellung davon machen, welches die Absichten der hellenistischen Maler gewesen sein mögen. Und sind uns letztere auch nicht durch ihre eigenen Werke bekannt, so doch vereinzelt dem Namen nach. Zum einen bemühen sie sich um die Darstellung von Räumlichkeit durch das Vortäuschen von Tiefe und durch die Anwendung der Perspektive, wobei die Verteilung von Licht und Schatten eine wesentliche Rolle spielt. Zum anderen tauchen neue Elemente auf, die in der griechischen Kunst noch kaum bekannt waren: Die Architektur wird dargestellt und bildet den Rahmen zu figürlichen Szenen; zudem thematisiert man die gesamte Natur. Die Landschaft wird täuschend echt wiedergegeben, entspricht minuziöser Beobachtung oder aber traumhaften Wunschvorstellungen.

So also endet der strahlende Bogen, den die Entwicklung der helladischen Kunst beschreibt. Er beginnt in der Einfachheit der neolithischen Idole, führt durch Perioden, in denen Form und Gehalt abwechselnd dominieren, und läuft schließlich im vielgestaltigen Überfluß des Hellenismus aus.

Doch ist die griechische Kunst am Ende der hellenistischen Periode nicht tot. Sie lebt weiter in der römischen Kunst, die sich vom griechischen Vorbild nährt und es den eigenen ästhetischen Vorstellungen anpaßt.

ARCHITEKTUR

Erste Spuren von Bauten auf griechischem Boden finden sich im Neolithikum in Gestalt von einfachen Hütten. Bereits in dieser Epoche gibt es aber schon eigentliche Siedlungen, wie die Akropolis von Dimini, die durch ihren komplexen Aufbau beeindrucken. Immerhin ist man noch weit entfernt vom architektonischen Reichtum der kretischen Paläste aus dem 2. Jtsd. v. Chr. Im mykenischen Zeitalter zeichnet sich die Architektur durch ihre Einfachheit aus; die Festungen sind mit Wällen umgeben, und es entwickeln sich eigenständige Formen wie das Rundgrab (Tholos).

Die geometrische Epoche weist keine bedeutenden Leistungen auf dem Gebiet der Architektur auf. Das 7. Jh. v. Chr. dagegen bringt eine Reihe von Neuentwicklungen; man findet sie auf ionischem Gebiet, etwa in Samos oder auf Kreta, wo sich verschiedene Tempelformen herausbilden. Am Beispiel der Anlage von Thermos in Ätolien läßt sich die Entwicklung von Tempelgrundrissen seit Beginn des 1. Jtsd. bis ins 7. Jh. v. Chr. verfolgen, mit dem Aufkommen der Säulenreihe, die die Cella umgibt. In der Folgezeit tritt eine Spaltung ein, die für die Zukunft bedeutungsvoll ist: die unterschiedliche Entwicklung der Architektur einerseits im griechischen Kleinasien, andererseits im griechischen Mutterland. Die beiden Ausdrucksformen griechischer Architektur sind bekannt unter den Bezeichnungen ionischer und dorischer Stil. Der ionische Stil erstrebt das Grandiose, den Reichtum der Ornamentik, der dorische dagegen zieht strenge Nüchternheit vor. Er wird schon früh in den Ländern des Westens gepflegt, wo in der Folge die prächtigsten Zeugnisse dieser Stilart entstehen. Das klar Geordnete des dorischen Stils führt jedoch nicht zu Monotonie. Viele Variationen sind möglich, sogar ionische Elemente werden aufgenommen. Die Bauwerke des Ostens gewinnen im Lauf der Jahrhunderte immer gewaltigere Proportionen, doch läßt sich der ionische Stil gleichermaßen auf gewaltige Monumente (wie den Apollon-Tempel von Didyma oder die Grabmäler der hellenisierten Fürsten von Lykien und Karien) wie auf kleine Gebäude (wie das Siphnier-Schatzhaus) anwenden.

Dorischer und ionischer Stil bleiben auch in hellenistischer Zeit anerkannte Baustile. Doch die Bauherren beschränken sich nicht mehr auf die Errichtung von Tempeln. Sie integrieren diese Bauwerke in großzügige Gesamtanlagen mit Versammlungsplätzen, die von Säulenhallen umgeben sind; sie verwirklichen städtebauliche Großprojekte, die zum Teil auf dem Reißbrett entworfen, zum Teil mit feinem Gespür der Landschaft angepaßt werden. In jedem Fall nimmt man Rücksicht auf das tägliche Leben der Menschen, auf ihr Wohlbefinden im Haus, auf guten Zugang zu den Vergnügungsstätten.

Die Gestaltung des griechischen Tempels wird nur begreiflich, wenn man berücksichtigt, welche Baumaterialien nacheinander verwendet wurden. Der Übergang von Holz zu Stein erfolgte allmählich. So erklären sich einige Details, die auf den ersten Blick rein dekorativ erscheinen, die aber ursprünglich eine Funktion hatten. Die Säulen und ihre Kapitelle spielen eine wesentliche Rolle für die Ästhetik der Bauwerke, von der minoischen Zeit bis in die hellenistische Periode. Zunächst, in den kretischen Palästen, weitet sich die Säule in ihrem oberen Teil aus, später verjüngt sie sich nach oben, wird mit Kannelüren geschmückt, die teils durch scharfe Grate (dorischer Stil), teils durch schmale Stege (ionischer Stil) getrennt sind. Die Kapitelle verändern sich im Laufe der Jahrhunderte: Das dorische strafft allmählich sein Profil, das ionische und das korinthische werden immer ornamentaler. Ornamente findet man nicht nur an den Kapitellen; auch Sockel, Mauern und Gebälk bieten günstige Dekorationsflächen.

Das ornamentale Repertoire wird schon früh durch die Skulptur wirksam unterstützt. Spuren von Monumentalplastik finden sich schon seit mykenischer Zeit. Ihre eigentliche Geburtsstunde schlägt aber erst im 7. Jh. v. Chr., und im 6. Jh. setzt sie sich als ein wesentliches Element der Architekturästhetik durch. Sie wirkt sich in der Gestaltung der Säulen aus, sei es, daß diese mit Reliefschmuck skulptiert sind, sei es, daß Karyatidenfiguren sie ersetzen. Bauskulptur fügt sich auch in die oberen Partien des dorischen Tempels ein, wo die Metopen (Platten zwischen je 2 Triglyphen) günstigen Platz für die Ausführung von kleinen Werken bieten. Manche ionischen Gebäude besitzen einen durchgehend reliefgeschmückten Fries. Skulpturen bevölkern schließlich auch das Giebeldreieck; sie werden immer zahlreicher und immer besser integriert.

Die klimatischen Bedingungen Griechenlands bewirkten, daß der Farbschmuck an den Bauwerken weitgehend verschwunden ist. Einzig aus vorgriechischer Zeit existieren einige bedeutende Fragmente von kretischen und mykenischen Fresken. Im weiteren lassen die Grabungen von Thera täglich deutlicher eine Schule von kykladischen Malern erkennen, die den Minoern in nichts nachstanden.

Die Zeugnisse der historischen Epochen dagegen sind fast spurlos verschwunden. Dabei überliefert uns die Literatur eine wahre Fülle von Künstlernamen und Werkbezeichnungen. Es bleibt also nur die Möglichkeit, anhand der Beschreibungen des Pausanias eine Vorstellung von den klassischen Gemälden zu gewinnen oder in Betrachtung der Wandbilder römischer Villen etwas von der Ausschmückung der hellenistischen Häuser zu erahnen. Die Mosaikkunst hat uns mehr Spuren hinterlassen, etwa in Delos, wo der Boden einiger Häuser in erstaunlicher Farbenpracht leuchtet.

Von der Zeit der neolithischen Hütten bis zu jener der Monumentalbauten von Pergamon und Milet erlernten die Baumeister von Hellas allmählich die Kunst der Architektur, zuerst zu Ehren der Götter, später im Dienst der Menschen. Die Stilmittel dieser Baukunst wirken bis heute in unseren Städten weiter.

SKULPTUREN

Die frühesten Skulpturen der ägäischen Welt sind noch wenig ausgefeilt: neolithische Figuren aus Ton oder Stein, meistens weibliche Gestalten mit sehr naturalistischem Ausdruck. Scheinbar gibt es zwischen ihnen und den meist abstrakten kykladischen Idolen, die zeitlich später einzuordnen sind, keinen Zusammenhang, doch lassen sich anhand von Funden aus einigen bedeutenden Anlagen Übergänge erkennen. Im übrigen sind die Kykladen-Figuren abwechslungsreicher geformt, als man oft annimmt. Zum ersten Mal in dieser Inselwelt wird zu diesem Zweck auch Marmor aus den Steinbrüchen geholt, jenes Material, aus dem 2000 Jahre später die bedeutendsten Kunstwerke gestaltet werden.

Die Künstler der Kykladen sind wahre Meister der Steinbearbeitung; sie verstehen es, Figuren von mehr als 150 cm Höhe zuzuschneiden und zu glätten. Solche Größen findet man bei den minoischen Arbeiten des 2. Jtsd. v. Chr. nicht. Es scheint, daß den Kretern die Großskulptur unbekannt war; sie verlegen sich auf die sorgfältige Ausarbeitung von kleinen Arbeiten. Dieselbe Feststellung trifft für die mykenische Kunst zu, sieht man vom »Löwentor« und einigen anderen neu entdeckten Zeugnissen ab, in denen ungewohnte Elemente auftauchen.

Auch dem geometrischen Zeitalter sind Großskulpturen fremd. Die Bearbeiter von Bronze und Ton versuchen nun in steigendem Maße, die Wirklichkeit nachzugestalten, indem sie zugleich dem strengen Kanon der Ästhetik ihrer Zeit folgen. Einflüsse aus dem Osten, die schon seit früher Zeit erfolgten, wirken in dieselbe Richtung. Am Ende des 8. Jh. v. Chr. ist der Schritt zur Großplastik vollzogen, und man stellt auf subtile Weise Gruppen zusammen.

Entscheidend für das Schicksal der Bildhauerei in Griechenland ist das 7. Jh. v. Chr. Es erscheint nun der dädalische Stil, der durch die Legende dem berühmten Künstler Dädalus zugeschrieben wird; er bildet eine Reaktion gegen die Auflösung der geometrischen Formen und führt zu Figuren mit nach vorn gerichtetem Blick, deren starrer, in verschiedenen Materialien (Ton, Holz, Elfenbein, aber auch Kalkstein und sogar Marmor) gehauener Rumpf endlich die Proportionen beachtet. Die Künstler des 7. Jh. geben ihren Schöpfungen wirklichkeitsgetreue Größe, bis plötzlich Statuen von gigantischen Ausmaßen auftauchen.

Vielleicht hat Ägypten zu diesem entscheidenden Schritt beigetragen. Jedenfalls ist die Großskulptur in der Mitte dieses orientalisierenden Jahrhunderts entstanden, und aus den zwei letzten Dezennien desselben Jahrhunderts stammen die ersten Beispiele der überaus großen Serie von Kuroi und Korai (nackte Jünglingsstatuen und bekleidete Mädchenstatuen), die die Götter durch ihre Schönheit ehren. Ausgehend von diesen Archetypen kann man die Entwicklung der männlichen und weiblichen Gestalten verfolgen.

Die zunächst »kolossal« gestalteten Kuroi kehren zu natürlicher Größe zurück. Sie stammen von Künstlern, die ihre aus der Beobachtung gewonnene Erfahrung mit dekorativer Stilisierung vermischen, einer für die jeweilige Herkunftsregion typischen Stilisierung. Neben dem nackten Kuros erscheinen auch Opferdarbieter, Reiter, Krieger, stehende, sitzende oder liegende bekleidete Männer. Am Ende der archaischen Zeit beherrschen die Künstler die männliche Anatomie, die aber noch äußerst starr wirkt. Die Erschütterungen durch die Perserkriege befreien die Bildhauer; von 480 v. Chr. an erscheinen natürlich ausgewogene Körper mit ausgeprägten Hüften.

Die Wettkämpfer des Strengen Stils zeigen naturgetreue Bewegungen. Der Hochklassische Stil dagegen, der großen Wert auf ausgewogene Proportionen legt, stellt die männlichen Körper wieder in einen irrealen durchgeistigten Rahmen. Nach den Apollon-Statuen des Pheidias, Ideal für eine ganze Generation, finden sich am Ende des 5. Jh. v. Chr. und im 4. Jh. wieder Männer- und Göttergestalten in lebendigerer Form; unterschiedliche Körperhaltungen drücken Unbeständigkeit und Unruhe der Zeit aus. Mit Lysipp kehrt man zur klassischen Idealfigur des Athleten zurück, aber man stellt sie in den wirklichen Raum. Dies entspricht den Forderungen eines Realismus, der im Verlauf des Hellenismus immer stärker wird, so daß etwa die Muskulatur einer Statue Alter und Leiden zum Ausdruck bringt oder in weicher Sinnlichkeit zerfließt.

Die Frauengestalten nehmen seit der archaischen Zeit eine ähnliche Entwicklung. Doch die Mädchengestalten sind verhüllt, was kunstvolle Variationen zum Thema Bekleidung ermöglicht. Drapierungen wie auch die Haartracht lassen Spielraum für vielfältige künstlerische Gestaltung. Der nachfolgende Strenge Stil wendet sich gegen allen Zierat. Ihn kennzeichnen die Schlichtheit der Gewänder und die Würde des Gesichtsausdrucks. Den Apollon-Figuren der hochklassischen Zeit entsprechen die Athena-Figuren mit dem festen Blick, deren ruhige Kraft über die Zeiten hinweg nachempfunden werden kann. Doch erst am Ende des 5. Jh. v. Chr. beginnt man der Weiblichkeit wirklich Ehre zu erweisen; Praxiteles wird sie im 4. Jh. verherrlichen. Endlich tritt der weibliche Körper aus seiner Umhüllung, gleichwertig neben dem Schönheitsideal des männlichen Körpers. In Sinnlichkeit gestaltete Formen von triumphierender Fülle bringt die hellenistische Zeit. Das Interesse für Sujets außerhalb des klassischen Kanons findet man in gleichem Maß bei Statuen von Knaben und Mädchen wie auch von kleinen Kindern, deren Anmut von den Künstlern treffend erfaßt wird.

Statuengruppen gibt es zwar seit archaischer Zeit, aber die Figuren sind noch nicht aufeinander bezogen. Erst zu Beginn des 5. Jh. v. Chr. erscheinen Kompositionen, in denen jede Einzelfigur durch das Zusammenwirken mit der Umgebung ihre Vollkommenheit erhält. Die Bildhauer der hellenistischen Zeit schaffen zahlreiche, immer komplexere Gruppen, bei denen dekorative Elemente sich in manchmal fast störender Weise häufen.

Eine weitere Form der griechischen Skulptur bildet das Relief. Diese Technik hat Vorläufer in vorgriechischer Zeit. Sie ist vor allem bei den Grab- und Votiv-Stelen vertreten. Im Laufe der Generationen treten Wandlungen in ihrer Gestaltung auf, so daß man nach Epochen und Regionen unterscheiden kann. Die attische Stele bildet den Höhepunkt, wenn sie auch in der ersten Hälfte des 5. Jh. eine Phase des Niedergangs erlebte. Immer größer wird die Zahl der Figuren auf dem Relieffeld, das schließlich durch einen architektonisch gestalteten Rahmen begrenzt wird. In der hellenistischen Epoche treten Schmuckmotive (Gegenstände oder Naturelemente) auf, die den Szenenhintergrund immer mehr füllen.

Griechenland

Die eng mit religiösen Handlungen verbundene Reliefkunst hat mehr Zeugnisse hinterlassen als alle andern Künste; so finden sich erhabene Kunstwerke wie das »Relief von Eleusis« neben bescheidenen Votivgaben, die ein Künstler aus der Provinz zwar ungeschickt aber in frommer Gesinnung geschaffen hat.

KERAMIK

Die Vasenkunst ist eine überaus wichtige Gattung in der Geschichte der griechischen Kunst.

Seit dem Neolithikum findet sich – nach dem Vorbild des Orients – eine reiche Fülle von Formen, später von geritzten und gemalten Ornamenten, darunter etliche sehr kunstvolle Motive. Derselbe Reichtum zeigt sich wieder bei den kykladischen Vasen des 3. Jtsd. v. Chr., in der Frühbronzezeit; doch weist eine gewisse Verarmung auf einen Wandel bezüglich des Einflusses aus dem Osten hin. Seit der frühminoischen Zeit schaffen die kretischen Werkstätten Erzeugnisse von hoher Qualität, wie etwa die Keramik mit geflammtem Dekor, ein Vorspiel auf die einzigartige Serie der Kamares-Vasen. Dieser Stil, der seinen Namen von einer Grotte auf dem Berg Ida bezieht, wo Grabungen die besten Stücke ans Licht gebracht haben, zeigt fein stilisierte Dekorationen von eindrucksvoller Farbenpracht. Keine Beschränkung scheint hier die Inspiration der Künstler zu behindern. Mit der Darstellung von Pflanzen und Meerestieren nähern sich die kretischen Maler – ohne auf Stilisierung zu verzichten – naturalistischen Formen, die in der Folge ins Konventionelle abgleiten, als sich der mykenische Einfluß bemerkbar macht. Doch die vorwiegend abstrakte und streng gliedernde »achäische Art« liefert auch später noch Beispiele, sowohl in der Keramik der Kykladen, wo Thera eine Blütezeit durchlief, als auch im eigentlichen Kreta. Unzählbar aber sind die mykenischen Vasen; hier werden neue Formen geschaffen wie die »Bügel«-Vase oder der »Champagner«-Kelch; die Funde, die sich vom Vorderen Orient bis nach Sizilien erstrecken, beweisen ihren Erfolg. Die berühmte »Krieger«-Vase bezeugt die hohe Qualität, die hier erreicht wurde.

Nach dem Einschnitt am Ende des 2. Jtsd. v. Chr. lebt die Vasenmalerei auf griechischem Boden mit dem geometrischen Stil wieder auf. Vasenkunst ist der wichtigste Kunstzweig dieser Epoche. Der Erfindungsreichtum auf dem Gebiet der Gefäßformen ist erstaunlich. Die Dekorauswahl hingegen wird durch einen strengen Kanon eingeschränkt. Hinsichtlich der Gefäßgröße herrscht eine beträchtliche Spannweite: vom Fläschchen bis zu Grabvasen, die Menschengröße erreichen. In der Anordnung der geometrischen Motive erkennt man einen immer ausgeprägteren Sinn für Komposition, der den Bau des Gefäßes mitberücksichtigt. Mäander, Zickzacklinien und Rautenmuster werden an sorgfältig ausgewählten Partien aufgetragen. Neben den abstrakten Motiven erscheint nun auch die menschliche Gestalt, vor allem in Bestattungs- und Kriegsszenen. Zuerst nur schematisch dargestellt, gewinnt die menschliche Silhouette allmählich ihre natürlichen Umrisse. Sie wird zur Gefahr für die herrschende Ästhetik, indem sie den geometrischen Formenreichtum zurückdrängt. So erlischt der geometrische Stil, nachdem er in allen Gebieten der griechischen Welt gepflegt worden war, in regionalen Varianten, die gleichsam Dialekte einer einzigen Sprache bilden. Athen steht dabei bereits in vorderster Reihe.

Es folgt der orientalisierende Stil. Die Ornamente aus dem Osten, schwungvolle Blütenranken und Spiralen, breiten sich im vorläufig noch geometrischen Rahmen aus. Die Werkstätten wetteifern in der Gestaltung neuer Bilder, in der Darstellung von Dämonen und Heroen, in der Wiedergabe von epischen und mythischen Szenen. Natürlich zeigt sich der orientalische Einfluß deutlicher in der Bildersprache der ostgriechischen Gefäße, aus einer den Quellen näheren

Region. Auch für Kreta, das an der Reiseroute des östlichen Mittelmeers liegt, trifft dies zu. Doch wirkt dieser Einfluß ebenfalls auf die Produktion der Inseln (Melos, Paros, Naxos, Euböa), auf die Werkstätten des festländischen Griechenlands (Athen und Böotien) und die der Kunstzentren Westgriechenlands (Megara Hybläa). Jeder Betrieb hat seine eigene Art, die exotischen Elemente zu assimilieren. Korinth jedoch, im Zentrum der gesamten Produktion gelegen, hebt sich deutlich ab. Es nimmt eine Vorrangstellung ein, was Quantität wie Qualität seiner Salbölgefäße betrifft, die den Markt des gesamten Mittelmeers beherrschen. In Korinth erfindet man die Technik des schwarzfigurigen Stils (Silhouette in Firnis, aufgegliedert durch Ritzungen sowie roten und weißen Farbauftrag), eine entscheidende Neuerung in der Geschichte der griechischen Keramik; von hier aus wird auch auf alle andern Stilarten ein starker Einfluß ausgeübt. In Korinth werden zudem sowohl die rein orientalisierenden Dekors ausgeführt als auch die seit dem Ende des 7. Jh. v. Chr. auftretenden großen figürlichen Darstellungen, deren Silhouetten sich von einer Bildfläche ohne jegliches Füllelement abheben.

Die Vorherrschaft der Isthmosstadt wird in der ersten Hälfte des 6. Jh. v. Chr. von den attischen Werkstätten angefochten, später wirklich bedroht. Auch wenn die Maler Athens die schwarzfigurige Technik von Korinth übernommen haben, so passen sie diese doch ihren eigenen Vorstellungen an; sie verwenden die Technik zur Darstellung von Alltagsszenen, deren kunstvolle Komposition weit mehr will als den einfachen dekorativen Effekt. Nach einem ziemlich lebhaften Kampf bleibt Athen schließlich Sieger. Der »Amasis-Maler« und die »Kleinmeister« zeichnen sich durch Liebe zum Detail und ihre Vorliebe für anmutige Miniaturen aus. Der große Maler und Töpfer Exekias dagegen gibt den Ton an bei den freskenartigen epischen Darstellungen, deren Feierlichkeit das Theater des 5. Jh. mit seinen tragischen Akzenten vorausnimmt.

Neben diesen beiden bedeutenden Zentren gibt es manche andere Werkstätten, die ihre eigenständigen Formen und Bilder durch Tradition weiterreichen, sei es in Ostgriechenland, in Lakonien, in Böotien oder in Süditalien, wo Rhegion, eine Kolonie von Chalkis, eine reiche Produktion entfaltete.

Das 6. Jh. v. Chr. ist die Zeit, in der der Formenkanon der griechischen Vasen seine fast endgültige Gestalt erhält. Zu den einzelnen Gefäßformen sei kurz folgendes bemerkt: Die großen Vasen (Kratere, Dinoi oder die etwas späteren Stamnoi) dienen dazu, Getränke zu mischen, die man mit Hilfe der Oinochoen den Mischgefäßen entnimmt, um sie in die Trinkschalen (Kantharoi oder Skyphoi) zu gießen. Die Trinkschale durchläuft eine besonders rasche Entwicklung zu einer einheitlichen Form hin. Die Amphora wird sehr vielfältig verwendet. Sie dient vor allem als Preis bei den Wettbewerben der großen Panathenäen. Die Hydria, mit drei Henkeln versehen, ist für den Transport des Wassers bestimmt.

In das Ende der archaischen Zeit fällt das goldene Zeitalter der griechischen Vasenkunst; besonders in Athen erlebt sie ihre Blütezeit. Man findet immer mehr Künstlersignaturen, was beweist, daß der einzelne Künstler sich seines Wertes bewußt ist. Unbekannt aber ist der Name jenes Künstlers, der die rotfigurige Technik erfunden hat, ein Verfahren, das dem Vasenmaler beträchtlich reichere Ausdrucksmöglichkeiten schenkt. Der »Andokides-Maler« (genannt nach dem Töpfer, mit dem er zusammenarbeitete) kehrt das bisherige Verhältnis um: Die Figuren behalten die natürliche Farbe des Tons, der Hintergrund bekommt jene des »Firnis«. Daraus ergibt sich die Möglichkeit, die Einzelheiten nicht mehr mit Hilfe der spröden und mechanischen Ritzung, sondern mit dem Pinsel gestalten zu können, was Abstufungen der Effekte erlaubt. Sehr schnell erreichen die attischen Meister der rotfigurigen Technik den Gipfelpunkt ihrer Kunst. Ein Künstler wie Euphronios schafft am Ende des 6. Jh. v. Chr. herrliche Arbeiten, bei denen die Sorgfalt im Detail (perfekte Beherrschung der Anatomie) keinesfalls auf Kosten der großen künstlerischen Linie und des Sinngehalts des behandelten Themas geht.

Zu Anfang des 5. Jh. v. Chr. behält die attische Vasenkunst – trotz der durch die Perserkriege hervorgerufenen historischen Umwälzungen – ihren hohen Stand. Maler wie Duris erreichen absolute Vollendung in der Gestaltung der Außenbilder von Trinkschalen wie auch der Spiegel im Inneren. Die Szenen sind der Mythologie wie auch dem täglichen Leben entnommen, wobei die sportlichen Übungen eine wichtige Rolle spielen. Der Sieg gegen die Perser leitet paradoxerweise den allmählichen Verfall der Vasenkunst in Athen ein. Die Künstler wenden sich der Wandmalerei zu, und die Zunahme der finanziellen Mittel führt zu einer Industrialisierung der Werkstätten, wo häufig die Massenware das künstlerisch Wertvolle verdrängt. Es gibt natürlich immer noch hervorragende Meister, die die neuen Tendenzen des vorklassischen Stils auf die Vasenmalerei anwenden, später auch das klassische Ideal, wie es die Meister der Skulptur vertreten. Die Vasenkünstler nehmen nicht mehr den Ehrenplatz in der Künstlerhierarchie ein wie am Ende der archaischen Epoche. Erwähnenswert ist immerhin noch die schöne Serie von weißgrundigen Lekythen, Totengefäßen, deren Grabszenen mit Farben ausgeschmückt sind, die erst nach dem Brennen aufgetragen wurden.

Am Ende des 5. Jh. v. Chr. beobachten wir erstmals Szenen aus der Welt der Frau. In der Darstellung der wallenden Gewänder wird häufig die Grenze zum Gekünstelten überschritten. Das Ende der Geschichte der griechischen Vasenkunst kann nur kurz dargestellt werden. Im 4. Jh. schließen die Werkstätten des griechischen Mutterlandes ihre Pforten, sieht man von den attischen Vasen im »Kertscher Stil« ab, die noch für die Barbarenfürsten an den Gestaden des Schwarzen Meers hergestellt werden. Doch treten junge Schulen in Süditalien und Sizilien die Nachfolge an. Diese hatten bis zu ihrer Reife stark unter dem Einfluß des attischen Stils gestanden, gewinnen nun aber ihre Eigenständigkeit. So töpfert und bemalt man nun in Lukanien, Apulien, Kampanien, besonders aber in Paestum sowie in Sizilien Vasen, deren Formen sich nicht mehr nach der griechischen Vergangenheit richten und deren Malereien durch mehr Farbornamente belebt sind. Der Einfluß des Theaters wird hier deutlich sichtbar. Doch auch diese Werkstätten beenden ihre Tätigkeit am Ende des 4. Jh.

In der hellenistischen Zeit schließlich kann man die griechische Vasenkunst als »Kleinkunst« bezeichnen. Man sucht zwar nach neuen Möglichkeiten, doch weder das zusätzliche Auftragen von Farben, eine bisweilen lebendige Polychromie auf weißem Grund, noch die Reliefgestaltung der Vasen täuschen über die Mittelmäßigkeit des Dekors hinweg, der zusehends figurenärmer wird.

Der Niedergang der Vasenkunst, der sich seit dem Beginn der klassischen Epoche angekündigt hatte, setzt sich, trotz einiger sporadischer Erfolge, in der hellenistischen Zeit fort.

KLEINKUNST

Der Ausdruck »Kleinkunst« kann in der griechischen Kunst nur verwendet werden, wenn man ihn auf die Ausmaße der Kunstwerke, nicht aber auf ihren künstlerischen Wert bezieht. Denn die unzähligen Statuetten, Kunst- und Gebrauchsgegenstände, die aus den griechischen Werkstätten hervorgehen, stehen häufig den berühmten »großen« Kunstwerken in nichts nach und zeugen von ebenbürtigem Künstlertalent.

Alle Materialien finden Verwendung, in erster Linie die Bronze, deren Bearbeitung eine Vielzahl von Möglichkeiten bietet, aber auch Silber, Elfenbein und Holz, der geschmeidige Ton wie der harte Stein. Der Glanz des kostbarsten Metalles, des Goldes, bedeutet eine Huldigung an die Götter und für die Menschen eine Zierde, die sie bis zum Grab begleitet.

Die kleinen Bronzefiguren belegen, wie sich die menschliche Gestalt in den Schöpfungen der aufeinanderfolgenden Künstlergenerationen darstellt. Man erkennt die wohlgeformten Körper der minoischen Adoranten, die verrenkten Formen der Krieger aus der geometrischen Zeit. Der dädalische Stil ist durch die Kleinplastik gut illustriert, ebenso die verschiedenen Stilarten des 6. Jh., als jede Werkstatt ihr »Markenzeichen« besitzt. Bis zu den Perserkriegen wechseln die Typen ständig, bei aller Treue zum archaischen Grundmodell. Ganz anders wird es in der klassischen Zeit. Hier beginnen die Sujets, die die großen Meister der Skulptur beschäftigen, ihren Einfluß auszuüben: Die Künstler der Kleinbronze suchen sie nachzubilden. Die hellenistische Zeit gibt den Werkstätten Freiheit und Reichtum der Inspiration zurück, die sie in der archaischen Epoche gekannt hatten. Zu den traditionellen Werkstätten gesellen sich nun die blühenden Kunstzentren in den hellenisierten Gebieten Syriens, Ägyptens und Kleinasiens. Das Repertoire wird größer: Neben die Götterfiguren (hier sind Aphrodite und Dionysos am beliebtesten) treten die Bildnisse hellenistischer Fürsten und die Statuetten, die volkstümliche Themen behandeln, dies vor allem in Alexandrien.

Daß es verschiedene Bronzetechniken gab, zeigt sich an bestimmten Geräten. So vereinigen die Rundhenkelkessel der geometrischen Zeit bereits gehämmerte und gegossene Partien. Dieses Nebeneinander findet man bei den Kesseln im orientalisierenden Stil wieder, wo die Gießtechnik immer mehr an Boden gewinnt. Auch der plastische Dekor (Tierprotomen und »Sirenen«-Büsten) wird reicher.

In der Herstellung von Prunkwaffen beweisen die Mykener im Gefolge der Minoer ausgezeichnetes handwerkliches Geschick. Die verschiedenen Teile der Kriegerrüstung bieten den Bronzebearbeitern zu allen Zeiten genügend Raum für dekorative Motive, sei es in Relief- oder Ritztechnik. Auf dem Gebiet der alltäglichen Gebrauchsgegenstände sind etwa Toiletteartikel wie die Karyatiden-Spiegel zu erwähnen. Von ihnen besitzen wir eine reichhaltige Serie, anhand derer sich der Übergang vom Archaismus zum Klassizismus illustrieren läßt. Mancher Gebrauchsgegenstand trägt einen figürlichen Dekor: Räucherfaß-Träger, Büchsendeckel oder Gefäßhenkel. Die Bronze spielt eine zentrale Rolle im täglichen Leben. Zusammen mit Silber und Gold liefert sie das Material für die Münzwerkstätten, deren Kunst sich ständig verfeinert. Einige Silberstücke aus Sizilien sind wahre Meisterwerke.

Ein weiteres wertvolles Material ist das Elfenbein, das seit minoischer Zeit mit großer Kunstfertigkeit bearbeitet wird und nie aus der Mode gerät. In diesem Material sollen die Gesichtszüge der Familienmitglieder Alexanders des Großen festgehalten worden sein. Besondere Erwähnung verdient das Holz. Zwar haben die klimatischen Bedingungen Griechenlands es verhindert, daß in Holz ausgeführte Gegenstände in unsere Zeit erhalten blieben, doch sprechen einige Indizien dafür, daß Holz in der Kunst eine breite Verwendung hatte. Die wenigen erhaltenen Statuetten erlauben uns keine sicheren Schlüsse bezüglich der Rolle, die das Holz vor allem bei der Entstehung der Großskulptur spielte. Einige Gelehrte vermuten aber, daß diese Rolle sehr bedeutend war.

Im Gegensatz dazu besitzen wir eine Überfülle von Terrakottafiguren. Die »Koroplastik« oder »Koroplathie« ist eine Disziplin, die in die ältesten Zeiten der Kunst in Griechenland zurückreicht und bis zum Ende der hellenistischen Epoche weitergepflegt wird. Die minoischen und mykenischen Künstler waren unbefangen genug, das Antlitz ihrer Göttinnen auch in so bescheidenem Material wie Ton zu gestalten. Nach den Glocken-Idolen der geometrischen Zeit taucht im 7. Jh. v. Chr. die Abgußtechnik auf, die die Leistungsfähigkeit der Werkstätten noch steigert. Unter den von den Bildhauern behandelten Themen steht an erster Stelle die menschliche Gestalt; den Wandel ihrer Darstellung kann man von der archaischen bis zur hellenistischen Epoche verfolgen. Wie beim Umgang mit der Bronze verfügen die verschiedenen Werkstätten über handwerkliche und künstlerische Traditionen. Die Kenntnis dieser Traditionen ermöglicht es meist, Werke nach ihrer Herkunft einzuordnen, wenn auch gegenseitige Einflüsse, Nachahmungen und Abguß-Nachformungen die Zuweisungen erschweren.

Das Ende des 4. Jh. v. Chr. ist eine für die Koroplastik fruchtbare Zeit; es ist die Epoche der berühmten Tanagra-Figuren: graziöse, reich geschmückte Mädchen, deren Gestalt und Aufmachung immer wieder durch Originalität und lebendige Wirkung überrascht. Doch Böotien ist nicht das einzige schöpferische Zentrum, manche andere Region zeichnet sich im Verlauf der hellenistischen Periode durch die Qualität ihrer Produkte aus, vor allem die Küste Kleinasiens. Gut bekannt ist der Name Myrina. Aus der Nekropole dieser Stadt stammen Hunderte von Statuetten. Dabei herrschen die beschwingten Formen der Nike- und Eros-Figuren vor. Diese Gegenstände sind besonders wichtig, denn sie tragen die Signaturen von etwa 30 Künstlern, deren Ideen und Techniken man hier verfolgen kann.

Die griechischen Künstler verstanden sich nicht nur auf die Bearbeitung eines so weichen Materials wie Ton, sondern auch auf die Herstellung von Gegenständen aus hartem Stein, vor allem in früher Zeit auf den Kykladen und in Kreta. Schließlich lieferte auch die Goldschmiedekunst zu allen Zeiten Meisterwerke; Lehrmeister für die griechischen Künstler war auch hier der Orient. Vorgriechische Schmuckstücke, archaische Geschmeide, klassische und hellenistische Ornamente wetteifern in ästhetischer und handwerklicher Vollkommenheit miteinander. Genannt seien die »dädalischen« Anhänger, aber auch die griechisch-skythischen Gegenstände, die nördlich des Schwarzen Meers gefunden wurden, oder die Kostbarkeiten aus dem erst vor kurzem entdeckten Grab von Vergina in Makedonien, das die Begräbnisstätte von König Philipp II. sein könnte.

Ob es sich nun um profane oder sakrale Gegenstände handelt, die Kleinkunst Griechenlands gewährt uns unmittelbaren Einblick in das Alltagsleben. Feststeht, daß selbst der bescheidenste Handwerker den künstlerischen Wert seiner Arbeit nie vernachlässigte.

AUSWAHLBIBLIOGRAPHIE

Berve, H. und G. Gruben: *Griechische Tempel und Heiligtümer*, München 1961, ²1978

Demargne, P.: *Die Geburt der griechischen Kunst*, München ²1975 (= Universum der Kunst Bd. 6)

Franke, P. R. und M. Hirmer: *Die griechische Münze*, München 1964

Fuchs, W.: *Die Skulptur der Griechen*, München 1969, ²1979

Gruben, G.: *Die Tempel der Griechen*, München 1966, ²1976

Hampe R. und E. Simon: *Tausend Jahre Frühgriechische Kunst*, Fribourg–München 1980

Homann-Wedeking, E.: *Das archaische Griechenland*, Baden-Baden 1966 (= Kunst der Welt)

Kunst und Kultur der Kykladeninseln im 3. Jahrtausend v. Chr., Ausstellungskatalog, Karlsruhe 1976

Lullies, R. und M. Hirmer: *Griechische Plastik von den Anfängen bis zum Beginn der römischen Kaiserzeit*, München 1979

Marinatos, Sp. und M. Hirmer: *Kreta, Thera und das mykenische Hellas*, München 1973

Martin, R.: *Griechenland*, Fribourg 1966 (= Architektur der Welt)

Martin, R., J. Charbonneaux und F. Villard: *Das archaische Griechenland*, München 1969 (= Universum der Kunst Bd. 14)

— *Das klassische Griechenland,* München 1971 (= Universum der Kunst Bd. 16)
— *Das hellenistische Griechenland,* München 1971 (= Universum der Kunst Bd. 18)
Matz, F.: *Kreta und frühes Griechenland,* Baden-Baden 1964 (= Kunst der Welt)
Papaioannou, K: *Griechische Kunst,* Freiburg/Brsg. 1972 (= Ars antiqua)
Richter, G. M. A.: *The Sculpture and Sculptors of the Greeks,* New Haven ⁴1970
Robertson, M.: *Griechische Malerei,* Genf 1959
Schefold, M.: *Klassisches Griechenland,* Baden-Baden 1965 (= Kunst der Welt)
Simon, E. und A. Hirmer: *Die griechischen Vasen,* München 1976

DIE WICHTIGSTEN MUSEEN

Dänemark
Nationalmuseet, Kopenhagen (= N. M. Kopenhagen)
Ny Carlsberg Glyptothek, Kopenhagen

Deutschland
Staatliche Museen Preußischer Kulturbesitz, Antikenmuseum, Berlin
Staatliche Museen zu Berlin, Antiken-Sammlung (Pergamon-Museum), Berlin
   (Ost) (= Staatl. M. Berlin)
Badisches Landesmuseum, Karlsruhe
Glyptothek, München (= G. München)
Staatliche Antikensammlungen, München (= Staatl. A. München)
Martin von Wagner Museum der Universität Würzburg, Residenz, Würzburg
   (= M. Würzburg)

Frankreich
Musée national du Louvre, Paris (= Louvre, Paris)
Cabinet des Médailles, Bibliothèque nationale, Paris

Griechenland
Agora-Museum, Athen
Akropolis-Museum, Athen (= Ak. M. Athen)
Kerameikos-Museum, Athen (= K. M. Athen)
Nationalmuseum, Athen (= N. M. Athen)
Archäologisches Museum, Delphi (= M. Delphi)
Archäologisches Museum, Iraklion (= M. Iraklion)
Archäologisches Museum, Korinth (= M. Korinth)
Archäologisches Museum, Olympia (= M. Olympia)
Archäologisches Museum, Saloniki (= M. Saloniki)
Archäologisches Museum, Sparta (= M. Sparta)

Großbritannien
British Museum, London (= B. M. London)
Ashmolean Museum, Oxford (= Ashm. M. Oxford)

Italien
Museo Archeologico Nazionale, Neapel (= M. Neapel)
Museo Nazionale, Palermo (= M. Palermo)
Museo Capitolino, Kapitolinisches Museum, Rom (= K. M. Rom)
Museo Nazionale Romano, Rom (= N. M. Rom)
Museo Nazionale di Villa Giulia, Rom
Palazzo dei Conservatori, Rom (= Pal. dei Conserv. Rom)
Vatikan-Museen, Rom (= V. M. Rom)
Museo Archeologico Nazionale, Syrakus (= M. Syrakus)

Griechenland
Österreich
Kunsthistorisches Museum, Wien (= K.M. Wien)

Schweiz
Antikenmuseum, Basel

UdSSR
Staatliche Eremitage, Leningrad

USA
Museum of Fine Arts, Boston
J. Paul Getty Museum, Malibu (= Getty M. Malibu)
Metropolitan Museum of Art, New York (= M.M. New York)

Weitere Museen und Sammlungen
Musées Royaux d'Art et d'Histoire, Brüssel (= M. Brüssel)
Fogg Art Museum, Harvard University, Cambridge, Ma. (= M. Cambridge)
Staatliche Kunstsammlungen, Dresden (= Staatl. K. Dresden)
Archäologisches Museum, Istanbul (= A.M. Istanbul)
Staatliche Kunstsammlung, Schloß Wilhelmshöhe, Kassel (= Staatl. K. Kassel)
Royal Ontario Museum, Toronto (= M. Toronto)
Dumbarton Oaks Collection, Washington, D.C. (= D.O.C. Washington)

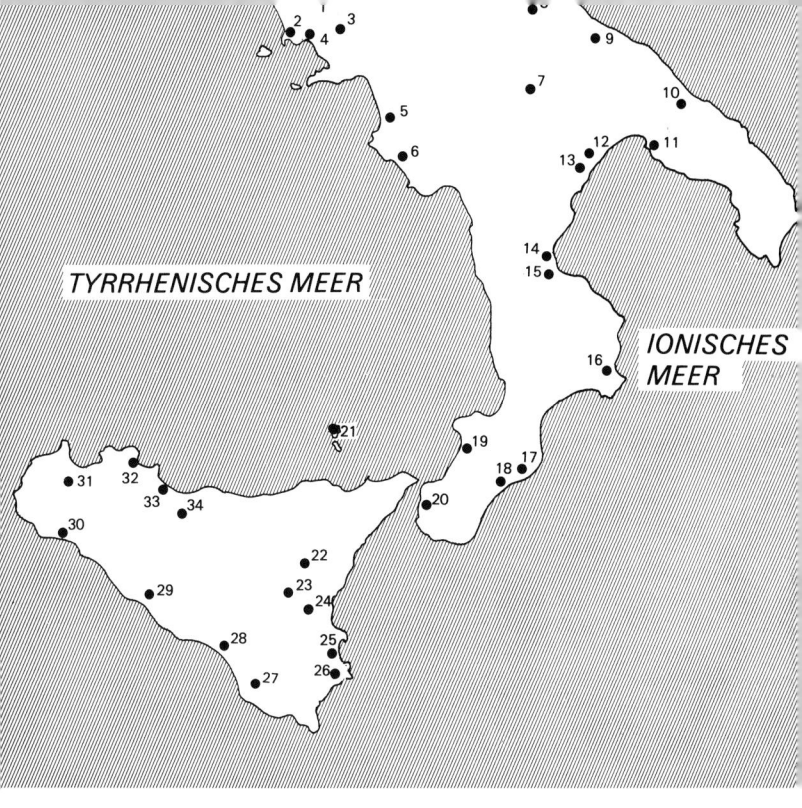

GROSSGRIECHENLAND UND SIZILIEN

1 Capua
2 Kymai (Cumae)
3 Nola
4 Neapolis
5 Poseidonia (Paestum)
6 Elea
7 Anzi
8 Canosa
9 Ruvo
10 Gnathia
11 Tarentum
12 Metapontion
13 Herakleia
14 Sybaris
15 Thurioi
16 Kroton
17 Kaulonia

18 Lokroi
19 Medma
20 Rhegion
21 Lipara
22 Adrano
23 Centuripe
24 Leontinoi
25 Megara Hyblaia
26 Syrakosai (Syrakus)
27 Kamarina
28 Gela
29 Akragas (Agrigent)
30 Selinus (Selinunt)
31 Segesta
32 Panormus (Palermo)
33 Soluntum
34 Himera

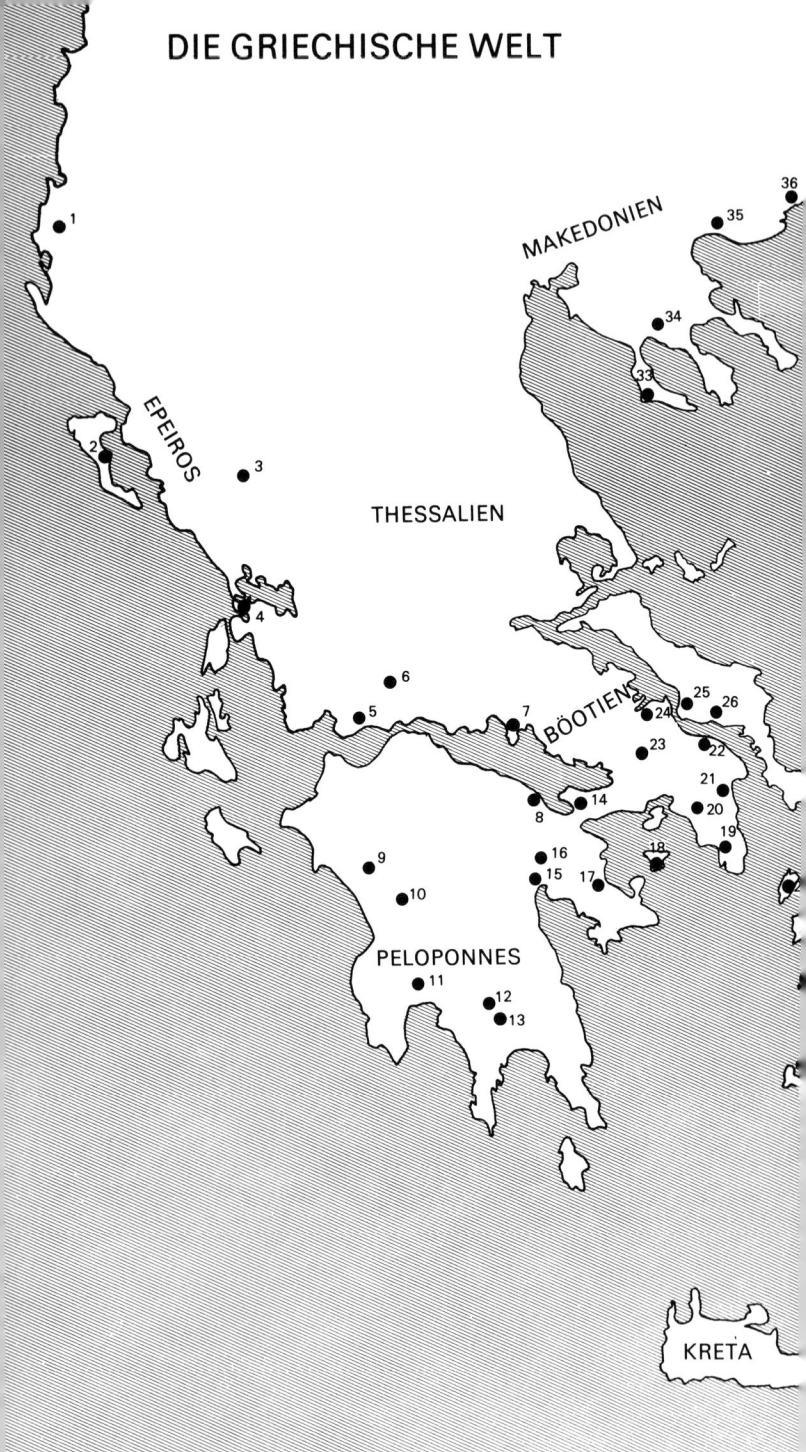

DIE GRIECHISCHE WELT

MAKEDONIEN

EPEIROS

THESSALIEN

BÖOTIEN

PELOPONNES

KRETA

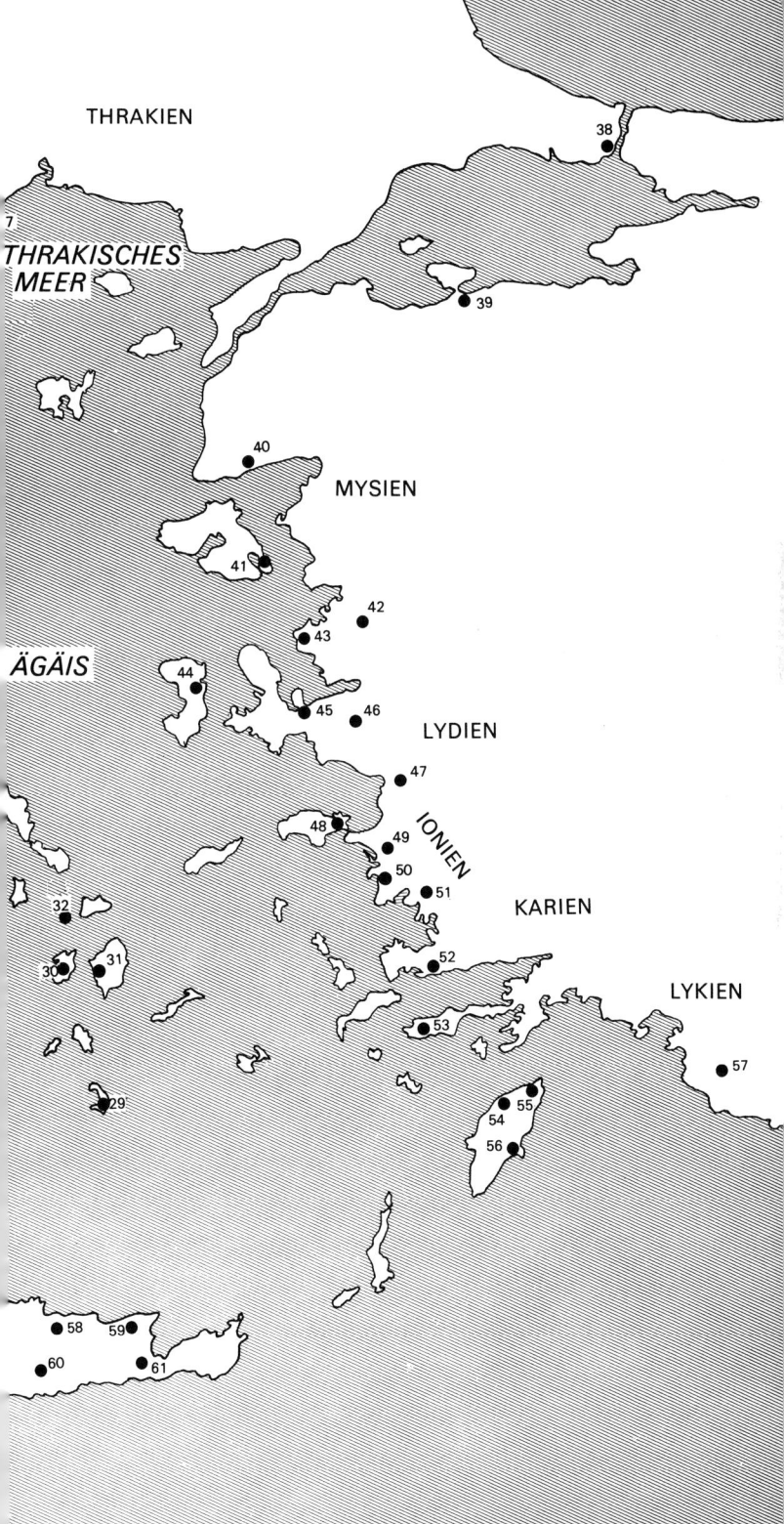

THRAKIEN

38

7

*THRAKISCHES
MEER*

MYSIEN

39

40

41

42

43

ÄGÄIS

44

45 46

LYDIEN

47

48

49 IONIEN

50

51

32

KARIEN

30 31

52

LYKIEN

53

57

29

54 55

56

58 59

60 61

DIE GRIECHISCHE WELT

1 Apollonia	21 Marathon	42 Larissa
2 Korkyra	22 Tanagra	43 Phokaia
3 Dodona	23 Theben	44 Chios
4 Aktium	24 Ptoion	45 Klazomenai
5 Kalydon	25 Chalkis	46 Smyrna
6 Thermos	26 Eretria	47 Ephesos
7 Delphi	27 Keos	48 Samos
8 Sikyon	28 Melos (Milo)	49 Priene
9 Olympia	29 Thera	50 Milet
10 Bassai	30 Paros	51 Didyma
11 Messene	31 Naxos	52 Halikarnassos
12 Sparta	32 Delos	53 Knidos
13 Amyklai	33 Mende	54 Kameiros
14 Korinth	34 Olynthos	55 Ialysos
15 Argos	35 Amphipolis	56 Lindos
16 Mykene	36 Kavalla	57 Yanthos
17 Epidauros	37 Thasos	58 Knossos
18 Aigina	38 Byzantion	59 Dreros
19 Vari	39 Kyzikos	60 Gortyn
20 Athen	40 Assos	61 Lato
	41 Mytilene	

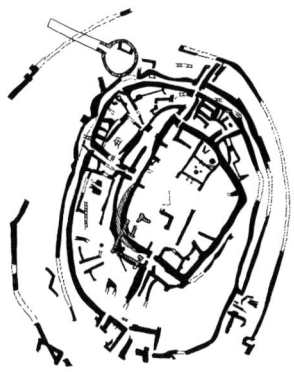

1 Gesamtplan der Akropolis von Dimini (Thessalien), Spätneolithisch, um 3700–3200 v. Chr.

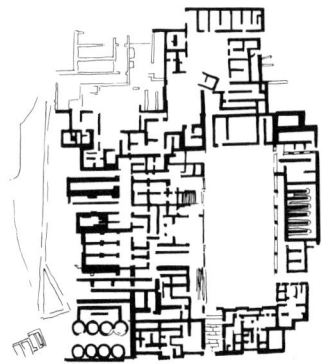

2 Gesamtplan des Palastes von Mallia (Kreta), Mittelminoisch, um 2000–1650 v. Chr.

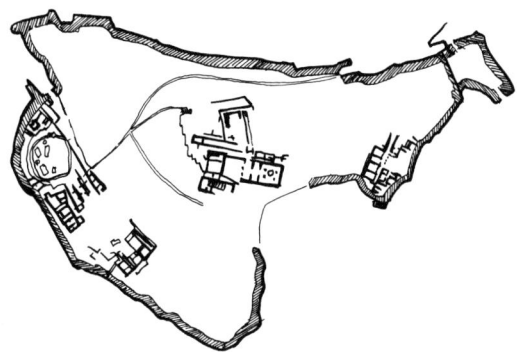

3 Gesamtplan der Akropolis von Mykene, Mykenisch, 14.–13. Jh. v. Chr.

345

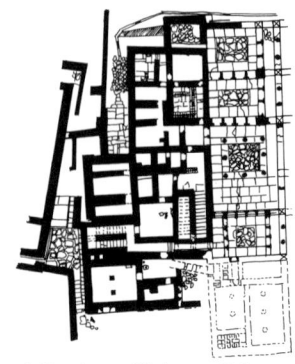

4
Grundriß des »Kleinen Palastes«
von Knossos (Kreta), Spätminoisch,
15. Jh. v. Chr.

5
Palast von Knossos, rekonstr. West-
fassade, Ende Mittelmin.-Anf. Spätmin., um 1700–1400 v. Chr.

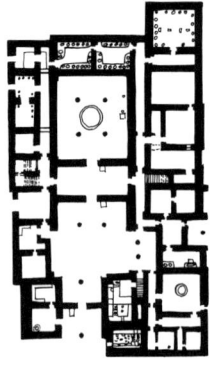

6
Palast des Königs Nestor, Pylos,
Mykenisch, 13. Jh. v. Chr.

7
Straße in Santorin (Thera), Mittelky-
kladisch III – Spätkykladisch I, 16. Jh.
v. Chr.

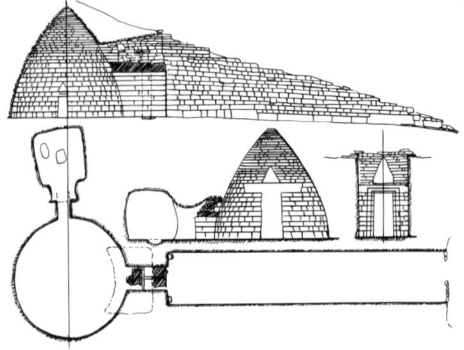

8 »Schatzhaus des Atreus«, Kuppelgrab, Schnitt und Grundriß, Mykene,
Mykenisch, um 1330 v. Chr.

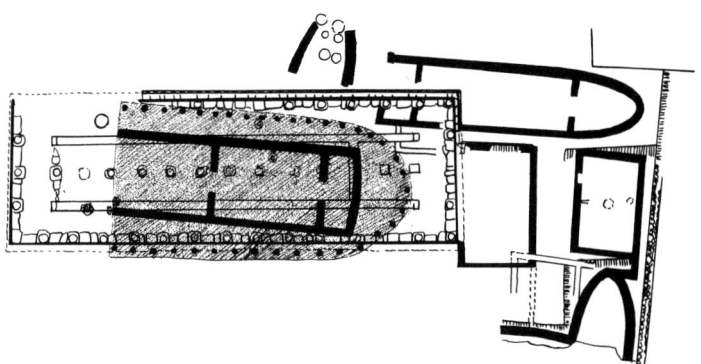

9   Grundrisse von Gebäuden aus dem 9. (schwarz), 8. (schraffiert) und 7. Jh.
v. Chr., Thermos (Ätolien)

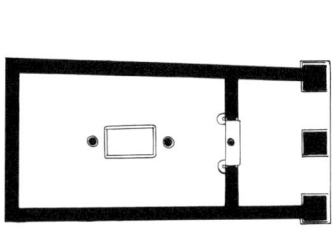

10
Grundriß des Tempels A von Prinias,
7. Jh. v. Chr.

11
Rekonstruierte Fassade des Tempels
A von Prinias, 7. Jh. v. Chr.

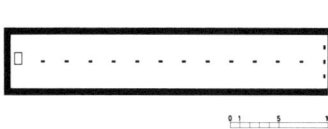

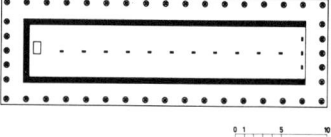

12
Hera-Tempel (Hekatompedos) I von
Samos, um 800 v. Chr.

13
Hera-Tempel (Hekatompedos) II von
Samos, um 700 v. Chr.

14   Rekonstruierte Fassade des Artemis-Tempels, Korfu, um 600 v. Chr.

15   Ansicht des Aphaia-Tempels, Ägina, Anf. 5. Jh. v. Chr.

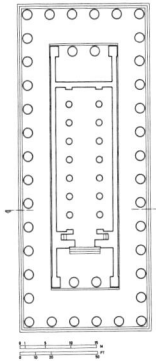
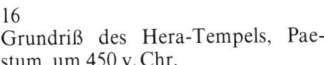

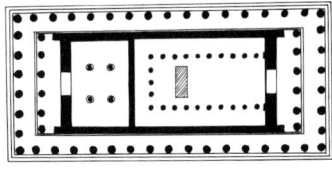

16
Grundriß des Hera-Tempels, Paestum, um 450 v. Chr.

17
Grundriß des Parthenon, Akropolis
Athen, 447–432 v. Chr.

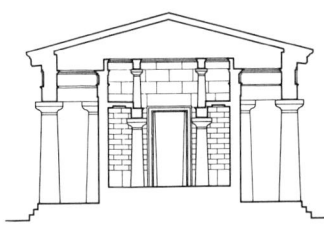

18
Schnitt durch den Hera-Tempel, Paestum, um 450 v. Chr.

19
Schnitt durch den Parthenon, Akropolis Athen, 447–432 v. Chr.

20
Apollon Epikurios-Tempel, Bassai,
Rekonstruktion des Inneren, 2. Hälfte
5. Jh. v. Chr.

21
Wechsel von dorischer und ionischer
Säulenordnung, Athena-Tempel, Pae-
stum, Ende 6. Jh. v. Chr.

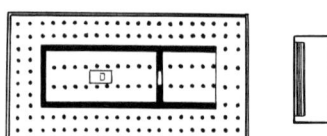
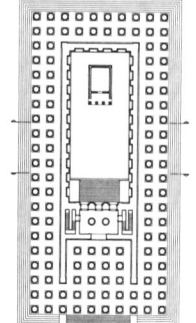

22
Grundriß des Rhoikos-Tempels, Samos (samt Altar), um 580–540 v. Chr.

23
Grundriß des Apollon-Tempels, Didyma, hellenistische Zeit

24
Rekonstruktion der Fassade des Siphnier-Schatzhauses, Delphi, 530–525 v. Chr.

25
Untere Partien des Athena Nike-Tempels, Akropolis Athen, um 420 v. Chr.

26
Rekonstruktion des Nereiden-Monuments, Xanthos (Lykien), um 400 v. Chr., B. M. London

27
Südl. Schmalseite des »Alexander-Sarkophags«, Marmor, Sidon, um 310 v. Chr., A. M. Istanbul

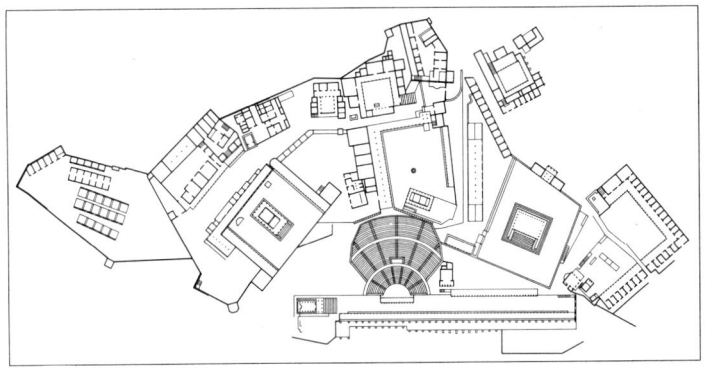

28   Gesamtplan der Akropolis von Pergamon, 3.–2. Jh. v. Chr.

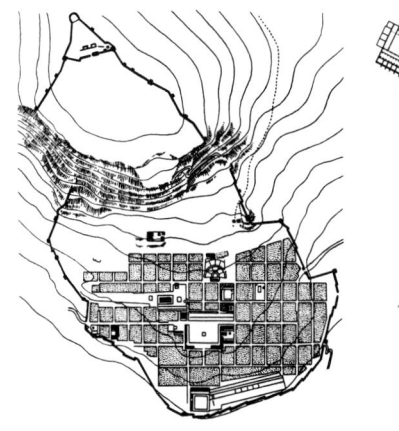

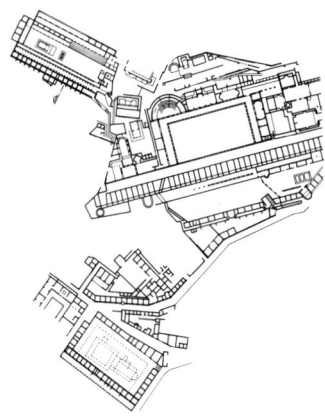

29
Gesamtplan der Stadt Priene, Ende 4. Jh. v. Chr.

30
Gesamtplan der Agora von Pergamon, 3.–2. Jh. v. Chr.

31
Rekonstr. Fassade eines Grabmals, bemalter Stuck auf Kalkstein, Leukadia, 1. Hälfte 3. Jh. v. Chr.

32
Propylon, Athena-Heiligtum, Marmor, H: 880 cm, Pergamon, 1. Hälfte 2. Jh. v. Chr., Staatl. M. Berlin

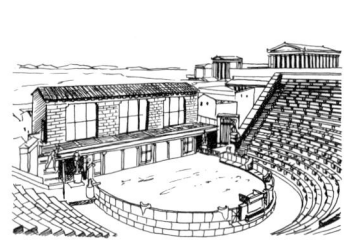

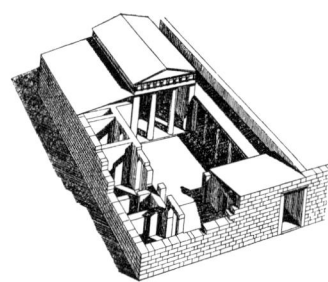

33
Rekonstruktion des Theaters von Priene, 3. Jh. v. Chr.

34
Rekonstruierte Ansicht eines Hauses von Priene

35   Zeus und Athena-Altar, Marmor, B: 36,44 m, T: 34,20 m, Pergamon, um 180 v. Chr., Staatl. M. Berlin

36
Minoische Säulen und Kapitelle, Nordeingang des Palastes von Knossos

37
»Schatzhaus des Atreus«, rekonstr. Kapitell, grüner Stein, Mykene, 13. Jh. v. Chr., B. M. London

38
Palmettenkapitell, Kalkstein, Abakus: 49×50 cm, Arkades, 7. Jh. v. Chr., M. Iraklion

39
Äol. Kapitell, Kalkstein, H: 145 cm, Larissa am Hermos, Ende 7. Jh.– Anf. 6. Jh. v. Chr., A. M. Istanbul

40
Antenkapitell, Kalkstein, H: 73,4 cm, Poseidonia (Paestum), um 540 v. Chr., M. Paestum

41
Palmettenkapitell, Marmor, Schatzhaus von Massilia, Delphi, Ende 6. Jh. v. Chr., M. Delphi

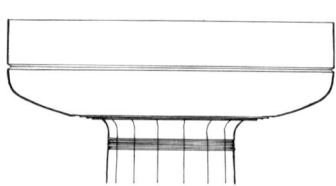

42
Dorisches Kapitell, Tuff, Athena Pronaia-Tempel I, Delphi, Ende 7. Jh. v. Chr., M. Delphi

43
Dorisches Kapitell, Marmor, H der Säulen: 5,272 m, Aphaia-Tempel, Ägina, Anf. 5. Jh. v. Chr.

44
Ionisches Kapitell, Hera-Tempel IV, Samos (Dipteros des Polykrates), Ende 6. Jh. v. Chr.

45
Ionisches Kapitell, Marmor, H: 81 cm, Artemis-Tempel, Sardes, 3. Jh. v. Chr.

46
Korinth. Kapitell, rekonstr., Marmor, H: ca. 65 cm, Apollon Epikurios-Tempel, Bassai, 5. Jh. v. Chr.

47
Korinth. Kapitell, rekonstr., Kalkstein, H: 92 cm, Ai Khanoum, Säulenhalle, Anf. 2. Jh. v. Chr.

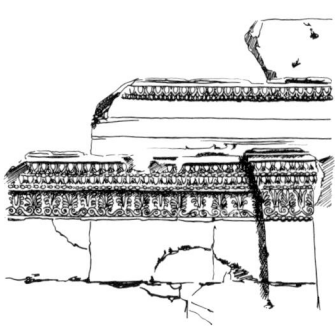

48
Kassettendecke einer Tholos, grüner Schiefer, 374×275 cm, Orchomenos (Böotien), 14. Jh. v. Chr.

49
Mauer- und Gesimsschmuck, Marmor, Erechtheion, Akropolis Athen, Ende 5. Jh. v. Chr.

50
Akroter, Marmor, H: 54 cm, Tholos von Delphi, um 370 v. Chr., M. Delphi

51
Akroter, Marmor, Apollon-Tempel, Delphi, Mitte 4. Jh. v. Chr., M. Delphi

52
Kymation, Palmetten und Lotosblüten, Marmor, Siphnier-Schatzhaus, Delphi, um 530–525 v. Chr.

53
Kymation, Eierstab und Palmetten, Marmor, Tholos von Epidauros, 370–330 v. Chr., M. Epidauros

54   Löwentor, Stein, Mykene, 13. Jh. v. Chr.

55
Rekonstr. Fassade, Kalkstein, H des
Frieses: 84 cm, Tempel von Prinias,
620–600 v. Chr., M. Iraklion

56
Dekor unter dem Sturz des Tempels
von Prinias, 620–600 v. Chr.

57
Rekonstr. Gebälk, Holz und Terrakotta, Metopen: 88 × 99 cm, Tempel
von Thermos, Ende 7. Jh. v. Chr.

58
Gebälk, Marmor, H: 211 cm, Athena-Tempel, Priene, 2. Hälfte 4. Jh.
v. Chr., Staatl. M. Berlin

59
Relief auf Säulentrommel, Marmor,
H: 27 cm, Apollon-Tempel, Didyma,
540–520 v. Chr. Staatl. M. Berlin

60
Rekonstruktion der oberen Partien
des Apollon-Tempels, Didyma, Löwe
und Gorgo

61
Relief auf Säulentrommel, Marmor,
Artemis-Tempel, Ephesos, 550–540
v. Chr., B. M. London

62
Rekonstruktion des unteren Säulen-
teils mit Sockel, Apollon-Tempel,
Didyma

63
Iphigenie? und Hermes, Marmor,
H: 182 cm, Artemis-Tempel, Ephesos,
um 340 v. Chr., B. M. London

64
Geflügelte Löwen oder Greifen, Kapi-
tell, Marmor, H: 90 cm, Apollon-
Tempel, Didyma, 3.–2. Jh. v. Chr.

66
Karyatide, Marmor, H: 84 cm,
Schatzhaus, Delphi, um 540–530
v. Chr., M. Delphi

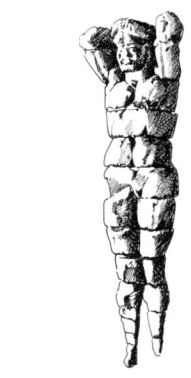

67
Telamon, Kalkstein, H: ca. 800 cm,
Olympieion (Tempel B), Agrigent, um
460 v. Chr., M. Agrigent

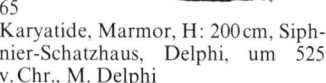

65
Karyatide, Marmor, H: 200 cm, Siphnier-Schatzhaus, Delphi, um 525
v. Chr., M. Delphi

68
Karyatide, Marmor, H: 231 cm,
Erechtheion, Akropolis Athen, um
415 v. Chr., B. M. London

69
Tänzerinnen-Säule, Marmor, H der
Figuren: 208 cm, Delphi, um 335–325
v. Chr., M. Delphi

70
Metope?, Kalkstein, H: 40 cm, Mykene, 2. Hälfte 7. Jh. v. Chr., N. M. Athen

71
Göttliche Trias, Kalkstein, H: 150 cm,
Apollon-Tempel, Gortyn (Kreta), um
630–620 v. Chr., M. Iraklion

72
Mädchen auf der Flucht, Sandstein,
H: 78 cm, Poseidonia, um 550–540
v. Chr., M. Paestum

73
Tanzende Mädchen, Sandstein, H:
85 cm, Heraion am Silaros, Poseidonia, 510–505 v. Chr., M. Paestum

74
Herakles und der Hirsch von Kery-
neia, Marmor, H: 67 cm, Delphi,
490–485 v. Chr., M. Delphi

75
Herakles und Kyknos, Marmor, H:
67 cm, Schatzhaus der Athener, Delphi, 490–485 v. Chr., M. Delphi

76
Athena, Herakles und Atlas, Marmor,
H: 160 cm, Zeus-Tempel, Olympia,
um 460 v. Chr., M. Olympia

77
Herakles und der kretische Stier,
Marmor, H: 160 cm, Olympia, um 460
v. Chr., Louvre und M. Olympia

78
Hera und Zeus, Tuff und Marmor,
H: 162 cm, Hera-Tempel, Selinunt,
um 460 v. Chr., M. Palermo

79
Tod des Aktäon, Tuff und Marmor,
H: 162 cm, Hera-Tempel, Selinunt,
um 460 v. Chr., M. Palermo

80
Kentaur und Lapith, Marmor, H:
134 cm, dor. Fries, Parthenon, Athen,
448–440 v. Chr., B. M. London

81
Lapith und Kentaur, Marmor, H:
134 cm, dor. Fries, Parthenon, Athen,
448–440 v. Chr., B. M. London

82 Herakles beim Gastmahl, Trachyt, H: 49 cm, Athena-Tempel, Assos, um
    540–530 v. Chr., Louvre, Paris

83 Götterversammlung, Marmor, H: 65 cm, Siphnier-Schatzhaus, Delphi, um
    530–525 v. Chr., M. Delphi

84
Götterversammlung, Marmor, H:
106 cm, ion. Fries, Parthenon, Athen,
440–432 v. Chr., Ak. M. Athen

85
Unterwerfungsszene, Marmor, H:
63 cm, Nereiden-Monument, Xanthos, um 400 v. Chr., B. M. London

86
Kentaur und Lapithen, Marmor, H:
70 cm, Apollon Epikurios-Tempel,
Bassai, um 420 v. Chr., B. M. London

87
Mann und Pferd, Marmor, H: 106 cm,
ion. Fries, Parthenon, Athen, 440–432
v. Chr.

88
Schlacht bei Plataiai (479), Marmor,
H: 48 cm, Athena Nike-Tempel,
Athen, 425–421 v. Chr., B. M. London

89
Kampfszene, Marmor, H: 89 cm,
Mausoleum, Halikarnassos, um 350
v. Chr., B. M. London

90   »Alexander-Sarkophag«, Löwenjagd, Marmor, L: 318 cm, H des Frieses:
      58,5 cm, Sidon, um 310 v. Chr., A. M. Istanbul

91
Kampfszene, Marmor, H: 63 cm,
Apollon Epikurios-Tempel, Bassai,
um 420 v. Chr., B. M. London

92
Kampfszene, Marmor, H: 101 cm,
Nereiden-Monument, Xanthos, um
400 v. Chr., B. M. London

93
Zeus und Porphyrion, Marmor, H:
230 cm, Zeus-Altar, Pergamon, um
180–160 v. Chr., Staatl. M. Berlin

94
Athena und Alkyoneus, Marmor, H:
230 cm, Zeus-Altar, Pergamon, um
180–160 v. Chr., Staatl. M. Berlin

95, 96   Griechen und Amazonen, Marmor, H: 70 cm, Artemis-Tempel, Ma-
gnesia, um 125 v. Chr., Louvre, Paris

97 Ostgiebel des Aphaia-Tempels, Ägina, Rekonstruktion, L: ca. 7,25 m,
    G. München

98 Ostgiebel des Zeus-Tempels, Olympia, Rekonstruktion, L: ca. 26,40 m,
    M. Olympia

99 Ostgiebel und Ostseite des dor. Frieses, Rekonstruktion, L: ca. 32 m,
    Parthenon, Athen

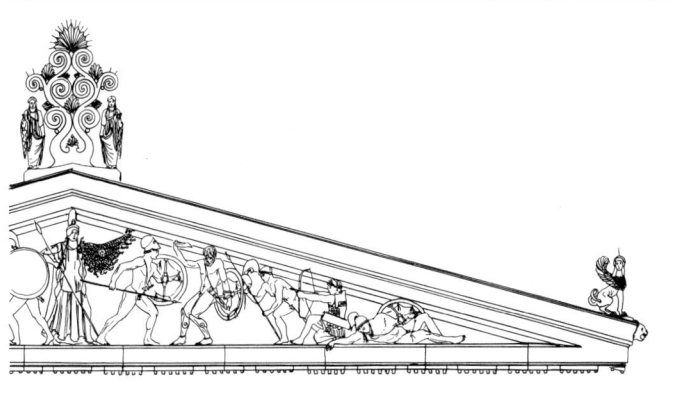

100
Die »Pariserin«, Fresko, H: 25 cm,
Palast von Knossos, um 1500–1450
v. Chr., A. M. Iraklion

101
Der Frühling, Fresko, Haus in Thera,
um 1500 v. Chr., N. M. Athen

102
Fischer, Vasendekor, H: 17 cm, Phyla-
kopi (Melos), Mittelkykl. III, um 1650
v. Chr., N. M. Athen

103
Der Fischer, Fresko, Haus in Thera,
um 1500 v. Chr., N. M. Athen

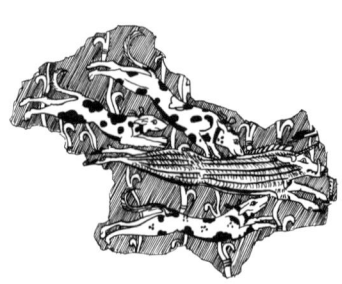

104
Eberjagd, Fresko, B: 43 cm, Tiryns,
13. Jh. v. Chr., N. M. Athen

105
Sich entkleidende Frauen, rekonstr.
Metope, B: 95 cm, Apollon-Tempel,
Thermos, um 625 v. Chr.

106   Ausgemalte Kuppel eines Königsgrabes, Huldigung an das Fürstenpaar,
Fresko, H des Frieses: 55 cm, Kazanlak, um 300 v. Chr.

107
Farbdekor an der Wand des Grabmals von Kazanlak, um 300 v. Chr.

108
Perseus befreit Andromeda, Fresko,
nach Nikias, Pompeji, Original um
330 v. Chr., M. Neapel

109
Hirschjagd, Mosaik, sig. Gnosis, Pella,
Anf. 3. Jh. v. Chr.

110
Dionysos auf Geparden, Mosaik,
Haus der Masken, Delos, 2. Hälfte
2. Jh. v. Chr.

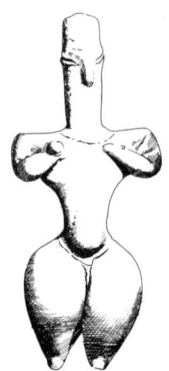

111
Frauenfigur, Terrakotta, H: 17 cm,
Nea Nikomedeia, Frühneolith.,
5900–5200 v. Chr., M. Beroia

112
Frauenfigur, bemalte Terrakotta, H:
12 cm, Chaironeia, Mittelneolith.,
5200–4200 v. Chr., M. Chaironeia

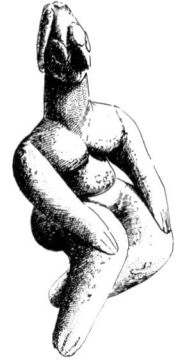

113
Frauenfigur, Terrakotta, H: 7 cm,
Pharsalos, Mittelneolith., 5200–4200
v. Chr., M. Volos

114
Stillende Figur, bemalte Terrakotta,
H: 16 cm, Sesklo, Spätneolith., 4200–
3200 v. Chr., N. M. Athen

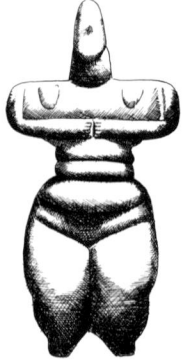

115
Stehende Frauenfigur, Marmor, H:
13,5 cm, Spätneolith., 4. Jtsd. v. Chr.,
Slg. Smeets, Weert

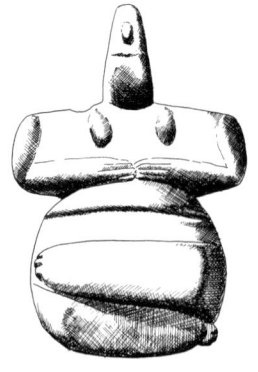

116
Sitzende Frauenfigur, Marmor, H:
19 cm, Spätneolith., 4. Jtsd. v. Chr.,
M. Brüssel

117
Kopf einer Frauenfigur, Terrakotta,
H: 3,4 cm, Pyrasos, Mittelneolith.,
4200–3200 v. Chr., M. Volos

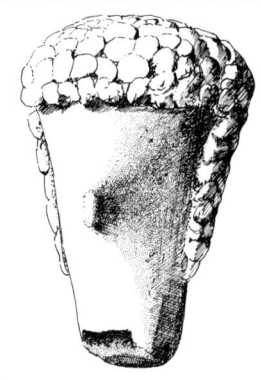

118
Kopf einer Figur, Terrakotta, H:
6,8 cm, Korinth, Spätneolith., 4200–
3200 v. Chr., M. Korinth

119
Kopf einer Figur, Terrakotta, H:
1,3 cm, Dikili Tash, Spätneolith.,
4200–3200 v. Chr., M. Kavalla

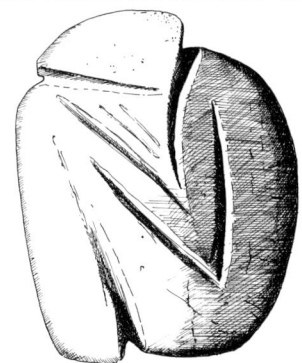

120
Sitzende Figur, Stein, H: 4 cm,
Magula Karamurlar, Frühneolith.,
5900–5200 v. Chr., M. Volos

121
Siegel, Stein, D: 3,3 cm, Nessonis,
Mittelneolith., 5200–4200 v. Chr., M.
Larissa

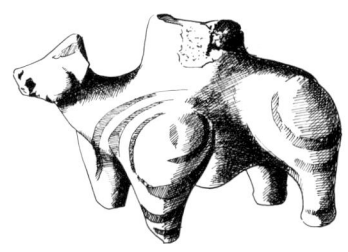

122
Lasttier, Terrakotta, B: 17 cm, Sita-
groi, Mittelneolith., 4200–3200
v. Chr., M. Philippi

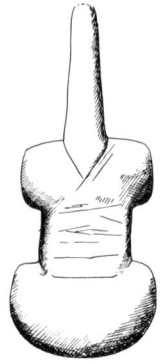

123
Weibl. Idol, Marmor, H: 12 cm,
Despotiko, Altkykl. I, 3200–2700
v. Chr., N. M. Athen

124
Weibl. Idol, Marmor, H: 20,8 cm,
Naxos, Altkykl. I, 3200–2700 v. Chr.,
Ashm. M. Oxford

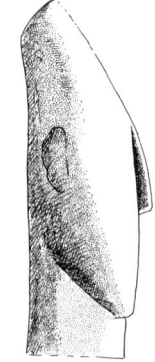

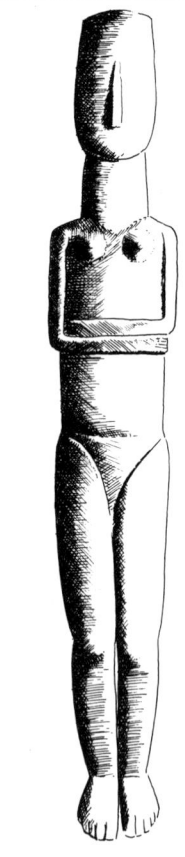

125
Kopf eines weibl. Idols, Marmor, H:
35,5 cm, Amorgos, Altkykl. II, 2700–
2300 v. Chr., Louvre, Paris

126
Leierspieler, Marmor, H: 22,5 cm,
Keros, Altkykl. II, 2700–2300 v. Chr.,
N. M. Athen

127
Weibl. Idol, Marmor, H: 148,5 cm,
Amorgos, Altkykl. II, 2700–2300
v. Chr., N. M. Athen

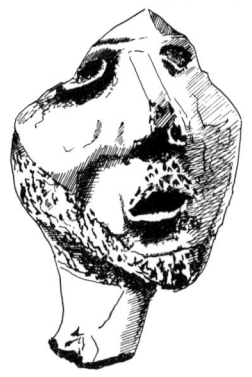

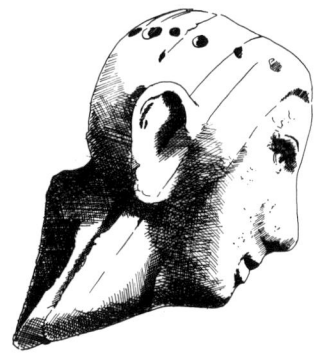

128
Männerkopf, Terrakotta, H: 5 cm,
Knossos, Mittelmin. I–II, 2000–1700
v. Chr., M. Iraklion

129
Männerkopf, Elfenbein, H: 4,5 cm,
Knossos, Spätmin. I, ca. 1550 v. Chr.,
M. Iraklion

130
Totenmaske (»Agamemnon«), Gold,
H: 31,5 cm, Mykene (Rundgrab A),
Myken., 16. Jh. v. Chr., N. M. Athen

131
Frauenkopf, bemalter Stuck, H:
16,8 cm, Akropolis, Mykene, Myken.,
um 1300 v. Chr., N. M. Athen

132
Frauenkopf, Terrakotta, H: 8,5 cm,
Amyklai, Spätgeom., Ende 8. Jh.
v. Chr., N. M. Athen

133
Kopf eines Kriegers, Terrakotta, H:
11,5 cm, Amyklai, Spätgeom., Ende
8. Jh. v. Chr., N. M. Athen

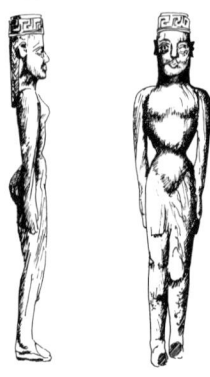

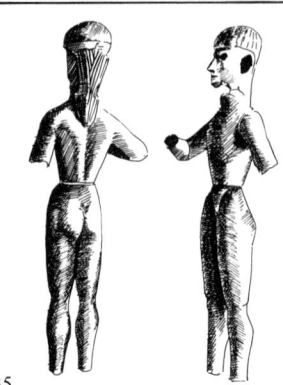

134
Frauenfigur, Elfenbein, H: 24 cm,
Dipylontor, Athen, Spätgeom., um
730 v. Chr., N. M. Athen

135
Mann, vermutl. Apollon, Bronze, H:
80 cm, Dreros, Spätgeom., um 700
v. Chr., M. Iraklion

136
Krieger, Bronze, H: 28 cm, Karditsa,
Spätgeom., Ende 8. Jh. v. Chr., N. M.
Athen

137
Apollon-Statuette, Bronze, H: 20 cm,
Theben, Spätgeom., Anf. 7. Jh. v. Chr.,
M. Boston

138
Wagenführer, Bronze, H: 13,6 cm,
Olympia, Spätgeom., um 725 v. Chr.,
M. Olympia

139
Herakles und Nessos?, Bronze, H:
11 cm, Spätgeom., Ende 8. Jh. v. Chr.,
M. M. New York

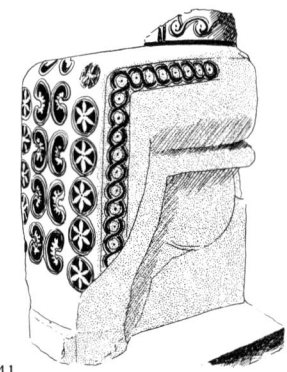

140
Naxische Frauenstatue, Marmor, H:
175 cm, Artemis-Heiligtum, Delos,
um 650 v. Chr., N. M. Athen

141
Sitzende Frau, Kalkstein, H: 80 cm,
Gortyn, 1. Hälfte 7. Jh. v. Chr., M.
Iraklion

142
Büste einer sitzenden Frau, Kalkstein,
H: 104 cm, Astritsi, um 650 v. Chr.,
M. Iraklion

143
»Kore von Auxerre«, Kalkstein, H:
75 cm, um 640–630 v. Chr., Louvre,
Paris

144
Büste einer sitzenden Frau, Kalkstein,
H: 57 cm, Eleutherna, um 600 v. Chr.,
M. Iraklion

145
Frauenkopf (?), Kalkstein, H: 16,2 cm,
Axos, 590–570 v. Chr., M. Iraklion

146
Kopf eines attischen Kuros, Marmor,
H: 44 cm, Dipylontor, Athen, um 600
v. Chr., N. M. Athen

147
Kopf eines böotischen Kuros, Kalkstein, H: 33 cm, Ptoion (Böotien), um
580 v. Chr., N. M. Athen

148
Attischer Kuros, Marmor, H: 305 cm,
Kap Sunion, um 600 v. Chr., N. M.
Athen

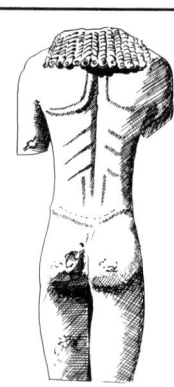

149
Kuros (Rückenansicht), Marmor, H:
165 cm, Kap Sunion, 590–580 v. Chr.,
N. M. Athen

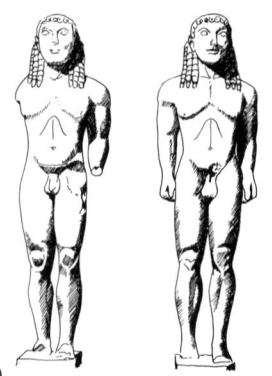

150
Argivische Kuroi, Kleobis und Bi-
ton?, Marmor, H: 216 cm, Delphi,
590–580 v. Chr., M. Delphi

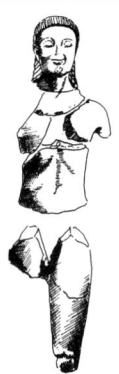

151
Samischer Kuros, Marmor, H (ohne
Kopf): 180 cm, Samos, 575–550
v. Chr., M. Vathy (Samos)

152
Korinthischer? Kuros, Marmor, H:
153 cm, Tenea, um 560–550 v. Chr.,
G. München

153
Rücken- und Seiten-Ansicht des
Kuros Abb. 152

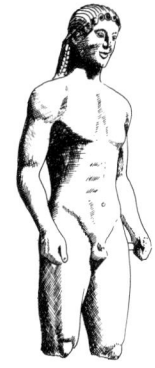

154
Böotischer Kuros, Marmor, H:
160 cm, Ptoion (Böotien), um 530
v. Chr., N. M. Athen

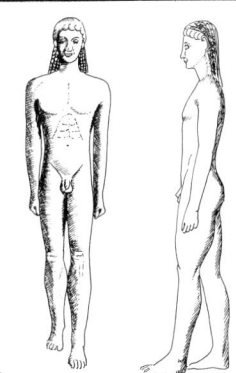

155
Kykladischer Kuros, Marmor, H:
214 cm, Melos, um 550 v. Chr., N. M.
Athen

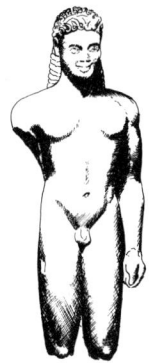

156
Parischer Kuros, Marmor, H:
103,5 cm, Paros, 540–530 v. Chr.,
Louvre, Paris

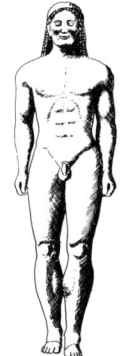

157
Attischer Kuros, Grabstatue des Kroi-
sos, Marmor, H: 194 cm, Anavyssos
(Attika), 530 v. Chr., N. M. Athen

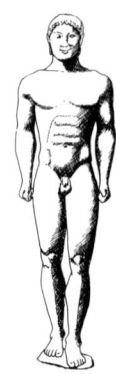

158
Attischer Kuros, Marmor, H: 211 cm, Attika, um 540–530 v. Chr., G. München

159
Attischer Kuros, Grabstatue des Aristodikos, Marmor, H: 195 cm, Attika, um 500 v. Chr., N. M. Athen

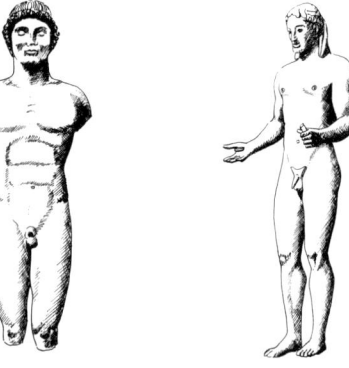

160
Kuros, »Apollon Strangford«, Marmor, H: 101 cm, Anaphe?, um 500–490 v. Chr., B. M. London

161
Kuros, Bronze, H: 192 cm, Piräus, um 530–520 v. Chr., N. M. Athen

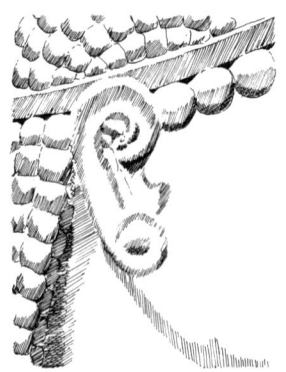

162
Ohr eines Kuros vom Kap Sunion, um 600 v. Chr.

163
Ohr des Kuros Aristodikos Abb. 159, um 500 v. Chr.

164
Statue des Rhombos, »Moschopho-
ros«, Marmor, H: 96 cm, Akropolis
Athen, um 570 v. Chr., Ak. M. Athen

165
»Rampin'scher Kopf«, Marmor, H:
29 cm, Akropolis Athen, um 550–540
v. Chr., Louvre, Paris

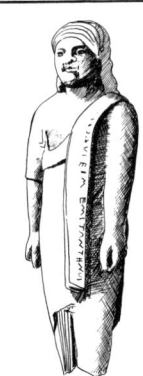

166
Sitzender Mann, Marmor, H: 155 cm,
Didyma, um 560 v. Chr., B. M.
London

167
Bekleideter Mann, Statue des Dionysermos, Marmor, H: 69 cm, um 530
v. Chr., Louvre, Paris

168
Liegender Mann (aus einer Gruppe),
Marmor, von Geneleos, L: 160 cm,
Samos, um 560 v. Chr., M. Vathy

169
Torso eines Kriegers, Marmor, H:
85 cm, Sparta, um 490–480 v. Chr.,
M. Sparta

170
»Blonder Ephebe«, Marmor, H:
25 cm, Akropolis Athen, um 490–480
v. Chr., Ak. M. Athen

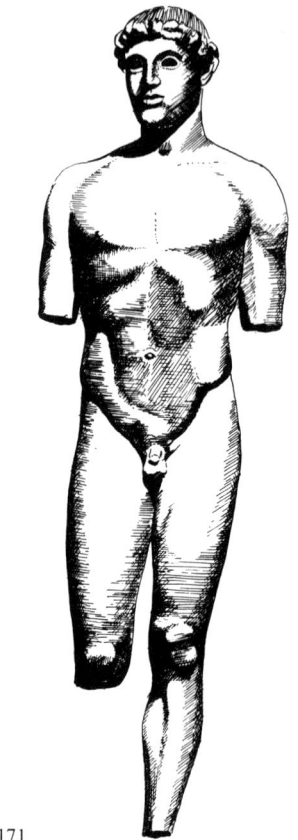

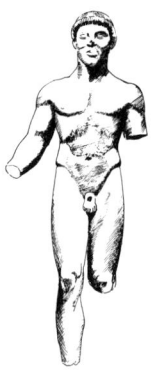

172
Jüngling, Marmor, H: 110 cm, Agrigent, um 480 v. Chr., M. Agrigent

171
»Kritias-Ephebe«, Marmor, H: 82 cm,
Akropolis Athen, um 480 v. Chr.,
Ak. M. Athen

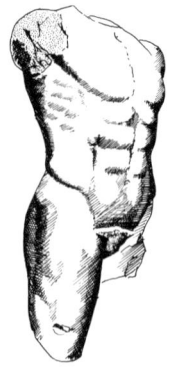

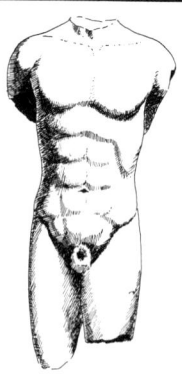

173
Männlicher Torso, Marmor, H:
132 cm, Milet, um 480 v. Chr., Louvre,
Paris

174
Männlicher Torso, Marmor, H:
103 cm, Leontinoi, um 490 v. Chr.,
M. Syrakus

175
Zeus mit Blitz, oder Poseidon mit Dreizack, Bronze, H: 209 cm, Histiaia, um 460 v. Chr., N. M. Athen

176
Männerkopf, »Apollon Chatsworth«, Bronze, H: 31,7 cm, Zypern, um 460 v. Chr., B. M. London

177
Der Diskuswerfer, Marmor, röm. Kopie nach Myron, H: 155 cm, Rom, um 450 v. Chr., N. M. Rom

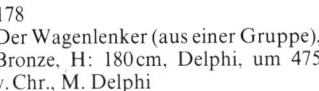

179
Der Fluß Alphaios, Eckfigur eines Giebels, Marmor, Zeus-Tempel, Olympia, um 460 v. Chr., M. Olympia

178
Der Wagenlenker (aus einer Gruppe), Bronze, H: 180 cm, Delphi, um 475 v. Chr., M. Delphi

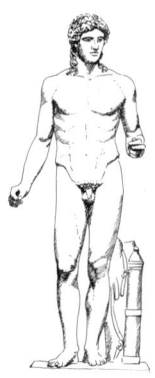

180
»Kasseler Apoll«, Marmor, Kopie
nach Pheidias, H: 200 cm, Rom, um
450–440 v. Chr., Staatl. K. Kassel

181
Dionysos, Eckfigur, Marmor, H:
130 cm, Ostgiebel des Parthenon, um
440–432 v. Chr., B. M. London

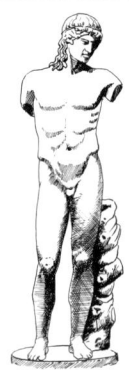

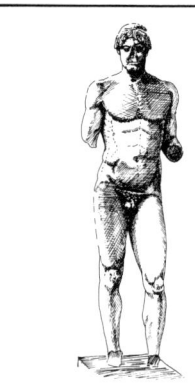

182
»Tiber-Apoll«, Marmor, Kopie nach
Pheidias (od. Kalamis), H: 204 cm,
Rom, um 450 v. Chr., N. M. Rom

183
»Omphalos-Apoll«, Marmor, Kopie
nach Kalamis, H: 176 cm, Athen,
um 460–450 v. Chr., N. M. Athen

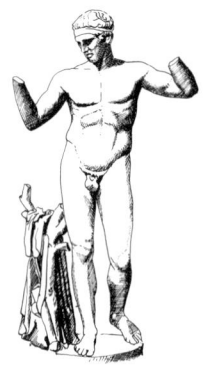

184
Doryphoros, Marmor, röm. Kopie
nach Polyklet, H: 212 cm, Pompeji,
um 440 v. Chr., N. M. Neapel

185
Diadumenos, Marmor, röm. Kopie
nach Polyklet, H: 195 cm, Delos, um
430 v. Chr., N. M. Athen

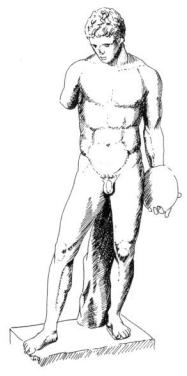

186
Diskuswerfer, Marmor, röm. Kopie
nach Naukydes, H: 167 cm, Rom,
Ende 5. Jh. v. Chr., Louvre, Paris

187
Ares, Marmor, röm. Kopie nach
Alkamenes, H: 211 cm, Ende 5. Jh.
v. Chr., Louvre, Paris

188
Pothos, Marmor, röm. Kopie nach
Skopas, H: 180 cm, Rom, um 350
v. Chr., K. M. Rom

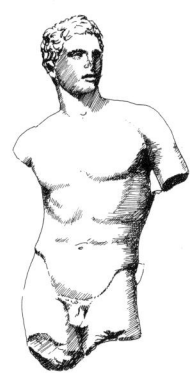

189
Meleager, Marmor, röm. Kopie nach
Skopas, H: 123 cm, Santa Marinella,
um 340–330 v. Chr., M. Cambridge

190
Einschenkender Satyr, Marmor, röm.
Kopie nach Praxiteles, H: 150 cm, um
360 v. Chr., Louvre, Paris

191
Apollon Sauroktonos, Marmor, röm.
Kopie nach Praxiteles, H: 149 cm, um
350–330 v. Chr., Louvre, Paris

192
Afrikaner, Bronze, H: 30,5 cm, Apollon-Tempel, Kyrene, Ende 4. Jh. v. Chr., B. M. London

193
Faustkämpfer, Bronze, Silanion zugeschrieben, H: 28 cm, Olympia, um 325 v. Chr., N. M. Athen

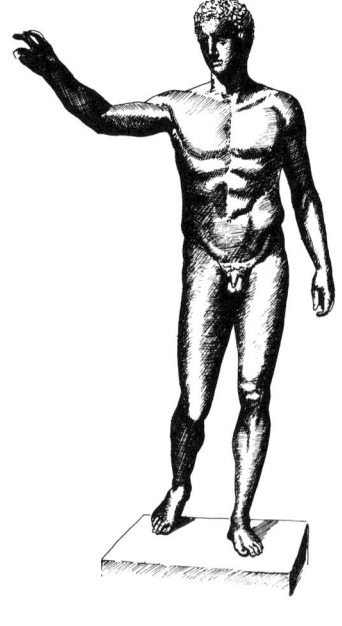

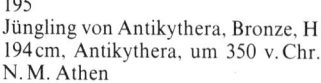

194
Ephebe von Marathon, Bronze, H: 130 cm, aus dem Golf von Marathon, um 340 v. Chr., N. M. Athen

196
Athlet von Ephesos, Bronze, H: 192 cm, Ephesos, um 350 v. Chr., K. M. Wien

195
Jüngling von Antikythera, Bronze, H: 194 cm, Antikythera, um 350 v. Chr., N. M. Athen

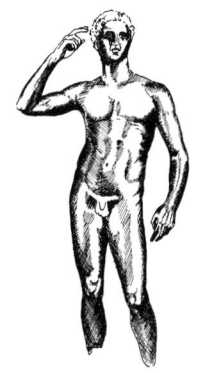

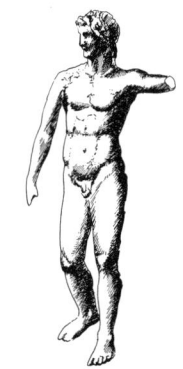

197
Siegerstatue, Bronze, von Lysipp oder
seinem Kreis, natürl. Größe, Ende
4. Jh. v. Chr., Getty M. Malibu

198
Alexander, Bronze, Kopie nach
Lysipp, H: 17 cm, Unterägypten, um
330 v. Chr., Louvre, Paris

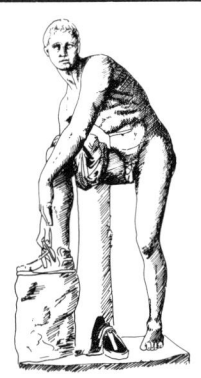

199
Ruhender Herakles, Bronze, Kopie
nach Lysipp, H: 43,5 cm, Perugia, um
330–320 v. Chr., Louvre, Paris

200
Hermes, Marmor, röm. Kopie nach
Lysipp, H: 154 cm, Ende 4. Jh. v. Chr.,
Louvre, Paris

201
Verletzter Gallier, Marmor, röm.
Kopie nach Pergamon-Gruppe, H:
83 cm, 2. Jh. v. Chr., Louvre, Paris

202
»Borghesischer Fechter«, Marmor,
H: 199 cm, Anzio, um 100 v. Chr.,
Louvre, Paris

203
Demosthenes, Marmor, röm. Kopie
nach Polyeuktos, H: 207 cm, um 280
v. Chr., V. M. Rom

204
Porträt eines Philosophen, Marmor,
H: 207 cm, Delphi, um 250 v. Chr.,
M. Delphi

206
Poseidon von Melos, Marmor, H:
217 cm, Poseidon-Heiligtum, Melos,
um 130 v. Chr., N. M. Athen

205
»Hippokrates«, Marmor, Kos, um
150–100 v. Chr., M. Kos

207
Schlafender Satyr, Marmor, H:
215 cm, Rom, um 200 v. Chr. (Restaurierung von Bernini), G. München

208
Faustkämpfer, Bronze, H: 128 cm,
Rom, Anf. 1. Jh. v. Chr., N. M. Rom

209   Die Familie Alexanders: Olympias, Alexander, Philipp und zwei nicht identifizierte Porträts, Elfenbein, H: 3 cm, Vergina, 3. Viertel 4. Jh. v. Chr., M. Saloniki

210
Alexander, (»Hermes Azara«), Marmor, H: 68 cm, Pisonen-Villa, Tivoli, um 330 v. Chr., Louvre, Paris

211
Alexander, Marmor, H: 42 cm, Pergamon, um 160 v. Chr., A. M. Istanbul

212
»Ephebe von Agde«, Bronze, H: 132 cm, aus dem Meer vor Agde, 2. Jh. v. Chr.?, Louvre (Depot), Paris

213
Kopf des Helios, Marmor, H: 55 cm, Rhodos, um 150 v. Chr., A. M. Rhodos

214
Porträt des Menander, Marmor, röm.
Kopie, H: 46,2 cm, Tarquinia, Anf.
3. Jh. v. Chr., D.O.C. Washington

215
Porträt des Flamininus?, Marmor,
H: 27 cm, Delphi, Anf. 2. Jh. v. Chr.,
M. Delphi

216
Porträt des Hesiod?, Bronze, röm.
Kopie, Herculaneum, Ende 2. Jh.
v. Chr., N. M. Neapel

217
Porträt von Kleopatra VII.?, Kalk-
stein, H: 27 cm, um 40 v. Chr., B. M.
London

218
Porträt eines Griechen, Bronze, H:
32,5 cm, Delos, um 100 v. Chr., N. M.
Athen

219
Schlafende Frau, Marmor, röm.
Kopie, um 180 v. Chr., N. M. Rom

220
Attische Kore, Marmor, H: 193 cm,
Keratea, um 570–560 v. Chr., Staatl.
M. Berlin

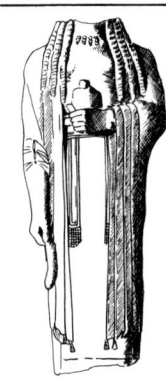

221
Kore mit dem Granatapfel, Marmor,
H: 99,5 cm, Akropolis Athen, um 560
v. Chr., Ak. M. Athen

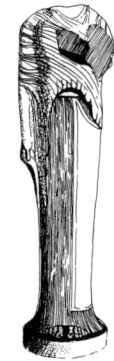

222
»Hera von Samos«, Weihegeschenk
des Cheramyes, Marmor, H: 192 cm,
Samos, um 560 v. Chr., Louvre, Paris

223
Kore Ornithe, Marmor, von Geneleos, H: 168 cm, Samos, um 560–550
v. Chr., Staatl. M. Berlin

224
Attische Nike, Akroter, Marmor, H:
113 cm, Apollon-Tempel, Delphi, um
520–510 v. Chr., M. Delphi

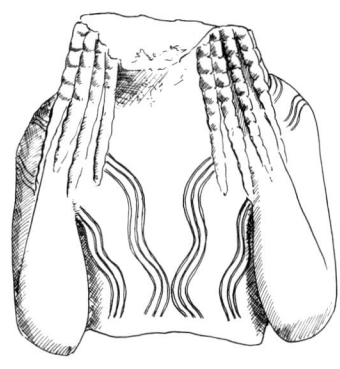

225
Büste einer Kore, Marmor, H: 55 cm,
Chios, um 570 v. Chr., M. Chios

226
Kore im Peplos, Marmor, H: 117 cm,
Akropolis Athen, um 530 v. Chr.,
Ak. M. Athen

227
Kore, Marmor, H: 55,5 cm, Akropolis
Athen, um 520 v. Chr., Ak. M. Athen

229
Kopf einer Kore, Marmor, H der Statue: 182 cm, Akropolis Athen, um
530–520 v. Chr., Ak. M. Athen

228
Kopf der Kore Abb. 226

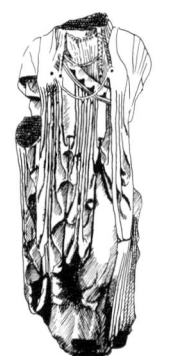

230
Torso einer Kore, Marmor, H: 134 cm,
Delos, um 500 v. Chr., N. M. Athen

231
Kopf einer Kore, Marmor, H:
14,5 cm, Akropolis Athen, um 510
v. Chr., Ak. M. Athen

232
Nike, Marmor, rekonstr. H: 140 cm, Akropolis Athen, um 490 v. Chr., Ak. M. Athen

233
Frau im Peplos, Marmor, H: 125 cm, Xanthos, um 470 v. Chr., B. M. London

234
»Angelito-Athena«, Marmor, H: 89,5 cm, Akropolis Athen, um 480 v. Chr., Ak. M. Athen

235
Aphrodite, »Venus vom Esquilin«, Marmor, röm. Kopie, H: 155 cm, um 450 v. Chr., Pal dei Conserv. Rom

236
Athena Lemnia (Detail), Marmor, röm. Kopie nach Pheidias, Museo Civico, Bologna

237
Athena Parthenos, Marmor, Kopie nach Pheidias, H: 94 cm, Athen, um 447 v. Chr., N. M. Athen

238
Verwundete Amazone, Marmor, röm.
Kopie nach Polyklet, H: 183 cm, 440–
430 v. Chr., Staatl. M. Berlin

239
Verwundete Amazone, Marmor, röm.
Kopie nach Kresilas, H: 202 cm, 440–
430 v. Chr., K. M. Rom

240
Verwundete Amazone, Marmor, Kopie nach Phradmon, H: 225 cm, 440–
430 v. Chr., Villa D. Pamphili, Rom

241
Verwundete Amazone, Marmor, röm.
Kopie nach Pheidias, 440–430 v. Chr.,
Villa Hadriana, Tivoli

242
Nike, Siegestrophäe, Marmor, von
Paionios v. Mende, H: 216 cm, Olym-
pia, um 420 v. Chr., M. Olympia

243
Nereide, Marmor, H: 166 cm, Nereiden-Monument, Xanthos, um 400
v. Chr., B. M. London

244
»Venus Genetrix«, Marmor, röm.
Kopie nach Kallimachos, H: 164 cm,
Ende 5. Jh. v. Chr., Louvre, Paris

245
Tanzende Mänade, Marmor, röm.
Kopie nach Skopas, H: 45 cm, um 350
v. Chr., Staatl. K. Dresden

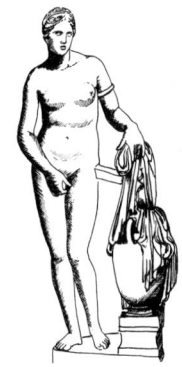

246
Aphrodite von Knidos, Marmor, röm.
Kopie nach Praxiteles, H: 200 cm, um
340 v. Chr., V. M. Rom

247
Artemis Brauronia, Marmor, röm.
Kopie nach Praxiteles, H: 165 cm,
Gabies, um 345 v. Chr., Louvre, Paris

248
Kopf der Aphrodite v. Knidos, Marmor, Kopie nach Praxiteles, H: 35 cm,
um 340 v. Chr., Louvre, Paris

249
Aphrodite von Arles, Marmor, röm.
Kopie nach Praxiteles, H: 194 cm,
350–330 v. Chr., Louvre, Paris

250
Themis, Marmor, von Chairestratos,
H: 222 cm, Rhamnus, um 300 v. Chr.,
N. M. Athen

251
Aphrodite Kallipygos, Marmor, röm.
Kopie, H: 152 cm, 2. Jh. v. Chr., M.
Neapel

252
Aphrodite, »Venus von Milo«, Marmor, H: 202 cm, Melos, Ende 2. Jh.
v. Chr., Louvre, Paris

253
Aphrodite, Marmor, röm. Kopie nach
Doidalses, H: 106 cm, Villa Hadriana,
um 250 v. Chr., N. M. Rom

254
Aphrodite, »Aphrodite Heyl«, Terrakotta, H: 30 cm, Pergamon, um 150
v. Chr., Staatl. M. Berlin

255
Artemis, Marmor, röm. Kopie, H:
110 cm, Mailand, 2. Jh. v. Chr., M.
Mailand

256
Muse, Polyhymnia? Marmor, röm. Kopie, H: 159 cm, Rom, Ende 2. Jh. v. Chr., K. M. Rom

257
Nike von Samothrake, Marmor, H: 245 cm, Samothrake, 180–160 v. Chr., Louvre, Paris

258
Schlafende Ariadne, Marmor, röm. Kopie, L: 150 cm, 200–150 v. Chr., Louvre, Paris

259
Alte Frau auf dem Markt, Marmor, 2. Jh. v. Chr., M. M. New York

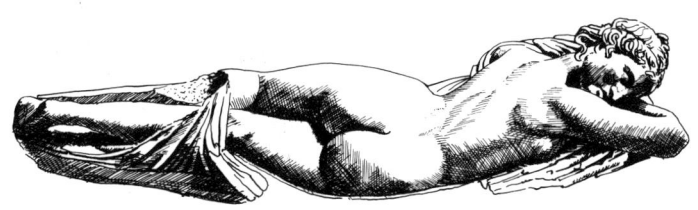

260   Schlafender Hermaphrodit, Marmor, röm. Kopie, L: 148 cm, 200–150 v. Chr., Louvre, Paris

261
Laufendes Mädchen, Atalante?, Marmor, H: 124 cm, 3.–2. Jh. v. Chr.,
Louvre, Paris

262
Kleines Mädchen mit Taube, Marmor, H: 74 cm, aus dem Ilissos, um 300
v. Chr., N. M. Athen

263
»Knabe von Tralles«, Marmor, H:
145 cm, Tralles (Karien), 100–50
v. Chr.?, A. M. Istanbul

264
Genius, Agon? Bronze, Boethos zugeschrieben, H: 140 cm, Mahdia, 200–
150 v. Chr., Bardo, Tunis

265
Kleiner Diener, Sandstein, H: 64 cm,
Tarent, um 300 v. Chr., Staatl. M.
Berlin

266
Schlafender Eros, Bronze, L: 78,1 cm,
Rhodos?, um 200 v. Chr., M. M. New
York

267
Zeus raubt Ganymed, Akroter, Terrakotta, H: 110 cm, Olympia, um 480
v. Chr., M. Olympia

268
Harmodios und Aristogeiton, Marmor, röm. Kopie, H: 195 cm, 477
v. Chr., M. Neapel

269
Athena und Marsyas, Marmor, röm.
Kopie nach Myron, um 460 v. Chr., M.
Frankfurt und Vatikan

270
Prokne und Itys, Marmor, Alkame-
nes?, H: 192 cm, Akropolis Athen,
Ende 5. Jh. v. Chr., Ak. M. Athen

271
Eirene und Plutos, Marmor, röm.
Kopie nach Kephisodotos, H: 199 cm,
Rom, 370 v. Chr., G. München

272
Nereide zu Pferd, Marmor, H: 78 cm,
Asklepios-Tempel Epidauros, 370
v. Chr., N. M. Athen

273
»Diana von Versailles«, Marmor, röm. Kopie nach Leochares, H: 200 cm, um 340 v. Chr., Louvre, Paris

274
Leda und der Schwan, Marmor, röm. Kopie nach Timotheos, H: 132 cm, um 370 v. Chr., K. M. Rom

275
Hermes und Dionysos, Marmor, von Praxiteles? H: 215 cm, Olympia, um 340 v. Chr., M. Olympia

276
Knabe mit Gans, Marmor, röm. Kopie nach Boethos, H: 92 cm, 3. Jh. v. Chr., Louvre, Paris

277
Apollon u. Marsyas, Marmor, Werkstatt des Praxiteles, H: 98 cm, Mantinea, um 320 v. Chr., N. M. Athen

278
Drei Musen, Marmor, Werkstatt des Praxiteles, H: 98 cm, Mantinea, um 320 v. Chr., N. M. Athen

279
Bestrafung des Marsyas, Marmor, röm. Kopien, H: 256 cm, um 210–200 v. Chr., Uff. Florenz und Louvre, Paris

280
Reiter, Bronze, H: 84 cm, aus dem Meer beim Kap Artemision, um 150–100 v. Chr., N. M. Athen

281
Tod des Laokoon und seiner Söhne, Marmor, H: 242 cm, Ende 2. Jh. v. Chr.?, V. M. Rom

282
Aphrodite, Eros und Pan, Marmor, H: 129 cm, Delos, um 100 v. Chr., N. M. Athen

283
Eros und Psyche, »Kapitolinischer Kuß«, Marmor, röm. Kopie, H: 125 cm, 200–150 v. Chr., K. M. Rom

284
Tyche von Antiochia, Marmor, röm. Kopie nach Eutychides, H: 89,5 cm, Rom, um 300 v. Chr., V. M. Rom

285
Jagdszene? Grabrelief, Kalkstein, H:
134 cm, Mykene, Myken., 16. Jh.
v. Chr., N. M. Athen

286
Sphinx, Bekrönung einer Grabstele,
Marmor, H: 63 cm, Athen, um 560
v. Chr., K. M. Athen

287
Stele des »Diskophoros«, Marmor, H:
34 cm, Dipylontor, Athen, um 560
v. Chr., N. M. Athen

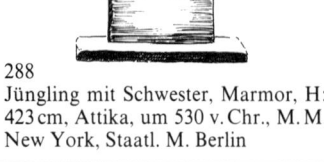

289
Grabstele eines Boxers, Marmor, H:
23 cm, Athen, um 540 v. Chr., K. M.
Athen

288
Jüngling mit Schwester, Marmor, H:
423 cm, Attika, um 530 v. Chr., M. M.
New York, Staatl. M. Berlin

290
Grabstele eines Athleten, Marmor, H: 140 cm, Theben, um 550 v. Chr., M. Boston

291
Weihgabe für heroisiertes Paar, Weih-relief, Marmor, H: 87 cm, Chrysapha, um 540 v. Chr., Staatl. M. Berlin

293
Laufender Hoplite, Grabstele, Marmor, H: 102 cm, Athen, um 510 v. Chr., N. M. Athen

292
Grabstele des Aristion, Marmor, von Aristokles, H: 202 cm, Velanidera, um 520–510 v. Chr., N. M. Athen

294
Göttin besteigt Wagen, Weihrelief?, Marmor, H: 120,5 cm, Akropolis Athen, um 500 v. Chr., Ak. M. Athen

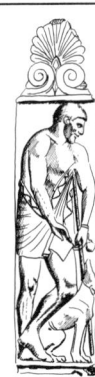

295
Mann mit Hund, Grabstele, Marmor,
H: 250 cm, Sardeis?, um 480 v. Chr.,
M. Neapel

296
Ephebe grüßt die Gottheit, Weihrelief, Marmor, H: 48 cm, um 460
v. Chr., N. M. Athen

297
Kleines Mädchen mit Tauben, Grabstele, Marmor, H: 80 cm, Paros, um
450 v. Chr., M. M. New York

298
Zwei Frauen, Grabstele, Fragment,
Marmor, H: 60 cm, Pharsalos, um 470
v. Chr., Louvre, Paris

299
Grabstele eines Arztes, Marmor, H:
140 cm, um 480 v. Chr., Antikenmuseum, Basel

300
Ephebe, kleiner Sklave, Lieblings-
tiere, Grabstele, Marmor, H: 104 cm,
Salamis, um 430 v. Chr., N. M. Athen

301
Athena in Gedanken, Weihrelief, Marmor, H: 54 cm, Akropolis Athen, um 460 v. Chr., Ak. M. Athen

302
Hermes und Grazie, Relief an einem Durchgang, Marmor, H: 92 cm, Thasos, um 470 v. Chr., Louvre, Paris

303
Aphrodite, Weihrelief? (»Diskos von Milo«), Marmor, D: 44,8 cm, Melos, um 460 v. Chr., N. M. Athen

305
Athen und Samos, Urkundenrelief, Marmor, L: 56 cm, Akropolis Athen, 403–402 v. Chr., Ak. M. Athen

304
Demeter, Triptolemos und Kore, Kultrelief, Marmor, H: 240 cm, Eleusis, um 450 v. Chr., N. M. Athen

306
Grabstele des Dexileos, Marmor, H:
140 cm, Kerameikos-Nekropole, 394–
393 v. Chr., K. M. Athen

307
Grabstele der Hegeso, Marmor, H:
158 cm, Kerameikos-Nekropole, Ende
5. Jh. v. Chr., N. M. Athen

308
Krito und Timarista, Grabstele,
Marmor, H: 209 cm, Rhodos, um 400
v. Chr., M. Rhodos

309
Mann und Frau, Grabstele, Marmor,
H: 181 cm, Rhamnus, um 320 v. Chr.,
N. M. Athen

310   »Lykischer« Sarkophag, Marmor, L: 253,5 cm, Sidon, Ende 5. Jh. v. Chr.,
A. M. Istanbul

311
Dionysos und Schauspieler, Marmor,
H: 55 cm, Piräus, um 410 v. Chr., N. M.
Athen

312
Sandalenlösende Nike, Marmor, H:
106 cm, Athena Nike-Tempel, Athen,
um 410 v. Chr., Ak. M. Athen

313
Echelos entführt die Nymphe Basile,
Marmor, H: 76 cm, Neuphaleron, um
400 v. Chr., N. M. Athen

314
Tanzende Mänade, Marmor, Kopie
nach Kallimachos, H: 143,5 cm, Ende
5. Jh. v. Chr., Pal. dei Conserv. Rom

315
Nymphen, Hermes und Pan in Grotte,
Marmor, H: 70 cm, um 320 v. Chr.,
N. M. Athen

316
Basis mit Athleten, Marmor, H:
48 cm, Akropolis Athen, Ende 4. Jh.
v. Chr., Ak. M. Athen

317
Pferd und schwarzer Reitknecht,
Marmor, H: 200 cm, Athen, um 300
v. Chr., N. M. Athen

318
Grabstele mit der Thasischen Nike,
Marmor, H: 154 cm, Tenos, 2. Jh.
v. Chr., N. M. Athen

319
Jagender Satyr, Marmor, H: 188 cm,
2.–1. Jh. v. Chr., Louvre, Paris

320
Apotheose Homers, Marmor, von
Archelaos v. Priene, H: 118 cm, Bovil-
lae, um 125 v. Chr., B. M. London

321
Apollon und Nike, archaisierendes
Weihrelief, Marmor, H: 47 cm, 1. Jh.
v. Chr., Louvre, Paris

322
Dionysos bei einem Dichter, Weihre-
lief, Marmor, H: 79 cm, 1. Jh. v. Chr.,
Louvre, Paris

323
Vase mit bemaltem Ritzdekor, Terrakotta, H: 14,4 cm, Lianokladi, 5900–5200 v. Chr., N. M. Athen

324
Ergänztes Vasenornament, Terrakotta, Thessalien, 5900–5200 v. Chr., M. Larissa

326
Flachhenkliges Gefäß, Terrakotta, H: 10,5 cm, Tsani Magula, 5200–4200 v. Chr., M. Volos

325
Schale, Terrakotta, H: 9 cm, Otzaki Magula, 5200–4200 v. Chr., M. Volos

327
Kugelförmige Vase, Terrakotta, H: 25,5 cm, Dimini, 4200–3200 v. Chr., N. M. Athen

328
Schale, Terrakotta, H: 10,5 cm, 4200–3200 v. Chr., M. Volos

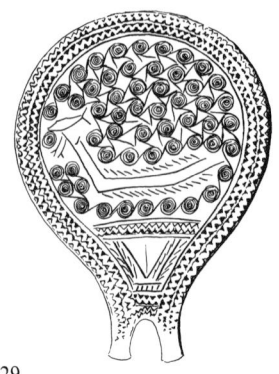

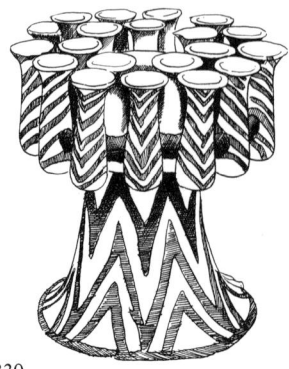

329
Gefäß in Pfannenform, Terrakotta, L:
28 cm, Syros, Altkyklad. II, 2700–2300
v. Chr., N. M. Athen

330
Kernos (Tisch mit Töpfchen), Terrakotta, H: 34,3 cm, Altkyklad. III, um
2000 v. Chr., B. M. London

331
Gefäß in Igelform, Terrakotta, H:
10,8 cm, Syros, Altkyklad. II, 2700–
2300 v. Chr., N. M. Athen

332
Rhyton in Stierform, Terrakotta, H:
19,5 cm, Messara, Mittelmin. I, 2000–
1700 v. Chr., M. Iraklion

333
Schnabelkrug, Terrakotta, H: 33,5 cm,
Vassiliki, Frühmin. III, 2300–2200
v. Chr., M. Iraklion

334
Schnabelkrug, Terrakotta, H: 23,3 cm,
Melos, Altkyklad. III, um 2300–2100
v. Chr., B. M. London

335
Krug (Kamares-Stil), Terrakotta, H: 26 cm, Phaistos, Mittelmin. II, um 1800 v. Chr., M. Iraklion

336
Krater (Kamares-Stil), Terrakotta, H: 45,5 cm, Phaistos, Mittelmin. II, um 1800 v. Chr., M. Iraklion

337
Schnabelkrug mit Ähren, Terrakotta, H: 21,3 cm, Thera, Mittelkykl. III, um 1600–1500 v. Chr., N. M. Athen

338
Pithos mit Doppeläxten (Palaststil), Terrakotta, Knossos, Spätmin. III, um 1400–1200 v. Chr., M. Iraklion

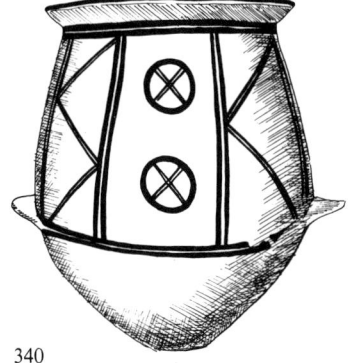

339
Krater, Terrakotta, Orchomenos (Böotien), Mittelhell., um 2000–1700 v. Chr., N. M. Athen

340
Pithos, Terrakotta, H: 41,5 cm, Koraku, Mittelhellad., um 2000–1700 v. Chr., M. Korinth

341
Kürbisflasche, Terrakotta, H: 28 cm,
Palaikastro, Spätmin. I, um 1500
v. Chr., M. Iraklion

342
Vase mit Tragbügel, Terrakotta, H:
24,3 cm, Attika, Mykenisch, um 1250
v. Chr., N. M. Kopenhagen

343
Oinochoe, Terrakotta, H: 25 cm,
Ägypten, Spätmin. I, um 1500 v. Chr.,
Musée d'Archéologie, Marseille

344
Schnabelkrug, Terrakotta, H: 49,5 cm,
Katsamba, Spätmin. II, 15. Jh. v. Chr.,
M. Iraklion

345
Krater mit Kriegern, Terrakotta, H:
40 cm, Mykene, Mykenisch, um 1200
v. Chr., N. M. Athen

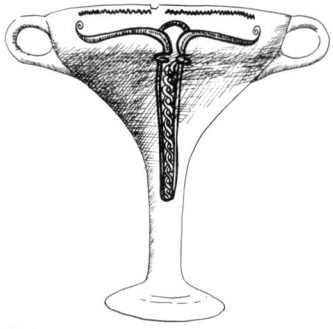

346
»Champagner«-Kelch, Terrakotta, H:
18 cm, Zyguries, Mykenisch, 14.–
13. Jh. v. Chr., M. Korinth

347
Attische Amphora, Terrakotta, H:
57,2 cm, Nea Ionia, Protogeom., Anf.
10. Jh. v. Chr., N. M. Athen

348
Attische Amphora, Terrakotta, H:
73 cm, Attika, Frühgeom., 9. Jh.
v. Chr., N. M. Athen

349
Attische Pyxis, Terrakotta, H: 21 cm,
Kerameikos-Nekropole, Hochgeom.,
Anf. 8. Jh. v. Chr., K. M. Athen

350
Attischer Krater, Terrakotta, H:
56 cm, Hochgeom., Anf. 9. Jh. v. Chr.,
Louvre, Paris

351
Attische Oinochoe, Terrakotta, H:
22 cm, Spätgeom., 750–725 v. Chr.,
Louvre, Paris

352
Böotische Oinochoe, Terrakotta, H:
51 cm, Theben, Spätgeom., Ende 8. Jh.
v. Chr., Louvre, Paris

353
Korinthischer Skyphos, Terrakotta,
H: 11 cm, Protokorinth.-geometr., um
740 v. Chr., Louvre, Paris

354
Rhodischer Kantharos, Terrakotta,
H: 18,7 cm, Rhodos, Spätgeom., 750–
725 v. Chr., Louvre, Paris

355
Korinthischer Lebes mit Schiff, Terrakotta, H: 22,6 cm, Spätgeom., Ende
8. Jh. v. Chr., M. Toronto

356
Kretische Oinochoe, Terrakotta, H:
19,7 cm, Spätgeom., Ende 8. Jh.
v. Chr., Louvre, Paris

357
Argivischer Becher, Terrakotta, H:
13 cm, Tiryns, Spätgeom., Ende 8. Jh.
v. Chr., M. Nauplia

358
Melischer Krater, Terrakotta, H:
26,5 cm, Melos, Spätgeom., Ende
8. Jh. v. Chr., M. Fabregat, Béziers

359
Böot. Kantharos mit Tanzszene, Terrakotta, H: 15 cm, Spätgeom., 750–725 v. Chr., Staatl. K. Dresden

360
Attische Amphora mit Klageszene, Terrakotta, H: 77,7 cm, Spätgeom., 750–725 v. Chr., M. M. New York

361
Attische Amphora, Terrakotta, H: 155 cm, Dipylontor, Athen, Spätgeom., um 750 v. Chr., N. M. Athen

362
Attischer Krater, Terrakotta, H: 123 cm, Dipylontor, Athen, Spätgeom., um 740 v. Chr., N. M. Athen

363
Rhodische Schale mit Menelaos und
Hektor, Terrakotta, D: 38,5 cm, Rho-
dos, um 600 v. Chr., B. M. London

364
Melische Schale mit Bellerophon und
der Chimäre, Terrakotta, D: 28 cm,
Thasos, um 660 v. Chr., M. Thasos

366
Megarischer Pithos, Terrakotta, Megara Hyblaia, um 630 v. Chr., M. Syrakus

365
Rhodische Oinochoe, Terrakotta, H:
39,5 cm, um 650 v. Chr., Louvre, Paris

368
Kretischer Krug, Ausschnitt, Terrakotta, H (total): 31,8 cm, Arkades, um
630 v. Chr., M. Iraklion

367
Wildziege auf der Oinochoe Abb. 365

369
Protoattischer Lutrophoros, Terrakotta, H: 80 cm, um 700 v. Chr., Louvre, Paris

370
Naxische Amphora mit Löwen und Sphingen, Terrakotta, H: 82 cm, Thera, um 650 v. Chr., N. M. Athen

371
Protoatt. Amphora mit Blendung des Polyphem, Terrakotta, H: 142 cm, Eleusis, um 650 v. Chr., M. Eleusis

372
Protoargivischer Krater mit Blendung des Polyphem, Terrakotta, H: 24 cm, Argos, um 660 v. Chr., M. Argos

373
Protoattische Oinochoe, Terrakotta, H: 9,5 cm, Athen, um 660 v. Chr., N. M. Athen

374
Euböischer Krater mit Frauen und Sphinx, Terrakotta, H: 72 cm, Eretria, um 620 v. Chr., N. M. Athen

375
Kotyle mit sich duckendem Hund,
Terrakotta, H: 19 cm, Cumae, um 660
v. Chr., B. M. London

376
Oinochoe, Terrakotta, H: 33,4 cm,
Cumae, um 700 v. Chr., M. Neapel

377
Aryballos mit Entführung der Helena,
Terrakotta, H: 7 cm, Theben, um 675
v. Chr., Louvre, Paris

378
Frauenkopf-Aryballos mit Hopliten-
kampf, Terrakotta, H: 6,8 cm, um 640
v. Chr., Louvre, Paris

379
Olpe, Terrakotta, H: 28,8 cm, Etrurien, um 630 v. Chr., Louvre, Paris

380
Oinochoe mit Tieren, Terrakotta, H:
27,8 cm, Etrurien, um 620 v. Chr.,
Louvre, Paris

381
Korinthischer Aryballos mit Greif, Terrakotta, H: 17,5 cm, Nola, um 600 v. Chr., Staatl. M. Berlin

382
Korinthischer Kolonnettenkrater, Terrakotta, H: 46 cm, Cerveteri, um 600 v. Chr., Louvre, Paris

383
Korinthisches Alabastergefäß, Terrakotta, H: 23,5 cm, Tanagra, um 600 v. Chr., Louvre, Paris

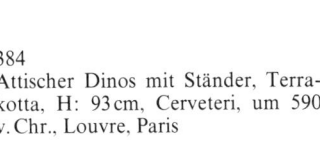

385
Korinthische Schale, Spiegel, Terrakotta, D: 22,7 cm, Etrurien, um 570 v. Chr., Louvre, Paris

384
Attischer Dinos mit Ständer, Terrakotta, H: 93 cm, Cerveteri, um 590 v. Chr., Louvre, Paris

386
Attische Amphora mit Achilleus, der Penthesilea tötet, Terrakotta, H: 41,5 cm, um 540 v. Chr., B. M. London

387
Attische Amphora mit Achilleus und Aias, Terrakotta, H: 61 cm, Vulci, um 540 v. Chr., V. M. Rom

388
Att. Amphora mit Dionysos u. Mänaden, Terrakotta, H: 33 cm, Vulci, um 530 v. Chr., Cab. d. Médailles, Paris

389
Chalkid. Krater mit Andromache und Hektor, Terrakotta, H: 45,7 cm, um 550–530 v. Chr., M. Würzburg

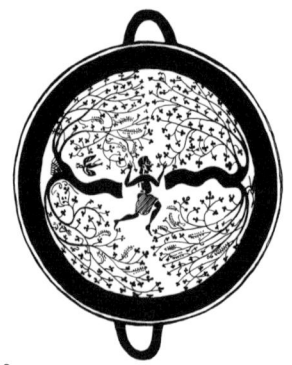

390
Ionische Schale mit Vogelfänger im Spiegel, Terrakotta, D: 23,5 cm, um 550 v. Chr., Louvre, Paris

391
Lakonische Schale mit Achilleus im Spiegel, Terrakotta, D: 18,5 cm, um 580 v. Chr., Louvre, Paris

392
Attische Schale (»Siana-Schale«) mit
Bankettszene, Terrakotta, H: 13 cm,
Tarent, um 560 v. Chr., M. Tarent

393
Böotischer Kantharos mit Eberkopf,
Terrakotta, H mit Henkel: 17 cm, um
560 v. Chr., Louvre, Paris

394
Attische Randschale mit Wagenrennen, Terrakotta, H: 17 cm, Tarquinia,
um 540 v. Chr., M. Tarquinia

395
Attische Bandschale mit Theseus und
Minotaurus, Terrakotta, H: 26,5 cm,
um 540 v. Chr., Staatl. A. München

396
Attische Augenschale, Terrakotta, D:
11,5 cm, um 535 v. Chr., Staatl. A.
München

397
Attisch rotfigurige Schale mit Mänaden, Terrakotta, H: 11,5 cm, um 490
v. Chr., Slg. Käppeli, Luzern

400
Psykter mit Satyrn, Terrakotta, H: 28 cm, um 490 v. Chr., B. M. London

398, 399
Schwarz- und rotfigurige Amphora, Terrakotta, H: 18,1 cm, Vulci, um 520 v. Chr., Staatl. A. München

401
Glockenkrater, Ausschnitt mit Ganymedes, Terrakotta, H: 33 cm, Etrurien, um 490 v. Chr., Louvre, Paris

402
Amphora mit Herakles, der den Dreifuß von Delphi raubt, Terrakotta, Vulci, um 490 v. Chr., M. Würzburg

403
Lekythos mit Apollon und Musen, Terrakotta, H: 17,5 cm, um 490 v. Chr., Louvre, Paris

404   Kelchkrater mit Vorbereitungen für eine Expedition, oder Unterwelt-
       szene? Terrakotta, H: 53 cm, Orvieto, um 460 v. Chr., Louvre, Paris

405   Schale, Ausschnitt mit Tod des Priamos, Terrakotta, D: 32,5 cm, Vulci, um
       490 v. Chr., Louvre, Paris

406
Lekythos mit jungem Jäger, Terrakotta, H: 38,7 cm, Gela, um 460
v. Chr., M. Boston

407
Schale mit Zeus und Ganymedes im
Spiegel, Terrakotta, Spina, um 460
v. Chr., M. Ferrara

408
Schale mit Achilleus, der Penthesilea
tötet, Terrakotta, D: 43 cm, Vulci, um
460 v. Chr., Staatl. A. München

409
Schale mit Bestrafung des Tityos im
Spiegel, Terrakotta, D: 39,5 cm, Vulci,
um 450 v. Chr., Staatl. A. München

410
Vase in Form eines Knöchelchens mit
Aiolos und Winden, Terrakotta, L:
17,2 cm, um 460 v. Chr., B. M. London

411
Amphora mit Achilleus, Terrakotta,
H: 60 cm, Vulci, um 440 v. Chr., V. M.
Rom

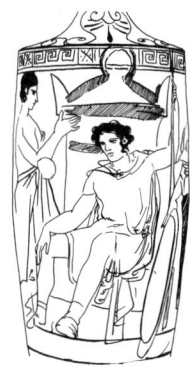

412
Stamnos mit Kaineus und Kentauren, Terrakotta, H: 36 cm, Vulci, um 440 v. Chr., M. Brüssel

413
Lekythos mit Verstorbenen vor seinem Grabmal, Terrakotta, H: 48 cm, Eretria, um 430 v. Chr., N. M. Athen

414
Oinochoe mit »Ephedrismos«-Spiel, Terrakotta, H: 17,5 cm, Nola, um 420 v. Chr., Staatl. M. Berlin

415
Onos mit Hochzeitsvorbereitungen, Terrakotta, L: 26 cm, Eretria, um 420 v. Chr., N. M. Athen

416
Hydria mit Raub der Leukippos-Töchter, Herakles, Terrakotta, H: 52,2 cm, um 410 v. Chr., B. M. London

417
Lebes Gamikos mit Hochzeitsgaben, Terrakotta, H: 46 cm, Kertsch, um 335 v. Chr., Eremitage, Leningrad

418
Kelchkrater von Paestum mit Komö-
dienszene, Terrakotta, H: 41 cm,
Lipari, um 370 v. Chr., M. Lipari

419
Apulische Zylinder-Amphora mit
Grabgebäude, Terrakotta, H: 126 cm,
um 350–300 v. Chr., Louvre, Paris

420
Lukanische Nestorvase mit Kriegern,
Terrakotta, H: 44,5 cm, um 400
v. Chr., Louvre, Paris

421
Lukanische Pelike mit Orestes, Elektra und Hermes, Terrakotta, H: 43 cm,
um 350 v. Chr., Louvre, Paris

422
Apulischer Volutenkrater mit Ephebe
und Frau vor Statue, Terrakotta, H:
40 cm, um 350 v. Chr., Louvre, Paris

423
Kampanische Amphora mit Abschied
eines Kriegers, Terrakotta, H: 54 cm,
um 350–325 v. Chr., B. M. London

424
Lagynos mit Girlanden, Terrakotta, H: 20,1 cm, um 230–180 v. Chr., B. M. London

425
Oinochoe im Gnathia-Stil mit Theatermaske, Terrakotta, H: 31 cm, Nola, um 350 v. Chr., Louvre, Paris

426
Relief-Amphora mit Dionysos und Panther, Terrakotta, H: 45,5 cm, Melos, um 300 v. Chr., Louvre, Paris

427
Relief-Schale (untere Partie) mit Blumendekor, Terrakotta, 3.–2. Jh. v. Chr., Louvre, Paris

428
»Hadra«-Hydria, Terrakotta, um 290–230 v. Chr., N. M. Athen

429
Krater im »Stil von Centuripe«, Terrakotta, H: 56 cm, Centuripe, 3. Jh. v. Chr., Universität Catania

430
Kretischer Adorant, Bronze, H: 16,5 cm, Tylissos, Spätmin. I, um 1500 v. Chr., M. Iraklion

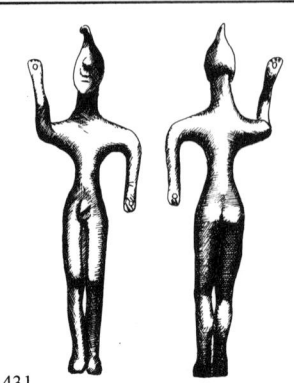

431
Argivischer Lanzenschwinger, Bronze, H: 16,5 cm, Olympia, Spätgeom., 750–700 v. Chr., M. Olympia

432
Kretische Jäger, Bronze ausgeschnitten, H: 18,3 cm, Kreta, um 630 v. Chr., Louvre, Paris

433
Kretischer Widderträger (Kriophoros), Bronze, H: 18 cm, Kreta, um 620 v. Chr., Staatl. M. Berlin

434
Samischer Kuros, Bronze, H: 19 cm, Hera-Tempel Samos, um 580 v. Chr., M. Vathy (Samos)

435
Lakonischer Kuros?, »Apollon mit Halskette«, Bronze, H: 40 cm, Delphi, um 530–520 v. Chr., M. Delphi

436
Argivischer kämpfender Herakles, Bronze, H: 13 cm, Mantinea, um 460 v. Chr., Louvre, Paris

437
Peloponnesischer blitzender Zeus, Bronze, H: 18,9 cm, Dodona, um 450 v. Chr., Louvre, Paris

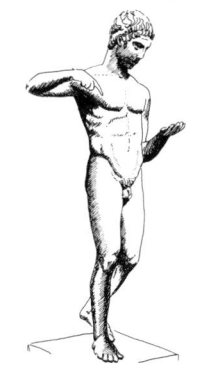

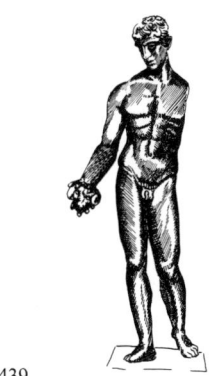

438
Spendender Ephebe, Bronze, H: 21,8 cm, nach Polyklet, um 430 v. Chr., Louvre, Paris

439
Phrixos, Bronze, H: 16,5 cm, im Stil des Naukydes, um 400 v. Chr., Getty M. Malibu

440
Ionischer Diskusträger, Bronze, H: 18,6 cm, um 450 v. Chr., Louvre, Paris

441
Argivischer Ringer, Bronze, H: 20 cm, Anf. 4. Jh. v. Chr., Louvre, Paris

442
Sich schmückende Aphrodite,
Bronze, H: 26 cm, nach Praxiteles,
3. Jh. v. Chr., B. M. London

443
Aphrodite, Bronze, H: 23,2 cm, nach
Praxiteles, Saida (Syrien), 3. Jh.
v. Chr., Louvre, Paris

444
Sandalenlösende Aphrodite, Bronze,
H: 30,8 cm, Syrien, Ende 3. Jh. v. Chr.,
Louvre, Paris

445
Korinthische Badende mit Haube,
Bronze, H: 25 cm, Beroia, 350–300
v. Chr., Staatl. A. München

446
Statuette, Bronze, H: 16 cm, nach der
Tyche von Antiochia, Tortosa, 3. Jh.
v. Chr., Louvre, Paris

447
Verhüllte Tänzerin, »Baker-Tän-
zerin«, Bronze, 3. Jh. v. Chr., M. M.
New York

448
Alexandrinischer fliegender Händler,
Bronze, H: 9 cm, Alexandria, 2. Jh.
v. Chr., Louvre, Paris

449
Griech.-syrischer Adonis, Bronze, H
der Figur: 24,3 cm, Saida, 2. Jh.
v. Chr., Louvre, Paris

450
Alexandrinischer Isispriester, Bronze,
H: 13,3 cm, Hermonthis, 2. Jh. v. Chr.,
Louvre, Paris

451
Alexandrinischer   Verkrüppelter,
Bronze, H: 6,6 cm, um 250 v. Chr., M.
für Kunst und Gewerbe, Hamburg

452
Alexandrinischer singender Jüngling,
Bronze, H: 20 cm, Châlon-sur-Saône,
Ende 2. Jh. v. Chr., Bibl. nat. Paris

453
Alexandrinische Ringkämpfer, Bron-
ze, H: 17,9 cm, 3. Jh. v. Chr., Louvre,
Paris

454
Kretischer Steinbock, Bronze, H:
5,5 cm, Hagia Triada, Spätmin., um
1500 v. Chr., M. Iraklion

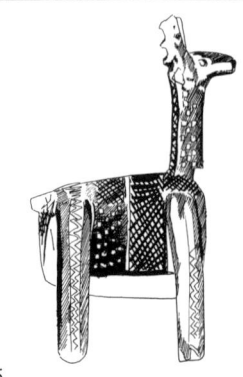

455
Att. Hirsch, Terrakotta, H: 26,6 cm,
Kerameikos-Nekropole, Spätproto-
geom., um 950 v. Chr., K. M. Athen

456
Korinthisches Pferd, Bronze, H:
16 cm, Olympia, Spätgeom., um 740
v. Chr., Staatl. M. Berlin

457
Lakonisches Pferd, Bronze, H: 5,5 cm,
Olympia, Spätgeom., Ende 8. Jh.
v. Chr., M. Olympia

458
Peloponnesisches Pferd, Bronze, H:
12 cm, Spätgeom., Ende 8. Jh. v. Chr.,
Allard Pierson M. Amsterdam

459
Att. Pferd, Terrakotta, H: 12,4 cm,
Kerameikos-Nekropole, Spätgeom.,
750–725 v. Chr., K. M. Athen

460
Kessel mit Rundhenkeln, auf Drei-
fuß, Bronze, H: 64 cm, Olympia,
Hochgeom., 800 v. Chr., M. Olympia

461
Streit zw. Apollon und Herakles,
Bronze, H: 46,7 cm, Olympia, Spät-
geom., Ende 8. Jh. v. Chr., M. Olympia

462, 463   Attische Rundhenkelfiguren, Theseus, Bronze, Olympia, Spätgeom.,
um 700 v. Chr., N. M. Athen

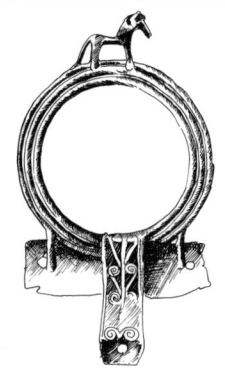

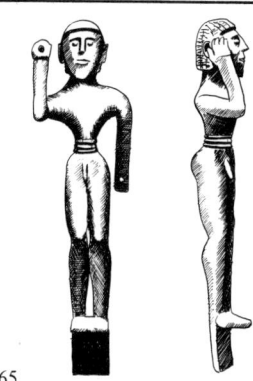

464
Rundhenkel, Bronze, H: 15,4 cm,
Olympia, Hochgeom., Anf. 8. Jh.
v. Chr., M. Olympia

465
Statuette als Kesseldekor, Bronze, H:
14,4 cm, Olympia, Spätgeom. 750–725
v. Chr., M. Olympia

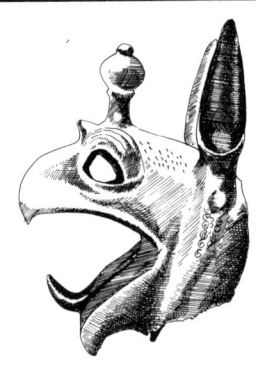

466
Kesseldekor mit Greifen, Löwen und Sirenen, Bronze, D: 65 cm, Anf. 7. Jh. v. Chr., M. Olympia

467
Kessel mit Dreifuß, Bronze, H der Wanne: 32 cm, Ste. Colombe, 1. H. 6. Jh. v. Chr., M. Chatillon-sur-Seine

468
Greifenprotome als Kesseldekor, Bronze, H: 25 cm, Olympia?, 675–650 v. Chr., Privatslg. Athen

469
Greifenprotome als Kesseldekor, Bronze, H: 22 cm, Olympia, Anf. 7. Jh. v. Chr., M. Olympia

470
Henkel-Attasche, »Sirene«, Bronze, H der Büste: 6 cm, orientalisch, Ende 8. Jh. v. Chr., M. Olympia

471
Henkel-Attasche, »Sirene«, Bronze, H der Büste: 6 cm, Olympia, Anf. 7. Jh. v. Chr., M. Olympia

472   Dolch mit Löwenjagd, Bronze, Gold und Niello, L: 23,8 cm, Mykene,
      Myken., 16. Jh. v. Chr., N. M. Athen

473
Helm und Brustharnisch, Bronze, H:
46 bzw. 47,4 cm, Argos, Spätgeom.,
750–700 v. Chr., M. Argos

475
Kretische Mitra (Metallschurz) mit
Sphingen, Bronze, H: 17,4 cm, Afrati,
um 620 v. Chr., M. M. New York

474
Verzierte Armschiene, Bronze, Olympia, 6. Jh. v. Chr., M. Olympia

476
Lakon. Karyatiden-Spiegel, Bronze,
H der Figur: 19 cm, Hermione, um
540 v. Chr., Staatl. A. München

477
Lakon. Karyatiden-Spiegel, Bronze,
H: 35,5 cm, um 530 v. Chr., M. M. New
York

478
Peloponnesischer Karyatiden-Spiegel, Bronze, H: 41,2 cm, Hermione,
um 460 v. Chr., Louvre, Paris

479
Westgriechischer Karyatiden-Spiegel, Bronze, H: 15,8 cm, Kamarina,
um 460 v. Chr., N. M. Kopenhagen

480
Karyatiden-Räuchergefäß, Bronze, H
der Figur, 16 cm, Delphi, um 460
v. Chr., M. Delphi

481
Deckel einer Spiegeldose, Herakles
und Auge, Bronze, D: 6,5 cm, Louvre,
Paris

482
Henkel eines Volutenkraters, Gorgo, Bronze, H: 24 cm, Italien, 6. Jh. v. Chr., Louvre, Paris

483
Henkel einer Oinochoe, Frauenkopf, Bronze, H: 17,5 cm, Griechenland, 600–550 v. Chr., Louvre, Paris

484
Spiegelgriff, Elektra und die Urne des Agamemnon, Bronze, B: 11,2 cm, Lokroi, um 400 v. Chr., M. Reggio

485
Spiegelgriff, Silen und junger Mann, Bronze, B: 10 cm, Medma, um 380 v. Chr., M. Reggio

486
Hydria-Henkel, Eros, Bronze, H: 26,5 cm, Myrina, Ende 4. Jh. v. Chr., Louvre, Paris

487
Hydria-Henkel, Sirene, Bronze, H: 19 cm, Ende 5. Jh. v. Chr., Louvre, Paris

488   Böotische Fibula mit Plakette, Bronze, H der Plakette: 6 cm, Berg Ida (Kreta), um 700 v. Chr., N. M. Athen

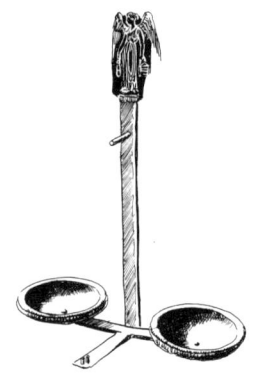

489
Waage? mit Nike, Bronze, H: 34 cm, Athen, 5. Jh. v. Chr., Louvre, Paris

490
Sieb, Bronze, erhaltene B: 20,8 cm, Ende 4. Jh. v. Chr., M. M. New York

491
Kantharos, Bronze, H: 9,4 cm, Derveni, Ende 4. Jh. v. Chr., M. Saloniki

492
Laterne, Bronze, H: 41,8 cm, Derveni, Ende 4. Jh. v. Chr., M. Saloniki

493
Kopf der Nymphe Arethusa, Silber,
D: 2,3 cm, Syrakus, um 485–478
v. Chr., Cab. d. Médailles, Paris

494
Kopf der Nymphe Arethusa, Silber,
D: 3,4 cm, Syrakus, um 480 v. Chr.,
Cab. d. Médailles, Paris

495
Diskuswerfer, Silber, Kos, um 475
v. Chr., N. M. Athen

496
Krabbe (Stadtemblem), Silber, Kos,
Rückseite der Münze Abb. 495

497
Kopf der Nymphe Arethusa, Silber,
D: 2,9 cm, Syrakus, um 400 v. Chr.,
Cab. d. Médailles, Paris

498
Kopf der Göttin Persephone, Silber,
D: 3,6 cm, Syrakus, um 400 v. Chr.,
Cab. d. Médailles, Paris

499 Kretischer Akrobat, Elfenbein, L: 29,5 cm, Knossos, Spätmin. I, um 1500 v. Chr., M. Iraklion

500
Göttliche Trias, Elfenbein, H: 7,3 cm, Mykene, Mykenisch, um 1450 v. Chr., N. M. Athen

501
Heiliger Knoten aus Kreta, Elfenbein, Knossos, Mittelmin., um 1800 v. Chr., M. Iraklion

502
Teil einer Leier, kniender Jüngling, Elfenbein, H: 14,5 cm, Samos, Ende 7. Jh. v. Chr., N. M. Athen

503
Lakonischer Männerkopf, Elfenbein, H: 4,6 cm, Sparta, Ende 8. Jh. v. Chr., N. M. Athen

504
Samisches Götterpaar, Zeus und
Hera? Holz, H: 19,1 cm, Samos, um
630–600 v. Chr.

506
Weibl. Statuette, Holz, H: 16 cm, Pal-
ma Montechiaro, Anf. 6. Jh. v. Chr.,
M. Syrakus

505
Weibl. Statuette, vermutl. Hera, Holz,
H: 28,7 cm, Samos, um 630 v. Chr.,
M. Tigani (Samos)

507
Verzierte Fläche eines Sarkophags,
Hera?, Holz vergoldet, H: 21 cm,
Kertsch, Anf. 4. Jh. v. Chr.

508
Schmalseite des Sarkophags Abb. 507,
B: 109 cm, Eremitage Leningrad

509
Weibl. Idol, Terrakotta, H: 13,7 cm,
Tiryns, Mykenisch, um 1400–1200
v. Chr., Louvre, Paris

510
Weibl. Statuette, Terrakotta, H:
18 cm, Melos, Mykenisch, um 1200
v. Chr., M. Melos

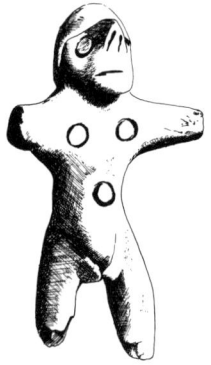

511
Männliche Statuette, Terrakotta, H:
13 cm, Olympia, Geometrisch, M.
Olympia

512
Kretisches Idol, Göttin mit dem
Mohn, Terrakotta, H: 77,5 cm, Gazi,
12. Jh. v. Chr., M. Iraklion

513
Böotisches Glocken-Idol mit bewegl.
Beinen, Terrakotta, H: 33 cm, The-
ben, Ende 8. Jh. v. Chr., Louvre, Paris

514
Böotisches Glocken-Idol mit bewegl.
Beinen, Terrakotta, H: 39,5 cm, Ende
8. Jh. v. Chr., Louvre, Paris

515
Kykladische weinende Frau, Terrakotta, H: 32 cm, Thera, um 650 v. Chr., M. Thera

516
Böotisches weibl. Idol, Terrakotta, H: 15,3 cm, Tanagra, 600–550 v. Chr., Louvre, Paris

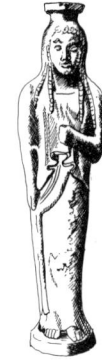

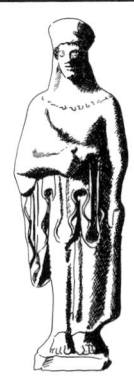

517
Figürliche Vase aus der »Aphrodite-Gruppe«, Terrakotta, Rhodos, um 530 v. Chr., Louvre, Paris

518
Korinthische Frauenfigur, Terrakotta, H: 14,2 cm, Magna Graecia, Anf. 5. Jh. v. Chr., Louvre, Paris

519
Böotische Frauenfigur, Peplosträgerin mit Cista, Terrakotta, Ende 5. Jh. v. Chr., Slg. Kanellopulos, Athen

520
Attische Figur, sitzende Frau im Faltengewand, Terrakotta, H: 30 cm, Anf. 5. Jh. v. Chr., Louvre, Paris

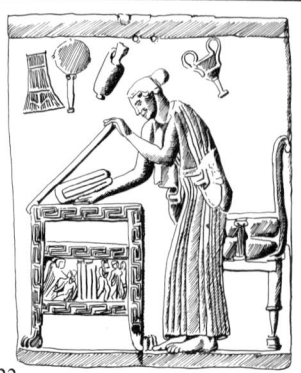

521
Melische Platte, Tod des Aktaion vor
Artemis, Terrakotta, H: 20 cm, um 460
v. Chr., M. Neapel

522
Lokrisches Votivplättchen, Terrakotta, H: 26 cm, Lokroi, um 460
v. Chr., M. Tarent

523
Der Gott Pan, Terrakotta, H: 21 cm,
Anthedon, um 350 v. Chr., Staatl. M.
Berlin

524
Jüngling mit Laterne, Terrakotta, H:
27,5 cm, Tanagra, um 250 v. Chr.,
Louvre, Paris

525
Figur aus Magna Graecia, tanzende
Mänade, Terrakotta, H: 19 cm, Lo-
kroi, um 400 v. Chr., M. Reggio

526
Gruppe aus Magna Graecia, Frau
und Eros, Terrakotta, H: 31,2 cm,
Tarent, um 350 v. Chr., M. Tarent

527, 528　Tanagrische Frauen im Faltengewand, Terrakotta, H: 32 cm, Böotien, um 330–320 v. Chr., Louvre, Paris

529
Myrineische Nike im Flug, Terrakotta, H: 37,5 cm, Myrina, Anf. 2. Jh. v. Chr., Louvre, Paris

530
Myrineischer Eros im Flug, Terrakotta, H: 36,5 cm, Myrina, 2. Jh. v. Chr., Louvre, Paris

531
Parodierender Schauspieler, Terrakotta, H: 21,5 cm, Böotien, Ende 4. Jh. v. Chr., Louvre, Paris

532
Myrineisches Paar auf Bett, Terrakotta, H: 28 cm, Myrina, 150–100 v. Chr., Louvre, Paris

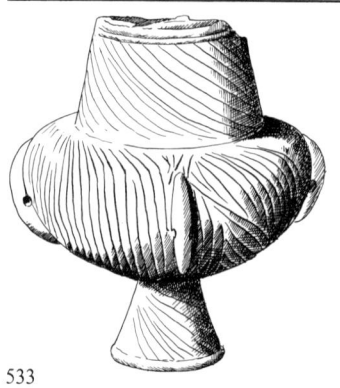

533
Kykladische »Ohren«-Vase, Marmor,
H: 26,2 cm, Altkykl. I, 3200–2700
v. Chr., Privatslg. Basel

534
Kykladischer »Ohren«-Becher, Marmor, H: 10,5 cm, Altkyklad. I, 3200–
2700 v. Chr., Privatslg. Basel

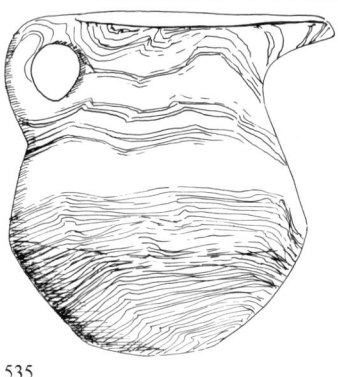

535
Kretischer Krug, Alabaster, H: 12 cm,
Mochlos, Altmin. II, um 2400 v. Chr.,
M. Iraklion

536
Kretisches Fläschchen, Steatit, H:
7 cm, Mochlos, Altmin. II, um 2400
v. Chr., M. Iraklion

537
Kretisches Rhyton, Steatit mit Vergol-
dungen, Zakro, Spätmin. I, um 1500
v. Chr., M. Iraklion

538
Kretisches Rhyton, Steatit, H:
11,5 cm, Hagia Triada, Spätmin. I, um
1500 v. Chr., M. Iraklion

539
Kretisches Prunkbeil, Steatit, L: 15 cm, Mallia, Mittelmin., um 2000–1700 v. Chr., M. Iraklion

540
Mykenische Schale mit Entenkopf, Bergkristall, L: 13,2 cm, Mykene, Mykenisch, 16. Jh. v. Chr., N. M. Athen

 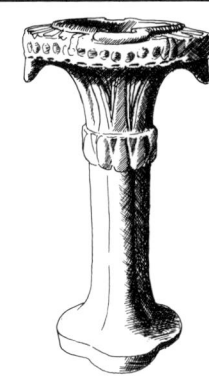

541
Kretische Göttin mit Schlangen, Fayence, H: 29,5 cm, Knossos, Mittelmin. I, um 1500 v. Chr., M. Iraklion

542
Kretische Lampe, antiker Porphyr, H: ca. 45 cm, Knossos, Mittelmin. III, um 1600 v. Chr., M. Iraklion

543
Kretischer Siegelabdruck, Steatit, D: 1,5 cm, Knossos, Mittelmin. III, um 1600 v. Chr., M. Iraklion

544
Kretischer Siegelabdruck, Sardonyx, D: 2,5 cm, Vaphio, Spätmin., um 1500 v. Chr., N. M. Athen

545
Vorgriechischer Becher, Gold, H:
9,5 cm, Euboia?, Chalkolith. 3. Jtsd.
v. Chr., Benaki-M. Athen

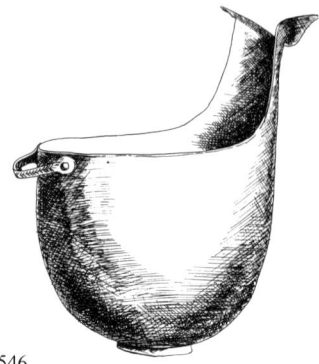

546
Kykladische Sauciere, Gold, H:
17 cm, Heraia?, Altkyklad. III, um
2200 v. Chr., Louvre, Paris

547
Mykenisches Rhyton, Gold, H: 14 cm,
Mykene, 16. Jh. v. Chr., N. M. Athen

548
Mykenisches Rhyton, Gold und
Steatit, H: 35,6 cm, Knossos, Spät-
min. I, um 1500 v. Chr., M. Iraklion

549
Totenurne, Larnax Philipps II.?, Gold
und Glaspaste, M: 20,7×41×34 cm,
Vergina, 350–325 v. Chr., M. Saloniki

550
Büchsendeckel mit Nereide und Un-
geheuer, Gold und Silber, D: 10 cm,
Tarent, Ende 2. Jh. v. Chr., M. Tarent

551
Ausgeschnittenes Relief, Altar, Gold,
H: 7,5 cm, Mykene, Mykenisch, 16. Jh.
v. Chr., N. M. Athen

552
Kretischer Anhänger in Bienenform,
Gold, L: 5 cm, Mallia, Mittelmin., um
1700 v. Chr., M. Iraklion

553
Kretischer Anhänger mit Gottheit,
Gold, H: 6 cm, Mallia?, Mittelmin. III.
17. Jh. v. Chr., B. M. London

554
Kretischer Anhänger, Gold, Mittelmin. III, 17. Jh. v. Chr., B. M. London

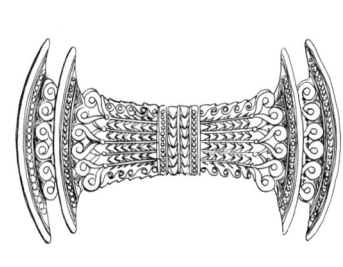

555
Kretische Doppelaxt, Bronze mit
Gold, L: 45 cm, Spätmin. II, um 1500
v. Chr., M. Iraklion

556
Ring unter Schwertknauf mit
Akrobat, Gold, D: 7 cm, Mallia, Mit-
telmin., um 1700 v. Chr., M. Iraklion

557   Attisches Totenband mit Tierkämpfen, Gold, L: 38,5 cm, Attika, Spät-
      geom., um 750 v. Chr., Louvre, Paris

559
Rhodischer Anhänger mit Kentaur,
Gold, H der Plakette: 4,2 cm, Kamei-
ros, um 630 v. Chr., B. M. London

558
Rhodischer Anhänger, Elektron, H:
8 cm, Kameiros, um 630–620 v. Chr.,
Louvre, Paris

560
Rhodischer Kleiderschmuck mit
Greif, Gold, L: 10 cm, Delphi, um
570–560 v. Chr., M. Delphi

561
Griech.-skythischer Brustschmuck,
Gold, D: 30,6 cm, Tolstaia Mogila,
4. Jh. v. Chr., M. Kiew

562
Griech.-skythischer Kamm, Gold, H:
12,6 cm, Gurgan, bei Solocha, Anf.
4. Jh. v. Chr., Eremitage, Leningrad

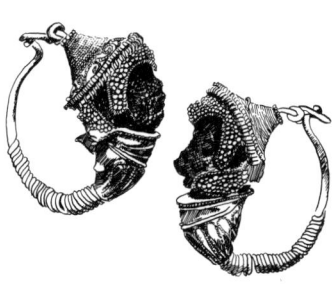

563
Griech.-makedonisches Medaillon
mit Artemisbüste, Gold, D: 11,5 cm,
3. Jh. v. Chr., N. M. Athen

564
Ohrringe mit Negerköpfen, Gold und
Bernstein, H: 1,93 cm, hellenistische
Zeit, Louvre, Paris

Die Etrusker

von Catherine Metzger und François Baratte
Conservateurs au Département des Antiquités
Grecques et Romaines,
Musée national du Louvre, Paris

DIE ETRUSKER

Die Kultur der Etrusker entstand um das Jahr 750 v.Chr. im heutigen Italien, in einem von Adriatischem Meer, Arno und Tiber begrenzten Gebiet. Die Herkunft dieses Volkes ist bis heute nicht ganz geklärt. Doch welchen Ursprung es haben mag – ob es autochthon oder zugewandert ist –, nach den neuesten Forschungsergebnissen scheint sein Zusammenhang mit den Eisenzeit-Kulturen, die ihm vorausgingen, insbesondere mit der Villanova-Kultur, festzustehen.

DIE VILLANOVA-KULTUR

Die Villanova-Kultur war auf der ganzen italienischen Halbinsel verbreitet. Ihr Kerngebiet jedoch, das später das eigentliche Etrusker-Territorium bildete, befand sich in Mittelitalien. Charakteristisch für sie sind die Anfänge einer urbanen Organisation mit einem langsamen Übergang vom Hirten- zum Bauerntum. Die Toten wurden eingeäschert und in besonderen, bikonischen Urnen mit großzügiger Ausstattung in Erdlöchern begraben; die Gräber wurden mit Steinen bedeckt – man glaubte wohl an eine bestimmte Überlebensform der Verstorbenen.

In der Kunst überwiegen geometrische Formen, wobei Beziehungen zum Mittelmeer- wie zum Donauraum bestanden. Die Erzeugnisse repräsentieren eine Art Kunstgewerbe, das fast ausschließlich dem Haushalt oder Kultzwecken diente. Es handelt sich dabei um ziemlich grobe, ohne Töpferscheibe hergestellte Keramik, die mit eingekerbten Bändern und gelegentlich mit einem angedeuteten plastischen Dekor verziert ist, und um gegossene oder gehämmerte Bronzen. Charakteristisch für diese Kunst sind auch Versuche, Tier- und Menschenfiguren mit einem Zug zur Abstraktion zu schaffen. Die Villanova-Kultur entwickelte einen ausgeprägten Sinn für die dekorative Funktion der Kunst, ohne dabei jedoch das Figurative ganz zu vernachlässigen. Es war eine Periode des Reifens; bei aller Lebhaftigkeit der Beobachtung und Wiedergabe blieb die Kunst allerdings auf dem Niveau des Handwerks stehen und war unfähig, formale Probleme theoretisch zu lösen.

DIE ALTETRUSKISCHE KUNST

In der zweiten Hälfte des 8.Jh. v.Chr. begann die griechische Kolonisierung von Sizilien und Süditalien. Eben zu dieser Zeit entstand die eigentliche etruskische Kultur; die südetruskischen Städte erlebten einen starken Aufschwung, den sie

Die Etrusker

dem Anwachsen des Seehandels und dem Abbau reicher Minen an der Küste verdankten.

Ungefähr um 750 v. Chr. gab es im künstlerischen Schaffen einen qualitativen Sprung nach vorn, der nicht durch eine kulturelle Erschütterung, sondern durch vergrößerten Reichtum bedingt war. Davon zeugen vor allem die Grabbeigaben der großen Gräber in Caere, einer der Metropolen dieser Zeit, und in Praeneste, das zwar in Latium liegt, sich jedoch unter starkem etruskischem Einfluß befand. Zahlreiche aus dem Vorderen Orient importierte Prunkgegenstände belegen auf überzeugende Weise die orientalisierende Bewegung in Etrurien, die zu jenem Zeitpunkt im ganzen Mittelmeerraum tonangebend war. Die Etrusker eigneten sich ihre Themen mit bemerkenswerter Leichtigkeit an und entwickelten mit großartiger Meisterschaft raffinierte Techniken der Goldschmiedekunst (Filigran und Granulation) und der Elfenbeinplastik. Die orientalisierende Kunst Etruriens beschränkte sich nicht nur auf Luxusgegenstände, sondern schuf daneben auch die weniger aufwendige »Buccherokeramik«, die das kostbare Metallgeschirr ersetzen sollte. Typisch für diese Keramik sind der feine schwarze Scherben und ein üppiger Reliefdekor, während die Formen die der Metallgefäße nachahmen. Daneben importierte man in großen Mengen griechische – korinthische und seit der Hälfte des 6. Jh. v. Chr. auch attische – Vasen. Zur gleichen Zeit ließen sich in Etrurien griechische Künstler nieder; dies erklärt die Entstehung einer rein nachahmenden etruskischen Keramik, die auf kunstgewerblichem Niveau blieb, wenn auch hie und da eigenständigere Schöpfer am Werk waren.

In der frühetruskischen Kunst gibt es die gleichen Strömungen wie in Griechenland, von dem viele Impulse ausgehen. Als im 6. Jh. v. Chr. die orientalisierenden Einflüsse langsam schwinden, übernehmen die etruskischen Künstler Motive der großen griechischen figurativen Tradition, ohne sich jedoch ihren stilistischen Gehalt je wirklich anzueignen.

Dieses Phänomen ist an der Entwicklung der Bildhauerkunst besonders gut sichtbar: In Zentren wie Caere und Vulci schaffen die Künstler aus lokalem Vulkangestein eigenständige Statuen, die Tiere (Wild), phantastische Ungeheuer (Sphingen, Kentauren) oder gar Menschen darstellen; allerdings bezeugen sie auch den zunehmenden ionischen Einfluß und die typisch etruskische Unfähigkeit, echte organische Formen zu schaffen.

Daß der Hauptteil der Bildhauerkunst dem Totenkult diente, beweist die Bedeutung, die die Etrusker der Religion in ihrer Kunst beimaßen; das Problem des Todes und die Gestaltung des Lebens im Jenseits nach dem Vorbild des irdischen Lebens spielen eine bestimmende Rolle. Diese Motive kehren in der Wandmalerei wieder, die sowohl in profanen als auch in religiösen Bauten, vor allem in den monumentalen Gräbern, einen wichtigen Platz einnimmt. Solche Malereien gibt es in Chiusi, Vulci, Caere und hauptsächlich in Tarquinia. Ausgeführt wurden sie mit einigen wenigen Farben mineralischen oder organischen Ursprungs entweder direkt auf den Tuffsteinwänden oder auf einer Art Putz; zuvor hatte man eine Hilfszeichnung eingeritzt oder mit Kohle angefertigt. Obwohl die Wandmalerei als typisch etruskische Kunst gilt, verrät sie starke griechische Einflüsse, z. B. bei Personendarstellungen, wo man oft die Hand eines ionischen Künstlers zu erkennen glaubt; die kürzlich gemachten Entdeckungen im süditalienischen Paestum zeigen, daß die etruskischen Künstler nicht dermaßen isoliert waren, wie es bisher manchmal angenommen wurde. Allerdings hat die Ikonographie ihre eigene Ausrichtung; selten sind mythologische und phantastische Motive, da sie von der geistigen etruskischen Tradition, die um den Toten eine Stimmung des irdischen Lebens zu schaffen sucht, zu weit entfernt sind. Man will das Grab vor allem in ein Haus für ewige Zeiten verwandeln und spart nicht an Ausschmückung. Dargestellt werden hauptsächlich Feste, Tänze und Spiele, die jedoch oft in enger Beziehung zum Religiösen stehen. Hinzu kommt die in dieser Malerei fast nie fehlende Naturdarstellung.

Auffallend an diesem Dekor sind vor allem die Vielfalt der Töne – von feierlicher Zurückhaltung bis zu entspannter Ausgelassenheit –, die prächtigen Farben und die meisterhafte Zeichnung, die noch im 6. Jh. v. Chr. an die alten Konventionen anknüpft. Gerade die Lebhaftigkeit der Beobachtung und Wiedergabe ist zusammen mit der außerordentlichen technischen Geschicklichkeit bestimmend für das hohe handwerkliche Niveau in der Bronzeverarbeitung und der Bauplastik aus Terrakotta. Die etruskischen Bronzierer erwarben sich dank ihrer vielfältigen Produktion einen besonderen Ruf; ihre Arbeit umfaßte Gegenstände des täglichen Gebrauchs wie Kandelaber, Schüsseln, die sehr beliebten Dreifüße, aber auch applizierten Reliefdekor und Statuetten dekorativen und religiösen Charakters.

Die etruskische Architektur besteht zum großen Teil aus wenig haltbaren Holzbauten. Dies erklärt, warum bisher so wenige etruskische Baudenkmäler, mit Ausnahme der Gräber, gefunden wurden. Der Dekor ist die Hauptsache, oft zum Nachteil der Baustruktur; daher die Vielzahl der Elemente aus Terrakotta wie Friese, Postamente und Antefixe, die bereits bei den Griechen vorkommen, hier jedoch noch um ein breites Repertoire monströser Gorgonen oder fein gestalteter Köpfe bereichert sind. Typisch etruskisch sind vor allem die großen modellierten Statuen, die nicht wie bei den Griechen den Giebel, sondern den First verzieren. Die Ausgrabung des Portonaccio-Tempels in Veji, der vom Ende des 6. oder vom Anfang des 5. Jh. v. Chr. stammt, liefert davon das beste Beispiel, das jedoch keineswegs allein dasteht. Diese technisch vollkommenen Werke bezeugen einmal mehr griechische, d. h. ionische Einflüsse, was die Gesichtsform und den Schwung der Linien betrifft. Doch alles wirkt hier verzerrt, sogar das die Gesichter belebende Lächeln. Vor allem macht sich die Mißachtung des organischen Charakters eines Ganzen bemerkbar, der die Grundlage der griechischen Kunst bildet. Trotz all dem spürt man hinter den Kunsthandwerken von Veji eine starke künstlerische Persönlichkeit. Vielleicht war es doch, wie hie und da angenommen wird, derselbe Vulca, von dem Plinius berichtet, daß er – ein Bürger von Veji – die Terrakotta-Ausschmückung des Jupiter Capitolinus-Tempels in Rom leitete.

Die gleichen Kennzeichen – ionische Elemente, dem etruskischen Repertoire angepaßt und auf unorganische, doch technisch vollkommene Weise dargestellt – finden sich auch auf zwei Terrakotta-Sarkophagen aus Caere. Diese Statuen von Ehepaaren strahlen aufgrund ihrer Lebensnähe und eindrucksvollen Gestik eine tief empfundene Spiritualität aus, die zum Schönsten gehört, was die etruskische Kunst je hervorgebracht hat.

DIE KLASSISCHE PERIODE

Am Ende des 6. und am Anfang des 5. Jh. v. Chr. erlebt die etruskische Kultur eine Blütezeit. Es ist die Periode der stärksten politischen Macht und der größten territorialen Ausdehnung – von der Poebene im Norden bis nach Kampanien im Süden. Die Beziehungen zur griechischen Kultur sind so eng, daß man in der Kunst sogar die ersten Zeichen des Strengen Stils erkennt, der in Griechenland der eigentlichen Klassik vorausgeht. Doch diese Glanzperiode ist nicht von langer Dauer – bereits im ersten Viertel des 5. Jh. v. Chr. kommt es zu einem schnellen Niedergang. Gemäß der Überlieferung wurde im Jahre 509 der letzte etruskische König aus Rom vertrieben, und etwas später, im Jahre 474, erlitt die etruskische Flotte bei Cumae von den Syrakusern eine vernichtende Niederlage. Dies bedeutete das Ende der etruskischen Macht und den Verlust von Kampanien. Im 4. Jh. v. Chr. begann die Expansion Roms, wie der Fall von Veji im Jahre 396 beweist.

Die Etrusker

Für Etrurien war dies eine Zeit der ständigen Rückschläge, verbunden mit einem Rückgang des Handels. Die etruskische Kunst war von nun an, zumindest zeitweise, von neuen Impulsen, hauptsächlich aus Griechenland, abgeschnitten. Dies wirkte sich um so mehr aus, als sie kaum fähig war, sich selbständig zu entwickeln, und sich stets von theoretischen Fragen der Ästhetik abgewendet hatte. Es sei daran erinnert, wie fremd den Etruskern die klassische Kunst der Griechen mit ihrem Anspruch der Ausgewogenheit und Universalität erschien; den etruskischen Künstlern waren Details wichtiger als die Gesamtkonzeption.

Die politischen, wirtschaftlichen und kulturellen Rückschläge wurden von einer schweren moralischen und religiösen Krise begleitet. Es machten sich Zweifel und Angst um das menschliche Schicksal im Jenseits bemerkbar, und zwar dermaßen, daß die realistische Kunst Darstellungen einer imaginären Welt weichen mußte, die oft einem Alptraum gleichen. Diese Tendenzen sind besonders in der Wandmalerei spürbar, die nun seltener in Erscheinung tritt; im Mittelpunkt stehen dabei blutige und gewaltsame Geschichten, Folterszenen und Höllenungeheuer.

DIE HELLENISTISCHE UND RÖMISCHE PERIODE

Die hellenistische Kunst mit ihren malerischen und pathetischen Aspekten schien den Etruskern eher zugänglich als die klassische Kunst. Dadurch erklärt sich das Wiedererstarken der griechischen Einflüsse in Etrurien gegen Ende des 4. Jh. v. Chr. Obwohl die Kunstwerke weiterhin meisterhaft gestaltet sind, wirken sie in ihrer technischen Ausführung nur noch mechanisch, ohne jede Begeisterung. Man beschränkt sich auf eine teils glänzende, teils oberflächliche Wiederholung der Themen. Der typisch etruskische Sinn für eine rasche Skizze und amüsante oder beunruhigende Darstellung kann aber dennoch in bestimmten Plastiken (Giebelfelder von Civitalba: Darstellung der Plünderung des Heiligtums von Delphi durch die Galater) und in der Keramik gefunden werden, die wiederum direkt oder über Süditalien indirekt von griechischen Arbeiten beeinflußt ist; die Töpferware hat einen durchaus kunstgewerblichen Charakter, zeigt jedoch oft viel Ausdruckskraft.

Typisch für diese Zeit sind zweifellos die gravierten Bronzen, Spiegel und Cisten; man entdeckt hier die hohe Qualität des etruskischen Handwerks wieder, seinen Sinn für die Zeichenkunst, seine Spontaneität und ein teils einheimisches, teils griechisch beeinflußtes Repertoire. Die Latium-Stadt Praeneste, die unter starkem etruskischem Einfluß stand, spielte in dieser Produktion eine große Rolle. Das schönste Beispiel für die Entwicklung der etruskischen Kunst am Ende des 4. Jh. v. Chr. ist, dank dem Reichtum ihrer Ausschmückung und dank ihrer Ausführungsqualität, die Ficoroni-Ciste, die in einem Grab in Praeneste gefunden wurde. Das aus der griechischen Malkunst übernommene Thema (eine Episode aus der Argonauten-Sage) ist unvergleichlich sicher und gekonnt gestaltet. Die Begleitinschrift verrät, daß es sich um das Werk eines kampanischen Künstlers handelt, der in Rom für eine adelige Familie aus Praeneste arbeitete – es wird nun immer schwieriger, die etruskische Kunst von jener der anderen Völker in Italien zu unterscheiden. Sie entwickelt sich zur Kunst Etruriens im geographischen Sinne, was sie freilich nicht daran hindert, weiterhin glänzende Kunstwerke und handwerkliche Erzeugnisse von hoher Qualität hervorzubringen. Dies gilt beispielsweise für die Grabplastik mit zahlreichen Sarkophagen und Aschenurnen, deren Reliefdekor oft hellenistische Inspiration ahnen läßt.

Der typischste Zug dieser Spätzeit ist vermutlich die vermehrte Beachtung des Individuums. Vom 4. Jh. v. Chr. an wird das Bemühen erkennbar, zwar nicht ein echtes Porträt, doch zumindest ein Bild mit individuellem Ausdruck zu schaffen (Grab der Schilde in Tarquinia). Die Porträts bleiben noch sehr generisch und verraten die hellenistische Neigung zu psychologischer Darstellung, die vor allem die soziale oder physische Kategorie des Abgebildeten wiedergibt.

Im 2. Jh. v. Chr. verstärkt sich in der italienischen Welt die Tendenz zur Individualisierung, die durch zahlreiche Ehrenstatuen belegt ist, eine Entwicklung, die sich in Rom fortsetzt. Das Porträt nähert sich immer mehr der Wirklichkeit an, ohne jedoch stets auf den etruskischen Sinn für Übertreibung, ja sogar Karikatur, oder auf das typisch etruskische Merkmal des Unorganischen zu verzichten.

Die Impulse für die etruskische Kunst waren vom Adel ausgegangen, der jedem etruskischen Stadtstaat vorstand. Rom ließ nach der Eroberung Etruriens diesen Adel weiterbestehen, doch nur um seine Herrschaft zu festigen. Nach den Massakern durch Sulla und Octavian verschwand das etruskische Volk und mit ihm auch seine Kunst, die zwar höher stand als die der Nachbarvölker, aber auch zerbrechlicher war, da sie auf einer relativ schmalen sozialen Schicht ruhte. Als diese vernichtet bzw. stark reduziert wurde, verschmolz die etruskische Kunst mit jener Roms, der sie allerdings nur wenig vererbte.

AUSWAHLBIBLIOGRAPHIE

Bianchi Bandinelli, R. und A. Giulano: *Etrusker und Italiker vor der römischen Herrschaft*, München 1974 (= Universum der Kunst Bd. 21)

Bloch, R.: *Die Etrusker*, Genf 1970

Mansuelli, G. A.: *Etrurien und die Anfänge Roms*, Baden-Baden 1963 (= Kunst der Welt)

Mühlestein, H.: *Die Etrusker im Spiegel ihrer Kunst*, Berlin 1969

Pallottino, M.: *Etruskische Malerei*, Genf 1962

Sprenger, M. und G. Bartoloni: *Die Etrusker, Kunst und Geschichte*, München 1977

DIE WICHTIGSTEN MUSEEN

Deutschland
Badisches Landesmuseum, Karlsruhe (= M. Karlsruhe)
Staatliche Antikensammlungen, München (= Staatl. A. München)

Frankreich
Musée national du Louvre, Paris (= Louvre, Paris)

Italien
Museo Civico Archeologico, Bologna (=M. Bologna)
Museo Etrusco, Chiusi (=M. Chiusi)
Museo Archeologico di Firenze, Florenz (= M. Florenz)
Museo Civico, Orvieto
Museo Archeologico Nazionale dell' Umbria, Perugia
Museo Nazionale di Villa Giulia, Rom (=N. M. Rom)
Museo Gregoriano Etrusco, Vatikan-Museen, Rom (= V. M. Rom)
Museo Archeologico, Siena (= M. Siena)
Museo Nazionale Tarquiniese, Tarquinia (= N. M. Tarquinia)
Museo Etrusco Guarnacci, Volterra (= M. Volterra)

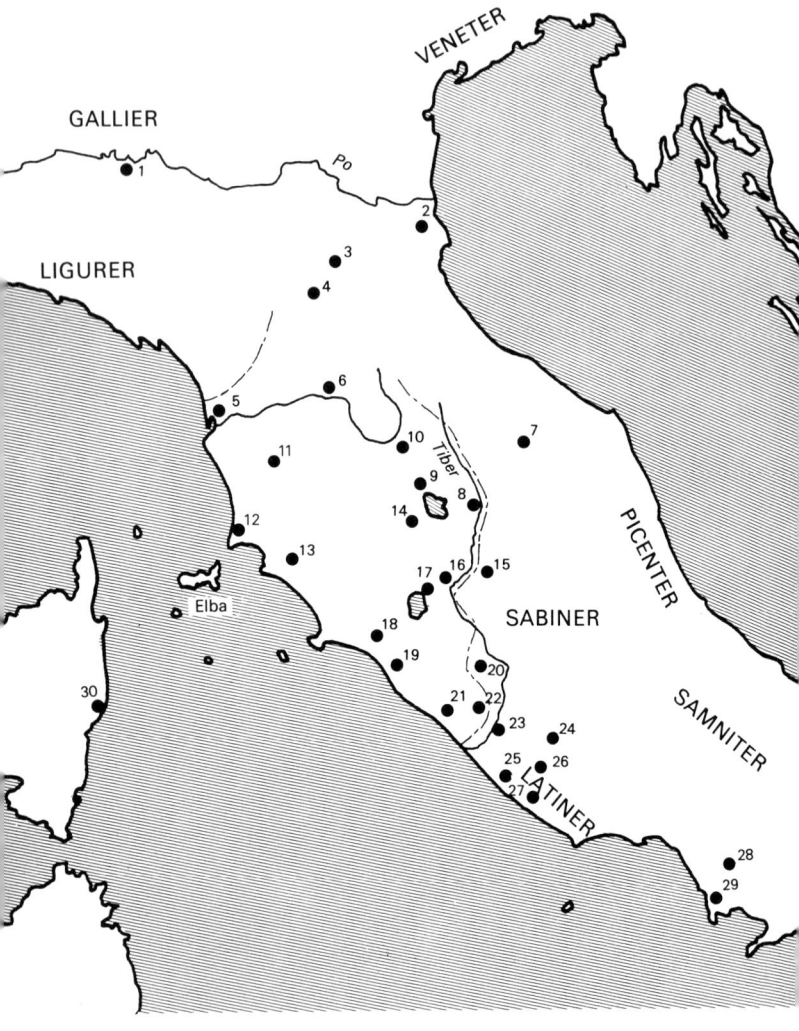

DIE ETRUSKER

1 Piacenza
2 Spina
3 Bologna (Felsina)
4 Marzabotto
5 Pisa
6 Fiesole
7 Civitalba (Sentinum)
8 Perugia
9 Cortona
10 Arezzo
11 Volterra
12 Populonia
13 Vetulonia
14 Chiusi
15 Todi

16 Bolsena (Volsinii)
17 Orvieto
18 Vulci
19 Tarquinia
20 Civitacastellana ((Falerii)
21 Cerveteri (Caere)
22 Veji
23 Roma
24 Palestrina (Praeneste)
25 Lanuvium
26 Velletri
27 Conca (Satricum)
28 Capua
29 Cumae
30 Aleria

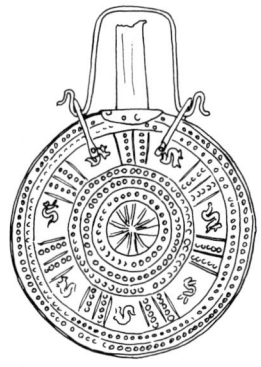

1
Pilgerflasche, Bronze, H: 28 cm, 8. Jh. v. Chr., Louvre, Paris

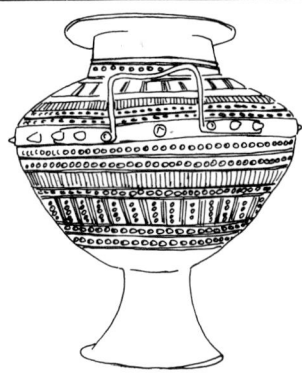

2
Bikonisches Gefäß, Bronze, H: 34 cm, Ende 8. Jh. v. Chr., Louvre, Paris

3
Aschenurne mit Helm, Terrakotta und Bronze, H (ohne Helm): 71 cm, Tarquinia, 8. Jh. v. Chr., M. Florenz

4
Kessel mit Greifenprotomen, Terrakotta, H: 10,5 cm, Narce, 7. Jh. v. Chr., N. M. Rom

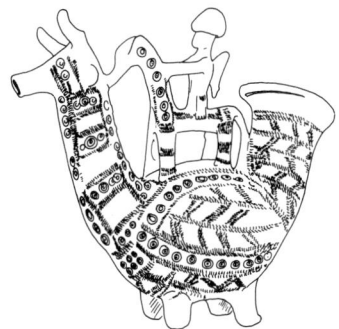

5
Askos in Tiergestalt mit Reiter, Terrakotta, H: 17 cm, Bologna, 8. Jh. v. Chr., M. Bologna

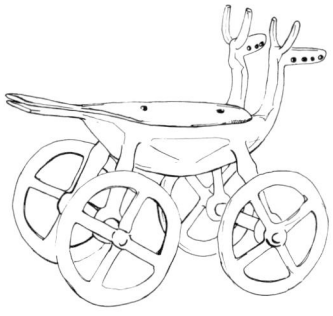

6
Räuchergefäß, Bronze, Tarquinia, 7. Jh. v. Chr., N. M. Tarquinia

7
Aschenurne in Hüttenform, Terrakotta, H: 26 cm, Marino, 9.–8. Jh.
v. Chr., Museo Preistorico, Rom

8
Grab, San Cerbone-Nekropole, Populonia, 2. Hälfte 6. Jh. v. Chr.

9   Grab der Kapitelle, Nekropole von Caere, um 570 v. Chr.

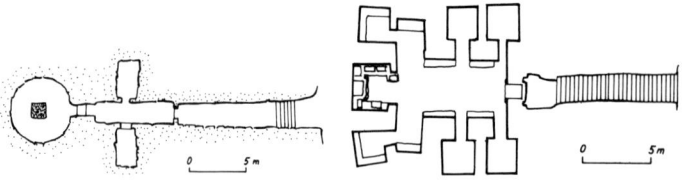

10
Grundriß des Grabes La Montagnola,
Quinto Fiorentino, um 600 v. Chr.

11
Grundriß des Volumnier-Grabes,
Palazzone-Nekropole, bei Perugia,
Mitte 2. Jh. v. Chr.

12
Modell eines Tempels, Terrakotta, H:
22 cm, Vulci, 1. Hälfte 1. Jh. v. Chr.,
N. M. Rom

13
Aschenurne in Gebäudeform, Vulkangestein, H: 43 cm, Chiusi?, 2. Jh.
v. Chr., M. Florenz

14   Rekonstruktion eines altetruskischen Tempels

15
Antefix mit Kopf einer Gorgo, Terrakotta, H: 48,5 cm, Veji, Ende 6. Jh.
v. Chr., N. M. Rom

16
Antefix mit Kopf eines Schwarzen,
Terrakotta, H: 26 cm, Caere, Anf. 5.
Jh. v. Chr., Louvre, Paris

17
Männliche Statue, bemalte Terrakotta, H: 47 cm, Caere, 2. Hälfte 7. Jh.
v. Chr., Pal. dei Conserv. Rom

18
Grabstele des Aule Tite, Vulkangestein, H: 170 cm, Volterra, um 550
v. Chr., M. Volterra

19
Kentaur, Vulkangestein, H: 77 cm,
Vulci, 570–550 v. Chr., N. M. Rom

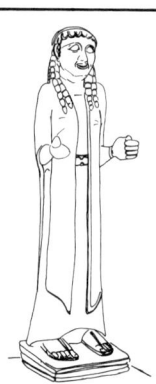

20
Opferträgerin, Gips, H: 85 cm, Vulci,
570–550 v. Chr., B. M. London

21
Löwe, Vulkangestein, Vulci?, 7. Jh.
v. Chr., V. M. Rom

22
Geflügelter Löwe, Vulkangestein, H:
71 cm, Vulci?, Mitte 6. Jh. v. Chr.,
Menil Foundation, Houston

23
Ehepaar, Teil eines Sarkophags, Ter-
rakotta, um 510–500 v. Chr., Louvre,
Paris

24
Apollon, bemalte Terrakotta, H:
180 cm, Veji, Ende 6. Jh. v. Chr., N. M.
Rom

25
Kopf des Hermes, bemalte Terrakotta, H: 37 cm, Veji, Ende 6. Jh.
v. Chr., N. M. Rom

26
Kopf eines Gottes, Marmor, H: 31 cm,
Volterra, 520–480 v. Chr., Privatslg.,
Volterra

27
Männlicher Kopf, Terrakotta, H:
25 cm, Casale di Conca, um 490
v. Chr., N. M. Rom

28
Kanope, Terrakotta, H: 27 cm, Dol-
ciano, 500–480 v. Chr., M. Chiusi

29
Weibliche Statuette, Bronze, H: 36 cm, Broglio, um 550 v. Chr., M. Florenz

30
Weibliche Statuette, Bronze, 520–500 v. Chr., Cabinet des Médailles, Paris

31
Opferträger, Bronze, H: 24 cm, Monteguragazza, um 480 v. Chr., M. Bologna

32
Opferträgerin, Bronze, H: 24 cm, Monteguragazza, um 480 v. Chr., M. Bologna

33
Athene Promachos, Bronze, Perugia, 5. Jh. v. Chr., Louvre, Paris

34
Speerwerfer, Bronze, H: 45 cm, Caere, 430–420 v. Chr., Louvre, Paris

35
Votivkopf, Terrakotta, H: 17 cm, Veji, 430–420 v. Chr., N. M. Rom

36
Kopf eines Jünglings, Bronze, H: 14 cm, Cagli, 1. Hälfte 4. Jh. v. Chr., N. M. Rom

37
Stillende Frau, Grabstatue, Kalkstein, H: 100 cm, Chianciano, 2. Hälfte 5. Jh. v. Chr., M. Florenz

38
Aphrodite?, Bronze, H: 50 cm, Nemi-See, 4. Jh. v. Chr., Louvre, Paris

39   Gelagerte Statue des Verstorbenen, Sarkophagdeckel, Marmor, L: 243 cm, Partunus-Grab, Tarquinia, Ende 4. Jh. v. Chr., M. Tarquinia

40
Die Galater plündern Delphi, Fries-
fragment, Terrakotta, Civitalba, 180–
150 v. Chr., M. Bologna

41
Dionysos und Ariadne, Giebel-
schmuck, Terrakotta, Civitalba, 180–
150 v. Chr., M. Bologna

42
Apollon-Büste, Terrakotta, H: 80 cm,
Falerii, Ende 4. Jh. v. Chr., N. M. Rom

43
Kopf mit phrygischer Mütze, Terrakotta, H: 32 cm, Caere, 1. Hälfte 1. Jh.
v. Chr., N. M. Rom

44
Porträt des Brutus?, Bronze, H: 69 cm,
1. Viertel 3. Jh. v. Chr.?, Pal. dei Conserv. Rom

45
Männlicher Kopf, Bronze, H: 27 cm,
San Giovanni Lipioni, 3.–2. Jh.
v. Chr., Cabinet des Médailles, Paris

46
Porträt eines Jünglings, Bronze, H:
23 cm, Zentraletrurien, 2. Hälfte 3. Jh.
v. Chr., M. Florenz

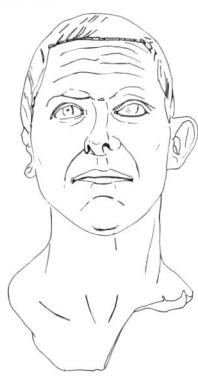

47
Votivkopf, Terrakotta, H: 32 cm,
Caere, 1. Hälfte 1. Jh. v. Chr., N. M.
Rom

48   Chimäre, Bronze, L: 128 cm, 4. Jh. v. Chr., M. Florenz

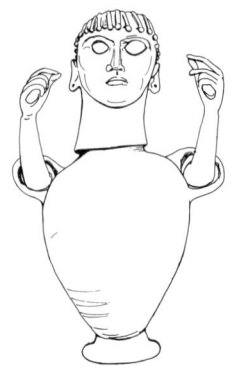

49
Kanope, Terrakotta, H: 50 cm, 2.
Hälfte 6. Jh. v. Chr., Louvre, Paris

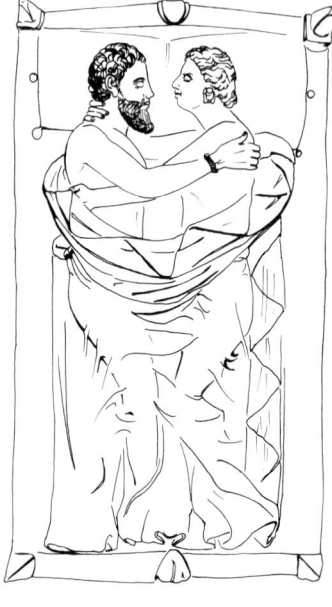

51
Urnendeckel mit gelagertem Mann,
Bronze, L: 69,5 cm, Perugia, Ende
5. Jh. v. Chr., Eremitage, Leningrad

50
Sarkophagdeckel mit Ehepaar, Kalkstein, L: 243 cm, Vulci, Ende 4. Jh.
v. Chr., M. Boston

52
Sarkophag mit Ehepaar, Alabaster, L:
123 cm, Città del Pieve, Ende 5. Jh.
v. Chr., M. Florenz

53
Urne mit gelagertem Mann und Reise
des Verstorbenen, Alabaster, Ende
3.-Anf. 2. Jh. v. Chr., M. Volterra

54
Aschenurne, Alabaster, H: 49 cm, Chiusi, Mitte 2. Jh. v. Chr., M. Siena

55
Aschenurne, Terrakotta, Volterra, 2. Jh. v. Chr., M. Volterra

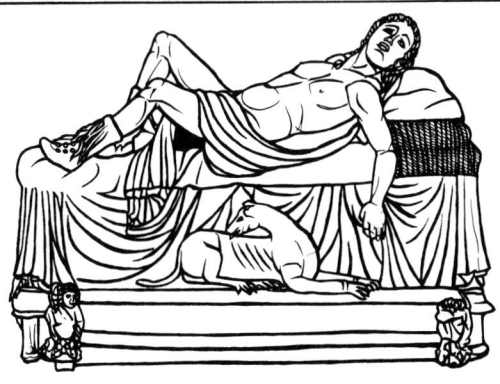

56   Urnendeckel mit Adonis, Terrakotta, H: 63 cm, Tuscania, 2. Hälfte 2. Jh. v. Chr., V. M. Rom

57   Urnendeckel mit Ehepaar, Terrakotta, H: 41 cm, 1. Hälfte 1. Jh. v. Chr., M. Volterra

58
Iphigenies Opferung?, bemalte Wandplatte, H: 125 cm, 3. Viertel 6. Jh. v. Chr., Louvre, Paris

59
Reiter, Wandmalerei, Grab der Stiere, Tarquinia, 550–540 v. Chr.

60
Tanzendes Paar, Wandmalerei, Grab der Löwinnen, Tarquinia, um 530 v. Chr.

61
Tänzerin, Wandmalerei, Grab der Akrobaten, Tarquinia, 510–490 v. Chr.

62   Tanzendes Paar, Wandmalerei, Triclinium-Grab, Tarquinia, 480–470 v. Chr., N.M. Tarquinia

63
Flötenspieler und Mann mit Pokal, Wandmalerei, Grab des Barons, Tarquinia, um 510 Chr.

64
Herr mit Sklaven, Wandmalerei, François-Grab, Vulci, 2. Hälfte 4. Jh. v. Chr.

65 Kampfszene, Wandmalerei, Grab des Affen, Chiusi, Anf. 5. Jh. v. Chr.

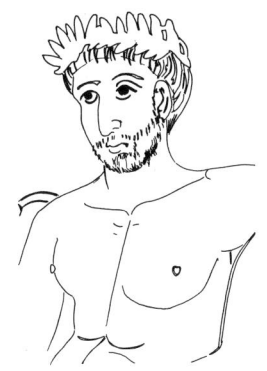

66
Porträt des Grabherrn, Wandmalerei, Grab der Schilde, Tarquinia, 350–325 v. Chr.

67
Weibliche Büste, Wandmalerei, Grab des Menschenfressers, Tarquinia, 375–350 v. Chr.

68
Kessel mit Löwenprotomen, Bronze,
D: 47 cm, Caere, Mitte 7. Jh. v. Chr.,
V. M. Rom

69
Dreifuß, Fragment, Bronze, Fonte
Ranocchio, 3. Viertel 6. Jh. v. Chr.,
Staatl. A. München

70 Wagendekor, Fragment, Bronze, Castel San Mariano, 540–530 v. Chr.,
Staatl. A. München

71
Parfümgefäß   mit   Frauenkopf,
Bronze, H: 10 cm, 2. Hälfte 3. Jh.
v. Chr., Louvre, Paris

72
Oinochoe in Form eines Jünglings-
kopfes, Bronze, H: 32 cm, Gabii, 4. Jh.
v. Chr., Louvre, Paris

73
Kandelaber, Bronze, H: 92 cm, Mitte
5. Jh. v. Chr., V. M. Rom

74
Figur in Faltengewand, Kandelaber-
Bekrönung, Bronze, Mitte 5. Jh.
v. Chr., V. M. Rom

75
Tänzer, Kandelaber-Fragment, Bron-
ze, Vulci, um 500 v. Chr., M.
Karlsruhe

76
Tänzerin, Kandelaber-Fuß, Bronze,
1. Viertel 5. Jh. v. Chr., B. M. London

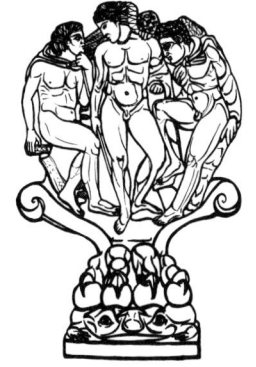
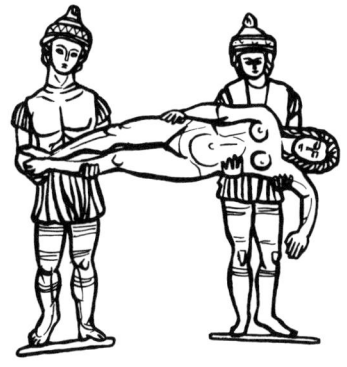

77
Fuß der Ficoroni-Ciste, Bronze,
Praeneste, 3. Viertel 4. Jh. v. Chr.,
N. M. Rom

78
Henkel der Barberini-Ciste, Bronze,
Praeneste, 4. Jh. v. Chr., N. M. Rom

80
Ausschnitt aus den gravierten Szenen der Ficoroni-Ciste

79
Ficoroni-Ciste, Bronze, H: 77 cm, Praeneste, 3. Viertel 4. Jh. v. Chr., N. M. Rom

81
Spiegel mit Seher Kalchas bei Leberschau, Bronze, D: 18cm, Vulci, 1. Hälfte 4. Jh. v. Chr., V. M. Rom

82
Spiegel mit Ritzdekor, Bronze, D: 12,4 cm, Tarquinia, Ende 6. Jh. v. Chr., B. M. London

83
Spiegel mit Ritzdekor, Bronze, L: 33,6 cm, Praeneste, Mitte 3. Jh. v. Chr., N. M. Rom

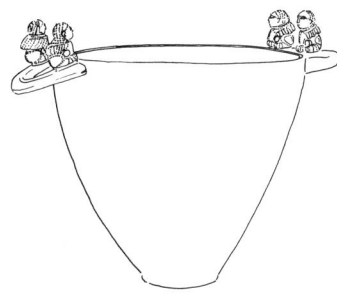

84
Skyphos, Gold, H: 7,9 cm, Bernadini-Grab, Praeneste, 640–620 v. Chr., N. M. Rom

85
Fibelscheibe, Gold, L: 31,5 cm, Regolini-Galassi-Grab, Caere, 670–650 v. Chr., V. M. Rom

87
Halskette, Silber, L: 30 cm, 7. Jh. v. Chr., Louvre, Paris

86
Kopf des Acheloos, Anhänger, Gold, H: 4 cm, 6. Jh. v. Chr., Louvre, Paris

88
Armband, Gold, L: 18 cm, 7. Jh. v. Chr., Louvre, Paris

89
Fibel, Gold, L: 15,5 cm, Marsiliana
d'Albegna, 2. Viertel 7. Jh. v. Chr.,
M. Florenz

90
Fibel, Gold, L: 15,6 cm, Vetulonia,
3. Viertel 7. Jh. v. Chr., M. Florenz

91
Fibel mit Löwen, Gold, L: 9,7 cm,
5. Jh. v. Chr., Louvre, Paris

92
Fibel, Gold, L: 8 cm, 4. Jh. v. Chr.,
Louvre, Paris

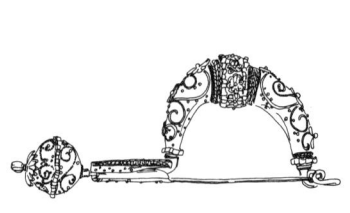

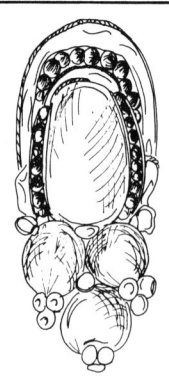

93
Fibel, Gold, L: 7 cm, 4. Jh. v. Chr.,
Louvre, Paris

94
Ohrring, Gold, H: 9 cm, 4.–3. Jh.
v. Chr., Louvre, Paris

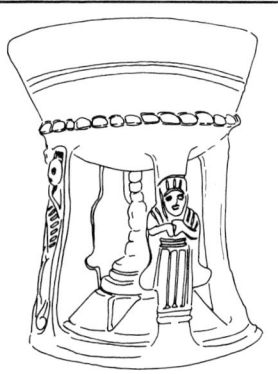

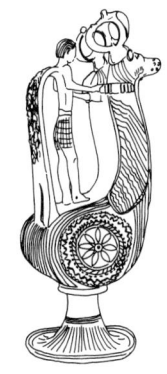

95
Kelch mit Karyatiden, Bucchero, H:
19 cm, 700–670 v. Chr., Louvre, Paris

96
Krug mit plastischem Dekor, Bucchero, H: 26 cm, Caere, 3. Viertel 7. Jh.
v. Chr., V. M. Rom

97
Glockenförmige Amphora, Bucchero,
H: 10 cm, Anf. 7. Jh. v. Chr., Louvre,
Paris

98
Glockenförmige Amphora mit Ritzdekor, Bucchero, H: 14 cm, 2. Hälfte
7. Jh. v. Chr., Louvre, Paris

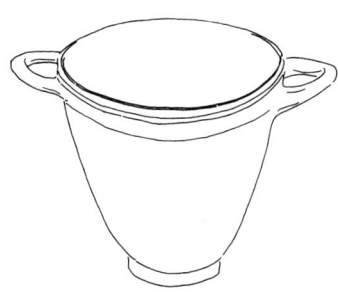

99
Skyphos, Buccherokeramik, H: 11 cm,
2. Hälfte 7. Jh. v. Chr., Louvre, Paris

100
Kantharos, Buccherokeramik, H:
10 cm, 2. Hälfte 7. Jh. v. Chr., Louvre,
Paris

101
Krug mit Ritzdekor, Bucchero, Caere, Ende 7. Jh. v. Chr., V. M. Rom

102
Krug mit plastischem und Ritzdekor, Bucchero, Orvieto, Ende 7. Jh. v. Chr., M. Florenz

103
Oinochoe mit polychromem Dekor, bemalte Terrakotta, Veji, 1. Hälfte 6. Jh. v. Chr., M. M. New York

104
Oinochoe mit Reliefdekor, Bucchero, H: 36 cm, Chiusi, 2. Hälfte 6. Jh. v. Chr., M. Florenz

105
Askos in Entenform, Terrakotta, L: 18 cm, Ende 4.–3. Jh. v. Chr., Louvre, Paris

106
Gefäß in Beinform, Bucchero, H: 20 cm, 2. Hälfte 6. Jh. v. Chr., Louvre, Paris

Rom

Von Catherine Metzger und François Baratte
Conservateurs au Département des Antiquités
Grecques et Romaines,
Musée national du Louvre, Paris

ROM

Die klassizistische Kritik definierte die römische Kunst als die letzte Phase der griechischen Kunst, die immer stärker von den Gesetzen der Klassik abwich. Dieser Standpunkt, der Rom im künstlerischen Bereich jede Eigenständigkeit absprach und somit lange Zeit die Bewertung der römischen Kunst belastete, erscheint heute oberflächlich und unannehmbar. Gewiß waren griechische Künstler und Vorbilder an der Entstehung der römischen Kunst maßgebend beteiligt, und die Beziehungen zur Kultur hellenistischer Tradition bildeten eine ihrer Antriebskräfte. Doch die Entwicklung einer neuen Ideologie und einer anderen politischen, sozialen und ökonomischen Struktur sollte auch neue Kunstformen zur Folge haben.

DIE URSPRÜNGE

Einer der Hauptverdienste der neuesten Forschung ist zweifellos die bessere Kenntnis Latiums und Roms in frühgeschichtlicher und archaischer Zeit. Die Entwicklung verlief hier praktisch parallel mit der Etruriens, doch gab es, vor allem in Rom, einige interessante Abweichungen. Die Einäscherung der Toten und ihre Bestattung in häuserähnlichen Urnen praktizierten die Römer vor den Etruskern, seit dem 10.–9. Jh. v. Chr., wie die Funde am späteren Forum Romanum, einer der größten Nekropolen Roms, beweisen. Auffallend ist jedoch die Bescheidenheit der römischen Kultur, hauptsächlich in der orientalisierenden Zeit, denn mit dem Reichtum der Gräber in Caere und Praeneste, ja sogar in der nächsten Umgebung, kann sich Rom nicht messen.

Seit dem 6. Jh. v. Chr. ist Rom – hauptsächlich dank den Etruskern – eine Stadt; allerdings ist es schwer, vor dem Ende des 3. Jh. v. Chr. von einer römischen Kunst zu sprechen. Der Grund dazu liegt teilweise in den damals herrschenden politischen und moralischen Umständen; die Herrschenden waren bestrebt, sämtliche Kräfte für die Festigung und später für die Expansion zu mobilisieren, und mißtrauten der Kunst, die sie für einen verweichlichenden Luxus hielten – sie sollte den Göttern vorbehalten sein. Dennoch läßt sich eine künstlerische Kultur des archaischen Rom definieren, die aus drei gleichzeitig wirksamen oder chronologisch aufeinanderfolgenden Grundelementen besteht: etruskisch, italisch und griechisch. Das etruskische Element ist um so wirksamer, als es im 6. Jh. v. Chr. mit der politischen Präsenz der Etrusker einhergeht. Der Tradition nach war es der Etrusker Vulca, der die Bauplastik des

Jupiter Capitolinus-Tempels im Jahre 509 v. Chr. ausführte. Das italische Element kennzeichnet die Einflüsse der autochthonen Bevölkerung im Osten und Nordosten Latiums und bringt den Sinn für strukturelle Festigkeit und eine Ausdruckskraft mit, die manchmal fast expressionistisch wirkt. Das griechische Element schließlich breitet sich in der archaischen Zeit durch Beziehungen zu Kampanien und durch die Niederlassung griechischer Handwerker aus, die zu Beginn des 5. Jh. v. Chr. die Ausschmückung des Ceres-Tempels besorgten. Seit dem 3. Jh. v. Chr. konnte sich das griechische Element entscheidend verstärken, zunächst dank einigen für die griechische Kultur begeisterten Familien (z. B. die Scipionen), später durch die militärische Expansion Roms zunächst nach Unteritalien und dann nach Osten, wofür die Eroberung von Tarent (272), Syrakus (212) und Korinth (146) kennzeichnend ist. Diese Ereignisse bedeuteten jeweils einen gewaltigen Zustrom von Reichtum, Handwerkern und Kunstgegenständen nach Rom, der einen Umschwung in Lebensart und Mentalität des römischen Volkes bewirkte.

DIE KUNST AM ENDE DER REPUBLIK

Die letzten Jahrhunderte vor unserer Zeitrechnung stellen eine Periode der Konsolidierung dar. Im 3. und 2. Jh. v. Chr. wurde Rom mit zahlreichen Kunstwerken griechischer Herkunft überschwemmt – eher ein Beweis stolzer Überlegenheit, die auch den künstlerischen Bereich zu beherrschen suchte, als ein Zeugnis echter Kultur.

Doch im Laufe des 2. Jh. v. Chr. wurde sich die herrschende Schicht bewußt, daß die Übernahme und Wiederverwendung eingeführter Kunstwerke und Themen nicht mehr genügte. Die Kunst als privilegiertes Mittel zur Verherrlichung des Individuums in seinem Verhältnis zu Gott und Staat oder zum Preis des Staates als Garant für den Wohlstand der Bürger sollte nun eine neue Aufgabe erfüllen, die für die Ziele der Herrschenden besser geeignet war. Die historischen Umstände bei der Entstehung dieser Kunst bewirkten jedoch, daß sie vom formalen Standpunkt aus gesehen vor allem eklektisch ist. Sie nimmt also nicht nur verschiedene Einflüsse auf, sondern bringt diese auch in demselben Kunstwerk zusammen – eine der griechischen Kunst ganz und gar fremde Konzeption. Die zahlreichen in Rom niedergelassenen, ursprünglich griechischen Künstler hatten an der Entstehung dieser Kunstrichtung einen großen Anteil: Sie schufen, häufig nach früher in Griechenland benutzten Entwürfen, die von ihren Auftraggebern geforderte neue Kunst (vgl. Relief des Domitius Ahenobarbus). Diese Kunst entwickelte sich insbesondere in den drei Bereichen Architektur, Porträtplastik und Malerei.

Die Architektur übernimmt auf sehr spezifische Weise die in Griechenland erarbeiteten Formen, ordnet sie allerdings einer Gesamtkonzeption unter. Verschiedene Bauten, die zusammengehören, bilden nun ein als Einheit entworfenes Ganzes (Fortuna-Heiligtum in Praeneste, Anfang 1. Jh. v. Chr.). Zudem erlaubt der Gebrauch von Bruchsteinen statt Quadern besonders kühne technische Lösungen.

Das Porträt ist eine Erscheinung der den führenden Gesellschaftsschichten vorbehaltenen Kunst, sei es in Rom oder in der Provinz; man denke hier an die Rolle, die die nur wenigen Patrizierfamilien vorbehaltenen Ahnenbilder spielten, indem sie an bestimmten Tagen öffentlich ausgestellt wurden. Gegen das Ende des 2. Jh. und im 1. Jh. v. Chr. verbreitet sich vor allem in den alten italischen Städten eine klare Tendenz zur Darstellung des lokalen Landadels in Porträts, die rauh und ernst sind und scharfe physische Merkmale aufweisen. Wird hier auch der Wille zur Individualisierung und zum persönlichen Porträt offenbar, so handelt es sich doch zugleich um einen Ausdruck der Zugehörigkeit zu einer Gruppe und der Selbstverwirklichung in ihr. Diese fast veristische Richtung wird manchmal als besonders typisch für die römische Kunst angesehen; man sollte jedoch ihre Bedeutung nicht überschätzen. In Rom jedenfalls wurde sie durch den Einfluß des psychologisierenden griechischen Porträts stark zurückgedrängt, dessen pathetische und idealisierende Züge oft vorherrschten. Auch weniger begünstigte soziale Schichten wie die freigelassenen Sklaven betätigten sich in der Porträtkunst und ahmten damit die herrschende Klasse nach.

Die Malerei konnte sich einem ähnlichen ideologischen Gebrauch kaum entziehen, aber die seltenen Fragmente geben nur ungenaue Anhaltspunkte über die Bedeutung einer historischen triumphalen Malerei. Charakteristisch für diese Periode ist die dekorative Wandmalerei, die allerdings mehr einer privaten Kunst angehört. Sie entwickelte sich, insbesondere was die Ikonographie betrifft, analog zur Architektur; die Gesamtkonzeption des Wanddekors scheint jedoch eher römisch als griechisch zu sein. Am Anfang war die Malerei noch sehr architektonisch, indem sie dem Aufbau der Wand folgte (1. Stil gemäß der traditionellen Einteilung). Später ordnete sie sich einem neuen, illusionistischen Konzept unter (2. Stil) mit der Einführung mehrerer Raumebenen und einer Öffnung ins Unendliche, eine eigenständige Schöpfung, die man sowohl in Rom als auch in Mittelitalien findet.

DAS AUGUSTEISCHE ZEITALTER

Das 1. Jh. v. Chr., eine Periode intensiven künstlerischen Schaffens, wird durch Bürgerkriege erschüttert, die erst im Jahre 27 v. Chr. zu Ende gehen. Um diese Zeit führt Octavian, ein Neffe Cäsars, der vom Senat den Titel Augustus erhält, ein neues Regime ein, das Prinzipat. Er will stufenweise und empirisch unter Vortäuschung einer Rückkehr zu republikanischen Traditionen (so bezeichnet er sich als »primus inter pares«, als »Erster unter Gleichen«) ein stark vom hellenistischen Monarchismus beeinflußtes System einrichten. Augustus vertritt eine Politik der sozialen, ökonomischen und religiösen Restauration, die einerseits seinem Charakter entspricht, die andererseits Italien nach der soeben durchgemachten schweren Zeit braucht.

Eines der Elemente dieser Politik ist in jeder Beziehung die Kunst: Sie belegt um so mehr die Tendenzen des Regimes, als sich unter Augustus zu großartiger Pracht entwickelt. Die Einflüsse der klassischen griechischen Kunst sind zumindest in den Formen sichtbar. Es handelt sich allerdings um eine etwas künstliche Rückkehr zu einer verfeinerten Klassik, die zwar manchmal einer schöpferischen Erfindung fähig ist, doch oft rhetorisch und kühl bleibt. Der intellektuell-ideologische Inhalt ist dagegen neu. Die klassizistische Hülle umschließt etwas radikal anderes; in den offiziellen Monumenten ist dies die diskrete, aber wirksame Verherrlichung des Herrschers als Garant der Welt- und Staatsordnung sowie des Glücks der Bürger. Diese oft allegorische Kunst wird durch ihren elitären und engagierten Charakter zu einer Art Hofkunst, doch findet sich das Echo solcher Tendenzen auch in der privaten Kunst wieder. Formale Perfektion und extreme Kühle dominieren nicht nur unter den unmittelbaren Nachfolgern des Augustus, sondern führen bis über das Ende des 1. Jh. n. Chr. hinaus. Die lange Dauer dieser Kunst zeigt, daß sie nicht nur das Werk des Augustus ist, sondern über ein der ganzen römischen Kunst inhärentes Element verfügt; die griechische Kultur bleibt für die herrschende Klasse immer die Bildung, die zu besitzen sich gehört. Doch seit der zweiten Hälfte des 1. Jh. n. Chr. gibt es bereits Anzeichen eines Wandels, der im 2. Jh. zu eigenständigen Schöpfungen führen wird.

DIE RÖMISCHE KUNST UNTER DER FLAVISCHEN DYNASTIE UND DEN ERSTEN ADOPTIVKAISERN

Die Krise, die zum Tod Neros geführt hatte, brachte im Jahre 69 Vespasian an die Macht, den ersten Vertreter der flavischen Dynastie, einen Mann provinzieller und »bürgerlicher« Abstammung; dies erklärt teilweise die nun erfolgende Distanzierung von der klassizistischen Kunst. Namentlich in der Plastik setzt sich langsam ein anderer Raumbegriff durch, der den Reliefs eine neue Tiefe gibt (vgl. Titusbogen). Die Personen bewegen sich nicht mehr wie auf einer Theaterbühne, sondern in einem wirklichen Raum, zu dem auch der Zuschauer gehört.

Diese neue Richtung entfaltet sich völlig unter den Adoptivkaisern. Nach der katastrophalen Herrschaft des Domitian und seiner Ermordung im Jahre 96 stellen Nerva und später Trajan die politische Stabilität und den ökonomischen Wohlstand des Reiches wieder her. In dieser Hinsicht sind besonders die Taten Trajans hervorzuheben, die vor allem dem provinziellen Mittelstand zugute kommen. Auffallend ist, daß die Entfaltung einer eigenständigen römischen Kunst mit der Entwicklung der Kunstformen gerade jener Bevölkerungsschichten zusammenhängt, die in der italischen Kunst verwurzelt sind. Diese neigen zur Ablehnung der aus der griechischen Kunst hervorgegangenen Regeln zugunsten von Konventionen, die den Raum und die Dinge in Funktion auf ihre relative, von vornherein festgesetzte Bedeutung ordnen.

Die sehr fruchtbare offizielle Kunst steht ganz unter dem Einfluß einer außergewöhnlichen Persönlichkeit, des Apollodorus von Damaskus. Er war syrischer Herkunft und Ratgeber des Kaisers, aber auch Architekt, Erbauer des Trajansforums, des vollkommensten der Kaiserfora. Er erbaute ebenfalls die monumentale Basarstraße am Quirinal, wobei er sich aller durch den Gebrauch von Ziegelsteinen gebotener Möglichkeiten zu bedienen wußte. Zweifellos war er es auch, der mit unvergleichlicher Meisterschaft das historische Relief zur Vollkommenheit brachte, indem er Form und Bedeutung aufeinander abstimmte. Diese Perfektion bezeugt die Trajanssäule, die im Jahre 113 zum Gedenken der siegreichen Kriegszüge gegen die Daker errichtet wurde. Einer neuen Form, der Säule mit Relieffries, entspricht eine neue künstlerische Sprache, die ihrem Träger angepaßt ist und von bemerkenswerter Erfindungs- und Gestaltungskraft zeugt. Die Hervorhebung des narrativen und historischen Elements – Verherrlichung des Kaisers – geht einher mit einer affektiven und moralischen Betrachtungsweise. Diese bezieht sich gleichzeitig auf den Kaiser, der seinen Soldaten und Bürgern nahesteht, auf den Krieg, dessen Schrecken nie vertuscht werden, und auf die Beziehungen zwischen den Menschen, denn in den Reliefs bemerkt man einen hohen Respekt vor dem Gegner. Sie sind bestimmt ein politisches Werk, aber auch ein humanes, ausgewogenes, das zeigt, wie sehr die ersten Jahre des 2. Jh. für die römische Kunst eine Blütezeit bedeuteten.

ANZEICHEN DER VERÄNDERUNG: DIE RÖMISCHE KUNST IN DER ZWEITEN HÄLFTE DES 2. JAHRHUNDERTS

Das so erreichte harmonische Gleichgewicht sieht sich seit der Mitte des 2. Jh. zunehmend bedroht. Wie in jeder Kunst, die ihre Reife findet, macht sich auch in der römischen Kunst Epigonentum breit, d. h. mechanische und buchstäbliche Wiederholung der alten, ihrer früheren Bedeutung beraubten Formeln.

Doch es wirken bereits neue Kräfte, die nach dem Jahre 160, unter dem Philosophen und – angesichts der menschlichen Leidenschaften – skeptischen Stoiker Marc Aurel eine tiefgreifende Veränderung hervorrufen. Paradoxerweise muß gerade er, der sich darum bemüht, allen Widrigkeiten zum Trotz seine Aufgabe zu erfüllen, den ersten fremden Einfällen die Stirn bieten. Sein Nachfolger Commodus, der 192 ermordet wird, sieht eine radikal neue Kunst entstehen, die durch die auf allen Gebieten sich abzeichnende Krise bestimmt ist; es kommt zum Bruch mit der hellenistischen Tradition, sowohl in formaler als auch in moralischer Hinsicht.

Dieser Bruch zeigt sich vor allem in einer »barocken« Ästhetik, die in der Plastik wie in der Baukunst sichtbar ist: Sehnsucht nach Prunk und nach allem Übermäßigen, Unbeständigen, Vorübergehenden, nach Gewalt und Tod. Diesem Geschmack wird auch die Technik angepaßt. Der vermehrte Gebrauch des Bohrers, mit dessen Hilfe man den Marmor tief aushöhlen kann, charakterisiert die Bildhauerei, Porträts und Sarkophage und räumt den Licht- und Schattenspielen einen privilegierten Platz ein. Die Formen werden üppig und stehen im Zeichen eines aufgereizten Mystizismus, der in der Person des Kaisers, eines neuen Herkules, gipfelt. In der Grabplastik ist eine starke Tendenz zur Individualisierung zu spüren, während man in vielen Fällen auf den früheren Naturalismus verzichtet. Die Kunst, vom Irrationalen beherrscht, bevorzugt nun Andeutungen, Wiederholungen und Symbole. Die Macht wird bei aufsteigender Gefahr brutal bekräftigt, ohne jede Rücksicht auf den Gegner; stellt man jedoch die Vernichtung der Feinde dar, so ist es eigentlich ein verzweifelter Versuch, sich seiner eigenen Zweifel zu entledigen.

DIE KRISE IM 3. JAHRHUNDERT

Ein solcher Umschwung ist das sichere Zeichen einer Krise. Obwohl sie noch eine Zeitlang durch Septimius Severus, der 193 die Macht an sich reißt, aufgehalten werden kann, kennzeichnet die Krise das ganze 3. Jh. Verstärkt durch einige zufällige Faktoren wie Barbareneinfälle, verdankt sie ihre Heftigkeit hauptsächlich der Tatsache, daß es sich in erster Linie um eine Strukturkrise handelt: Die Fiktion des Prinzipats, d. h. des Gleichgewichts zwischen der Macht des Kaisers und der des Senats, wird ganz ihrer Substanz entleert. In der Kunst entsprechen die alten Strukturen nicht mehr den Anforderungen eines Imperiums, das sich über den ganzen Mittelmeerraum erstreckt. Diese Krise, die schließlich zu den radikalen Reformen Diokletians führt, erschüttert die ganze Gesellschaftsordnung.

Die severische Dynastie behauptet ihre Macht auf eine beinahe brutale Art und Weise, die sich auch in der Kunst widerspiegelt: Bis zum Jahrhundertende dauert die letzte Blütezeit des historischen Reliefs. Die Vollendung der architektonischen Formen wird von Neuerungen im Dekor begleitet; die Anordnung in übereinandergesetzten Registern, die vermutlich von der Malerei übernommen wird, führt zu einer Absage an die traditionelle Erzählkunst, zugunsten einer Schemen und Wiederholungen gebrauchenden Symbolik (Bogen des Septimius Severus). Diese oft gewollt summarische Plastik zeugt von der zunehmenden Bedeutung provinzieller und volkstümlicher Strömungen, denen die hellenische Kultur fremd war.

Der schnelle Thronwechsel der Soldatenkaiser nach 235 erschwert die Vollendung großer Arbeiten, insbesondere im Bereich der Monumentalplastik. Eine bedeutende Rolle spielen daher die Porträts und die Grabplastik (reliefierte Sarkophage), was uns erlaubt, die zu dieser Zeit erfolgten Veränderungen in Stil und geistigem Leben mitzuverfolgen. Die Gesichter werden mit halboffenem Mund und einem in der Ferne verlorenen Blick dargestellt; oft wirken sie enttäuscht oder gar verzweifelt. Kinder erscheinen so wie Greise, die auf ihren Schultern das ganze Gewicht einer erschütterten Welt tragen müssen. Die oft aus provinziellen Militärkreisen stammenden Kaiser fördern jedoch in der offiziellen Plastik eine sehr expressive Kunst, die durch zunehmende Formenabstraktion die von den Dargestellten ausgehende physische Kraft betont, nunmehr der einzige Garant der kaiserlichen Macht.

Es ist allerdings bezeichnend, daß dieselben Kaiser (Maximinus Thrax, Philippus Arabs), die für sich die traditionellen Formen zurückweisen, diese für die Porträts ihrer Erben beibehalten; das heißt, daß die klassische Kultur immer noch das wahre Symbol der Zugehörigkeit zur Elite geblieben ist. Darüber hinaus verleiht die Anknüpfung an alte Traditionen der neuen Dynastie ihre Legitimität. Diese hellenisierende Strömung, die auch die Reliefs auf den Sarkophagen kennzeichnet, entwickelt sich unter Gallienus in der Mitte des 3. Jh. zu solcher Blüte, daß man diese Periode oft als »Renaissance« bezeichnet, als ob ihr Absichten des Herrschers zugrunde lägen. Gewiß führt sie zu einer starken Formenverfeinerung, als Ausdruck einer vertieften moralischen Sinngebung und erhöhter geistiger Ansprüche (»Plotin«-Sarkophag). Doch Gallienus gibt nur einen etwas stärkeren Anstoß für eine der Strömungen, die die römische Kunst ständig durchqueren. Außerdem bleibt dieser hellenisierende Aspekt an der Oberfläche. Unter der vollkommenen Form erscheinen neue geometrische Strukturen, die die zunehmende Abstraktion der körperlichen Volumen betonen. Die Kunst vom Ende des 3. und Anfang des 4. Jh. operiert mit großen Massen und Volumen, über die sich eine Hülle legt; sie ist nicht mehr deskriptiv, sondern symbolisch. Hier ist der Endpunkt der künstlerischen Krise, der mit den tiefgreifenden Reformen Diokletians zusammenfällt.

DIE KONSTANTINISCHE KUNST

Mit der durch Diokletian eingeführten Tetrarchie beginnt in der Entwicklung des Römischen Reiches eine neue Phase, die bis zum Fall des Weströmischen Reiches im Jahre 476 dauert. Die Tetrarchie ist wegen innerer Spannungen nicht von langer Dauer. Erst Konstantin der Große kann am Anfang des 4. Jh. alle Macht auf sich vereinen. Er errichtet eine absolutistische Monarchie und hält sich für einen neuen Reichsgründer, wie die Errichtung einer zweiten Hauptstadt im Jahre 324 in Konstantinopel belegt. Während seiner Herrschaft entsteht eine neue Sozialordnung, gekennzeichnet durch die Integration von Randgruppen, etwa der Christen. In die Verwaltung werden nun auch Angehörige niedrigerer Klassen aufgenommen, die damit die durch die Krise stark dezimierte traditionelle Oberschicht teilweise ersetzen.

Diese Veränderungen sind in der Kunst auf zweierlei Weise spürbar. Zunächst bestimmt die Sensibilität der neuen Machthaber die offizielle Kunst (Konstantinsbogen in Rom). Für die Plastik sind jene Tendenzen typisch, die sich aus ähnlichen Gründen schon zur severischen Zeit gezeigt haben: starre und schematische Formen, Betonung der Frontalität, strikte Hierarchie der Proportionen in bezug auf die Bedeutung der Personen, vorherrschender und quasi-abstrakter Charakter des kaiserlichen Bildnisses. Zweitens kommt es, zumindest dem Anschein nach, zu einem raschen Wiederaufleben der klassischen Formen. Dies geschieht unter dem Einfluß der alten, mit ihrer Kultur verbundenen Adelsfamilien, es entspricht aber auch den Ansprüchen der neuen Elite, die die hellenistische Kultur als Zeichen ihres sozialen Aufstiegs betrachtet. Diese sogenannte »konstantinische Renaissance« folgt, indem sie zugleich auf verfeinerte und klassizistische Formen zurückgreift, der im 3. Jh. eingeschlagenen Linie.

Hier sollte man auch den ikonographischen Beitrag des Christentums, das in einem anderen Band behandelt wird, nicht vergessen. Doch zu dieser Zeit bringt der neue Glaube noch keinerlei tiefgreifende formale Veränderungen; die Bestellungen christlicher, heidnischer und profaner Auftraggeber werden von denselben Künstlern ausgeführt. Indem aber immer mehr Besteller und Künstler Christen werden, nimmt die Bedeutung der neuen Religion für die Kunst ständig zu. Selbst der Kaiser unterstützt die Kirche großzügig und setzt ein ehrgeiziges Programm mit dem Bau von Basiliken in Gang.

DIE RÖMISCHE KUNST BIS ZUM ENDE DES WESTRÖMISCHEN REICHES (476)

Bis ins ausgehende 4. Jh. hält sich die Fiktion eines einheitlichen Imperiums, obwohl sich der westliche und der östliche Teil immer mehr verselbständigen. Doch nach dem Tod Theodosius' des Großen im Jahre 395 wird das Reich in zwei Hälften geteilt. Während der Osten das Erbe der klassischen Kunst antritt, gerät der Westen unter den Einfluß der Barbaren.

Die alte Kultur findet ihre Fortsetzung in der Ikonographie; vor allem im Bereich der Kleinkunst werden zahlreiche raffinierte Silber- und Elfenbeinarbeiten hergestellt. Hauptzentren sind die Ateliers der großen Metropolen wie Rom, Konstantinopel, Mailand, Arles, Trier, Antiochia und Saloniki, deren Künstler für einen relativ kleinen Kreis hochgestellter Bürger arbeiten. So nimmt diese Kunst einen stark elitären Charakter an. Manche unternehmen zwar noch einige fast verzweifelte Versuche, in der klassischen Kultur den alten Glauben gegen das triumphierende Christentum zu retten. Ihrer Substanz beraubt, dient diese jedoch selbst für die Christen nur noch als eine unerschöpfliche Quelle von Motiven rein dekorativen Charakters.

Im Jahre 476 setzt Odoaker den letzten römischen Herrscher ab; die Königreiche der Barbaren siegen, und neue Völker werden geboren. In den meisten Ländern entstehen eigene Kunstformen. Die römische Kunst überlebt in Konstantinopel und im Osten; sie beschreitet jedoch von nun an den Weg der byzantinischen Kunst.

AUSWAHLBIBLIOGRAPHIE

Andreae, B.: *Römische Kunst,* Freiburg/Brsg. 1973 (= Ars antiqua)

Bianchi Bandinelli, R.: *Rom II: Das Zentrum der Macht,* München 1970 (= Universum der Kunst Bd. 15)

— *Rom III: Das Ende der Antike,* München 1971 (= Universum der Kunst Bd. 17)

Frova, A.: *L'arte di Roma e del mondo romano,* Turin 1961 (= Storia universale dell'arte Bd. II, 2)

Heintze, H. von: *Römische Kunst,* Stuttgart 1969

Kähler, H.: *Rom und sein Imperium,* Baden-Baden 1964 (= Kunst der Welt)

Kraus, Th.: *Das römische Weltreich,* Berlin 1967 (= Propyläen Kunstgeschichte, Bd. 2)

La Baume, P.: *Römisches Kunstgewerbe zwischen Christi Geburt und 400,* Braunschweig 1964

Picard, G.: *Imperium Romanum,* Fribourg 1965 (= Architektur der Welt)

— *Rom,* Genf 1969 (= Archaeologia mundi)

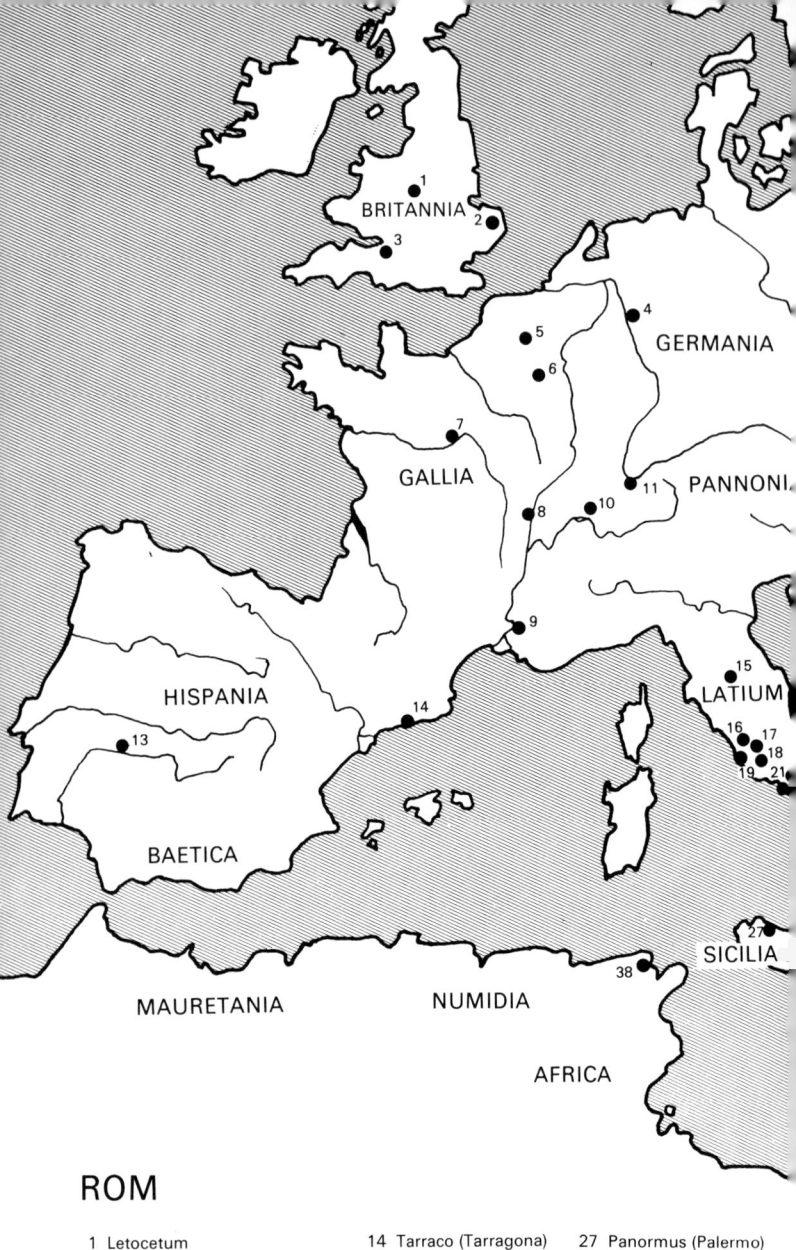

ROM

DACIA

THRACIA

MACEDONIA

AMPANIA ACHAIA

26

32

31

29
30

33

34

CARIA

CAPPADOCIA

35

RHODUS

CYPRUS

SYRIA

CRETA

IUDAEA

CYRENE

37

AEGYPTUS

36

DIE WICHTIGSTEN MUSEEN

Deutschland
Antikenmuseum, Staatliche Museen Preußischer Kulturbesitz, Berlin (West)
Staatliche Museen zu Berlin, Antikensammlung, Berlin (Ost)
Badisches Landesmuseum, Karlsruhe
Römisch-Germanisches Museum, Köln
Staatliche Antikensammlungen und Glyptothek, München
Rheinisches Landesmuseum, Trier

Italien
Museo Archeologico Nazionale, Neapel (= M. Neapel)
Museo Capitolino, Kapitolinisches Museum, Rom (= K. M. Rom)
Museo Nazionale delle Terme, Rom (= Thermenmuseum, Rom)
Museo Nazionale di Villa Giulia, Rom (= N. M. Rom)
Palazzo dei Conservatori, Konservatorenpalast, Rom (= Pal. dei Conserv. Rom)
Vatikan-Museen, Rom (= V. M. Rom)

Weitere Museen und Sammlungen
Museum of Fine Arts, Boston (= M. Boston)
Musées Royaux d'Art et d'Histoire, Brüssel (= M. Brüssel)
Ny Karlsberg Glyptothek, Kopenhagen
British Museum, London (= B. M. London)
Metropolitan Museum of Art, New York (= M. M. New York)
Musée national du Louvre, Paris (= Louvre, Paris)
Kunsthistorisches Museum, Wien
Schweizerisches Landesmuseum, Zürich

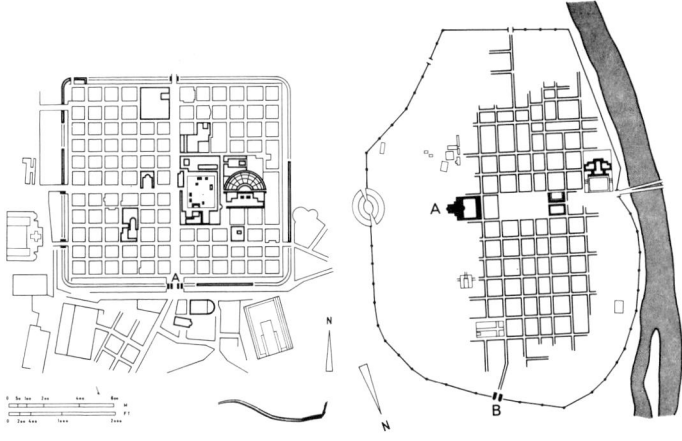

1
Stadtplan von Timgad

2
Stadtplan des römischen Trier

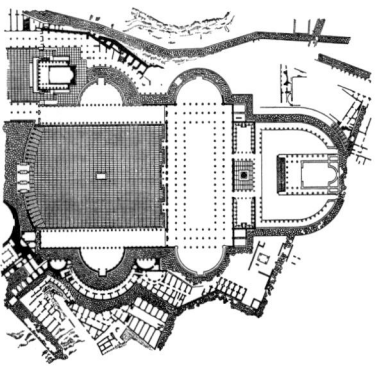

3 Lageplan des Trajansforums in Rom

4
Münze mit Augustusbogen, Bronze, Ephesus, 19–18 v. Chr.

5
Münzen mit Claudiusbogen, Bronze, Rom, 41–45 n. Chr.

7
Bogen, Timgad, Ende 2. Jh. n. Chr.

6
Trajansbogen, Benevent, 114–120 n. Chr.

8
Porte Saint-André, Autun, 1. Jh. n. Chr.

9
Münze mit Tempel des Jupiter Capitolinus, Bronze, Rom, um 75 v. Chr.

10
Münze mit Tempel des Jupiter Tonans, Bronze, Rom, um 19 v. Chr.

11 Tempel des Portunus, Rom, 2. Hälfte 2. Jh. v. Chr.

12
Münze mit Tempel des Jupiter Capitolinus, Bronze, Rom, um 37 v. Chr.

13
Münze mit Tempel der Roma und des Augustus in Pergamon, Bronze, Ephesus, 19 v. Chr.

491

14
Münze mit Tempel des Mars Ultor in
Rom, Bronze, Rom, 19–15 v. Chr.

15
Münze mit Tempel der Vesta in Rom,
Bronze, Rom, 22 n. Chr.

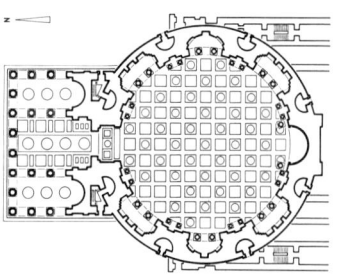

17
Grundriß des Pantheons, Rom, 118–
125 n. Chr.

16
Heiligtum der Fortuna, Praeneste
(Palestrina), Anf. 1. Jh. v. Chr.

18
Grundriß der Caracalla-Thermen,
Rom, Anf. 3. Jh. n. Chr.

19　Platte mit imaginärer Hafenstadt, Silber, Augst (Schweiz), um 350 n. Chr.

20　Mosaik mit Landsitz, Tabarka (Tunesien), 4. Jh. n. Chr.

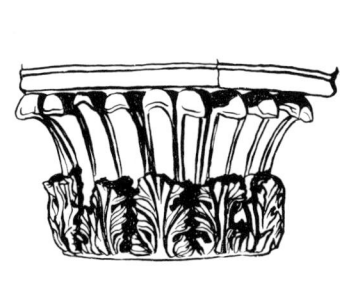

21
Kapitell, Marmor, Tempel des Trajan, Pergamon, 2. Jh. n. Chr.

22
Kapitell, Marmor, Thermen des Agrippa, Rom, 1. Viertel 2. Jh. n. Chr.

23
Ionisches Kapitell, Marmor, Rom,
1. Viertel 2. Jh. n. Chr., V. M. Rom

24
Komposit-Kapitell, Marmor, Basilika
A, Aphrodisias (Türkei), 2. Jh. n. Chr.

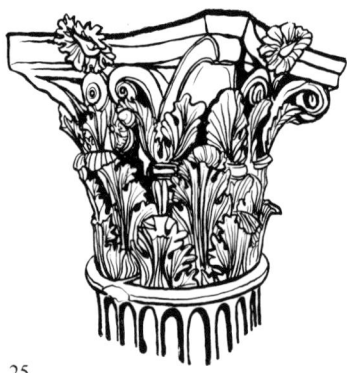

25
Korinthisches Kapitell, Marmor,
Tempel des Mars Vendicator, Rom,
Ende 1. Jh. v. Chr.

26
Kapitell, Marmor, Tempel der Concordia, Rom, Anf. 1. Jh. n. Chr., Anti-
quarium des Forums, Rom

27
Komposit-Kapitell, Marmor, Rom,
2. Jh. n. Chr., Senatorenpalast, Rom

28
Pilasterkapitell, Marmor, Exedra des
Herodes Atticus, Olympia, 2. Jh.
n. Chr.

29
Kapitell mit Gesims, Marmor, Thermen des Agrippa, Rom, Anf. 2.Jh. n.Chr.

30
Kranzgesims, Marmor, Tempel der Concordia, Rom, Anf. 1.Jh. n.Chr.

31   Fries, Marmor, Trajansforum, Rom, Anf. 2. Jh. n. Chr., V.M. Rom

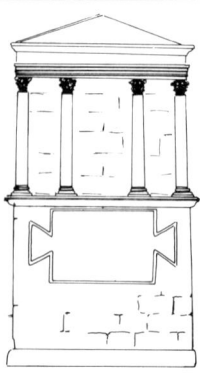

32
Mausoleum, Haidra (Tunesien), 2.–3.
Jh. n. Chr.

33
Mausoleum der Ennier, Sempeter
(Österreich), 2. Jh. n. Chr.

34
Mausoleum der Julier, St.-Rémy-de-
Provence, Ende 1. Jh. v. Chr.

35
Mausoleum des L. Poblicius, Köln,
Mitte 1. Jh. n. Chr.

36
Grabmal,   Aquileja,   Mitte   1. Jh.
n. Chr.

37
Mausoleum des A. Murcius Obulac-
cus, Sarsina (Italien), Ende 1. Jh.
v. Chr.

38
Sarkophag des L. Cornelius Scipio
Barbatus, Vulkangestein, L: 277 cm,
Rom, 3. Jh. v. Chr., V. M. Rom

39
Sarkophag mit Stierköpfen und Girlanden, Marmor, Augusta (Türkei),
2. Jh. n. Chr., M. Adana

40   Sarkophag, oben die Verstorbenen, unten Achill bei Lykomedes, Marmor,
     L: 293 cm, athen. Werkstatt, Rom, Mitte 3. Jh. n. Chr., K. M. Rom

41   Sarkophag mit Arbeiten des Herkules, Marmor, L: 258 cm, kleinasiat.
     Werkstatt, 2. Hälfte 2. Jh. n. Chr., Villa Borghese, Rom

42   Sarkophag mit Verstorbenen zwischen den Dioskuren, Marmor, L: 218 cm,
      Campo Santo, Pisa, 2. Hälfte 3. Jh. n. Chr.

43   Sarkophag mit Girlanden, Marmor, L: 236 cm, Rom, um 130 n. Chr.,
      Louvre, Paris

44   Sarkophag mit Verstorbenem und Genien, Stein, Dougga (Tunesien),
      3. Jh. n. Chr.

45   Sarkophag mit Greifen, Marmor, L: 155 cm, Rom, um 140 n. Chr., Walters
         Art Gallery, Baltimore

46   Sarkophag mit dem Massaker der Niobiden, Marmor, L: 211 cm, Rom,
         Ende 2. Jh. n. Chr., V. M. Rom

47   Sarkophag mit Dionysos und Ariadne, Marmor, L: 221 cm, Rom, Ende
         2. Jh. n. Chr., Ny Carlsberg Glyptothek, Kopenhagen

48   Sarkophag mit Meeresbewohnern, Marmor, L: 238 cm, um 160 n. Chr.,
Louvre, Paris

49   Sarkophag mit Meeresbewohnern, Marmor, Tipasa (Algerien), Anf. 3. Jh.
n. Chr., M. Tipasa

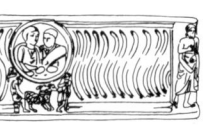

50
Strigilierter Sarkophag, Marmor,
2. Hälfte 3. Jh. v. Chr.

51
Der gelagerte Verstorbene, Grabrelief, Marmor, L: 177 cm, Anf. 1. Jh.
n. Chr., Thermenmuseum, Rom

52
Grabstein des Amemptus, Marmor,
H: 100 cm, Rom, Mitte 1. Jh. n. Chr.,
Louvre, Paris

53
Grabstein des Amemptus, Marmor,
H: 100 cm, Rom, Mitte 1. Jh. n. Chr.,
Louvre, Paris

55
Grabstein einer Isismystin, Marmor,
H: 135 cm, Anf. 2. Jh. n. Chr., M.
Karlsruhe

54
Grabstein der Julia Victorina,
Marmor, H: 115 cm, Rom, Anf. 1. Jh.
n. Chr., Louvre, Paris

56
Grabstein der Umma, Kalkstein, Au
(Österreich), 1. Hälfte 1. Jh. n. Chr.,
Niederöst. Landesmuseum, Wien

57
Aschenurne des Asinius Hylas, Marmor, L: 42 cm, Italien, Ende 1. Jh. n. Chr. Louvre, Paris

58
Grabstein der Saenia Calliste, Marmor, H: 57 cm, Rom, Louvre, Paris

59
Grabporträt, Wachsmalerei, H: 34 cm, Ägypten, 3. Jh. n. Chr., Louvre, Paris

60
Grabrelief mit Verstorbenen, Kalkstein, 2. Jh. n. Chr., Landesmuseum, Klagenfurt

61   Sarkophagdeckel mit gelagertem Verstorbenen, Marmor, L: 177 cm, Rom, Anf. 1. Jh. n. Chr., Thermenmuseum, Rom

62   Grabrelief mit Freigelassenen-Familie, Marmor, L: 204 cm, 2. Hälfte 1. Jh.
v. Chr., M. Boston

63
Grabrelief mit Verstorbenen, Mar-
mor, H: 180 cm, Rom, um 50 v. Chr.,
Pal. dei Conserv. Rom

64
Grabrelief mit junger Frau als Venus,
Marmor, H: 36 cm, Rom, Anf. 2. Jh.
n. Chr., B. M. London

65   Grabrelief mit Porträts von Verstorbenen, Marmor, Rom?, B. M. London

66
Altar mit tanzenden Mänaden, Marmor, H: 94 cm, Rom, Mitte 1. Jh. n. Chr., Thermenmuseum, Rom

67
Altar mit Schwänen und Girlanden, Marmor, H: 85 cm, Arles, 1. Jh. n. Chr., Musée Lapidaire, Arles

68
Altar mit Augustus als Augur, Marmor, Rom, 2. Jh. n. Chr., Uffizien, Florenz

69
Votivstele für Saturn, Kalkstein, H: 67 cm, Zentraltunesien, 2. Hälfte 2. Jh. n. Chr., B. M. London

70
Votivstele für Saturn, Kalkstein, H: 87 cm, Ain Tounga (Tunesien), 3. Jh. n. Chr., Louvre, Paris

71
Votivstele für Saturn, Kalkstein, H: 60 cm, Ain Nechma (Algerien), 1. Jh. v. Chr.–1. Jh. n. Chr., M. Guelma

72
Münze mit der Muse Erato, Silber,
Römer Werkstatt, 96 v. Chr.

73
Münze mit der Muse Terpsichore, Silber, Römer Werkstatt, 69 v. Chr.

74   Münze mit der Muse Euterpe, Silber, Römer Werkstatt, 69 v. Chr.

75
Münze mit der Muse Thalia, Silber,
Römer Werkstatt, 69 v. Chr.

76
Münze mit der Muse Melpomene, Silber, Römer Werkstatt, 69 v. Chr.

77
Münze mit Athene Promachos, Silber,
Römer Werkstatt, 92 n. Chr.

78
Athene, Bronze, H: 22,3 cm, Avenches, 2. Jh. n. Chr., Schweiz. Landesmuseum, Zürich

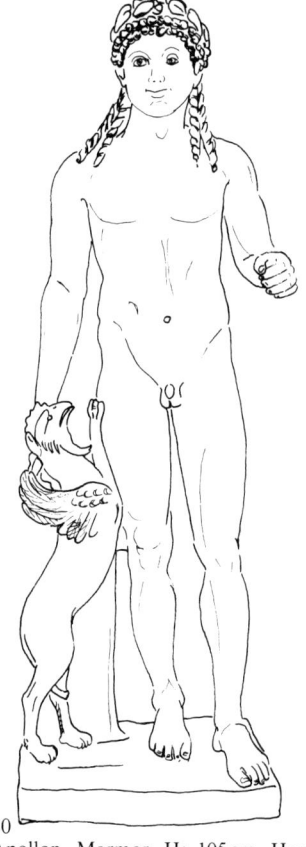

79
Diana, Bronze, H: 19,5 cm, Lyon,
1. Jh. n. Chr., Musée de la civilisation
gallo-romaine, Lyon

80
Apollon, Marmor, H: 105 cm, Haus
des Menander, Pompeji, Anf. 1. Jh.
v. Chr., M. Neapel

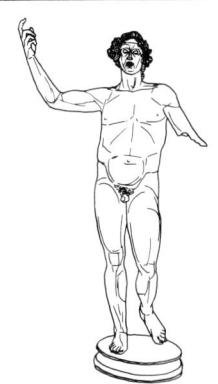

81
Mars, Bronze, H: 174 cm, Coligny,
2. Hälfte 1. Jh. n. Chr., Musée de la
civilisation gallo-romaine, Lyon

83
Genius in Rüstung, Bronze, H:
16,6 cm, Augst (Schweiz), 1. Jh.
n. Chr., M. Augst

82
Merkur, Bronze, H: 29 cm, Augst
(Schweiz), 2. Hälfte 1. Jh. n. Chr., M.
Augst

84
Merkur, Bronze, H: 21 cm, Odenbach,
Ende 1. Jh. n. Chr., Historisches Mu-
seum der Pfalz, Speyer

85
Amulett mit Merkur, Bronze, H:
33 cm, Orange, Cabinet des Médailles,
Paris

86
Herkules und der Nemäische Löwe,
Bronze, H: 22,3 cm, Avenches, 2. Jh.
n. Chr., Landesmuseum, Zürich

87
Ruhender Herkules, Marmor, H:
317 cm, Rom, nach griech. Original,
um 200 n. Chr., M. Neapel

88
Kaiser Commodus als Herkules,
Marmor, H: 118 cm, Rom, Ende 2. Jh.
n. Chr., Pal. dei Conserv. Rom

89
Sucellus, Bronze, H: 16 cm, St.-Paul-
Trois-Châteaux, 2.–3. Jh. n. Chr., Mu-
sée Calvet, Avignon

90
Römische Dame als Omphale,
Marmor, H: 182 cm, Anf. 3. Jh.
n. Chr., V. M. Rom

91
Römisches Paar als Mars und Venus,
Marmor, H: 180 cm, Anf. 2. Jh.
n. Chr., Louvre, Paris

92
Bacchus und Pan, Bronze, H: 18,7 cm, Augst, 2. Hälfte 2. Jh. n. Chr., Louvre, Paris

93
Pan und zwei Satyrn, Bronze, H: 28,3 cm, Somodor, 2. Jh. n. Chr., Ung. Nationalmuseum, Budapest

94
Bacchus als Kind, Bronze, H: 39 cm, Vertault, 2.–3. Jh. n. Chr., Musée Archéologique, Châtillon-sur-Seine

95
Bacchus, Bronze, H: 66,5 cm, Avenches, Mitte 2. Jh. n. Chr., Musée romain, Avenches

96
Bacchus mit Weinreben auf dem Kopf, Bronze, H: 23,5 cm, Augst, 1. Jh. n. Chr., M. Augst

97
Bacchus, Applike, Bronze versilbert, H: 16 cm, Straßburg, Musée Archéologique, Straßburg

98
Venus beim Kämmen, Bronze, H:
14,5 cm, Gunskirchen (Österreich),
1.–2. Jh. n. Chr., Privatslg.

99
Schamhafte Venus, Bronze, H: 25 cm,
Vaison, 1.–2. Jh. n. Chr., Musée de la
civilisation gallo-romaine, Lyon

100
Entkleidete Göttin, Bronze, H: 14 cm,
Belginum, 1.–2. Jh. n. Chr., Rheini-
sches Landesmuseum, Trier

101
Venus beim Sandalenbinden, Bronze,
H: 22,3 cm, Kövagoszölös, 2.–3. Jh.
v. Chr., Nationalmuseum, Budapest

102
Gekrönte Venus, Bronze, H: 30,2 cm,
Jachmur (Syrien), Louvre, Paris

103
Venus, Bronze, H: 22 cm, Amrith,
(Syrien), Louvre, Paris

104
Victoria, Bronze, H: 63 cm, Augst, um
200 n. Chr., M. Augst

105
Victoria, Marmor, Bogen des Septimius Severus, Leptis Magna, 203–204
n. Chr., M. Tripolis

106
Victoria, Bronze, H: 25 cm, Mauer an
der Url, 3. Jh. n. Chr., Kunsthistorisches Museum, Wien

107
Victoria-Fortuna, Bronze, H: 20 cm,
Amrith (Syrien), Louvre, Paris

108
Roma, Silber, H: 5,4 cm, Esquilin,
Rom, 4. Jh. n. Chr., B. M. London

109
Alexandria, Silber, H: 5,4 cm, Esquilin, Rom, 4. Jh. n. Chr., B. M. London

110
Hausgott, Bronze, H: 32 cm, Augst,
1. Jh. n. Chr., M. Augst

111
Schutzgottheit, Bronze, H: 11 cm,
Detzem, Rheinisches Landesmu-
seum, Trier

112
Schutzgottheit, Bronze, H: 19 cm,
Enns (Österreich), Museum Lau-
riacum, Enns

113
Sitzender Jupiter mit Blitz, Bronze,
H: 17 cm, Louvre, Paris

114
Bacchus, Bronze vergoldet, H: 31 cm,
Vichy, Mairie de Vichy

115
Göttin der Fruchtbarkeit, Bronze, H:
20 cm, Bavai, 2. Jh. n. Chr., Musée de
Mariemont (Belgien)

116
Jupiter Dolichenus, Bronze, H: 31 cm,
Mauer an der Url, 3. Jh. n. Chr.,
Kunsthistorisches Museum, Wien

117
Juno Regina, Bronze, H: 33 cm,
Mauer an der Url, 3. Jh. n. Chr.,
Kunsthistorisches Museum, Wien

118
Attis an einem Stamm, Bronze, H:
33 cm, bei Andrinopel, Louvre, Paris

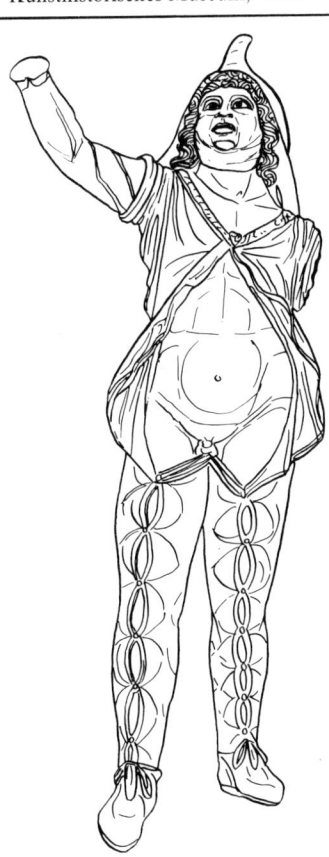

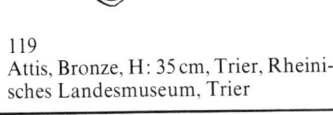

120
Der Winter, Teil eines Sarkophags,
Marmor, Rom, um 330 n. Chr., Dum-
barton Oaks Collection, Washington

119
Attis, Bronze, H: 35 cm, Trier, Rheinisches Landesmuseum, Trier

121   Mithras tötet den Stier, Marmor, H: 72 cm, Sidon, 4. Jh. n. Chr., Louvre, Paris

122
Mithras-Schutzgottheit, Marmor, H: 87 cm, Sidon, 4. Jh. n. Chr., Louvre, Paris

123
Mithras-Schutzgottheit, Marmor, H: 88 cm, Sidon, 4. Jh. n. Chr., Louvre, Paris

124
Mithras-Schutzgottheit, Marmor, H: 86 cm, Sidon, 4. Jh. n. Chr., Louvre. Paris

125
Mithras-Schutzgottheit, Marmor, H: 88 cm, Sidon, 4. Jh. n. Chr., Louvre, Paris

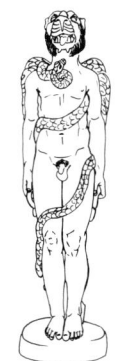

126
Mithras trägt den toten Stier, Marmor, H: 80 cm, Sidon, 4. Jh. n. Chr., Louvre, Paris

127
Chronos, die Zeit, Marmor, H: 108 cm, Sidon, 4. Jh. n. Chr., Louvre, Paris

128
Mithras tötet den Stier, Relief, Kalkstein, Heddernheim, 2. Jh. n. Chr.

129
Dreigestaltige Hekate mit Tänzerinnen, Marmor, H: 75 cm, Sidon, 4. Jh. n. Chr., Louvre, Paris

130   Mithras tötet den Stier, Marmor, 3. Jh. n. Chr., Museo di Roma, Rom

131
Der Frühling, Bodenmosaik, La Chebba, 1. Hälfte 2. Jh. n. Chr., Musée du Bardo, Tunis

132
Der Winter, Bodenmosaik, La Chebba, 1. Hälfte 2. Jh. n. Chr., Musée du Bardo, Tunis

133
Der Frühling, Bodenmosaik, Ain Babouch, 2.–3. Jh. n. Chr., Musée Archéologique, Algier

134
Der Winter, Bodenmosaik, Daphne (Türkei), 325–330 n. Chr., Louvre, Paris

135
Der Winter, Bodenmosaik, Ain Babouch, 2.–3. Jh. n. Chr., Musée Archéologique, Algier

136
Der Sommer, Bodenmosaik, Ain Babouch, 2.–3. Jh. n. Chr., Musée Archéologique, Algier

137
Der Sommer, Bodenmosaik, La Chebba, 1. Hälfte 2. Jh. n. Chr., Musée du Bardo, Tunis

138
Der Herbst, Bodenmosaik, La Chebba, 1. Hälfte 2. Jh. n. Chr., Musée du Bardo, Tunis

139
Der Sommer, Bodenmosaik, Haidra, 4. Jh. n. Chr., UNO-Palast, New York

140
Der Herbst, Bodenmosaik, Ain Babouch, 2.–3. Jh. n. Chr., Musée Archéologique, Algier

141
Der Herbst, Bodenmosaik, Haidra, 4. Jh. n. Chr., UNO-Palast, New York

142
Der Herbst, Bodenmosaik, Karthago, 4. Jh. n. Chr.

143
Venus bei ihrer Toilette, Bodenmosaik, Khenchela (Algerien), Anf. 3. Jh.
n. Chr.

144
Artemis im Bad, Bodenmosaik, Phi-
lippopolis, Mitte 3. Jh. n. Chr., M.
Souweida (Syrien)

145   Venus bei ihrer Toilette, Bodenmosaik, Philippopolis, Mitte 3. Jh. n. Chr.,
        M. Souweida (Syrien)

146
Weibliches Porträt, Marmor, H: 32 cm, Palombara Sabina, Ende 1. Jh. v. Chr., Thermenmuseum, Rom

147
Kopf eines jungen Mädchens, Marmor, H: 38 cm, Athen, 1. Jh. n. Chr., Agoramuseum, Athen

148
Drusilla?, Schwester Caligulas, Marmor, H: 44 cm, Anf. 1. Jh. n. Chr., Glyptothek, München

149
Agrippina die Jüngere, Marmor, H: 39 cm, Mitte 1. Jh. n. Chr., Württembergisches Landesmuseum, Stuttgart

150
Weibliches Porträt, Marmor, H: 24 cm, Rom, Ende 1. Jh. n. Chr., V. M. Rom

151
Münze mit Faustina, Gemahlin des Antoninus Pius, Bronze, Römer Werkstatt, Mitte 2. Jh. n. Chr.

152
Münze mit Sabina, Gemahlin
Hadrians, Bronze, Römer Werkstatt,
134–136 n. Chr.

153
Münze mit Sabina, Bronze, Römer
Werkstatt, 132–134 n. Chr.

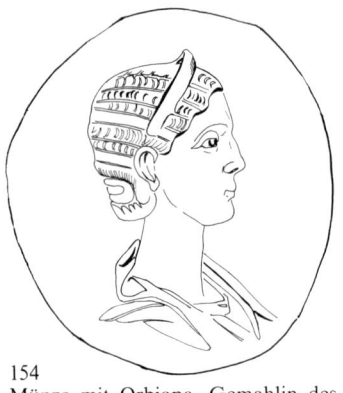 

154
Münze mit Orbiana, Gemahlin des
Severus Alexander, Bronze, Römer
Werkstatt, 225 n. Chr.

155
Münze mit Herennia Etruscilla,
Gemahlin des Decius, Bronze, Römer
Werkstatt, 251 n. Chr.

156
Weibliches Porträt, Marmor, H:
68 cm, 240–250 n. Chr., Glyptothek,
München

157
Weibliches Porträt, Marmor, H:
53 cm, Konstantinopel, Anf. 6. Jh.
n. Chr., M. M. New York

158
Junge Mutter mit Kind, Grabrelief, Marmor, H: 188 cm, Rom, um 50 v. Chr., Pal. dei Conserv. Rom

159
Junge Frau, Marmor, H: 171 cm, Herculaneum, um 42 n. Chr., M. Neapel

160
Faustina, Gemahlin des Antoninus Pius, Marmor, H: 197 cm, Rom, um 140 n. Chr., Pal. dei Conserv. Rom

161
Weibliche Statue, Marmor, H: 210 cm, Kyrene, Mitte 2. Jh. n. Chr., Louvre, Paris

162
Vestalin, Marmor, H des Fragments: 121 cm, Forum, Rom, 1. Viertel 2. Jh. n. Chr., Thermenmuseum, Rom

163
Hochzeitsszene, Teil eines Sarkophags, Marmor, Rom, um 275 n. Chr., Thermenmuseum, Rom

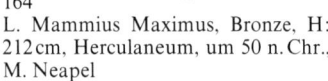

164
L. Mammius Maximus, Bronze, H:
212 cm, Herculaneum, um 50 n. Chr.,
M. Neapel

165
Titus, Marmor, H: 196 cm, Rom, um
80 n. Chr., V. M. Rom

166
Augustus als Priester, Marmor, H:
217 cm, Rom, Ende 1. Jh. v. Chr.,
Thermenmuseum, Rom

167
Priester, Bronze, H: 16,7 cm, Lyon,
1. Hälfte 1. Jh. n. Chr., Musée de la
civilisation gallo-romaine, Lyon

168
Ein Konsul schwenkt die »mappa«,
Marmor, Rom, 4. Jh. n. Chr., Pal. dei
Conserv. Rom

169
Mann in Toga, Marmor, H: 200 cm,
bei Rom, um 265 n. Chr., Slg. Doria
Pamphili, Rom

170
Kaiser Julian, Marmor, H: 175 cm,
Italien, um 360 n. Chr., Louvre, Paris

171
Senatoren, Teil eines Sarkophags,
Marmor, H: 150 cm, Acilia, um 240
v. Chr., Thermenmuseum, Rom

172
Augustus im Harnisch, Marmor, H:
204 cm, Prima Porta, um 20 v. Chr.,
V. M. Rom

173
Konstantin der Große, Marmor, H:
275 cm, um 320 n. Chr., Kapitolsplatz,
Rom

174
Zwei Tetrarchen, Porphyr, H: 130 cm,
Konstantinopel, Anf. 4. Jh. n. Chr.,
San Marco, Venedig

175
Münze mit Probus als Konsul gekleidet, Silber, 277 n. Chr.

176
Reiter, Marmor und Alabaster, Borgo
Acilio, 2. Hälfte, 3. Jh. n. Chr., Ther-
menmuseum, Rom

177
Reiterstatue des Marc Aurel, Bronze
vergoldet, H: 424 cm, 166–180 n. Chr.,
Kapitolsplatz, Rom

178
Männliches Porträt, D: 80 cm, Marmor, Ostia, 1. Jh. n. Chr., M. Ostia

179
Männliches Porträt, Marmor, D:
80 cm, Ostia, 1. Jh. n. Chr., M. Ostia

180
Münze mit Octavian, dem späteren
Augustus, Silber, 29–28 v. Chr.

181
Münze mit Augustus, Gold, orientalische Werkstatt, 19–15 v. Chr.

182
Augustus, Marmor, Pollentia, Ende
1. Jh. v. Chr., Privatslg. Mallorca

183
Augustus, Marmor, H: 34 cm, Ende
1. Jh. v. Chr., K. M. Rom

184
Augustus, Marmor, H: 44 cm, Ende
1. Jh. v. Chr., K. M. Rom

185
Augustus, Marmor, H: 43 cm, Anf.
1. Jh. n. Chr., Glyptothek, München

187
Männliches Porträt, Marmor, H: 35 cm, Otricoli, 1. Hälfte 1. Jh. v. Chr., Slg. Torlonia, Rom

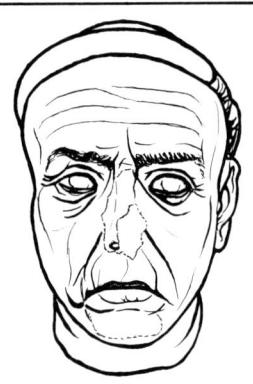

186
Männliches Porträt, Marmor, 2. Hälfte 1. Jh. v. Chr., Ny Carlsberg Glyptothek, Kopenhagen

188
Porträt eines Priesters, Marmor, H: 29 cm, Athen, um 50 v. Chr., Agoramuseum, Athen

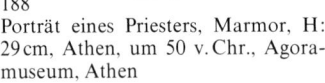

189   Grabporträt eines Paares, Marmor, H: 68 cm, letztes Viertel 1. Jh. v. Chr., V. M. Rom

190
Münze mit L. Cornelius Sulla, Silber,
Rom, um 55 v. Chr.

191
Münze mit Vercingetorix, Silber,
Rom, um 48 v. Chr.

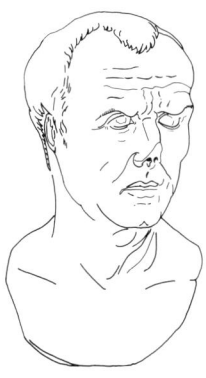

192
Pompejus, Marmor, H: 27 cm, Mitte
1. Jh. v. Chr., Ny Carlsberg Glyptothek, Kopenhagen

193
»Marius«, Marmor, H: 46 cm, Mitte
1. Jh. v. Chr., Glyptothek, München

194
Münze mit Nero, Bronze, Römer
Werkstatt, 64–68 n. Chr.

195
Nero, Marmor, H: 44 cm, 54–68
n. Chr., Glyptothek, München

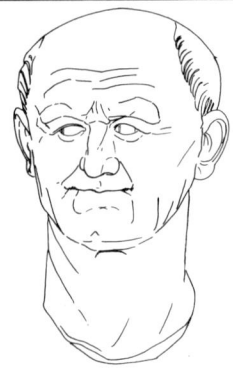

196
Vespasian, Marmor, H: 29 cm, Rom,
69–79 n. Chr., Ny Carlsberg Glyptothek, Kopenhagen

197
Münze mit Vespasian, Bronze, Rom,
71 n. Chr.

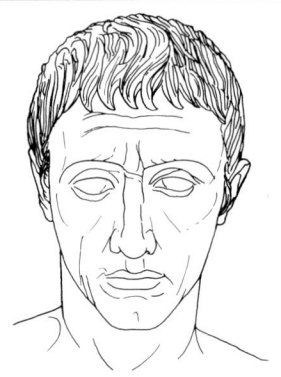

198
Titus, Marmor, H: 48 cm, 80 n. Chr.,
Glyptothek, München

199
Marcellus, Marmor, Rom, Ende 1. Jh.
n. Chr., Louvre, Paris

200
Junger Soldat, Marmor, H: 52 cm, bei
Rom, um 100 n. Chr., Pal. dei Conserv.
Rom

201
Trajan, Marmor, H: 39 cm, Ostia, um
120 n. Chr., M. Ostia

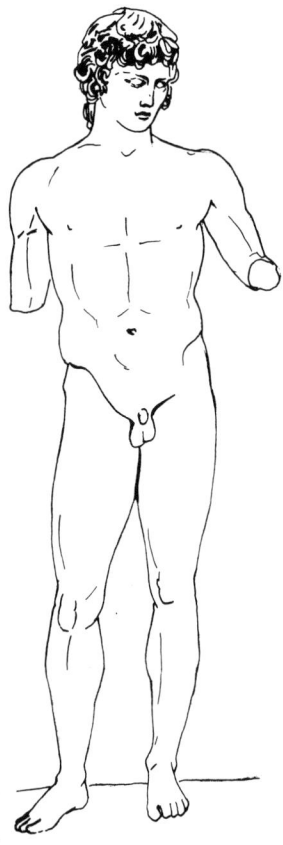

203
Antinous, Marmor, um 140 n. Chr.,
N. M. Rom

202
Antinous, Liebling Hadrians, Marmor, H: 180 cm, Delphi, um 135
n. Chr., M. Delphi

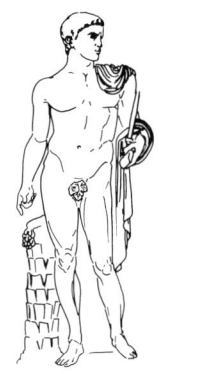

204
Idealisierter Augustus, Marmor, H:
204 cm, Otricoli, um 20 v. Chr., V. M.
Rom

205
Antinous Silvanus, Marmor, H:
142 cm, Lanuvium, um 140 n. Chr.,
Rom

206
Münze mit Marc Aurel, Bronze,
Römer Werkstatt, 158 n.Chr.

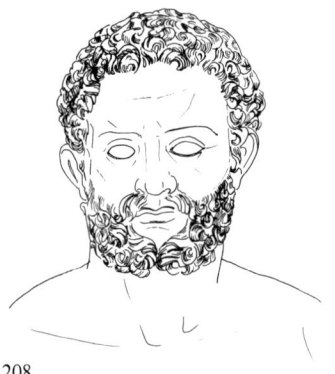

208
Herkules, Bronze, Bordeaux, Ende
2.Jh. n.Chr., Musée d'Aquitaine, Bordeaux

207
Lucius Verus, Marmor, H: 89 cm,
Acqua Traversa, um 170 n.Chr.,
Louvre, Paris

209
Herodes Atticus, Marmor, H: 62 cm,
Probalinthos (Griechenland), Mitte
2.Jh. n.Chr., Louvre, Paris

210
Gallienus, Marmor, H: 38 cm, Forum,
Rom, 260–268 n.Chr., Thermenmu-
seum, Rom

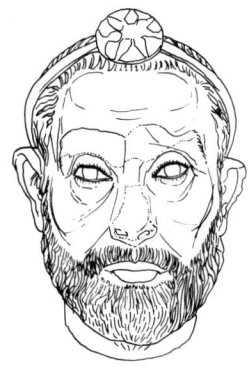

211
Priester, Marmor, H: 29 cm, Ägypten,
um 250 n. Chr., Staatl. M. Berlin

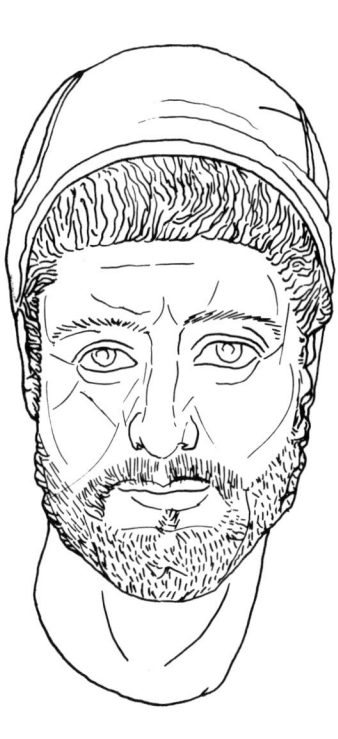

213
Theodosius II., Marmor, H: 25 cm, um
440 n. Chr., Louvre, Paris

212
Porträt eines Wagenlenkers, Marmor,
H: 38 cm, Mitte 3. Jh. n. Chr., Louvre,
Paris

214
Männliches Porträt, Marmor, H:
29 cm, Aphrodisias (Türkei), Anf.
5. Jh. n. Chr., M. Brüssel

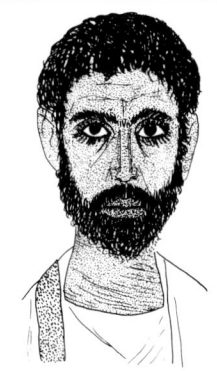

215
Männliches Porträt, Wachsmalerei
auf Holz, H: 33 cm, Ägypten, Anf.
2. Jh. n. Chr., Louvre, Paris

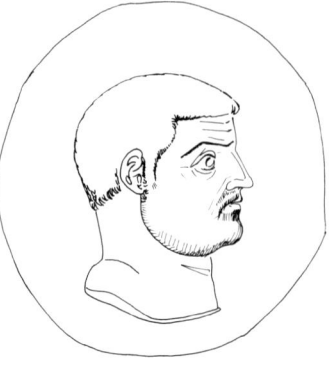

216
Münze mit Maximian als Herkules,
Bronze, Römer Werkstatt, Ende 3.Jh.
n.Chr.

217
Münze mit Diokletian, Gold, Werkstatt von Nikomedia, um 294 n.Chr.

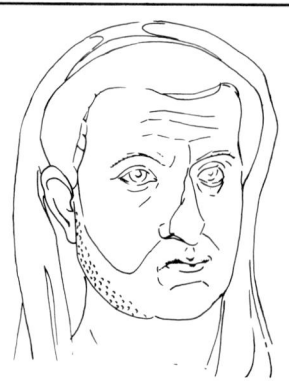

218
Münze mit Licinius, Bronze versilbert, Werkstatt von Alexandria, Anf.
4.Jh. n.Chr.

219
Constantius I. Chlorus, Marmor, um
315 n.Chr., Konstantinsbogen, Rom

220
Decius, Marmor, H: 78 cm, Rom, 250
n.Chr., K.M. Rom

221
C. Caelius Dogmatius, Marmor, H:
21 cm, Rom, um 330 n.Chr., V.M.
Rom

222
Münze mit Konstantin dem Großen, Gold, Werkstatt von Siscia, 326 n.Chr.

223
Münze mit Konstantin dem Großen und Sonnengott, Gold, Werkstatt von Pavia, 313 n.Chr.

225
Konstantin der Große, Marmor, H: 95 cm, Rom, um 325 n.Chr., M.M. New York

224
Münze mit Konstantin dem Großen, Gold, Römer Werkstatt, 335 n.Chr.

226
Konstantin der Große, Bronze, H: 24 cm, Naissus, 325–330 n.Chr., N.M. Belgrad

227   Münze mit Constantius II. auf seinem Triumphwagen, Gold, Werkstatt
      von Antiochia, um 360 n.Chr.

228
Arcadius, Marmor, H: 32 cm, Konstantinopel, um 390 n.Chr., Archäologisches Museum, Istanbul

229
Männliches Porträt, Marmor, H:
30 cm, um 400 n.Chr., Glyptothek,
München

230   Honorius und Maria, Sardonyx, D: 16 cm, 398 n.Chr., Slg. Rothschild,
      Paris

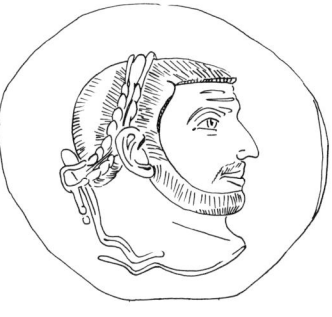

231
Decius mit Strahlenkrone, Münze, Bronze, Römer Werkstatt, 250 n. Chr.

232
Konstantin der Große mit Lorbeerkranz, Münze, Bronze versilbert, Römer Werkstatt, 306 n. Chr.

233
Konstantin der Große mit Gemmendiadem, Münze, Gold, Werkstatt von Saloniki, 327 n. Chr.

234
Konstantin der Große? mit Gemmendiadem, Münze, Silber, Werkstatt von Siscia, 336 n. Chr.

235
Helena mit Gemmendiadem, Münze, Gold, Werkstatt von Pavia, 325 n. Chr.

236
Julian Apostata mit Perlendiadem, Münze, Gold, Werkstatt von Antiochia, 362 n. Chr.

237
Reiter, Bronze, H: 20 cm, Orange,
2. Jh. n. Chr., Musée des Antiquités
Nationales, St.-Germain-en-Laye

238
Krieger und Amazone, Zügelhalter,
Bronze, B: 18 cm, Marchena (Spa-
nien), 2. Jh. n. Chr., Louvre, Paris

240
Krieger mit Helm, Bronze, H: 60 cm,
Mailand, Soprintendenza alle Anti-
quità della Lombardia, Mailand

239
Grabstele eines Soldaten, Kalkstein,
Bingerbrück, um 50 n. Chr., M.
Kreuznach

241
Gefangener, Bronze vergoldet, H:
68 cm, Brescia, Museo Civico, Brescia

242
Prunkhelm-Maske, Bronze, H: 23 cm,
Resca (Rumänien), 2. Jh. n. Chr.,
Kunsthist. Museum, Wien

243
Prunkhelm-Maske, Eisen und vergol-
dete Bronze, H: 23 cm, Chatalka, 1. Jh.
n. Chr., M. Stara Zagora

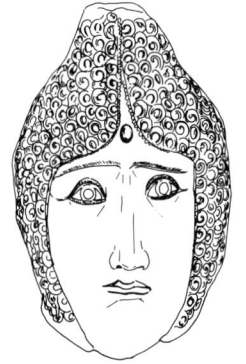

244
Prunkhelm-Maske, Bronze, H: 23 cm,
Straubing, 1. Drittel 1. Jh. n. Chr., M.
Straubing

245
Prunkhelm-Maske, Eisen und Silber,
H: 22 cm, Plovdiv (Bulgarien), 1. Jh.
n. Chr., M. Plovdiv

246   Anastasius mit Helm und Harnisch, Münze, Gold, Werkstatt von Konstantinopel, Anf. 6. Jh. n. Chr.

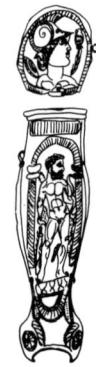

247
Beinharnisch mit Herkules, Bronze
vergoldet, H: 35 cm, Straubing, Anf.
3. Jh. n. Chr., M. Straubing

248
Beinharnisch mit Mars, Bronze vergoldet, H: 35 cm, Kumpfmühl, 2. Jh.
n. Chr., M. Regensburg

249
Medaille mit Athene, Bronze, D:
24 cm, Täbris, Anf. 3. Jh. n. Chr.,
Prähist. Staatssammlung, München

250
Beinharnisch mit Mars, Bronze, H:
36 cm, Straubing, Anf. 3. Jh. n. Chr.,
M. Straubing

251   Kopfteil einer Pferderüstung, Bronze, H: 39 cm, Straubing, Anf. 3. Jh.
n. Chr., M. Straubing

252
Victoria mit Trophäe, Relief, Marmor, Karthago, um 165 n. Chr., M. Karthago

253
Victoria, Stuck, Villa Farnesina, Rom, Ende 1. Jh. v. Chr., Thermenmuseum, Rom

254
Münze mit Kaiser, der Truppen inspiziert, Bronze, Römer Werkstatt, 40 n. Chr.

255
Münze mit Einzug des Magnentius in Aquileja, Gold, Werkstatt von Aquileja, 350 n. Chr.

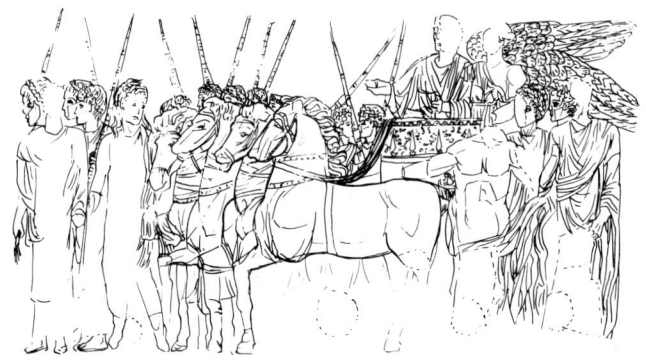

256 Triumphzug des Titus, Marmor, H: 204 cm, Titusbogen, Rom, 80–85 n. Chr.

257   Die Hochzeit Poseidons und Amphitrites, »Sockel des Domitius Ahenobarbus«, Marmor, H: 150 cm, Rom, Anf. 1. Jh. v. Chr., Glyptothek, München

258   Volkszählung, »Sockel des Domitius Ahenobarbus«, Marmor, H: 150 cm,
Rom, Anf. 1. Jh. v. Chr., Louvre, Paris

259   Septimius Severus mit seinen zwei Söhnen im Wagen, Marmor, H: 172 cm,
Severusbogen, Leptis Magna, 203 n. Chr., M. Tripolis

260   Reiterzug, Basis der Antoninussäule, Marmor, H: 272 cm, Rom, 160
        n. Chr., V. M. Rom

261   Trajan im Angriff gegen die Barbaren, Marmor, H: 300 cm, Konstan-
        tinsbogen, Rom, Anf. 2. Jh. n. Chr.

262
Marc Aurel und besiegte Barbaren,
Marmor, H: 312 cm, Rom, 176 n. Chr.,
Pal. dei Conserv. Rom

263
Legionäre, Marmor, H: 206 cm, Apo-
stolische Kanzlei, Rom, 80–90 n. Chr.,
V. M. Rom

264
Kaiser im Angriff, Sardonyx, H:
19 cm, Kuzadak, 2. Viertel 4. Jh.
n. Chr., Nationalmuseum, Belgrad

265
Münze mit Judäa in Gefangenschaft,
Bronze, Römer Werkstatt, 80 n. Chr.

266 Apotheose der Sabina in Gegenwart Hadrians, Marmor, H: 268 cm, Rom,
     136 n. Chr., Pal. dei Conserv. Rom

267 Apotheose des Antoninus und der Faustina, Marmor, H: 272 cm, Basis der
     Antoninussäule, Rom, 160 n. Chr., V. M. Rom

268   Theodosius im Hippodrom, Marmor, H: 310 cm, Basis der Theodosius-
       säule, Konstantinopel, um 390 n. Chr.

269
Roma und Tiber, Gemma Augustea,
Onyx, um 10 n. Chr., Kunsthistori-
sches Museum, Wien

270
Hadrian opfert Herkules, Marmor,
H: 240 cm, Konstantinsbogen, Rom,
130–138 n. Chr.

271
Septimius Severus und Julia Domna
beim Opfer, Marmor, H: 170 cm,
Forum Boarium, Rom, 204 n. Chr.

272
Centurio beim Opfer, Grabstele,
Marmor, H: 125 cm, Rom, Anf. 3. Jh.
n. Chr., V. M. Rom

273 Die fruchtbare Erde, Marmor, L: 240 cm, Ara Pacis Augustae, Rom,
     13–9 v. Chr.

274 Ländliche Szene, Relief, Marmor, H: 30 cm, 1. Jh. n. Chr., Glyptothek,
     München

275
Junge Frauen schmücken Kandela-
ber, Dekorplatte, Terrakotta, Italien,
Ende 1. Jh. v. Chr., Louvre, Paris

276
Tanzende Korybanten, Dekorplatte,
Terrakotta, H: 50 cm, Ende 1. Jh.
v. Chr., B. M. London

277   Myrtilos und Oinomaos, Dekorplatte, Terrakotta, Ende 1. Jh. v. Chr.,
       M. M. New York

278   Wagenrennen im Hippodrom, Dekorplatte, Terrakotta, 1. Jh. n. Chr.,
       B. M. London

279   Festmahl im Freien, Teil einer Platte, Niellosilber, Cesena, 4. Jh. n. Chr.,
        Biblioteca Malatestiana, Cesena

280   Auszahlung, Grabrelief, Kalkstein, Neumagen, Ende 2. Jh. n. Chr.,
        Rheinisches Landesmuseum, Trier

281   Lehrer mit seinen Schülern, Grabrelief, Kalkstein, Neumagen, Ende 2. Jh.
        n. Chr., Rheinisches Landesmuseum, Trier

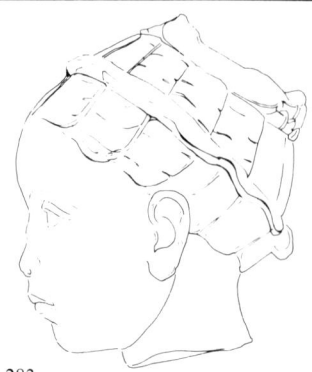

282
Jüngling, Bronze, Tarragona, 1.Jh.
n.Chr., M. Arqueologico, Tarragona

283
Kopf eines kleinen Mädchens,
Marmor, H: 22,5 cm, Korinth, 2.Jh.
n.Chr., M. Boston

284
Gefäß in Kopfform, Bronze, H:
15 cm, Ostia, 2.Jh. n.Chr., V.M. Rom

285
Gefäß in Kopfform, Bronze, H:
6,5 cm, M. Constantine (Algerien)

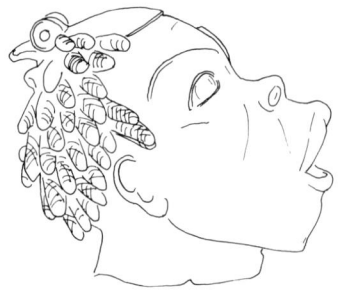

286
Statuette, Bronze, H: 16 cm, Reims,
Musée des Antiquités Nationales,
St.-Germain-en-Laye

287
Lampe, Bronze, L: 8,5 cm, Cabinet
des Médailles, Paris

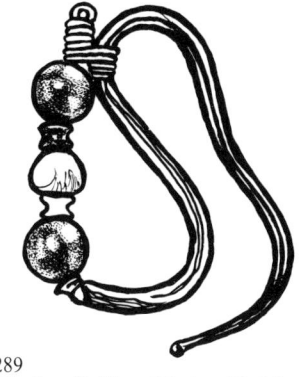

288
Ohrring, Gold und Glasfluß, H: 3,7 cm, Boscoreale, 1. Jh. n. Chr., Louvre, Paris

289
Ohrring, Gold und Perlen, H: 2,3 cm, 1.–2. Jh. n. Chr., Helms-Museum, Hamburg

290, 291
Ohrringe, l.: Gold, H: 6 cm, r.: Gold und Perlen, H: 3,3 cm, Syrien, 3. Jh. n. Chr., Helms-Museum, Hamburg

292
Ring, Gold und Kamee, D: 3,8 cm, 2.–3. Jh. n. Chr., Louvre, Paris

293
Ring, Gold und Kamee, D: 3,2 cm, 2.–3. Jh. n. Chr., Louvre, Paris

294
Ehering, Gold und Kamee, D: 2,7 cm, 2.–3. Jh. n. Chr., Louvre, Paris

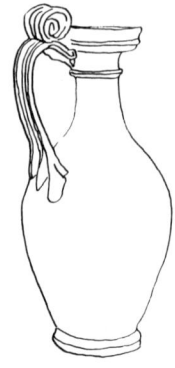

295
Victoria tötet Stier, Wasserkanne, Silber vergoldet, H: 24 cm, Boscoreale, Ende 1. Jh. v. Chr., Louvre, Paris

296
Krug, Glas, H: 20 cm, Krefeld, 3. Jh. n. Chr., Römisch-Germanisches Museum, Köln

297
Victoria tötet Stier, Dekorplatte, Terrakotta, Rom, Ende 1. Jh. n. Chr., Thermenmuseum, Rom

298
Victoria tötet Stier, Dekorplatte, Terrakotta, Rom, Ende 1. Jh. n. Chr., Thermenmuseum, Rom

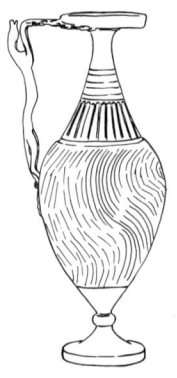

299
Wasserkanne, Niellosilber, 4. Jh. n. Chr., Rheinisches Landesmuseum, Trier

300
Wasserkanne, Silber, H: 38 cm, 4. Jh. n. Chr., Louvre, Paris

301
Topfgriff, Silber, Marwedel, 1.–2. Jh.
n. Chr., Niedersächsisches Landesmuseum, Hannover

302
Topfgriff, Silber, Haus des Menander,
Pompeji, 1. Jh. n. Chr., M. Neapel

303
Topfgriff, Silber, Oberkassel, 1. Jh.
n. Chr., Rheinisches Landesmuseum,
Bonn

304
Topfgriff, Silber, L: 7 cm, Nimwegen,
1. Hälfte 1. Jh. n. Chr., Rijksmuseum,
Nimwegen

305
Topfgriff mit Kybele, Silber, Beek,
2. Jh. n. Chr., Rijksmuseum, Nimwegen

306
Topfgriff, Silber, Caspet (Großbritannien), 1. Jh. n. Chr., Louvre, Paris

307 Skyphos mit Ranken und Tieren, Silber, H: 15 cm, Boscoreale, Ende 1. Jh.
v. Chr., Louvre, Paris

308
Skyphos mit Ölbaumzweigen, Silber,
H: 8 cm, Herculaneum, Anf. 1. Jh.
n. Chr., M. Neapel

309
Skyphos mit Efeuranken, Silber, H:
12 cm, Herculaneum, Anf. 1. Jh.
n. Chr., M. Neapel

310
Kantharos mit Myrtenzweigen, Sil-
ber, H: 11 cm, Alesia, um 50 v. Chr.?,
M. des Ant. Nat., St.-Germain

311
Kantharos mit Platanenblättern, Silber, H: 10 cm, Boscoreale, Anf. 1. Jh.
n. Chr., Louvre, Paris

312
Kantharos mit Ariadne auf Meerpan-
ther, Silber, Ende 1.Jh. n.Chr., Nationalmuseum, Belgrad

313
Skyphos mit Stilleben, Silber, H: 6 cm,
Boscoreale, 1.Jh. n.Chr., Louvre,
Paris

314
Kantharos mit Störchen, Silber, H:
13 cm, Boscoreale, Anf. 1.Jh. n.Chr.,
Louvre, Paris

315
Kantharos, Silber, H: 10 cm, Tivoli,
um 50 v. Chr., M.M. New York

316
Schale,   Silber,   Marwedel,   1.Jh.
n.Chr., Niedersächsisches Landesmuseum, Hannover

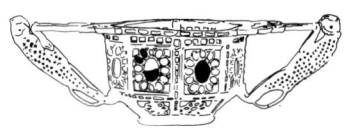

317
Schale, Gold und Edelsteine, B:
18 cm, Petroassa, 4.Jh. n.Chr., Nationalmuseum, Bukarest

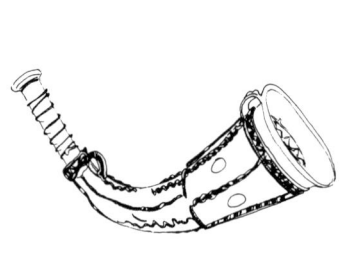

318
Gefäß in Hornform, Glas, 2.–3. Jh.
n. Chr., Römisch-Germanisches Museum, Köln

319
Henkelflasche, Glas, H: 17,8 cm,
4.–5. Jh. n. Chr., Römisch-Germanisches Museum, Köln

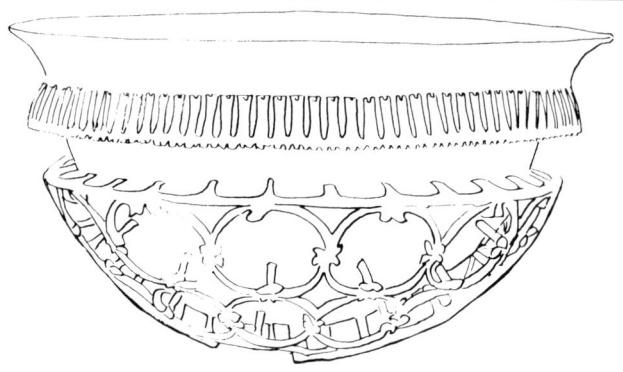

320   Schale mit durchbrochenem Reliefdekor, Glas, D: 18 cm, um 300 n. Chr.,
       Privatslg.

321
Becher, Glas, H: 17,5 cm, 2. Hälfte
1. Jh. n. Chr., Römisch-Germanisches
Museum, Köln

322
Pokal mit Muscheldekor, Anf. 4. Jh.
n. Chr., Römisch-Germanisches Museum, Köln

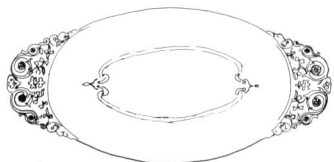

323
Ovale Platte, Silber, Manching, 2. Jh.
n. Chr., Prähistorische Staatssammlung, München

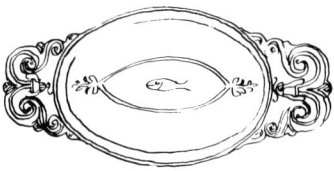

324
Ovale Platte, Bronze verzinnt, B:
40 cm, Süddeutschland, 2.–3. Jh.
n. Chr., Röm.-Germ. Museum, Köln

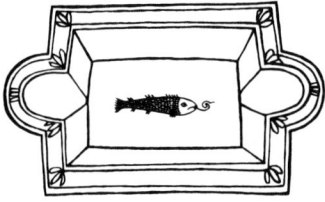

325
Rechteckige Platte, Silber, B: 26 cm,
Augst, um 350 v. Chr., M. Augst

326
Rechteckige Platte, Silber, B: 24 cm,
Hildesheim, 1. Jh. n. Chr., Staatl. M.
Berlin

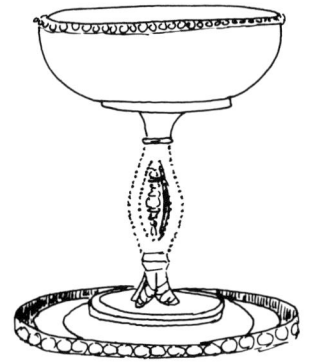

327
Schale, Silber, H: 11,5 cm, Milden-
hall, 4. Jh. n. Chr., B. M. London

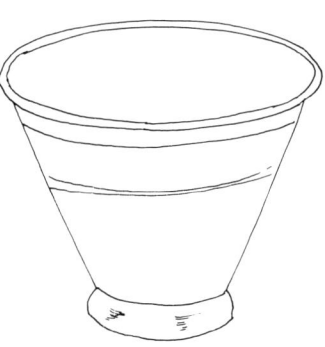

328
Becher, Silber, D: 7 cm, Augst, 4. Jh.
n. Chr., M. Augst

329
Krug, Terrakotta mit Schlickerdekor,
2.–3. Jh. n. Chr., Römisch-Germanisches Museum, Köln

330
Krug, Terrakotta mit Schlickerdekor,
H: 25,8 cm, Rheinzabern, 2. Jh.
n. Chr., Hist. Museum, Speyer

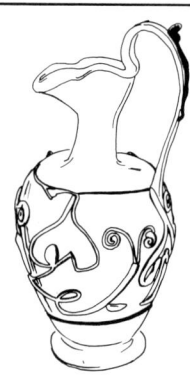

331
Becher mit Reliefdekor, Terrakotta,
Südrußland, 1. Jh. v. Chr., Staatl. M.
Berlin

332
Krug mit appliziertem Dekor, Glas,
4. Jh. n. Chr., Römisch-Germanisches
Museum, Köln

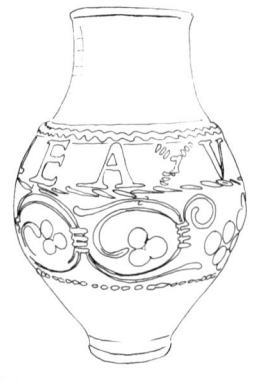

333
Gefäß mit gemaltem Dekor, Terra-
kotta, Trierer Werkstatt, 3. Jh. n. Chr.,
Röm.-Germ. Museum, Köln

334
Gefäß mit geprägtem Dekor, Terrakotta, 1. Jh. n. Chr., Römisch-Germanisches Museum, Köln

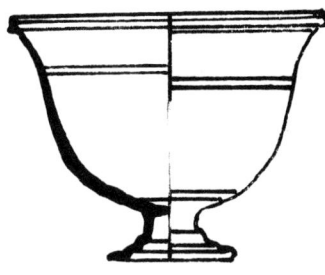

335
Krater, sigillierte Keramik, Italien,
Zeit des Augustus

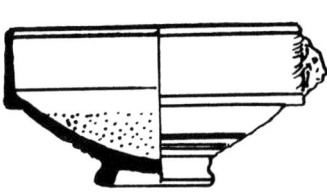

336
Mörser mit Löwenkopf, Terrakotta,
Lezoux, 2. Jh. n. Chr.

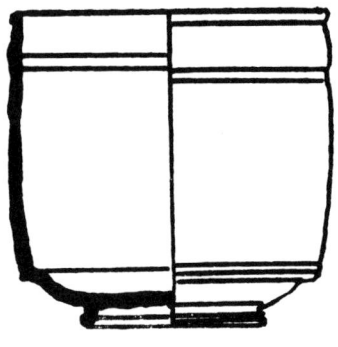

337
Schale mit geradem Rand, sigillierte
Keramik, 1. Jh. n. Chr.

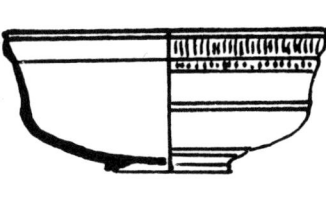

338
Schale mit Ritzdekor, sigillierte
Keramik, 1. Jh. n. Chr.

339
Eiförmiges Gefäß, Terrakotta, 2. Jh.
n. Chr.

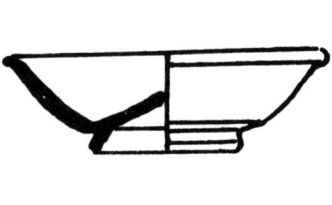

340
Schale, sigillierte Keramik, Lezoux,
1.–2. Jh. n. Chr.

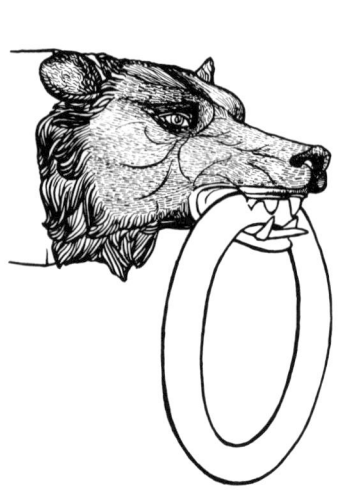

341
Wolfskopf, Bootsdekor, Bronze, B:
52 cm, Nemi-See, 1. Jh. v. Chr., Museo
Archeologico, Nemi

342
Löwenkopf, Bootsdekor, Bronze, B:
36 cm, Nemi-See, 1. Jh. v. Chr., Museo
Archeologico, Nemi

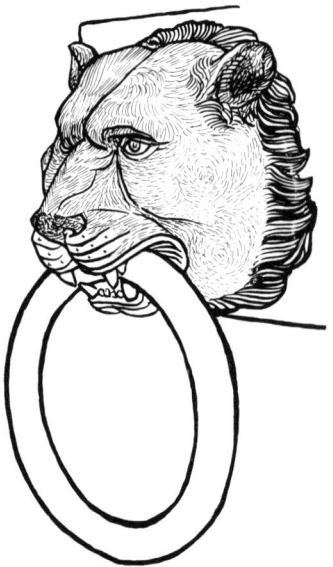

343
Medusakopf, Bootsdekor, Bronze, H:
25 cm, Nemi-See, 1. Jh. v. Chr., Museo
Archeologico, Nemi

344
Pantherkopf, Bootsdekor, Bronze, H:
32 cm, Nemi-See, 1. Jh. v. Chr., Museo
Archeologico, Nemi

345   Maultier, Bettdekor, H: 18 cm, Volubilis, 1. Jh. n. Chr., Musée des Antiquités, Rabat

346
Silen, Bettdekor, Bronze, H: 15 cm, Volubilis, 1. Jh. n. Chr., Musée des Antiquités, Rabat

347
Bacchus, Bettdekor, Bronze, H: 19,5 cm, Volubilis, 1. Jh. n. Chr., Musée des Antiquités, Rabat

348
Silen, Bettdekor, Bronze, H: 12,7 cm, Lixus, 1. Jh. n. Chr., Musée Archéologique, Tetuan

349
Konstantinopel, Stuhldekor, H: 5,4 cm, Esquilin, Rom, 4. Jh. n. Chr., B. M. London

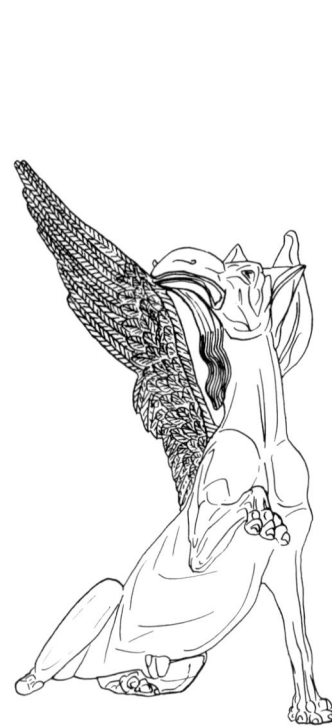

351
Orientalischer Kopf?, Bronze, H: 19 cm, Louvre, Paris

350
Greif, Bronze, H: 40 cm, Magdalensberg, Anf. 1. Jh. n. Chr., Kunsthistorisches Museum, Wien

352
Kranke alte Frau, Bronze, H: 9 cm, Vichy, 2.–3. Jh. n. Chr., Louvre, Paris

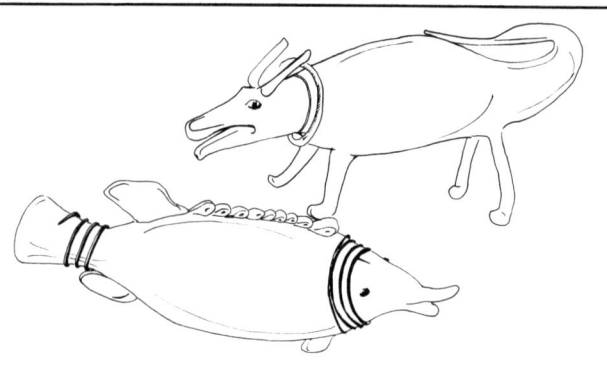

353   Gefäße in Tierform, Glas, 3.–4. Jh. n. Chr., Römisch-Germanisches Museum, Köln

354
Jupiter, Lampengriff, Bronze, H:
20 cm, Mor (Ungarn), 1.–2. Jh. n. Chr.,
Ung. Nationalmuseum, Budapest

355
Lampe mit Voluten und dreieckigem
Griff, Terrakotta, 1. Jh. n. Chr.

356
Lampe mit herzförmigem Schnabel
und Tierkampfszene, Terrakotta,
2. Jh. n. Chr.

357
Lampe mit herzförmigem Schnabel
und Gladiatoren, Terrakotta, 3. Jh.
n. Chr.

358
Lampe mit floralem Dekor, Terrakotta, 4. Jh. n. Chr.

359
Lampe mit floralem Dekor, Terrakotta, 4. Jh. n. Chr.

360   Akanthusranken, Giebelfragment, Marmor, B: ca. 200 cm, Rom, Ende
      1. Jh. v. Chr.?, Pal. dei Conserv. Rom

361   Akanthusranken, Marmor, Ara Pacis Augustae, Rom, 13–9 v. Chr.

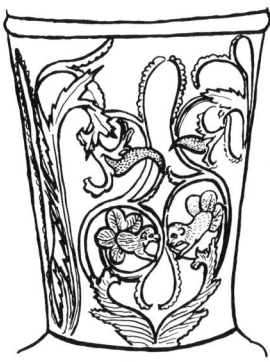

362
Ranke mit Tierfiguren, Silber, Hildesheim, 1. Jh. n. Chr., Staatl. M. Berlin

363
Pfeiler mit Akanthusranken, Marmor,
Rom, 2. Jh. n. Chr.

364
Phantastischer Kandelaber, Wandmalerei, Vettierhaus, Pompeji, 1. Jh.
v. Chr.

365
Pilaster mit Arbeiten des Herkules,
Marmor, Aphrodisias, Mitte 2.Jh.
n. Chr., Arch. Museum, Istanbul

366
Pilaster mit Rosendekor, Marmor, H:
100cm, Hateriergrab, Rom, um 100
n. Chr., V. M. Rom

367 Pilaster mit Dionysos, Marmor, Basilika, Leptis Magna, um 200 n. Chr.

368 Fries mit Blattwerk, Basalt, Kanawat (Syrien)

369   Schale mit Jagdszene, graviertes Glas, D: 17,6 cm, Bonn, 4. Jh. n. Chr.,
        Rheinisches Landesmuseum, Bonn

370   Schale mit christlichen Motiven, graviertes Glas, D: 21 cm, Homblières,
4. Jh. n. Chr., Louvre, Paris

GLOSSAR

Abakos   Deckplatte des Kapitells, auf der der Architrav ruht

Acheloos   Griechischer Flußgott, im Kampf von Herakles (Herkules) besiegt

Aigos   Übername, den die Griechen dem postumen Sohn Alexanders des Großen und der Roxane gaben

Akroter   Dekorelement an Giebeln von Tempeln und kleineren Denkmälern

Alabastron   Kleines schlauchförmiges Salbölgefäß mit engem Hals und breiter, flacher Mündung

Ante   Pfeilerartiger Vorsprung einer Wand

Antefix   Bemalter oder behauener Stirnziegel

Apadana   Säulenhalle, vor allem der Audienzsaal der achämenidischen Paläste

Aryballos   Kleines Salbgefäß mit meist dickbauchigem Körper, engem Hals
und breiter, flacher Mündung

Askos   Griechisch Schlauch; dickbauchiges Gefäß, dessen Hals und Mündung
oft als Tierkopf ausgebildet sind (Entenaskos)

Bractea   Dünnes Blech mit aufgeprägtem Dekor

Bucchero   Archaische etruskische Keramik aus schwarzem Ton mit schwarz-
glänzender Oberfläche

Bukranion   Ochsenschädel, Dekormotiv an Altären, Metopen und kleineren
Gegenständen

Cella   Kultraum mit Götterbild im antiken Tempel

Chalkolithikum   Epoche zwischen Neolithikum und Bronzezeit, in der neben
Stein auch Metall, vor allem Kupfer, verarbeitet wurde

Chimäre   Sagenhaftes Tier mit Löwenkopf, Ziegenleib und Schlangenschwanz

Cippus   Kleines zylindrisches oder kubisches Grabmal in Stein, teilweise mit
einem gehauenen Dekor oder einer Inschrift versehen

Ciste   Lateinisch Kiste; zylindrischer Behälter aus Metallblech, meist zum
Aufbewahren von Toiletteartikeln oder Schmuck verwendet

Diadumenos   Athlet, der sich das Haar mit einer Binde umwickelt; berühmtes
Werk des Bildhauers Polyklet

Dinos   Kessel mit rundem Boden, den man auf einen Ständer setzte

Dionysermos   Mischfigur aus Dionysos und Hermes

Fritte   Undurchsichtiger Glasfluß aus stark siliziumhaltigem Ton

Hilani   Syrischer Gebäudetyp mit Säulenvorhalle

Hypogeon   Auch Hypogäum, unterirdische Grabanlage oder Kulträume

Iwan   Sich auf einen Hof öffnende, überwölbte monumentale Nische

Glossar

Kanope Krug, in dem man nach der Einbalsamierung des Leichnams die Eingeweide aufbewahrte

Kantharos Becherförmiges Trinkgefäß mit hohem Fuß und zwei hochgezogenen Henkeln

Kenotaph Leeres Grab, Grabmal, das lediglich dem Gedächtnis eines Verstorbenen gilt

Kekryphalos Netzhaube, mit der die griechischen Frauen ihr Haar zusammenhielten

Koroplastik Die Kunst, Terrakottastatuen zu modellieren oder zu gießen

Kotyle Korinthischer Skyphos (s. d.) mit zwei Henkeln und einfachem Rand

Krater Gefäß mit breiter Mündung, zum Mischen von Wasser und Wein bestimmt

Kudurru Mit Reliefs und Inschriften versehener Grenzstein

Kurotrophos Weibliche Gottheit, die schwanger oder ein Kind stillend dargestellt wird

Kymation Zierleiste aus stilisierten Blattformen am Gesims von Tempeln

Lagynos Schnabellose Kanne mit tiefem, weitem und eckigem Körper

Lebes Großer Bronzekessel, teils mit Ständer, teils ohne

Lekythos Zylindrische Salbölkanne mit engem Hals, meist für den Totenkult bestimmt

Libation Ritus des Trankopfers

Lutrophoros Langhalsige Amphora, für das rituelle Brautbad und für den Totenkult bestimmt

Mänaden Begleiterinnen des Dionysos, meist in wilder Begeisterung feiernd dargestellt

Mastaba Bankgrab, aufgemauerter Oberbau über unterirdischen Grabräumen

Metope Quadratische oder rechteckige Platte, die mit den Triglyphen (Dreischlitzen) (s. d.) zusammen den dorischen Fries bildet; zunächst bemalt, später in Relief behauen

Moschophoros Kalbträger, berühmte Weihestatue auf der Akropolis von Athen

Naos Kapellenartiger Schrein, der das Kultbild umschließt und im Allerheiligsten des Tempels steht

Natufium Nach dem Wadi en-Natuf genannte älteste Stufe des Neolithikums in Palästina, auch in Syrien vertreten

Oinochoe Weinkanne mit eiförmigem Körper, hochgezogenem Henkel und einer oft dreilappigen Mündung

Olpe Schlauchförmige Weinkanne, deren hochgezogener Henkel an der runden oder dreilappigen Mündung ansetzt

Onos Haspel zum Wickeln von Garn

Orthostat Oft mit Relief verzierte, aufrechtstehende Steinplatte, die als Sockel einer Backsteinmauer dient und diese verstärkt

Ostrakon Scherbe aus Ton oder Kalksteinsplitter, die als Ersatz für den wertvollen Papyrus zum Schreiben oder Zeichnen verwendet wurden

Pelike Amphoratyp mit dem breitesten Durchmesser im unteren Drittel

Peplophoros Figur mit dem Peplos, einem Gewand, dessen Oberteil quer über die Brust geworfen wurde

Polykletisch Werke, die den Schöpfungen des Bildhauers Polyklet verwandt sind

Portikus Säulen- oder Pfeilerhalle

Pothos Griechisch Sehnsucht, Liebesverlangen; gelegentlich personifiziert im Gefolge Aphrodites, Name einer berühmten Statue des Bildhauers Skopas

Propylon Torbau oder Eingangshalle zu monumentalen Bauanlagen

Protome Oberteil einer Tierfigur, oft als Dekor an Gefäßen

Psykter Kleiner Krater (s. d.) mit Fuß zum Kühlen von Wein; dazu setzte man ihn in ein großes, mit kaltem Wasser gefülltes Gefäß

Pylon Monumentaler Bau, der den Haupteingang der ägyptischen Tempel bildet

Pyxis Büchse mit flachem Boden und Deckel

Rhyton Trinkgefäß in Form eines Horns, Tierkopfes oder eines ganzen Tieres, ohne Fuß

Sigilliert Gesiegelt, Bezeichnung für Gebrauchsgeschirr aus Ton mit aufgeprägtem Herstellerstempel und oft reichem Reliefdekor

Skyphos Trinkbecher, gewöhnlich mit zwei horizontalen Henkeln versehen

Slughi Eine in Vorderasien und Nordafrika verbreitete Windhundrasse

Stamnos Großes Gefäß zum Aufbewahren von Wein mit hoher Schulter, gedrungenem Hals und zwei horizontalen Henkeln

Stylobat Oberster Teil des Unterbaus einer Tempelkolonnade

T'ao-t'ie Chinesisches Dekormotiv mit dem stilisierten Kopf eines Ungeheuers

Temenos Heiliger Bezirk, der ein Heiligtum und dessen Nebengebäude umschließt

Torus Wulst der Säulenbasis

Triglyphe Dreischlitz, Block mit drei Kerben, der zusammen mit den Metopen (s. d.) den dorischen Fries bildet

Triklinium Raum mit drei Liegen, Speiseraum der römischen Häuser

Wadi Steilufriges Trockental in der Wüste

Zikkurat Stufenturm in Assyrien und Babylonien mit mehreren aufeinandergesetzten Stockwerken